DISCOURS

POLITIQUES ET JUDICIAIRES

RAPPORTS ET MESSAGES

DE

JULES GRÉVY

DISCOURS

POLITIQUES ET JUDICIAIRES

RAPPORTS ET MESSAGES

DE

JULES GRÉVY

BATONNIER DE L'ORDRE DES AVOCATS
REPRÉSENTANT DU JURA
PRÉSIDENT DE L'ASSEMBLÉE NATIONALE ET DE LA CHAMBRE
DES DÉPUTÉS
PRÉSIDENT DE LA RÉPUBLIQUE FRANÇAISE

Recueillis, accompagnés de Notices historiques, et précédés d'une Introduction

PAR

LUCIEN DELABROUSSE

TOME SECOND

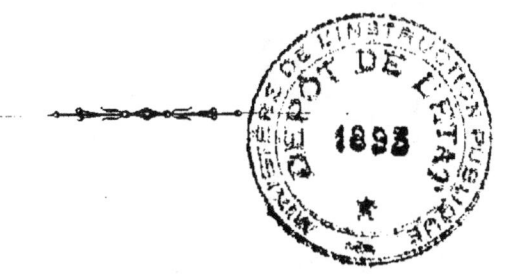

PARIS

MAISON QUANTIN

COMPAGNIE GÉNÉRALE D'IMPRESSION ET D'ÉDITION

DISCOURS POLITIQUES ET JUDICIAIRES
RAPPORTS ET MESSAGES
DE
JULES GRÉVY

CHAPITRE III

LE BARREAU DE PARIS

§ I
M. GRÉVY AVOCAT AU BARREAU DE PARIS

M. Jules Grévy prit rang au barreau de Paris, en 1837, après de fortes et consciencieuses études à la Faculté de droit de cette ville. Deux ans après, le jeune avocat fut choisi comme défenseur par Philippet, un des citoyens accusés de participation à l'insurrection républicaine du 12 mai 1839, à la tête de laquelle se trouvaient MM. Barbès, Blanqui et Martin-Bernard. Le procès fut jugé par la Chambre des pairs constituée en haute cour de justice. Parmi les avocats qui plaidèrent dans ce procès, plusieurs étaient déjà en possession de la renommée, et d'autres étaient destinés à une prompte célébrité. Nous citerons notamment MM^es Dupont (de Bussac), Emmanuel Arago, Coraly, Paillet, Jules Favre, Genteur, Nogent Saint-Laurens, Ferdinand Barrot, Madier de Montjau.

Philippet, le client de Me Grévy, était cordier mécanicien et contremaître de filature; il avait quarante ans. L'accusation lui reprochait d'avoir été un des chefs des insurgés qui, au nombre de soixante à soixante-dix, firent le coup de feu, dans la rue Saint-Martin et les rues adjacentes, contre la troupe. Le résumé de la plaidoirie que Me Grévy prononça pour Philippet devant la Cour des pairs a été publié dans le *Moniteur*, organe officiel du Gouvernement[1]. Nous nous bornerons à donner la péroraison, qui semble avoir été recueillie par la sténographie :

Je ne sais, messieurs les pairs, si la mission que je remplis, si le désir dont je me sens tourmenté de porter dans vos esprits la conviction qui m'anime, exerce sur ma raison une influence qui la trouble; mais il me semble que l'innocence de Philippet éclate à tous les yeux, et que sa condamnation est impossible. Non ! en présence de cette accusation si témérairement échafaudée sur les contradictions sans nombre d'une déclaration isolée, et qui vient se briser contre tous les témoignages et tous les documents du procès; contre un alibi inattaquable et inattaqué; contre des impossibilités matérielles, il n'est pas en France un jury qui osât prononcer une condamnation !

---

1. *Moniteur* du 9 juillet 1839.

CHAPITRE III.

Et ce serait la première cour de justice du royaume, ce serait cette assemblée où mes yeux contemplent toutes les illustrations de mon pays, où tant de lumières inspirent à l'innocence tant de sécurité, qui, bouleversant tous les fondements de la certitude humaine, donnerait à la France le scandale d'une pareille condamnation ! Oh ! messieurs, je ne le crains pas de votre justice !

Je ne le crains pas non plus d'un autre sentiment. Ce n'est pas plus le nombre que la rigueur des condamnations qui donnera à votre jugement l'autorité morale dont il a besoin. Frapper sur toutes ces têtes ressemblerait à de la proscription. Si vous voulez que votre arrêt exerce sur les esprits une salutaire influence, il faut assurément qu'il soit humain, mais il faut surtout qu'il soit juste.

Malgré cet éloquent appel à la justice de la Cour, Philippet, reconnu coupable d'avoir commis un attentat dont le but était de détruire le Gouvernement et d'exciter la guerre civile, fut condamné à six années de détention et, de plus, mis, à partir de l'expiration de sa peine, pendant toute sa vie sous la surveillance de la haute police.

Mᵉ Grévy reparut, le 31 janvier 1840, devant la Cour des pairs, lors du procès de la deuxième catégorie des accusés de l'insurrection des 12 et 13 mai 1839. Il défendait un tailleur de trente ans, nommé Quigniot, qui, déjà, avait été l'objet de quatre poursuites judiciaires pour association illicite et complot, et qui, arrêté en 1837, avait été amnistié la même année.

L'accusation reprochait à Quigniot d'avoir assisté au pillage de la maison de l'armurier Lepage et, ensuite, d'avoir été à l'attaque de l'Hôtel de Ville, de la place du Châtelet et du marché Saint-Jean. On avait trouvé chez lui une pièce écrite de sa main et qui énumérait les mesures qu'il convenait de prendre au lendemain du succès du parti républicain. La plaidoirie de M⁰ Grévy pour Quigniot n'a point été publiée. Reconnu coupable d'avoir commis un attentat ayant pour but de détruire et de changer le Gouvernement et d'exciter la guerre civile, Quigniot fut condamné à quinze années de détention.

M⁰ Grévy défendit ensuite, à deux reprises différentes, le *National*, poursuivi pour délit politique ; il plaida en outre quelques importants procès d'assises.

Dès cette époque, M⁰ Grévy s'occupait bien plus de ce qu'il avait à dire que de la manière dont il le dirait ; sa dialectique serrée et précise tendait, non point à séduire, mais à convaincre le juge. Ses confrères voyaient en lui un redoutable adversaire ; les affaires civiles lui arrivèrent assez vite, et il était déjà un avocat occupé et considéré au Palais, lorsque le Gouvernement provisoire lui confia, après la révolution de Février, la mission d'administrer le département du Jura.

Élu membre de l'Assemblée constituante, puis membre de l'Assemblée législative, il ne délaissa point pour cela le barreau. Après le coup d'État du 2 décembre 1851, il se consacra tout entier à la profession d'avocat. Mais, dans les premières années du second Empire, les clients se détournèrent de sa porte, persuadés qu'il valait mieux qu'une affaire fût plaidée par un bavard ami du Gouvernement que par l'avocat de mérite qui, le 2 décembre, avait été enfermé à Mazas pour avoir défendu la Constitution républicaine. Bientôt cependant ces préventions tombèrent, et M⁰ Grévy conquit au Palais une situation digne de son caractère et de son talent.

CHAPITRE III.

Il arrangeait le plus d'affaires qu'il pouvait et ne plaidait que lorsque toute chance d'accommodement avait disparu. Il n'eut point, comme quelques-uns de ses confrères, MM⁰ˢ Berryer, Jules Favre, Paillet, Lachaud, à porter la parole dans ces causes qui avaient le don de captiver la curiosité publique ; mais il plaida, souvent avec succès, de très importantes affaires civiles et correctionnelles.

En 1856, notamment, il défendit Orsi, banquier d'origine italienne, établi à Londres, qui avait été condamné à cinq années de détention, en 1840, par la Cour des pairs, pour participation à l'attentat de Boulogne, et avait conservé d'étroites relations avec l'empereur Napoléon III et les dignitaires de son Gouvernement. Déjà, l'année précédente, M⁰ Grévy avait plaidé pour lui un important procès civil devant la première chambre du Tribunal de la Seine. En 1856, Orsi fut compris dans les poursuites dirigées par le parquet contre MM. Cusin, Legendre et Duchêne de Vère, concessionnaires des docks Napoléon, par ce motif, qu'en 1854, il avait succédé comme concessionnaire à Duchêne de Vère. M. Arthur Berryer, fils de l'illustre avocat, qui avait rempli auprès de la compagnie les fonctions de commissaire du gouvernement, fut également renvoyé avec eux devant le Tribunal de police correctionnelle. Les débats occupèrent les audiences des 25, 26, 27, 28 février, 2, 3 et 4 mars. M. Ernest Pinard, substitut du procureur impérial, remplissait les fonctions de ministère public ; M⁰ Henry Celliez, avocat, assisté de M⁰ Denormandie, avoué, se présentait pour les parties civiles. Les prévenus étaient défendus par MM⁰ˢ Nibelle, Dufaure, Nogent Saint-Laurens, Grévy et Marie. Le jugement fut rendu le 7 mars. Orsi fut renvoyé de la prévention ; mais le procureur impérial ayant fait appel *a minimá*, il fut reconnu, par la Cour impériale de Paris, coupable de complicité de l'abus de confiance commis par Cusin, Legendre et Duchêne de Vère, et condamné à trois mois d'emprisonnement et 100 francs d'amende, et solidairement avec Cusin, Legendre et Duchêne de Vère, à restituer aux parties civiles 14,400 actions de la compagnie des docks, sinon à en payer la valeur au cours du jour [1].

La plaidoirie prononcée par Me Grévy pour Orsi devant le Tribunal, dans cette importante affaire des docks Napoléon, a un caractère trop spécial pour pouvoir être publiée ici. Nous nous bornerons à reproduire l'exposé des faits de la cause présenté par l'éminent avocat.

Le voici :

Messieurs,

Lorsque l'instruction, en scrutant dans tous ses détails cette déplorable affaire des docks, a trouvé M. Orsi mêlé à quelques-uns des faits incriminés, il a pu s'élever contre lui des soupçons, et il a pu paraître nécessaire, dans son propre intérêt s'il est innocent, dans l'intérêt de la vindicte publique s'il est coupable, de l'appeler à fournir devant vous sa justification.

Cette justification, il n'a pu que l'indiquer dans son rapide interrogatoire ; je viens y ajouter quelques développements ; j'espère qu'elle sera complète. Elle n'exige ni talent ni effort ; je n'aurai qu'à laisser parler les faits et les documents recueillis par l'instruction elle-même.

Ils montreront comment M. Orsi est accouru tardivement au secours de cette affaire compromise ;

---

1. J. Sabbatier, *la Tribune judiciaire*. Paris, 1855-1857, 12 vol. gr. in-8°, t. IV.

quelles ont été la droiture de ses intentions et la pureté de ses actes. Ils prouveront que M. Orsi n'a point été poussé par une pensée cupide, que tous ses actes sont marqués au coin du désintéressement; qu'il ne devait rien retirer pour lui-même de cette affaire, qu'il n'en a rien retiré; qu'il y a laissé, au contraire, une partie de sa fortune, et qu'il n'a trempé comme complice dans aucun délit.

C'est en 1852 que l'idée, importée d'Angleterre et de Hollande, de fonder à Paris des docks, reçut un commencement de réalisation. Était-ce, comme on l'a dit ici, une idée juste et féconde? Ces grands établissements, qui prospèrent à Amsterdam, à Londres, dans des conditions particulières, auxquelles leur existence semble attachée, réussiraient-ils à Paris dans des conditions si différentes? Question grave, qu'à défaut des hommes le temps restait chargé de résoudre, aux risques de qui de droit.

Toujours est-il que cette idée fut accueillie avec une grande faveur. Le chef du gouvernement la patronna de son nom; le ministre de l'intérieur, non content d'y attacher le sien, tint à honneur que le décret de concession fût daté de sa ville natale. Il n'en fallait pas tant pour rallier à ce projet de nombreux intérêts et d'ardentes convoitises. On sait avec quel empressement furent recherchées, au début, les actions de cette compagnie et les positions à prendre dans son administration. Les princes mêmes ne les trouvaient pas au-dessous d'eux.

M. Orsi, par une longue étude de cette question des docks en Angleterre, par sa grande situation dans les affaires, par la nature de ses relations avec le pouvoir de ce temps, était plus que qui que ce fût en position de prendre place dans cette attrayante spéculation; il laissa la foule s'y précipiter et se tint à l'écart. Il ne participa ni à la concession, ni à la formation de la compagnie, ni à l'émission des actions, ni à leur souscription. Pendant longtemps, il resta entièrement étranger à la société des docks, et il eût vraisemblablement continué de s'en tenir éloigné sans les désastres qui vinrent fondre sur elle.

Ces désastres, le Tribunal les connaît; il en connaît aussi les causes.

Ce que je veux constater dès ce moment, c'est qu'avant l'intervention de M. Orsi, tout le mal était consommé. Je prie le Tribunal d'arrêter son attention sur ce point important. L'émission trop restreinte des actions, le rejet du traité Ricardo et de la majeure partie des souscriptions françaises, la déclaration de constitution de la société, l'insuffisance du capital encaissé, l'engagement irréfléchi de ce capital dans les affaires de Javel et de Pont-Remy et dans des acquisitions écrasantes... Toutes ces fautes étaient faites, le déficit était creusé avant que M. Orsi touchât aux affaires de la compagnie des docks.

Lorsque cette situation, longtemps couverte, commença à transpirer, elle jeta parmi les actionnaires une émotion qui se ressentit jusque dans les régions du pouvoir. Cette société naissante, objet de tant de prédilection et fondement de tant d'espérances, était en péril! Allait-on la laisser périr malgré le nom qu'elle portait? La sauver à tout prix fut le cri général; et ce fut aussi, à partir de ce jour, l'objet de la préoccupation constante du Gouvernement, qui, pendant trois ans, ne cessa d'y travailler officiellement et officieusement : officiellement, en plaçant auprès de la compagnie, quoiqu'il eût refusé de la convertir en société anonyme, d'abord un commissaire impérial, et plus tard un inspecteur général; officieusement, en intervenant dans toutes les négociations entamées pour reconstituer la compagnie. Mais, comme si cette triste affaire eût porté malheur à tous ceux qui y touchaient, ces efforts n'aboutirent qu'à des échecs successifs, après chacun desquels la compagnie qu'on avait tenté de relever tombait encore plus bas.

C'est du jour où éclata l'émotion publique dont je viens de parler; c'est du jour où l'administration intervint dans cette affaire, que M. Orsi s'y dévoua. Non qu'il appartînt à l'administration et qu'il cédât à un sentiment de responsabilité personnelle; il obéit à l'intérêt que lui inspirait ce qu'il regardait comme une grande institution, et surtout à son dévouement au nom qu'elle portait. Pour qui connaît M. Orsi, son caractère, ses antécédents, ses vingt-sept ans de fidélité au même nom, dans les souffrances de l'exil et de la captivité, un nouvel acte de dévouement à ce nom n'a rien qui puisse surprendre. Ce mot ne paraîtra pas suspect dans ma bouche ; on ne me soupçonnera pas d'enthousiasme ou de faiblesse pour un tel sentiment, et M. Orsi lui-même n'attend de moi rien de pareil ; il n'est pas venu à moi sans me connaître, et quoique nous ne nous en soyons jamais expliqués ensemble, il sait bien quelle distance sépare sur ce sujet ses sentiments des miens.

Ce dévouement fut accueilli comme il devait l'être et fut mis sans ménagement à contribution.

Placé entre M. le ministre des travaux publics, dont le cabinet lui était ouvert à toute heure pour cette affaire, et l'administration des docks ou les tiers avec lesquels il s'agissait de s'aboucher, M. Orsi intervenait là où le caractère officiel empêchait d'autres de paraître . . . .
. . . .

C'est ainsi que M. Orsi s'est consacré pendant trois ans à cette affaire des docks, ne ménageant ni son temps, ni ses soins, ni ses voyages, ni ses dépenses, ni son crédit, ni sa personne même, jusqu'au jour où ceux avec qui et sous l'inspiration de qui il travaillait à cette tâche ingrate, désespérant à la fin d'en venir à bout, abandonnèrent le tout à la police correctionnelle, y compris M. Orsi, quoique aucun de ceux qui ont touché à cette affaire des docks ne l'ait fait avec plus de désintéressement que lui et n'en soit sorti les mains plus pures.

CHAPITRE III.

C'est ce que je veux avant tout établir solidement devant vous. Quand je l'aurai fait, ma tâche sera bien avancée.

Mᵉ Grévy entreprit ensuite de démontrer que son client jouissait d'une grande réputation de probité, qu'il n'avait eu aucun intérêt personnel dans l'affaire des docks, qu'il n'avait rien demandé ni rien reçu, et qu'il y laissait, au contraire, une partie de sa fortune. Puis il s'expliqua sur les faits présentés par l'accusation comme constituant les actes de complicité imputés à Orsi, et il termina ainsi :

Voilà les explications que j'avais à vous soumettre dans son intérêt (celui d'Orsi).

Si vous considérez sa bonne foi, elle vous apparaît dans son attitude, dans sa correspondance, dans tous ses actes.

Si vous recherchez son intérêt personnel, vous ne le trouverez nulle part. Il n'a rien à la compagnie des docks ; il lui a sacrifié une partie de sa fortune.

Si vous vous attachez aux actes qui lui sont personnels, aucun d'eux ne présente le caractère d'un délit.

Il n'a donc rien à redouter de votre décision, qu'il attend dans le calme d'une conscience qui ne lui reproche rien.

Les courts extraits que nous venons de reproduire donnent une suffisante idée de la méthode oratoire de Mᵉ Grévy. Pas de longs exordes ; pas de péroraisons retentissantes ; dans le cours de la plaidoirie, peu de ces développements

généraux, ou de ces portraits qu'affectionnaient quelques-
uns des confrères de M⁰ Grévy, et qui parfois contrastaient
heureusement avec l'aridité du débat ; mais un choix scrupuleux des moyens de défense, une sobriété extrême dans
l'exposé et la discussion de l'affaire ; et, par-dessus tout,
une dialectique puissante qui emportait souvent les convictions les plus rebelles.

Tandis que d'autres veillaient avec un soin tout particulier à ce que leurs paroles fussent recueillies et publiées,
M⁰ Grévy ne s'inquiétait aucunement du sort de ses plaidoiries. Il se croyait suffisamment récompensé de ses efforts
par l'attention des juges, la déférence de ses adversaires,
et quelquefois la reconnaissance de ses clients.

Voilà pourquoi presque aucun des plaidoyers civils de
M⁰ Grévy n'a été reproduit par la sténographie. Mais, du
moins, il restera de lui, outre l'admirable plaidoirie du
procès des Treize, plusieurs discours judiciaires qui sont
des modèles de l'art de bien dire. Attaché à la méthode de
Cicéron et de Quintilien, il résumait, dans de courtes notes,
les points principaux de l'affaire qu'il avait à plaider, ou du
discours qu'il avait à prononcer ; il n'imitait pas ses éminents confrères MM⁰ˢ Jules Favre et Crémieux, qui écri-
vaient presque tous leurs plaidoyers. Il prenait — comme il
l'a conseillé lui-même, dans le discours qu'il a prononcé,
le 8 janvier 1870, à l'ouverture de la conférence — le ton
naturel de la conversation, qui se prête à tout sans effort,
s'élève et s'abaisse, se diversifie avec les sujets. Son style
était toujours d'une extrême correction ; et, chose rare,
ses discours ne perdent presque rien de leur mérite à la
lecture.

Bien qu'éloigné de la politique depuis le 2 décembre 1851,
M⁰ Grévy adhéra, en 1860, à la consultation des bâtonniers
de l'ordre des avocats du barreau de Paris, MM⁰ˢ Plocque,
Berryer, Marie, Dufaure, Liouville et Bethmont, en réponse

à la note à consulter de M. le comte d'Haussonville relative à l'étendue du droit de pétition [1].

De même, le 11 février 1868, il adhéra à la consultation des avocats du barreau de Paris au sujet du droit des journaux d'apprécier, en dehors du compte rendu officiel prescrit par le décret du 17 février 1852, les discussions du Corps législatif [2]. M⁰ Grévy avait été élu, en 1862, membre du conseil de l'ordre des avocats du barreau de Paris. Il fut constamment réélu depuis ce moment jusqu'à l'époque de son élévation à la présidence de la République.

1. *Consultation de MM. les bâtonniers,* Paris, 1860, broch. in-8°, p. 43.
2. Eugène Hatin, *Manuel théorique et pratique de la liberté de la presse.* Paris, 1868. 2 vol. in-8°; t. II, p. 68-77.

§ II

PLAIDOYER
POUR M. DRÉO
DANS L'AFFAIRE DU COMITÉ ÉLECTORAL
DITE DES *TREIZE*

PRONONCÉ LE 30 NOVEMBRE 1864

DEVANT LA CHAMBRE DES APPELS CORRECTIONNELS
DE LA COUR IMPÉRIALE DE PARIS

Le 13 mars 1864, huit jours avant l'ouverture du scrutin pour l'élection de deux députés dans la première et la cinquième circonscription de la Seine, une réunion électorale, tenue chez M. Garnier-Pagès, candidat dans la cinquième circonscription, et à laquelle assistaient M. Carnot, candidat dans la première circonscription, et plusieurs députés au Corps législatif, fut dissoute par la police. En même temps, une perquisition fut faite chez M. Dréo, avocat, gendre de M. Garnier-Pagès, et habitant dans la même maison : diverses correspondances y furent saisies.

Aucune suite ne parut d'abord devoir être donnée à cette affaire.

M. Dréo demanda vainement la restitution des pièces saisies au juge d'instruction désigné pour l'interroger sur les réunions organisées par lui sans autorisation préalable. Lors de la discussion du budget, M. Garnier-Pagès, qui avait été élu député, éleva, devant le Corps législatif, des réclamations auxquelles M. Rouland, ministre président le Conseil d'État, répondit en annonçant que la justice était saisie. (Séance du 14 mai 1864.)

Le 28 mai, la session du Corps législatif fut close.

Le 16 juin 1864, à huit heures du matin, de nouvelles perquisitions furent faites simultanément chez un assez grand nombre de citoyens, à Paris et dans quelques villes des départements, en vertu de mandats délivrés par M. de Gonet, juge d'instruction. Un certain nombre de lettres et de pièces furent saisies dans ces perquisitions. L'instruction judiciaire, qui suivit, se termina par une ordonnance de M. de Gonet, rendue le 21 juillet 1864, et portant renvoi devant le Tribunal de police correctionnelle de la Seine des treize citoyens dont les noms suivent : MM. Garnier-Pagès, Carnot, Dréo, Hérold, Clamageran, Floquet, Ferry, Durier, Corbon, Jozon, Hérisson, Melsheim et Bory, sous l'inculpation d'avoir, en 1863 et 1864, fait partie d'une association dont le siège était à Paris, ladite association composée de plus de vingt personnes et non autorisée.

Le procès commença le 5 août 1864, devant la 6ᵉ chambre du Tribunal civil de la Seine jugeant correctionnellement. M. Malher, substitut du procureur de la République, occupait le siège du ministère public. Les prévenus avaient pour défenseurs : M. Garnier-Pagès, Mᵉ Jules Favre ; M. Carnot, Mᵉ Marie ; M. Dréo, Mᵉ Grévy ; M. Hérold, Mᵉ Ernest Picard ; M. Floquet, Mᵉ Henri Didier ; M. Ferry, Mᵉ Berryer ; M. Durier, Mᵉ Dufaure ; M. Corbon, Mᵉ Senard ; M. Jozon, Mᵉ Desmarest ; M. Hérisson, Mᵉ Emmanuel Arago ; M. Melsheim, Mᵉ Hébert ; M. Bory, Mᵉ Marie. M. Clamageran avait fait choix pour son défenseur de M. Jules Simon, qui, n'étant pas avocat, s'était vu refuser par le président, M. Dobignie, l'autorisation d'être admis à la barre.

Le 6 août, Mᵉ Jules Favre, défenseur de M. Garnier-Pagès, prit la parole pour répondre au réquisitoire de l'avocat impérial, et prononça une des plus admirables plaidoiries qui aient retenti dans l'enceinte des tribunaux. « ... Je dis, s'écria-t-il en terminant, que la liberté est impérissable ; elle a de trop illustres champions, de trop nobles défenseurs, et nous pouvons considérer d'un œil serein le nuage qui passe... le soleil n'en sera pas obscurci ! »

Ces éloquentes paroles furent accueillies par un mouvement enthousiaste dans l'auditoire. L'audience fut suspendue. Les prévenus, leurs défenseurs et plusieurs des assistants entourèrent M⁰ Jules Favre et lui témoignèrent leur vive admiration. « Il n'y a plus de prévention, s'écria M⁰ Berryer ; il ne sert plus à rien de plaider. » A la reprise de l'audience, M⁰ Berryer se leva et s'exprima en ces termes :

« Monsieur le président, pendant que le Tribunal a suspendu son audience, sans céder à de profondes et vives émotions, sans obéir à des entraînements que l'admiration fait naître, après la magnifique harangue que vous avez entendue, après cette plaidoirie si complète, les prévenus tous ensemble et tous ceux de mes honorables confrères qui s'étaient associés à la défense, ne pensent pas qu'il y ait rien à ajouter.

« Nous ne trouvons dans notre intelligence et dans notre cœur rien qui soit nécessaire, rien qui puisse être produit, rien qui atteigne à la vérité, à la grandeur, à la noblesse des raisons qui viennent de vous être présentées.

« Élevés dans le respect de la magistrature, nous renonçons à prolonger la défense, convaincus que nous sommes, qu'après de telles paroles, après de telles démonstrations, après de telles vérités historiques, il n'y a pas un juge en France qui puisse prononcer une condamnation contre les hommes assis sur ces bancs. »

Néanmoins, par un jugement rendu le même jour, le Tribunal déclara que les prévenus avaient fait partie d'une association illicite, et les condamna chacun solidairement à 500 francs d'amende et aux dépens.

Le 13 août, tous les condamnés interjetèrent appel de ce jugement. Le 25 novembre 1864, la cause vint en appel devant la chambre des appels correctionnels de la Cour impériale de Paris.

Au commencement de l'audience du 30 novembre, le président, M. Haton de la Goupillère, annonça qu'il avait reçu une lettre de Mᵉ Marie, qui lui exprimait son regret de ne pouvoir se présenter à l'audience par suite d'une indisposition ; il demanda ensuite quel était l'avocat qui devait remplacer Mᵉ Marie. Mᵉ Grévy déclara qu'il ne remplaçait pas Mᵉ Marie, mais qu'il venait après lui comme défenseur de M. Dréo[1].

M. LE PRÉSIDENT. — Vous avez la parole.

Mᵉ GRÉVY. — Messieurs, le droit d'élire emporte virtuellement le droit de se concerter. Si les électeurs, réduits à l'isolement, ne pouvaient ni se consulter ni s'entendre sur le choix des candidats et sur les moyens de faire triompher leur opinion, il pourrait y avoir encore des votants et des élus ; il n'y aurait plus d'élection politique.

Cet état de choses ne pourrait être empiré que si la faculté de se concerter, refusée aux uns, pouvait être accordée aux autres ; une telle inégalité

---

1. Nous empruntons le texte de la plaidoirie de Mᵉ Grévy au compte rendu, revu par les défenseurs, qui a été publié dans *le procès des Treize en appel.* (Paris, s. d., 1 vol. in-8°, p. 101-115.)

entre les électeurs, en assurant la victoire aux privilégiés de l'autorisation, rendrait pour les autres la lutte électorale impossible.

Aussi, depuis que l'élection forme la base de nos institutions politiques, les électeurs ont-ils joui, à toutes les époques et sous tous les gouvernements, du droit incontesté de se mettre en communication entre eux pour éclairer et concerter leurs votes.

Ce droit sacré, qui est la condition vitale de l'élection, et sur lequel aucun pouvoir jusqu'ici n'a tenté de porter la main, les électeurs ne pourront-ils désormais l'exercer que si l'administration le leur permet? Le suffrage universel sera-t-il assujetti à son tour, dans les conditions et les nécessités de son exercice, au régime discrétionnaire auquel sont enchaînés tous nos autres droits politiques?

Et, pour atteindre ce résultat, la loi sera-t-elle détournée du sens que le législateur lui a donné et que le temps a consacré?

Telles sont les questions qui s'élèvent dans ce procès.

La liberté et l'égalité dans l'élection, la sincérité dans l'application de la loi; tels sont les deux grands intérêts menacés par cette poursuite!

Le sentiment public ne s'y est pas trompé, et lorsqu'on a vu traduire en police correctionnelle des hommes qui n'ont fait autre chose que ce qui s'est fait jusqu'ici sans entrave, un comité électoral, lorsqu'on a vu invoquer contre les comités électoraux des

CHAPITRE III.

lois qui n'ont point pour objet et qui n'ont jamais eu pour effet de les atteindre, tout le monde a compris que cette poursuite met en péril le peu qui nous reste de vie politique, et tend à faire violence à la loi pour la plier à une application à laquelle elle résiste.

Comment et à quelle occasion cette poursuite a-t-elle pris naissance? Quels ont été le caractère, le but, les actes du comité poursuivi? C'est ce qu'il faut avant tout éclaircir et préciser.

Le nombre et la diversité des pièces saisies, leur origine et leur objet souvent mal compris, la connaissance imparfaite ou la fausse interprétation des faits ont jeté dans le réquisitoire du ministère public en première instance une confusion qui est passée dans le jugement.

C'est ainsi que le *Manuel électoral* et ses auteurs, et ce qu'on a appelé improprement les bureaux de consultation, et le comité mort-né des Vingt-cinq ont été rattachés, par un enchaînement de confusions et d'erreurs, au comité électoral qui est l'objet de ce procès, pour lui attribuer un caractère, une durée, un rôle et des ramifications qu'il n'a point eus.

En 1860, quelques-uns de nos confrères ont eu l'heureuse idée de publier, sous le titre de *Manuel*, un commentaire de la loi électorale à l'usage des électeurs. Le succès de ce travail, qui est à sa cinquième édition, en atteste assez le mérite et l'utilité. En le publiant, les auteurs annoncèrent que pour toutes les difficultés que leur ouvrage n'aurait pas prévues, ils se tenaient à la disposition des électeurs qui voudraient les consulter.

Voilà, en quelques mots, toute l'histoire du *Manuel* et de ses auteurs : une collaboration qui a cessé après la publication du livre, et des consultations en matière électorale offertes et données individuellement par des avocats.

La prévention suppose que les rédacteurs du *Manuel* se sont originairement constitués en comité ; que ce comité s'est continué après la publication de l'ouvrage ; qu'il a formé le premier noyau du comité électoral de la rue Saint-Roch, et que, survivant aux dissolutions successives de ce dernier, il en est devenu une sorte de commission de permanence. Il y a autant d'erreurs que de mots dans ces suppositions ; il n'y a pas dans la cause un document, un fait qui les justifie ; elles sont contraires à la vérité. Il n'est pas vrai que les auteurs du *Manuel* se soient jamais constitués en comité. Quelques-uns d'entre eux sont entrés plus tard individuellement dans celui de la rue de Saint-Roch ; mais il n'y a jamais eu de comité du *Manuel*. C'est une création de la prévention.

Un peu plus tard, en 1862, d'autres avocats, en beaucoup plus grand nombre, ont eu la louable pensée de venir en aide aux électeurs qui pouvaient rencontrer des difficultés à se faire maintenir ou réintégrer sur les listes électorales ; et pendant la période de dix jours employée chaque année, du 15 au 25 janvier, à la revision des listes, ils ont tenu leurs cabinets ouverts aux électeurs qui avaient besoin de leurs conseils.

J'ai entre les mains une liste des noms et des adresses de ces avocats, publiée par les journaux du mois de janvier 1862. Cette liste est longue; j'y vois des noms appartenant à tous les partis; il y en a même quelques-uns qui ne sont connus parmi nous par la manifestation d'aucune opinion politique. Ce sont tout simplement des avocats donnant dans leurs cabinets, au moment de la revision des listes, des consultations en matière électorale.

Ces cabinets d'avocats sont pour la prévention des bureaux de consultation, dont elle fait des institutions et des ramifications du comité de la rue Saint-Roch. Seulement elle oublie deux choses : premièrement, que ces bureaux de consultation, puisque ainsi elle le veut, existaient longtemps avant le comité électoral dont elle les fait procéder; car ils remontent à 1862, et le comité n'est que de 1863 ; deuxièmement, que le comité électoral et les bureaux de consultation n'ont jamais coexisté simultanément ; car les consultations ne se sont données que du 15 au 25 janvier de chaque année; or, en janvier 1862 et 1863, le comité électoral n'existait pas encore, et en janvier 1864 il n'existait plus.

La vérité est qu'entre le comité électoral et ce qu'on appelle les bureaux de consultation, il n'y a jamais eu aucun point de contact, aucun rapport d'aucune sorte.

Il faut donc écarter du débat, comme absolument étrangers au comité consultatif, objet de ce procès, et le *Manuel électoral* et ses auteurs, et son comité imaginaire, et ces cabinets d'avocats si étrangement transformés en bureaux de consultation.

Il faut en écarter aussi, et par la même raison, le comité des Vingt-cinq, qui n'a rien eu de commun avec le comité traduit devant vous, et qui ne procédait ni de la même pensée, ni de la même origine.

A l'approche des élections générales de 1863, les diverses opinions politiques songèrent à organiser, comme de coutume, des comités électoraux pour le choix, la présentation et le soutien de leurs candidats. Sans parler de ce qui s'est fait dans les départements, nous avons eu à Paris le comité qui a produit et soutenu la candidature de M. Thiers et qui s'est réuni tantôt chez M. de Broglie, tantôt chez M. Mortimer-Ternaux. Nous avons eu le comité formé par les directeurs du *Siècle,* de l'*Opinion nationale* et de la *Presse,* avec le concours de quatre députés de Paris et d'un député de Lyon. Nous avons eu, enfin, indépendamment de ce grand comité électoral, permanent celui-là, qui a son siège dans les bureaux du ministère de l'intérieur d'où il étend son réseau de fonctionnaires et d'agents sur toute la France, nous avons eu les comités privés et les réunions publiques des candidats officiels.

Au milieu de cet armement général des partis pour la lutte électorale, des hommes appartenant à l'opinion démocratique voulurent, eux aussi, avoir un comité chargé de désigner leurs candidats et de les soutenir. Ils procédèrent par voie d'élection à la nomination des vingt-cinq membres qui devaient le composer. Ce comité avorta ; pour quelle cause ? Je n'ai ni à le rechercher ni à l'expliquer. Qu'il me suffise de constater qu'il était encore en voie de formation, qu'il n'était pas encore né, lorsque le comité électoral de la rue Saint-Roch prit naissance. C'est, en effet, le 3 mai qu'eut lieu le dépouillement du scrutin pour l'élection des Vingt-cinq, et c'est le 28 avril précédent que le comité de la rue Saint-Roch se constitua, comme le prouve sa première publication, dont voici la date et les termes :

« Paris, le 28 avril 1863.

« Monsieur et cher concitoyen,

« Le moment des élections approche. Nous devons redoubler de soins, de dévouement, d'activité. Chacun, dans la limite de ses facultés, a mission de faire triompher la sainte cause de la liberté et du progrès, et d'aplanir les obstacles pour parvenir au but. Ces obstacles sont multiples. L'application du suffrage universel est difficile, la légalité incertaine. Déjà, pour éclairer la situation, des avocats du barreau de Paris ont rédigé un *Manuel électoral ;* mais des circonstances spéciales peuvent motiver de nouvelles instructions.

« En conséquence, *tandis qu'un certain nombre de citoyens s'occupe de former un comité pour les élections à Paris, nous avons organisé un comité consultatif de correspondance électorale pour les départements.* Ce comité est composé de MM. Clamageran, Dréo, Durier, Ferry, Floquet, Hérold, Hérisson, Marie, etc.

« Vos dévoués concitoyens,

« Garnier-Pagès, A. Dréo, rue Saint-Roch, 45. »

Ainsi, la constitution du comité consultatif a précédé de cinq jours la tentative avortée de formation du comité des Vingt-cinq, ce qui n'empêche pas la prévention de faire naître le premier des débris du second pour le continuer.

Si je m'attache à rectifier ces erreurs, c'est uniquement pour restituer aux faits, dans cet exposé, leur physionomie et leur exactitude ; car ces erreurs ne sauraient autrement tirer à conséquence. Quand le comité consultatif se rattacherait au *Manuel électoral*, aux bureaux de consultation, au comité des Vingt-cinq, il n'en serait, ni plus ni moins, un simple comité électoral ; mais puisqu'il n'a eu ni cette origine ni ces ramifications, il ne faut pas les lui attribuer.

M. Garnier-Pagès vous a dit, avec cet accent de sincérité qui rend sa parole si sympathique, que la pensée qui a présidé à la formation du comité dont il a été un des principaux membres était de venir en aide aux électeurs timorés, qui, dans leur isolement, pouvaient avoir besoin de conseils, et même d'appui pour faire entendre leurs réclamations.

C'était avant tout un comité de consultation et d'assistance ; il ne se proposait point de produire des candidatures, et il n'en a produit aucune ; mais comme il ne pouvait se désintéresser dans la lutte, il a travaillé successivement, dans les trois phases électorales, à l'élection de MM. Pelletan et Jules Simon, à la réélection de M. Pelletan et à la nomination de MM. Garnier-Pagès et Carnot.

Tel a été le comité de la rue Saint-Roch : comité de conseils et de secours, travaillant ardemment au succès des candidats de son parti, mais ne prenant point l'initiative de leur présentation.

En parlant d'un seul et même comité, j'emploie le langage de la prévention, mais je ne m'exprime pas avec exactitude. Il n'est pas vrai de dire qu'il n'y ait eu qu'un seul et même comité, s'éclipsant et reparaissant alternativement ; il a existé trois comités distincts par leur composition, par leur date et par leur objet : le premier, composé de quatorze membres, s'est constitué en vue des élections générales, le 28 avril 1863 ; il s'est dissous le 12 juin suivant, et sa dissolution a été annoncée dans les journaux. Le deuxième, qui ne comptait que douze membres, s'est formé au mois de novembre 1863, à l'occasion de la réélection de M. Pelletan, après laquelle, n'ayant plus de raison d'être, il a cessé d'exister. Le troisième, qui n'était plus que de dix membres et qui avait pour objet l'élection de MM. Garnier-Pagès et Carnot, n'a vécu que pendant le mois de mars 1864.

Au reste, qu'il n'y ait eu qu'un seul et même comité, à existence intermittente, ce que veut la prévention, ou trois comités distincts, ce qui est la vérité, je n'y attache pas grande importance, et ne vois pas la conséquence juridique qu'on en peut tirer; je n'y vois d'autre intérêt que l'exactitude, toujours bonne à maintenir dans l'exposition des faits.

En résultat, ce comité, formé pour un but exclusivement électoral, ne s'est occupé que de choses électorales, et, par surcroît de précaution, n'a existé que pendant la période électorale; c'est le comité le plus foncièrement électoral qu'il soit possible d'imaginer.

Le Gouvernement n'a pas voulu croire à la sincérité des publications de ce comité; il n'a pas voulu croire à son caractère purement électoral; il n'a vu dans ses manifestes et dans ses actes que des apparences trompeuses sous lesquelles se voilait, à ses yeux, une association permanente, ayant dans les départements des affiliations permanentes, et tendant à s'ériger en une sorte de gouvernement occulte.

Je n'invente pas, messieurs; écoutez en quels termes s'est exprimé, à ce sujet, M. le ministre présidant le conseil d'État au Corps législatif :

« M. Garnier-Pagès n'a pas oublié qu'il est ou qu'il a été à la tête d'un vaste comité électoral, ayant la prétention de s'étendre sur toute la France, et de s'élever ainsi à la puissance d'un gouvernement occulte; on y distribuait le succès et la défaite dans certains collèges électoraux... Eh bien! le Gouvernement est convaincu que le comité formé par M. Garnier-Pagès est une véritable association non autorisée, ayant de nombreuses affiliations, en état de permanence, et cherchant, avec le temps, à couvrir le pays d'un réseau politique. »

C'est dans cette persuasion, et pour surprendre les trames de cette association menaçante et de ses affiliations qu'à un jour donné la police a fait, à Paris et dans les départements, ces visites domiciliaires et ces saisies qui devaient prendre sur le fait ce comité directeur, ce gouvernement occulte, enfant de l'ombrageuse imagination de M. le ministre présidant le Conseil d'État; mais qui, par les deux ou trois mille pièces mises aux mains du ministère public, n'ont fait que montrer, jusqu'à l'évidence, pour tout esprit non prévenu, que le Gouvernement poursuit des chimères et n'a devant lui qu'un simple comité électoral.

C'est donc, à défaut d'association, contre un comité purement électoral qu'on requiert l'application de l'article 291 du code pénal et de la loi du 10 avril 1834.

Depuis cinquante-quatre ans que le code pénal est en vigueur, depuis trente ans qu'existe la loi de 1834, jamais ces lois n'ont été invoquées contre les comités électoraux, parce que ni les gouvernements qui les ont faites, ni ceux qui les ont successivement appliquées, n'ont eu la pensée d'interdire ces comités.

Cette pensée est nouvelle, elle date d'hier ; elle n'appartient ni au législateur de 1834, ni même à celui de 1810. Sous tous les gouvernements précédents, les comités électoraux ont pu se former et fonctionner librement. Pour ne parler que de ce que j'ai vu, n'avions-nous pas, aux dernières élections générales du Gouvernement de 1830, en 1846, à Paris, trois ou quatre grands comités portant les noms des hommes politiques qui étaient à leur tête : le comité Odilon Barrot, le comité Thiers et Ganneron, le comité auquel avaient aussi donné leurs noms MM. Garnier-Pagès et Carnot, qui sont aujourd'hui sur ces bancs pour avoir cru que les mêmes lois permettaient en 1863 ce qu'elles ne défendaient pas en 1846 ! A-t-on requis contre ces comités l'application du code pénal et de la loi de 1834 ? L'a-t-on requise contre les autres comités qui couvraient la France aux époques des assises électorales ?

On nous dit : le comité s'occupait des élections non seulement de Paris, mais de toute la France. Qu'importe? N'en était-il pas de même des comités que j'ai cités? Bornaient-ils leur action à Paris? Ne l'étendaient-ils pas à tous les départements? Quelle est donc la loi qui parque ainsi les électeurs et les désintéresse de ce qui se passe dans les circonscriptions auxquelles ils n'appartiennent point? N'ont-ils pas intérêt à voir triompher partout les candidats de leur opinion? N'ont-ils pas conséquemment le droit d'aider à leur triomphe? Les élus ne sont-ils pas les députés de toute la France?

Je ne sais rien de plus grave, messieurs, que de venir ainsi, après un demi-siècle, changer le sens et l'application des lois, pour frapper les citoyens et détruire les droits placés jusque-là sous leur protection. Ce n'est pas en pliant les lois aux exigences arbitraires de la politique qu'on peut en inspirer le respect et en fonder la stabilité.

Que si de ce point de vue général nous descendons à l'examen du texte de ces lois, leur inapplicabilité aux comités électoraux atteindra le dernier degré de l'évidence.

Ces textes ne sont pas nombreux ; il y a l'article 291 du code pénal, la loi du 10 avril 1834 et le décret du 25 mars 1852.

Aux termes de l'article 291 du code pénal, complété par la loi du 10 avril 1834, sont illicites les associations de plus de vingt personnes qui n'ont pas obtenu l'autorisation administrative. Sont par conséquent licites, sans avoir besoin de cette autorisation, les associations composées de moins de vingt et une personnes.

Le décret du 25 mars 1852, introduisant sous l'empire du suffrage universel une nouvelle prohibition que le régime du suffrage restreint n'a pas connue, interdit toutes les réunions publiques, sans en excepter même les réunions électorales, d'après l'interprétation que la jurisprudence a donnée à ce décret[1], de sorte qu'aujourd'hui les réunions publiques ne sont

1. Arrêt de la Cour impériale de Paris, du 10 juin 1864, affaire Barthélemy

plus permises aux électeurs. Il ne leur reste que les réunions privées, contre lesquelles, à défaut de loi, on vous demande un arrêt d'interdiction.

Ainsi, sont illicites les associations de plus de vingt personnes et les réunions publiques ; sont licites les associations de moins de vingt et une personnes et les réunions non publiques, quels que soient le nombre des personnes réunies et l'objet de la réunion.

Quel est le caractère du comité poursuivi? Constitue-t-il une réunion ou une association? Si c'est une réunion, est-elle publique? Si c'est une association, est-elle composée de plus de vingt membres?

Ces questions de fait nous mènent à la question de droit qui domine ce procès : qu'est-ce qu'une association? qu'est-ce qu'une simple réunion? Quels sont les caractères essentiels qui les distinguent? Question qui a justement préoccupé le ministère public et les premiers juges, et dont la solution forme la partie faible du réquisitoire et du jugement.

Le ministère public en première instance, se posant cette question, y répondait en ces termes :

« Ce qui constitue l'association, ce n'est pas tel ou tel lien matériel, sensible, existant entre les associés, ce n'est pas tel ou tel signe caractéristique ou sacramentel; la loi n'exige, pour qu'il y ait association, ni organisation comportant des chefs et des directeurs, ni périodicité dans les séances, ni permanence dans les mêmes travaux, ni délibérations auxquelles participent tous les membres ; ce qu'elle exige, comme unique signe distinctif, c'est une communauté de but entre les associés, une communauté d'efforts pour atteindre ce but. »

Telle a été sur ce point capital la doctrine du ministère public. Ce qui constitue essentiellement l'association, c'est, selon lui, la communauté du but et des efforts; c'est, nous assure-t-il, ce que la loi exige. Quelle est cette loi? D'où le ministère public a-t-il tiré cette définition? Il a négligé de nous l'apprendre. Je tiens, pour moi, que cette doctrine lui appartient en propre.

Comment! ce qui caractérise l'association, ce qui la distingue de la réunion, c'est la communauté du but et des efforts! Mais quelle est donc la simple réunion qui ne présente ce caractère? Est-il particulièrement une seule réunion électorale dont la raison d'être ne soit pas une communauté de but et d'efforts ? Lorsque des électeurs se réunissaient chez M. Mortimer-Ternaux, par exemple, n'avaient-ils pas le même but, c'est-à-dire l'élection de M. Thiers? Et pour atteindre ce but, ne mettaient-ils pas leurs efforts en commun? La doctrine du réquisitoire prend donc pour caractère distinctif ce qui est un trait commun ; elle veut distinguer l'association de la réunion et ne parvient qu'à les confondre ; elle ne soutient pas l'examen.

Celle des premiers juges n'est pas plus juridique. Voici comment le jugement la formule :

« Attendu qu'en raison de son origine, du programme par lui publié et de ses circulaires, il est manifeste que ce comité constituait une association d'individus réunis dans un but commun essentiellement politique, se proposant, non pas seulement de soutenir une élection, mais d'indiquer des candidatures dans toute la France. »

Ainsi, pour les premiers juges, ce qui constitue le caractère de l'association, ce n'est pas, comme pour le ministère public, la communauté du but, c'est sa nature ; et si le comité poursuivi est une association, c'est qu'il se proposait, non pas seulement de soutenir une élection, mais d'indiquer des candidatures dans toute la France.

Il y a, dans ce considérant, deux grosses erreurs : une erreur de fait et une erreur de droit.

Une erreur de fait : car, dans son manifeste du 8 mai 1863, le comité dit expressément :

Nous n'avons nullement l'intention de peser sur les décisions ou sur le choix des électeurs, nous n'avons donc à désigner aucune candidature.

Et, en fait, le comité n'en a indiqué aucune. Sur quoi se fonde donc le jugement pour dire que le comité avait pour but de proposer des candidatures dans toute la France ? Il ne se fonde sur rien ; son assertion est démentie par les déclarations du comité et par la réalité des faits. Il est impossible de se mettre plus ouvertement en contradiction avec la vérité.

Et quand il serait vrai que le comité eût eu pour but d'indiquer des candidatures dans toute la France, eût-il été pour cela une association ?

Si un comité se propose de produire une seule candidature, il n'est qu'une réunion ; s'il veut en présenter plusieurs, il devient une association !

Je demande où les premiers juges ont pris cette étrange doctrine, et si personne a dit avant eux que c'est la nature du but qui distingue la réunion de l'association ?

La doctrine du jugement n'est pas meilleure que celle du réquisitoire ; elles sont l'une et l'autre de pure fantaisie.

Quels sont donc les caractères essentiels de l'association ? Il y en a deux, la permanence et l'engagement. C'est ce qu'enseignent la nature des choses, les principes du droit, la pensée révélée du législateur, la doctrine des auteurs et celle des arrêts.

Le caractère fondamental des associations est la permanence, dit textuellement M. Faustin Hélie.

C'est, en effet, la permanence de l'existence et du but qui constitue un des caractères par lesquels l'association se distingue de la réunion, et particulièrement de la réunion électorale qui n'a qu'un but passager et une existence éphémère, comme l'élection en vue de laquelle elle s'est formée.

Le second caractère de l'association, caractère fondamental qui, plus encore que le précédent, la distingue essentiellement de la réunion, c'est qu'à la différence de celle-ci, l'association repose sur une convention, sur un pacte, sur un contrat ; c'est qu'il existe entre les associés un lien qui les unit, un engagement qui les enchaîne.

En matière criminelle, comme en matière civile et commerciale, il n'y a point d'association sans convention ; il n'y a d'associés que ceux qui sont liés par l'obligation, par l'engagement de concourir à un but déterminé. C'est précisément là ce qui donne à l'association un caractère de gravité que n'a pas la réunion ; c'est ce qui l'a fait placer dans une situation légale si différente.

Ne savez-vous pas, messieurs, par l'exemple des associations politiques que vous avez vues, comment se contractent ces engagements ? Il y a le plus souvent des statuts ; il y a dans tous les cas un but déterminé auquel chaque associé s'enchaîne par un engagement sacramentel, placé quelquefois sous des sanctions redoutables.

La permanence et l'engagement, tels sont donc les éléments constitutifs, les deux caractères distinctifs de l'association. Supprimez-les, l'association dégénère en simple réunion ; ajoutez-les, au contraire, à la réunion, vous la transformez en association.

J'ai déjà cité, au sujet de la permanence, M. Faustin Hélie ; voici ce qu'ajoute l'éminent criminaliste sur le second caractère de l'association :

« Il faut, en premier lieu, qu'il y ait association. Toute association suppose deux éléments : un but déterminé, et *un lien qui unisse les associés*... Le mot association contient la véritable solution de toutes les difficultés qui peuvent s'élever à cet égard. C'est dans ce mot que les juges doivent puiser le principe de leur décision. »

Dans la discussion de la loi du 10 avril 1834, à la Chambre des députés, les mêmes principes furent proclamés. Préoccupée de la crainte que le droit de réunion ne reçût quelque atteinte, la commission proposait de le sauvegarder expressément par un amendement qui fut jugé inutile, le droit de réunion étant, dans la pensée de tout le monde, suffisamment protégé par les principes généraux, qu'avec l'assentiment de la Chambre entière, le rapporteur résumait ainsi :

« J'ai entendu souvent, dans le cours de cette discussion, confondre deux choses qui ne doivent point être confondues : les réunions et les associations... Vous savez la différence qui existe entre une association et une réunion. Les réunions ont pour cause des événements imprévus, instantanés, temporaires ; le motif venant à cesser, la réunion cesse avec lui. Les associations, au contraire, ont un but déterminé et permanent ; un lien unit entre eux les associés. »

Un peu plus tard, les mêmes principes ont pris place dans un arrêt de la chambre même devant laquelle j'ai l'honneur de parler. Cet arrêt est du 14 février 1835. En voici les termes :

« La Cour, considérant que le seul fait d'une association de plus de vingt personnes, sans autorisation, est une infraction punissable, par application de la loi du 10 avril 1834, quel que soit l'objet de cette association ; — que l'association consiste notamment, dans le concours d'un certain nombre de personnes qui, *liées par des engagements réciproques*, se réunissent exclusivement entre elles, dans un intérêt commun et dans un but déterminé [1].

Après la Cour de Paris, la Cour de cassation a reconnu et consacré ces principes, dans ses arrêts du 12 avril 1838 [2], du 22 avril 1843 [3] et du 2 mai 1846. Elle dit dans ce dernier arrêt :

« Attendu que ce qui constitue essentiellement l'association entre plusieurs individus, c'est la communauté du but qu'ils se proposent d'atteindre et auquel *ils s'engagent* à coopérer, par des moyens convenus, et qui peuvent être identiques ou différents ; — Attendu *que l'engagement de plusieurs individus de donner une coopération quelconque, mais fixée à l'avance*, à l'accomplissement d'une œuvre déterminée, même quand la direction de cette œuvre serait confiée à d'autres individus, suffit pour constituer le fait d'association, prévu et puni par les lois précitées [4]. »

Ainsi, la Cour de cassation comme la Cour de Paris, le rapporteur de la loi de 1834 comme M. Faustin

---

1. Dalloz, *Répertoire*, v° Association illicite, n° 22, en note.
2. Sirey-Devilleneuve, *Recueil*, 1838, I, 314.
3. *Ibidem*, 1843, I, 653.
4. *Ibidem*, 1846, I, 589.

Hélie, reconnaissent que ce qui constitue essentiellement l'association, c'est l'engagement des associés de concourir à un but déterminé.

Appliquons ces principes à la cause, et recherchons si le comité poursuivi présente les deux caractères de permanence et d'engagement, sans lesquels il n'y a point d'association.

La permanence ne se trouve ni dans le but ni dans l'existence du comité. Son but unique était les élections générales de 1863 ; il était donc, comme elles, accidentel et temporaire. Son existence a cessé avec son but ; le comité n'a pas survécu aux élections. Je sais qu'on a soutenu le contraire, mais on l'a soutenu sans preuve, et contre toutes les preuves. On le soutiendra sans doute encore, mais on ne le prouvera pas.

Quant à l'engagement, je voudrais bien qu'avant de le prouver, on commençât par le formuler. J'éprouverais, pour mon compte, quelque peine à le faire. Quelle nature d'engagement liait entre eux les membres du comité ? Qu'on le dise nettement. Conçoit-on, je ne dis pas la nécessité, mais seulement la pensée, la raison d'être d'un pacte, d'un lien, d'un engagement quelconque entre les membres d'un comité électoral ? Qu'on nous dise donc en quoi consistait cet engagement, et quand on en aura précisé la nature, qu'on en prouve l'existence, non par de vagues affirmations, mais par des documents catégoriques et concluants, comme on doit faire en matière criminelle.

La permanence et l'engagement peuvent bien être affirmés, mais ils ne seront pas prouvés, car ils n'existent pas.

S'il n'y a ni permanence ni engagement, il n'y a point d'association ; et s'il n'y a point d'association, il n'y a pas lieu à l'application de l'article 291 du code pénal et de la loi du 10 avril 1834.

Il n'y a pas lieu non plus à l'application du décret du 25 mars 1852, car on ne prétend pas que le comité de la rue Saint-Roch ait été une réunion publique.

Voilà, messieurs, la première branche de ma démonstration.

Voici la seconde : supposons, pour le besoin de la discussion seulement, que le comité, qui n'était qu'une simple réunion, comme on vient de le voir, ait constitué une véritable association permanente, avec engagements réciproques des associés. Il faudrait encore, pour qu'il y eût délit, qu'il fût prouvé que les associés étaient au nombre de plus de vingt. Cette preuve, où est-elle ? On a poursuivi originairement, il est vrai, plus de vingt personnes ; mais on en a relaxé le plus grand nombre, et on n'a finalement retenu que treize prévenus. Il y a, dans cette singulière situation, quelque chose qui a choqué tout le monde et, je crois, à juste titre ; car, s'il y a plus de vingt associés, pourquoi n'en poursuit-on que treize ? Ou vous avez la preuve qu'il y a eu d'autres associés que les treize prévenus, et pourquoi ne les poursuivez-vous pas ? Ou vous n'avez pas cette preuve, et pourquoi les comptez-vous pour compléter le nombre de vingt et un?

Pressé par cette question, M. l'avocat général disait l'autre jour : Nous n'avons pas à vous répondre ; nous sommes *maîtres de notre action*. Vous êtes maîtres de votre action? Comment l'entendez-vous? Voulez-vous dire que vous êtes maîtres de décider, dans votre conscience, si un individu est ou n'est pas coupable, et doit en conséquence être ou n'être pas poursuivi? Vous avez raison ; personne ne vous conteste l'indépendance et la souveraineté de cette appréciation. Mais voulez-vous dire que, lorsqu'un homme est coupable à vos yeux et que vous avez en main la preuve de sa culpabilité, vous êtes maîtres de le poursuivre ou de ne le poursuivre pas? Je le nie! je le nie au nom de la justice et de votre devoir! Je nie que la justice puisse avoir deux poids et deux mesures, et le ministère public des préférences et des caprices!

Si vous avez la preuve de la culpabilité, votre devoir est de poursuivre. Si vous ne poursuivez pas, il y a présomption, il y a certitude légale que vous n'avez pas cette preuve.

Faut-il répondre à cette autre objection tirée du défaut de culpabilité intentionnelle de ceux que l'on met au nombre des associés sans les poursuivre? MM. Marie, Crémieux, Senard et tous les autres sont entrés dans une association sans le savoir et sans le vouloir! Est-ce une explication sérieuse?... Et puis, en droit, quelle en est la valeur? Qu'importe pour quelle cause ceux que vous ne poursuivez pas échappent à l'application de l'article 291 ? Ne suffit-il pas qu'ils y échappent, de votre aveu, pour que vous ne puissiez point les compter au nombre de ceux qui ont enfreint cette prescription pénale ? Les vingt et un associés qu'exige la loi pour constituer le délit d'association doivent être tous des associés punissables, dans le sens de cette disposition correctionnelle ; s'il n'y en a pas vingt et un qui soient coupables, il n'y en a pas un seul.

Ce n'est pas seulement la justice qui faisait une loi de traduire ici tous ceux que l'on compte nommément pour compléter le nombre de vingt et un, c'est encore et surtout la nécessité ; car la preuve qu'ils sont associés ne peut se faire que contre eux, et ne peut se faire sans eux. Elle ne peut se faire que contre eux, autrement elle ne serait pas contradictoire, eux seuls en étant les contradicteurs naturels et possibles. Elle ne peut se faire sans eux, puisqu'ils se verraient déclarés coupables sans avoir été ni appelés ni mis en demeure de se défendre ; énormité judiciaire à laquelle les premiers juges, engagés dans une fausse voie, ont été entraînés.

Mais ce qui n'est pas moins énorme, ce qui choque les premières notions du droit, de la raison et de la bonne foi, c'est la nature des liens par lesquels la prévention s'efforce de rattacher au comité ceux qu'elle appelle ses affiliés.

Tous ceux qui ont eu avec le comité des rapports

d'une nature quelconque deviennent ses associés par affiliation.

Les agents chargés par le comité de la distribution des bulletins électoraux ou de tout autre détail d'exécution... affiliés !

Ceux qui, à la demande du comité, ont contribué par des cotisations au payement des frais d'élection... affiliés !

M. Melsheim, qui écrit pour demander conseil sur les précautions à prendre pour former légalement un comité à Schlestadt... affilié !

Le comité d'Épinal, qui écrit pour repousser toute immixtion du comité de Paris dans les élections des Vosges... affilié !

M. Bory, qui a la pensée d'écrire pour demander un renseignement et dont la lettre reste à l'état de projet... affilié !

Où donc trouver, dans des rapports de cette nature, le lien social, l'engagement qui seul pourrait faire des associés de ceux que la prévention qualifie si inconsidérément d'affiliés ?

Quel tribunal oserait, en matière civile, rattacher quelqu'un à une association sur de telles données ? Et on ne craint pas de le faire en matière criminelle ! Il ne s'agit aujourd'hui que d'une simple amende ; demain il peut s'agir d'une peine capitale, et on frémit quand on pense aux applications possibles d'une jurisprudence si arbitraire et si effrayante.

J'ai démontré que le comité poursuivi n'est point

une association, puisqu'on y chercherait vainement la permanence et le lien social qui seuls pourraient lui attribuer ce caractère ; — et que, fût-il une association, elle ne serait pas composée de plus de vingt membres, la poursuite n'ayant pu retenir que treize prévenus et se trouvant réduite à transformer en affiliation les relations les plus insignifiantes.

On dirait, en vérité, que, pour frapper plus sûrement d'un seul coup tous les comités électoraux, on a choisi à dessein celui de tous qui est le moins vulnérable !

Messieurs, vous allez rendre un arrêt sur la portée duquel personne ne peut se faire illusion. Sous le régime du suffrage restreint, les électeurs avaient, comme moyens de se concerter, les réunions publiques et les réunions privées, ou les comités électoraux. Les réunions publiques n'existent plus pour eux ; le décret du 25 mars 1852 les leur a ravies. Il ne leur reste que les comités électoraux. Si ces comités doivent succomber à leur tour sous votre arrêt, ou, ce qui est pire encore, s'ils doivent devenir le privilège des candidats officiels et de leurs partisans ; si une administration omnipotente ne doit trouver désormais en face d'elle, dans la lutte électorale, que des citoyens réduits à l'impuissance de l'isolement, le suffrage universel n'est plus qu'une dérision, et l'élection pure et simple des députés par les préfets serait plus convenable que ce jeu factice des institutions libérales.

Cette plaidoirie produisit une impression profonde. Me Ernest Picard, avocat de M. Hérold, qui prit la parole ensuite, dit en commençant que « la plaidoirie que la Cour venait d'entendre avait un grand avantage, qui n'était pas dû seulement au talent de son éminent confrère, mais qui était dû plus encore à la situation particulière qui lui appartient en politique ». Il ajouta que Me Grévy « avait pu parler avec l'impartialité qui conviendrait à un juge voyant, dès l'origine, non d'un œil indifférent, mais avec un calme profond, les efforts que nous tentons pour faire rentrer dans la vie politique un peuple qu'on veut, sous ce régime, en écarter complètement ». Il dit en outre « qu'il était impossible de mieux discuter la loi que ne l'avait fait M. Grévy ».

Me Berryer, avocat de M. Ferry, déclara « qu'après le très vigoureux plaidoyer que venait de prononcer Me Grévy, la cause était véritablement entendue ». Me Dufaure, avocat de M. Durier, dit « que la cause avait été déjà plaidée, et qu'il ne pourrait mieux faire que s'en référer à la vigoureuse et excellente plaidoirie de Me Grévy, et à la discussion politique et élevée de Me Picard ». Enfin, Me Arago, avocat de M. Hérisson, déclara « que les grandes plaidoiries d'illustres avocats avaient fait pleine justice de l'accusation, justice aussi d'une sentence dont personne, au barreau, n'eût osé prévoir les motifs », ajoutant « qu'il voulait dire en peu de phrases quelles réflexions de philosophie politique lui inspirait ce procès ».

Toutefois, la Cour confirma le jugement de première instance par un arrêt en date du 7 décembre 1864.

§ III
M. GRÉVY, ÉLU BATONNIER DE L'ORDRE DES AVOCATS
DU BARREAU DE PARIS
LE 4 AOUT 1868

Le 1ᵉʳ août 1868, l'Ordre des avocats du barreau de Paris se réunit pour procéder à l'élection de vingt et un membres devant composer le conseil de discipline pour l'année judiciaire 1868-1869. Le nombre des votants était de 349, et la majorité absolue de 175. Les avocats dont les noms suivent réunirent la majorité absolue :

MM⁰˙ Berryer, 304 voix ; Allou, 293 ; Dufaure, 277 ; Marie, 269 ; Jules Favre, 269 ; Rousse, 266 ; Grévy, 258 ; Colmet d'Aage, 255 ; Leblond, 241 ; Bétolaud, 239 ; Victor Lefranc, 222 ; Le Berquier, 214 ; Hébert, 214 ; Plocque, 207 ; Lacan, 203 ; Léon Duval, 197 ; Arago, 196 ; Templier, 192 ; Cresson, 177.

Le 4 août, l'Ordre des avocats se réunit de nouveau, sous la présidence de Mᵉ Grévy, en l'absence du bâtonnier empêché, pour procéder à l'élection des deux membres qui devaient compléter le conseil de discipline pour l'année 1868-1869. Le nombre des votants fut de 315, et la majorité absolue de 158.

Mᵉ Dupuich obtint 181 voix, et Mᵉ Ernest Picard 158 voix. Ils furent proclamés membres du conseil de discipline.

Ainsi complété, le conseil de discipline se réunit le jour même pour élire le bâtonnier. Mᵉ Grévy fut nommé bâtonnier pour l'année judiciaire 1868-1869 [1].

1. *Gazette des tribunaux* des 2 et 5 août 1868.

§ IV

DISCOURS

PRONONCÉ PAR M. GRÉVY

BATONNIER DE L'ORDRE DES AVOCATS

SUR LA TOMBE DE BERRYER

LE 7 DÉCEMBRE 1868

A AUGERVILLE-LA-RIVIÈRE (LOIRET)

Moins de trois mois après ces élections, l'Ordre des avocats du barreau de Paris fit une perte irréparable. Mᵉ Berryer, qui avait été élu en tête des membres du conseil de discipline, mourut, le 29 novembre 1868, dans sa maison de campagne d'Augerville. On fit à l'ancien bâtonnier de l'ordre des avocats du barreau de Paris de magnifiques funérailles. Au bâtonnier en exercice revenait la tâche de parler, au nom du barreau, sur la tombe de l'illustre orateur. Mᵉ Grévy prononça en cette circonstance un discours qui émut vivement l'auditoire d'élite réuni pour rendre les derniers devoirs à Berryer, et qui mérite d'être cité comme un modèle du genre. Le voici :

Messieurs,

Le Barreau a perdu un grand avocat, la Tribune un grand orateur, la France un grand citoyen.

Quelles paroles pourraient exprimer nos regrets et célébrer dignement une si haute gloire! Ces hommes extraordinaires, dont le passage trace dans le monde un sillon lumineux, ne sont bien loués que par leur vie; leurs œuvres les célèbrent, selon la belle expression du Psalmiste; et le seul éloge digne de M. Berryer serait le simple récit de sa majestueuse existence. Cette tâche appartient à des voix plus éloquentes. Organe des sentiments que cette mort a fait éclater dans le barreau, j'essayerai du moins de donner une idée de son affliction en montrant l'étendue de sa perte.

M. Berryer était le prince du barreau français. Son père, avocat distingué, l'avait dirigé dès l'enfance vers cette profession qu'il devait tant illustrer, pour le former de bonne heure et l'assouplir aux difficultés de la parole publique. Jamais plus intelligente éducation ne rencontra des aptitudes plus heureuses et ne fut couronnée d'un plus brillant succès. M. Berryer excellait dans tous les genres. Un esprit net et pratique, une dialectique vigoureuse et serrée, une rare intelligence des affaires faisaient de lui un avocat consommé; et nous avons vu avec quelle vigueur d'esprit, quelle sûreté de mémoire, quelle lucidité de pensée et d'expression, il plaida jusqu'aux derniers jours de sa longue carrière les procès les plus compliqués de faits et les plus hérissés de chiffres.

Mais c'était surtout dans les grandes causes qu'il déployait toutes les magnificences de son talent : la belle ordonnance du plan, la fermeté du dessin, l'élévation des pensées, la noblesse des sentiments, et, par-dessus tout, la splendeur d'une incomparable éloquence.

Les voûtes du Palais retentissent encore des frémissements d'admiration qui suivaient ses triomphes. Soit que, défendant Dehors, arraché trois fois à l'échafaud, il termine par une exclamation foudroyante cette victorieuse récapitulation restée si célèbre; soit que, accusant Laroncière, il brise par un mouvement impétueux l'artificieux réseau dans lequel un habile adversaire s'efforçait de l'enlacer, ou qu'avec un cri déchirant, il montre impassible à ses pieds ce vieillard que la douleur avait anéanti; soit que, dans son plaidoyer pour M. de Chateaubriand, il évoque les grandeurs de la vieille monarchie française, et que, la main tendue vers la Sainte-Chapelle, il place la royauté proscrite sous la protection du Dieu de saint Louis[1]; soit que, dans le procès du prince Louis Napoléon devant la Cour des pairs, mettant ses juges sous le regard du Dieu qui sonde les cœurs, il leur octroie audacieusement le droit de condamner le Prétendant vaincu, s'ils peuvent jurer que, vainqueur, ils ne l'eussent point servi..., partout il subjugue, il transporte ses auditeurs par la véhémence de son action et par ces traits de feu qui sont la manifestation sublime du génie de l'éloquence.

Ce qui achevait d'élever au-dessus du niveau commun cet homme privilégié, c'était une distinction

---

1. O. Pinard.

native, un harmonieux mélange de noblesse et de simplicité. Inégal parfois et inférieur à lui-même, comme tous les hommes d'inspiration, lorsque le Dieu intérieur ne les agite pas, il n'était jamais vulgaire; tout en lui révélait l'habitude des choses nobles et comme un commerce familier avec la grandeur.

Tant de dons merveilleux, tant d'éclatants triomphes, tant de lustre jeté sur cette profession qu'il chérissait et dont les orages de la politique n'ont pu le détacher, l'avaient élevé si haut, que, s'associant à son illustration et la revendiquant comme un patrimoine commun, les barreaux de France lui avaient décerné spontanément une sorte de royauté, et que, le jour où sonna le cinquantième anniversaire de sa carrière triomphale, ils accoururent à Paris pour fêter, sous les yeux de la France attentive et émue, ce demi-siècle de gloire, comme ils viennent aujourd'hui, dans un appareil si différent, se presser autour de ce cercueil : hommage unique dans nos annales à une renommée unique dans les fastes de notre ordre.

Ce roi du barreau, couronné par les mains de ses confrères, tenait aussi le sceptre de la tribune parlementaire. « M. Berryer est le plus grand de nos orateurs; depuis Mirabeau, personne ne l'a égalé, » écrivait, il y a plus de trente ans, le peintre ingénieux des orateurs contemporains, et la France a ratifié ce jugement. La postérité pourra être tentée de le reviser, en lisant ce qui restera de ce grand homme; elle trouvera peut-être chez quelques-uns de ses contemporains plus de philosophie dans la pensée, plus de pompe dans l'expression; elle ne sentira pas sous ces paroles éteintes le feu qui les embrasait; elle n'aura pas entendu *rugir le monstre...*, et c'est M. Berryer surtout qu'il fallait entendre! Personne peut-être n'a jamais porté plus loin ce que Buffon appelle le corps qui parle au corps, et ce que l'orateur athénien regardait comme le tout de l'éloquence. Un front large et puissant, une noble et expressive figure, la grave beauté du port et du geste, le son ravissant de la voix la plus mélodieuse et la plus pénétrante, donnaient à son action une grâce et une force irrésistibles. Ajoutez un naturel parfait, le don suprême d'émouvoir et d'être ému, le cri de la passion jeté à la manière des grands interprètes de la muse tragique, des mouvements qui rappellent ceux de Démosthène et de Mirabeau, et, ce qui complète la ressemblance avec ces orateurs fameux, dont il descend en droite ligne, la sobriété d'ornements, le dédain de la recherche, la mâle simplicité d'une langue *qui ne se sert de la parole que pour la pensée,* et vous aurez un faible crayon d'une des plus magnifiques organisations d'orateur que la nature ait formées.

Pour qu'un si bel ouvrage ne sortît pas imparfait de ses mains, elle l'avait animé du souffle divin de la liberté, cette foi des nobles âmes. Elle en avait placé le foyer dans le grand cœur de M. Berryer; la profession avec laquelle il s'était identifié, en lui inspirant la passion du droit, avait fait le reste. Alliant dans la même foi la liberté et la légitimité, il les confondait dans le même culte, les croyant amies ; et si, un jour, lorsque la liberté menacée avait besoin de tous ses défenseurs, il parut douter d'elle, c'est que, dans le trouble des esprits, sous un vêtement qu'il suspectait, il ne l'a pas reconnue.

C'est au foyer de la liberté qu'il avait trempé son caractère et puisé cette noble constance dans ses opinions, cette longue fidélité à une cause vaincue, son immortel honneur aux yeux de la libre postérité.

Oui, c'est par là, cher et illustre confrère, que vous vivrez dans la mémoire des hommes ; c'est par la grandeur de votre caractère, plus encore que par l'éclat de votre talent, que vous avez honoré votre pays et mérité cet immense concert de louanges et de regrets qui s'élève sur votre tombeau. Recevez-en l'hommage suprême par la voix d'un confrère et d'un collègue pour lequel vous avez eu quelque bienveillance, et qui a toujours été pénétré pour vous de la sympathie la plus vive et de la plus profonde admiration.

§ V

DISCOURS

PRONONCÉ PAR Mᵉ GRÉVY

BATONNIER DE L'ORDRE DES AVOCATS

A L'OUVERTURE DE LA CONFÉRENCE

LE 26 DÉCEMBRE 1868

Le 26 décembre 1868, le nouveau bâtonnier ouvrit la conférence des avocats stagiaires par un éloquent discours consacré à la démonstration de l'utilité et de la nécessité de l'Ordre des avocats. Il s'exprima ainsi :

Mes chers confrères,

Au milieu des changements que le temps amène, rien n'a plus contribué peut-être à préserver de ses atteintes la pureté de notre discipline et le lustre de notre institution que ces réunions annuelles, dans lesquelles nous venons entendre les enseignements tirés de la vie des hommes qui ont illustré la robe, d'intéressantes études sur des points d'histoire ou de législation qui nous touchent, et les communications professionnelles que vous attendez de ceux qui doivent à votre bienveillance l'inestimable honneur de vous présider.

Cet antique usage d'inaugurer ainsi la reprise de nos travaux par un retour sur notre profession, par la contemplation de nos grands modèles, par la méditation de quelque noble sujet qui éclaire l'esprit et élève l'âme, participe de ce mélange de sagesse et de grandeur dont nos vieilles traditions sont empreintes. C'est à lui que nous devons la galerie des portraits de nos ancêtres, les excellents travaux dont nos archives se sont enrichies et le recueil des discours de nos bâtonniers, véritable manuel encyclopédique de notre profession, dans lequel vous trouverez tout, les origines et l'histoire de notre institut, son caractère et son rôle social, les études qu'il exige, les devoirs qu'il impose, et, ce que vous chercheriez vainement ailleurs, les fruits communiqués des plus longues expériences et des plus grands talents, l'art de bien dire enseigné par les maîtres de l'éloquence; et lorsque, après les avoir lus, vous irez les entendre pratiquant eux-mêmes leurs leçons, rien ne vous manquera de ce que le précepte et l'exemple peuvent apporter dans la culture de cet art, dont l'incomparable difficulté arrachait à l'Orateur romain lui-même cette exclamation désespérante : *Quam difficilem, dii immortales, atque omnium difficillimam!*

Vous n'attendez pas de moi, mes chers confrères, que, revenant sur les sujets qu'ils ont épuisés, je suive mes illustres devanciers dans la carrière qu'ils ont parcourue et que mon prédécesseur a si brillamment close, lorsque, parlant de l'éloquence après

CHAPITRE III.

tant d'orateurs consommés, il a trouvé le secret de dire encore des choses neuves et fines, dans un langage élevé, plein de charme et de distinction.

Mais si je ne puis, comme eux, acquitter ma dette par d'utiles enseignements, je m'efforcerai du moins de témoigner ma gratitude par mon dévouement sans bornes à mes confrères et par ma constante application à transmettre intact à mon successeur le dépôt précieux que l'Ordre m'a confié.

Comptez, messieurs, pour sa garde, sur la sage fermeté de votre conseil; comptez plus encore sur la force vitale de notre institution; elle tient au premier besoin des peuples, elle est de l'essence même de la justice; sa raison d'être est dans sa nécessité, c'est sa meilleure sauvegarde.

« Considérez, dit M. Royer-Collard, la société en elle-même, le but pour lequel elle existe, la nature et la diversité des pouvoirs qu'elle institue pour l'atteindre; vous reconnaîtrez que l'action de tous ces pouvoirs vient se résoudre et se confondre dans l'action du pouvoir judiciaire. Les lois civiles et criminelles ne sont que la règle des jugements; le pouvoir civil, qui veille sans cesse à la sûreté de tous et de chacun, ne déploie la force de la société, dont il est dépositaire, que pour amener ceux qui la troublent devant les tribunaux, et, dans ce combat de la société tout entière contre quelques-uns de ses membres, les victoires de la société sont des jugements. Ce sont encore des jugements qui règlent les droits incertains, qui commandent l'exécution des promesses, qui répriment les agressions de la cupidité et de la mauvaise foi. En un mot, tous les droits naturels et civils de l'homme en société sont sous la garde des tribunaux, et reposent uniquement sur l'intégrité des juges qui les composent. »

Une telle mission, qui fait du juge l'arbitre souverain de tous nos intérêts, constituerait le plus redoutable pouvoir qui pût exister parmi les hommes, si la raison, s'éclairant par l'expérience, n'eût trouvé, pour le tempérer et le contenir, des institutions qui forment contre les entraînements et les dangers de l'omnipotence une protection pour le juge et pour le justiciable une garantie : la loi qui règle les jugements, la publicité qui les contrôle, la défense qui les éclaire et les légitime; car toucher à la fortune ou à la liberté, à l'honneur ou à la vie des hommes, sans leur laisser le droit de se défendre, ce n'est pas dispenser la justice, c'est opprimer; sans la défense, la justice perd son nom; elle s'appelle, selon les temps, l'arbitraire ou la tyrannie.

Puisqu'elle est une condition de la justice, la défense doit être réelle; il ne suffirait point qu'elle fût permise en spéculation, il faut qu'en pratique elle soit effectivement présentée.

Par qui le sera-t-elle? Par le justiciable en personne? Il en est le plus souvent incapable, n'ayant ni la connaissance du droit, ni l'intelligence des affaires, ni l'art d'ordonner une discussion, ni le calme de l'esprit, ni l'habitude de la parole publique; et si l'un des deux plaideurs a sur l'autre ces avantages, où sera pour ce dernier l'égalité devant la justice?

C'est parce qu'elle les répute incapables de se défendre eux-mêmes, que, au criminel, la loi donne aux accusés des défenseurs d'office, et que, au civil, elle impose aux parties des représentants officiels pour instruire les causes et des avocats pour les plaider, ne leur permettant qu'exceptionnellement de paraître en personne à la barre.

Cette défense que le justiciable ne saurait fournir lui-même, le juge ne peut la suppléer. Si à la délibération des jugements il devait ajouter la préparation des causes, dépouiller les dossiers, lire les pièces, rechercher les documents absents, conférer avec les plaideurs, compulser la loi, la doctrine, la jurisprudence, et méditer sur le tout pour en tirer les éléments opposés des défenses respectives, en un mot, cumuler le double labeur du juge et de l'avocat, en revêtant successivement deux rôles si peu conciliables, quelle force humaine suffirait à ce fardeau, et comment la prompte distribution de la justice s'accommoderait-elle de ces lenteurs? Où serait l'égalité pour le plaideur incapable, luttant ainsi en champ clos contre un adversaire habile? Et comme ce champ clos ne pourrait être que le cabinet du juge, que deviendrait le principe tutélaire de la publicité des débats?

C'est ainsi, messieurs, que de l'impossibilité pour le justiciable de pourvoir lui-même à sa défense et pour le juge d'y suppléer découle la nécessité sociale du ministère de l'avocat.

Point de justice sans défense, point de défense sans avocat; j'ajoute point d'avocat sans l'existence de l'Ordre qui peut seul assurer les garanties que le défenseur doit donner et celles qu'il doit avoir : la capacité par l'exigence du diplôme et du stage; la moralité par les sévérités d'une discipline qui érige la vertu en devoir et pousse la vigilance jusqu'à la prévention; l'indépendance par la solidarité qui protège dans chacun les franchises de tous, exposées à périr dans l'individu isolé.

Supprimez par la pensée l'institution de l'Ordre, livrez la barre à tout venant, qui empêchera l'incapacité de déshonorer l'audience et de compromettre le bon droit, l'improbité d'abuser des pièces remises et des secrets confiés, la dépendance ou la vénalité de déserter la défense ou de la trahir?

Mais qu'est-il besoin d'hypothèses? N'avons-nous pas les tristes enseignements de l'histoire? Ne nous montre-t-elle pas à quel état d'abjection tomba la défense, lorsque, à propos d'une question de costume, dans un entraînement irréfléchi, la Constituante eut aboli l'Ordre des avocats, poursuivant dans les garanties dont il était entouré le fantôme du privilège?

Vous savez ce qui arriva. Envahie par la foule des gens d'affaires, la barre fut déshonorée par tant de scandales, que, pour la fréquenter avec sécurité et lui restituer son antique honneur, les membres de l'ancien barreau furent contraints de rétablir entre eux, par une association spontanée, les règles de la vieille discipline, s'abstenant de communiquer avec ceux qui refusaient de s'y soumettre, et que l'Ordre, détruit par la loi nouvelle, se reconstitua de fait sous l'empire de la plus impérieuse de toutes les lois, celle de la nécessité.

Mais il ne parvint point à s'assimiler les éléments nouveaux que sa discipline gênait, et tel fut le progrès du mal que l'Empire, qui n'aimait pourtant pas les avocats, sous le nom desquels il confondait dans une haine commune tous les hommes de liberté dont la fatalité de ses tendances et le malheur de sa destinée le condamnèrent à rester l'irréconciliable ennemi, ne put mettre un terme aux abus qui compromettaient la justice qu'en chassant les marchands de son temple et en rétablissant par décret l'Ordre des avocats.

Tant il est vrai que cet Ordre est aussi nécessaire à la défense que la défense est elle-même nécessaire à la justice!

C'est ainsi que la raison, méditant sur l'histoire, confirme le témoignage que tant de grandes voix nous ont transmis à travers les âges et que l'illustre chancelier qui fut notre panégyriste nous a rendu à son tour lorsque, dans son magnifique langage, il a placé à la même hauteur la nécessité de l'Ordre des avocats et la nécessité de la justice.

Ne nous étonnons plus que cette institution ait traversé les siècles, qu'elle n'ait point changé quand tout changeait autour d'elle et qu'elle soit restée debout au milieu de tant de ruines. Elle vivra tant que les hommes sentiront le besoin de défendre leurs intérêts et de faire régner parmi eux la justice.

Ne nous plaignons pas de notre discipline, puisque notre Ordre ne vit que par elle, comme notre profession ne vit que par lui.

Ne redoutons pas non plus que la liberté, qu'il a tant servie, le répudie jamais sous le nom de privilège, puisque l'accès en est permis à tous, et que, s'il exige des garanties, c'est par une nécessité commune à toutes les professions qui touchent aux intérêts publics.

Si l'excellence d'une institution se mesure à son utilité sociale, notre profession se recommande encore par un autre côté, elle tend à former des hommes probes et de bons citoyens.

Il y aurait un beau livre à faire touchant l'influence des professions sur ceux qui les exercent. Comme le corps reçoit et garde l'empreinte des attitudes qu'il affecte dans ses travaux habituels, de même l'esprit se façonne et s'incline aux sujets qui l'occupent, aux pensées qui le hantent, et, selon sa disposition familière, se porte aux choses honnêtes ou descend aux basses pratiques, s'élève à l'indépendance ou se courbe à la servilité.

La profession est la seconde et souvent l'unique

éducation de celui qui s'y livre, et, s'il est vrai qu'on *devienne tout ou rien selon l'éducation qu'on reçoit*, il serait possible, sauf la part à faire aux inclinations prononcées, de juger *à priori* des hommes par les professions qu'ils exercent.

Grave sujet de méditation pour le moraliste et l'homme d'État!

Voilà pourquoi les républiques de l'antiquité, soucieuses avant tout de retenir les citoyens dans la sphère élevée des intérêts publics, leur interdisaient les occupations serviles, et c'est aussi ce qui peut expliquer pourquoi les hommes voués aux travaux manuels n'apportent si souvent dans leurs appréciations politiques que des préoccupations exclusives de bien-être; grand et légitime intérêt assurément auquel il faut faire une large place, mais qui ne peut absorber tous les autres qu'à la condition d'abaisser le niveau social et d'éteindre le souffle vivifiant de la liberté, sans lequel il n'y a pour une nation ni bien-être matériel ni grandeur politique.

Quand je dis que le barreau est une école de probité et de civisme, loin de moi la pensée que ces deux grandes vertus de l'homme en société ne puissent se développer dans les autres professions; ce que je veux dire, c'est que par ses études, ses travaux et sa discipline, la nôtre est particulièrement propre à les former.

Vous étudiez le droit, c'est-à-dire le juste et l'honnête; vous en préparez, vous en poursuivez l'application; vous cultivez la philosophie, l'histoire et la littérature, ces trois grandes sources des enseignements moraux; voilà pour les habitudes de l'esprit. Vous avez une discipline exigeante; voilà pour la conduite. Elle ne se contente pas de vous faire une loi sévère de la plus stricte probité; elle vous impose comme un devoir rigoureux la loyauté, la délicatesse, le désintéressement. Elle vous veut intacts, et, pour vous mieux préserver des chutes, elle vous interdit jusqu'aux occasions de faillir. Elle vous interdit le mandat, parce que le comptable peut s'exposer à des réclamations fâcheuses; le commerce et l'industrie, parce qu'ils sont sur le chemin qui mène à la faillite; mainte autre situation indifférente en elle-même, parce que vous y pouvez, par accident, laisser votre considération; assurant ainsi votre honneur au prix de votre liberté. Aucune profession n'exige autant des siens. « Ce que les autres hommes appellent des qualités extraordinaires, dit Favard de l'Anglade, les avocats les considèrent comme des devoirs indispensables. »

Ici, messieurs, vous me devancez et vous retrouvez dans votre mémoire les termes pompeux dans lesquels d'Aguesseau célébrait la vertu de nos ancêtres; éloge que, modestie à part, leurs successeurs pourraient accepter aussi pour eux-mêmes, si, comme on l'a dit, la vertu ce sont les bonnes habitudes.

L'éloquent chancelier avait sous les yeux ces

hommes antiques dont le naïf Loysel nous fait une si touchante peinture, toujours au Palais ou dans leurs cabinets, ne connaissant d'autres plaisirs que ces *après-dîners* dans lesquels ils se réunissaient pour deviser de leur profession, sachant se conserver simples et purs au sein d'une société dissolue, dans laquelle ils vivaient isolés comme des disciples attardés de l'école de Zénon.

Si la marche du temps et le changement des mœurs ont modifié vos habitudes, si vous êtes plus mêlés au monde, permettez à vos anciens d'attester, la main sur nos archives, que le sentiment du devoir n'a pas fléchi, que la probité, la loyauté, la délicatesse sont aussi communes, les infractions à la discipline aussi rares qu'autrefois, et, pour ne toucher qu'à un point qui, par son importance et sa délicatesse, faisait le juste orgueil de Loysel, la loyale et confiante sécurité de nos communications, qu'il n'y est pas plus *advenu faute* aujourd'hui que de son temps.

Comme il enseigne la probité par le sentiment du juste, le culte du droit enseigne le civisme par le sentiment de la liberté.

Il enseigne que, naissant égaux, les hommes sont libres, et que ce droit primordial ne peut légitimement être ni aliéné ni ravi.

A cet enseignement l'histoire, ajoutant ses dures leçons, montre que c'est toujours pour son malheur que l'homme perd sa liberté, et que le premier de ses droits est aussi le premier de ses biens.

Ces convictions, fruits de leurs études, l'indépendance de leur profession permet aux avocats d'en faire la règle de leur conduite et de se ranger sous la bannière du droit, qu'ils ont défendu dans tous les temps et sous toutes ses formes.

Dans cette admirable antiquité, à laquelle il faut toujours remonter pour trouver de grands spectacles et de grands exemples, parmi tant d'illustres citoyens, formés par l'étude des lois et la fréquentation de l'agora et du forum, quels sont ces deux hommes qui dépassent tous les autres par la sublimité des accents qu'ils font retentir pour la défense de la liberté, et qui savent mourir pour elle? — Nos premiers ancêtres.

Durant cette longue nuit qui suivit le cataclysme dans lequel le monde ancien, veuf de la liberté, succomba sous les coups des Barbares; dans ces combats incessants que l'humanité eut à livrer pour reconquérir un à un ses droits perdus, et qui se résument dans les deux grandes luttes des temps modernes, celle de la conscience humaine se révoltant contre le pouvoir théocratique qui s'en arrogeait le gouvernement, et celle de la nation se revendiquant elle-même contre la tyrannie féodale et la royauté absolue, qui l'histoire nous montre-t-elle combattant aux premiers rangs et décidant la victoire? — Nos ancêtres.

Et quand sonna l'heure, si longtemps attendue et si chèrement achetée, de la rénovation sociale, quels en furent les plus infatigables artisans? Qui rédigea les célèbres cahiers? Qui prit, dans les assemblées nationales, une si large part aux immortels travaux de cette grande époque? — Nos ancêtres.

Lorsqu'à peine échappée aux étreintes du despotisme restauré au profit d'une immense ambition, la liberté mutilée se trouva aux prises avec les passions rétrogrades de la légitimité, qui comptà-t-elle parmi ses plus ardents défenseurs? — Nos derniers ancêtres.

Et dans les nouvelles épreuves qu'elle traverse encore, qui combat aujourd'hui pour elle avec tant de vaillance et tant d'éclat? Regardez autour de vous; vos maîtres n'ont pas abdiqué la cause de leurs devanciers.

Vous ne l'abdiquerez pas non plus, mes jeunes confrères; elle n'eut jamais plus besoin de ses défenseurs : depuis trois quarts de siècle, la France, troublée dans son évolution sociale par les violations du droit, cherche vainement à se reposer dans la libre constitution des nations modernes.

Je ne vous demande pas de vous enrôler sous le drapeau d'un parti; je vous demande d'être partout et toujours ce qu'ont été vos pères, les défenseurs du droit; de ne point vous désintéresser de la chose publique; de maintenir au barreau, comme on l'a dit à cette place, la plus belle et la plus ancienne de toutes ses causes, celle du pays; de ne pas diminuer votre Ordre en le déshéritant de ce glorieux patronage, et de lui « conserver, selon la recommandation de Loysel, le rang et l'honneur que vos ancêtres lui ont acquis, pour le transmettre à vos successeurs ».

Pour moi, dont le devoir est de vous rappeler ces nobles traditions, si mes efforts peuvent contribuer à les affermir dans vos cœurs, je croirai avoir acquitté autant qu'il est en moi la dette immense que, en me plaçant à sa tête, l'Ordre m'a fait contracter.

Il me reste à remplir le pieux devoir de ramener vos souvenirs et vos regrets sur ceux que, dans l'année qui vient de finir, la mort nous a ravis.

M. Roche, qui avait plaidé plusieurs années avec distinction, s'était depuis longtemps retiré des affaires pour se consacrer à des travaux estimés de droit administratif et à des œuvres de charité qui ont honoré sa vie.

M. Schneitzoeffer avait toutes les qualités aimables de l'esprit et du cœur; il s'était fait des amis de tous ses confrères; il a laissé parmi nous un tendre souvenir.

M. Bezout était un esprit sérieux et bienveillant. Il a attaché son nom à des publications utiles. Frappé dans la force de l'âge par un mal soudain, la tristesse de sa fin a ajouté encore à la douloureuse impression qu'a causée la perte de cet excellent confrère.

M. Thorel Saint-Martin a fourni une plus longue carrière. Il plaidait depuis plus de trente ans lorsqu'une cruelle maladie l'éloigna du Palais. C'était un bon confrère, d'un caractère modeste et affectueux.

M. Théodore Perrin avait eu de l'emploi dans les affaires criminelles. Il nous avait quittés depuis quelques années. Cœur chaud, tête vive, il avait conservé dans un âge avancé toute la pétulance de la jeunesse. Il est mort regretté.

M. Godard de Saponay, que nous avions prêté longtemps au barreau de la Cour de cassation, ne plaidait plus parmi nous depuis qu'il nous était revenu. C'était un homme de bien qui consacrait sa vie aux œuvres de bienfaisance, et qui a laissé un nom justement honoré.

M. Bourjon s'était particulièrement consacré à la science du droit, qu'il professait avec succès avant d'entrer dans le barreau militant. Esprit délicat et droit, il jouissait d'une considération méritée.

La mort de M. Lecoq de Boisbaudran a causé au Palais une profonde émotion. Ses rares qualités, sa jeunesse, la longue incertitude qui a régné sur son sort, sa fin mystérieuse et tragique, répandent sur sa mémoire une teinte de douloureuse mélancolie. Nature d'élite, il s'était concilié l'estime et l'affection du barreau.

Comment achever cette longue nécrologie? Comment vous parler encore de M. Berryer? Après tant de regrets, tant de louanges apportés sur sa tombe, tant d'émouvantes adresses venant de tous les barreaux, tant d'éloquentes voix s'élevant de tous les points de la France, quels accents ne vous paraîtraient un écho affaibli de cette universelle acclamation?

De telles pertes inspirent des regrets sans terme et sans mesure.

> *Quis desiderio sit pudor aut modus*
> *Tam cari capitis?*

parce qu'elles sont irréparables,

> *Quando ullum invenient parem?*

mais elles en épuisent l'expression bornée, comme les grandes douleurs tarissent la source des larmes, *consumptis enim lacrymis, tamen infixus animo hæret dolor.*

Le seul hommage qu'on puisse rendre toujours à de tels hommes et le plus digne d'eux, c'est de s'efforcer de marcher sur leurs traces. N'oublions jamais, mes chers confrères, ni le noble exemple que M. Berryer nous a légué par la belle unité de sa vie, ni l'exhortation suprême que, en face de la mort, il a déposée pour nous, comme son testament professionnel, dans ses derniers adieux : « Ah! mon ami, ce grand barreau, qu'il reste toujours, comme il l'a été, ferme dans sa foi, dans son amour pour le droit; car là est sa puissance, sa grandeur, sa force! » plaçant ainsi d'avance sous la majestueuse autorité de sa parole expirante les simples conseils que je viens de vous adresser.

§ VI

DISCOURS

PRONONCÉ PAR M. GRÉVY

BATONNIER DE L'ORDRE DES AVOCATS

A LA FÊTE DONNÉE A M. MARIE

LE 27 DÉCEMBRE 1869

POUR L'ANNIVERSAIRE DE LA CINQUANTIÈME ANNÉE
DE SON INSCRIPTION AU TABLEAU DE L'ORDRE

En 1861, le barreau avait offert à M. Berryer, qui venait d'accomplir la cinquantième année de son inscription au tableau, une fête dont le souvenir était resté dans toutes les mémoires. A la fin de l'année 1869, un autre illustre avocat, M. Marie, devait accomplir sa cinquantaine professionnelle. Le 16 novembre 1869, sur la proposition de M. le bâtonnier Grévy, le conseil de l'Ordre décida qu'un banquet serait offert, au nom de l'Ordre, à M⁰ Marie, et que des invitations seraient adressées aux trois fils de M. Marie; à M. Gilardin, premier président de la Cour de Paris ; à M. Grandperret, procureur général ; à M. Benoît-Champy, président du Tribunal civil ; à M. Désarnauts, procureur impérial ; à M. le président du conseil de discipline des avocats à la Cour de cassation ; à MM. les présidents de la compagnie des avoués près la Cour impériale et le Tribunal de première instance. Une place fut également réservée à M. le bâtonnier du barreau d'Auxerre, auquel M. Marie se rattachait particulièrement par son origine.

Le banquet eut lieu, le 27 décembre 1869, au Grand-Hôtel, à six heures et demie. M. le bâtonnier Grévy reçut, dans la grande galerie, les invités et les souscripteurs appartenant tous au barreau de la Cour de Paris et de la Cour de cassation. Bientôt M. Marie arriva, accompagné de MM. Plocque et Dufaure, anciens bâtonniers, qui avaient été le chercher à sa demeure. Il vit se presser autour de lui tous ceux qui venaient saluer l'une des plus belles carrières dont le barreau se soit honoré.

A sept heures un quart, les portes de la salle à manger furent ouvertes, et on annonça : « M. Marie est servi. »

M. Marie, président du banquet, prit place à la table du fond, ayant à sa droite M. le premier président, et à sa gauche M. le bâtonnier Grévy. A cette même table s'assirent les invités, les anciens bâtonniers et les membres du conseil de l'Ordre. Aux autres tables prirent place deux cents convives. A huit heures trois quarts, le dessert terminé, M. le bâtonnier Grévy se leva et s'exprima en ces termes :

A la santé de notre cher et illustre confrère, M. Marie!

Lorsqu'une famille privilégiée voit, par une faveur, hélas! si rare, ses chefs conservés depuis cinquante ans à sa tendresse, elle se réunit autour d'eux et convie ses amis, pour fêter les longs jours accordés et demander par ses vœux de longs jours encore.

Ce pieux et touchant usage, la grande famille du barreau parisien le consacre aujourd'hui, en célébrant le cinquantième anniversaire professionnel d'un de ses plus glorieux chefs; et son premier besoin, au milieu des émotions de cette fête, est d'exprimer sa gratitude aux dignitaires de la magistrature qui, en venant s'asseoir à sa table et s'associer à sa joie, lui font un honneur et lui donnent un témoignage de sympathie dont elle gardera dans son cœur l'impérissable souvenir.

Le sort, messieurs, *n'est pas toujours de fer,* et l'âge, en versant les années sur nos têtes, y mêle parfois de douces compensations.

Quand on est devenu, par l'élévation du talent, la pureté du caractère et l'austère pratique de toutes les vertus professionnelles, le modèle accompli du grand avocat; quand on a su se rendre, par une bienveillance inépuisable et une sereine aménité, le meilleur et le plus aimé des confrères; quand on a marché avec éclat à la tête du barreau, et qu'on est depuis quarante ans la lumière et l'ornement du conseil de son Ordre; quand enfin, dans les conseils de la nation et dans les régions les plus élevées du pouvoir, à travers les vicissitudes de nos temps troublés, on est resté fidèle aux généreuses convictions d'une longue vie, et qu'au déclin de cette noble existence, on se voit un jour entouré de ces vives admirations, de ces pures amitiés, confondues ici pour glorifier un demi-siècle de grandeur et de vertu..., n'est-ce pas, mon cher Marie, que cette récompense est la plus belle qu'un cœur comme le vôtre puisse ambitionner?

Jouissez-en, mon confrère vénéré, jouissez-en longtemps encore pour la gloire du barreau et l'honneur de votre pays ! C'est le vœu que nous déposons dans ce toast cordial :

A la santé de notre cher et illustre confrère, M. Marie !

« Ce discours, dit la *Gazette des tribunaux*, dans lequel l'honorable bâtonnier s'est rendu, avec tant d'esprit et de cœur, l'interprète des sentiments de tous, a été accueilli par d'unanimes applaudissements. »

M. Marie se leva ensuite et fut salué par de chaleureuses acclamations. D'une voix d'abord altérée par l'émotion, mais qui se raffermit bientôt, il prononça un éloquent discours, qu'il termina par ce vœu :

« Au barreau !

« Qu'il reste, comme l'a dit Berryer mourant, ce qu'il a toujours été :

« Vaillant par la parole,

« Puissant par la science,

« Grand surtout par le patriotisme et la dignité du caractère. »

Puis, M. le premier président Gilardin répondit à la fois aux paroles de M. Marie et « au discours d'une grâce si attique et si sentie de Mᵉ Grévy ». — « Deux bouches éloquentes, dit-il, viennent d'adresser à la magistrature des paroles si flatteuses, que je ne puis négliger, par un silence qui me ferait prendre des apparences d'insouciance et d'ingratitude, d'en reconnaître, au nom de mes collègues et au mien, la courtoisie. » Après ce dernier discours, qui fut salué par une double salve d'applaudissements, les convives quittèrent la salle du banquet et rentrèrent dans la galerie, où les conversations se prolongèrent longtemps. Lorsqu'ils se séparèrent, chacun emporta en soi un de ces souvenirs durables qui mêlent aux douces impressions de salutaires enseignements [1].

1. *Fête donnée à M. Marie, le 27 décembre 1869, par le barreau,* Paris, 1870, une brochure in-8°. — *Gazette des tribunaux* des 27, 28 et 30 décembre 1869.

§ VII

DISCOURS

PRONONCÉ PAR Mᵉ GRÉVY

BATONNIER DE L'ORDRE DES AVOCATS

A L'OUVERTURE DE LA CONFÉRENCE

LE 8 JANVIER 1870

Mᵉ Grévy avait été réélu, le 9 août 1869, par le conseil, bâtonnier de l'Ordre des avocats pour l'année judiciaire 1869-1870. Le 8 janvier 1870, il ouvrit la conférence par un éloquent discours sur l'état présent de la défense judiciaire, dans lequel il compara l'éloquence judiciaire des anciens à l'éloquence moderne dont la forme est l'improvisation. Voici le texte de cette belle harangue :

Mes chers confrères,

Depuis que nos *assemblées générales,* dans lesquelles le barreau réuni délibérait sur les intérêts de l'Ordre, sont tombées en désuétude, l'ouverture de la conférence est la seule occasion qui nous reste de nous occuper en commun des questions qui nous touchent, et le soin de vous en entretenir dans cette solennité familière est devenu un devoir de la charge que la bienveillance de votre conseil m'a fait l'honneur accoutumé de me conférer une seconde fois.

Dans mon désir de m'en acquitter avec quelque utilité, j'ai cherché sur quel objet je pourrais de préférence arrêter un moment votre attention; je n'en ai point trouvé de plus digne de la fixer que l'état présent de la défense judiciaire, et j'ai pensé que quelques simples réflexions sur ce sujet important ne vous paraîtraient peut-être ni sans intérêt ni sans opportunité. La défense n'est pas seulement le patrimoine du barreau; elle est un dépôt confié à sa vigilance et à son honneur; elle est la sauvegarde de tous les droits et la sécurité des citoyens. Il n'est point de plus digne objet de notre sollicitude.

Le grand fait social des temps modernes, la transformation économique du monde civilisé, cet immense courant industriel et commercial qui, mêlant les peuples, les associant par la solidarité des intérêts et des besoins, substituant entre eux les transactions aux hostilités, l'échange au pillage, la production à la destruction, les emporte vers un avenir de bienêtre, de liberté et de paix, par une voie que la philosophie n'a pas entrevue et que la politique n'a pas préparée, ce grand fait, dis-je, modifie incessamment les institutions et les mœurs par une action dont la continuité, la puissance et l'étendue sont sans exemple dans l'histoire.

Un des traits les plus saillants de cette profonde rénovation est d'imprimer à toutes les parties du corps social une prodigieuse activité. Si pour le philosophe méditant sur la nature des choses, le temps n'est que l'étoffe dont la vie est faite, pour l'homme emporté par le tourbillon des affaires, le temps est un capital précieux, *le temps est de l'argent,* selon l'énergique aphorisme d'un peuple voisin, qui semble personnifier le génie du négoce. L'impérieuse loi des transactions, c'est la célérité.

Sollicitées par ce besoin nouveau, les institutions apprennent une rapidité d'action qui leur était inconnue ; et, pour ne parler que de ce qui est de mon sujet, l'administration de la justice, ce grand centre vers lequel convergent tous les intérêts menacés et auquel tous les pouvoirs sociaux viennent aboutir, a dû céder elle-même à l'impulsion commune, sous peine d'arrêter partout le mouvement et la vie.

La poésie antique célébrait la Justice sous les traits d'une déesse au pied boiteux, *pede claudo,* et nos pères vantaient la sage lenteur du magistrat *qui tard juge.* On lui demande aujourd'hui de juger tôt ; le pied boiteux de la déesse n'est plus du goût de la Statistique.

Loin de moi toute pensée de critique ou de blâme ! La prompte distribution de la justice, qui est un bienfait dans tous les temps, est de nos jours une nécessité de premier ordre. Je sais que, pour notre nature mobile et portée aux extrêmes, il est difficile de s'arrêter toujours au point délicat où se rencontrent et se pondèrent, dans leur contrariété, la tendance à juger vite et l'application à juger bien ; mais quelle œuvre humaine n'a ses imperfections, et la tendance contraire en était-elle exempte ?

Soit que, sous l'influence des mêmes causes, elle ait dû se plier aux mêmes exigences ; soit que, s'inspirant des idées modernes, elle ait subi l'empire des changements du goût dans les choses de l'esprit, la défense judiciaire s'est transformée à son tour ; elle a jeté son vieux bagage, elle est devenue plus alerte, *succincta et sine impedimentis,* et cette concession aux nécessités du temps n'a point tourné pour elle en sacrifice.

L'éloquence judiciaire, aux siècles qui ont précédé le nôtre, se calquait servilement sur celle des Grecs et des Romains. C'était un premier tort. Les peuples comme les individus ont leur génie particulier, que l'imitation tue chez les premiers aussi bien que chez les seconds. Le talent est individuel comme les qualités de l'esprit et du corps ; il ne s'emprunte pas plus que les mouvements de l'âme et les traits de la physionomie ; on perd le sien propre à courir après celui des autres, on ne prend que leurs défauts.

Ce pastiche oratoire péchait, en outre, par les vices du genre imité.

Je ne voudrais point passer pour un contempteur de l'éloquence antique. Elle a des magnificences que j'admire : l'ampleur, la richesse, l'élévation philosophique, la science du cœur humain, la véhémence des mouvements, l'incomparable beauté de la langue ; mais elle a pour nous des défauts qui n'en étaient pas, sans doute, pour les anciens. Elle est déclamatoire et théâtrale, conventionnelle et uniforme ; elle puise trop à l'arsenal des rhéteurs, ce qui lui donne je ne sais quoi d'artificiel et de sophistique; elle se complaît trop dans les lieux communs, ces généralités banales qui pouvant, comme leur nom le dit assez, s'adapter indistinctement à toutes les causes, ne prouvent rien particulièrement pour chacune d'elles, et n'apportent au discours qu'une vaine sonorité. Pour tout dire en un mot, elle donne plus à la forme qu'au fond; elle occupe plus de l'orateur que du sujet, si l'on excepte toutefois Démosthène, dont l'impétueuse éloquence n'est que la raison passionnée, et qui a pu dire justement à Cicéron, dans un dialogue célèbre : « Tu occupais l'assemblée de toi-même, et moi je ne l'occupais que des affaires dont je parlais. On t'admirait, et moi j'étais oublié par mes auditeurs, qui ne voyaient que le parti que je voulais leur faire prendre. Tu faisais dire : Ah! qu'il parle bien, et moi je faisais dire : Allons, marchons contre Philippe. »

Avec moins de pompe et d'artifice, la défense judiciaire est aujourd'hui plus naturelle et plus vraie, plus substantielle et plus exacte; elle est plus dans les choses que dans les mots, dans la discussion que dans la déclamation; elle est le fruit plus sain de l'esprit plus mûr des peuples modernes.

Sa forme est l'improvisation. L'orateur, qui n'a travaillé que sur les idées, se confie pour l'expression à la fortune du moment; selon un mot heureux, il sait ce qu'il va dire, il ne sait pas comment il le dira. Libre de toute entrave, dégagé de toute forme convenue, il s'abandonne à son inspiration, il est lui-même. Il prend le ton naturel de la conversation, qui se prête à tout sans effort, s'élève et s'abaisse, se diversifie avec les sujets et laisse à chacun son originalité. C'est par l'improvisation que l'orateur va droit à ses auditeurs, qu'il entre en communication intime avec eux, qu'il s'en empare, qu'il agit sur eux, qu'ils réagissent sur lui et que, par cet échange continuel d'impressions, il les met de moitié dans son discours et les entraîne à son but.

Cette improvisation est celle des peuples nouveaux, des Français, des Anglais, des Américains. Les Grecs et les Romains ne l'ont pas connue, et si l'éloquence est le moyen de persuader les hommes et de les subjuguer, je ne crains pas de dire qu'en ce point l'éloquence des modernes est supérieure à celle des anciens.

C'est ainsi qu'en accélérant sa marche et en simplifiant ses procédés, la défense judiciaire a payé son tribut aux besoins nouveaux, et fait, pour la prompte administration de la justice, tout ce qu'on était en droit d'attendre d'elle.

On semble cependant vouloir lui demander davantage et lui imposer de nouvelles exigences, auxquelles elle ne pourra satisfaire, je le crains bien, qu'au prix de sa mutilation et au détriment de la justice elle-même.

Par des considérations que je ne veux point juger ici, la réplique tend à disparaître de la défense.

Supprimée déjà devant la plupart des Cours de l'Empire, elle est en disgrâce devant les Tribunaux qui consentent encore à la tolérer. C'est une tendance que je déplore.

Depuis la suppression des procédures écrites, les affaires ne s'instruisent réellement qu'à l'audience, et les magistrats ne connaissent le procès qu'ils vont juger que par les plaidoiries. Il faut donc que la discussion soit complète, si l'on veut que l'instruction soit approfondie.

Or il est des raisons qui ne peuvent se produire qu'en réplique; ce sont toutes celles qui surgissent en réponse aux arguments qu'on n'a pu ni prévoir ni réfuter d'avance. Qui de nous n'a perdu des procès sur des allégations ou des moyens qu'il se croyait sûr de pouvoir détruire et que, faute de réplique, il a laissés subsister?

N'est-ce pas la réplique qui place les raisons en présence, qui les oppose les unes aux autres et les met en quelque sorte aux prises? Jusque-là elles se côtoient sans se mesurer; elles ressemblent, dit un auteur, à deux armées qui défileraient en sens opposé, l'une à côté de l'autre, s'apercevant à peine, évitant même de se regarder.

Sans la réplique, la défense n'est pas égale entre les deux plaideurs; celui qui parle le premier ne peut guère qu'exposer sa demande; il ne peut qu'imparfaitement répondre à des arguments que, le plus souvent, il ne connaît pas. L'autre a l'avantage de le combattre sans en être combattu, et si, ce qui n'est pas rare, les deux plaidoiries se trouvent séparées par un long intervalle de temps, si l'ordre des audiences ne permet d'entendre la seconde que huit ou quinze jours après la première, reste-t-il entre elles une ombre d'égalité?

Ce sont de graves considérations; elles frapperont tous ceux à qui la méditation et l'expérience ont appris combien les choses humaines ont de faces diverses; combien à l'examen elles apparaissent sous des aspects changeants; combien les premières impressions sont décevantes; combien, sous les préventions, les préjugés, les fausses apparences, la vérité est longue à découvrir.

Touché de ces inconvénients, un des chefs les plus distingués de la magistrature exprimait un jour l'espoir aux membres du conseil qui le visitaient que si la Cour obtenait la création d'une cinquième chambre, la réplique pourrait nous être rendue. D'autres préoccupations l'ont sans doute emporté; la cinquième chambre a été créée, la réplique est encore à venir.

L'éloquence n'y perd pas moins que la justice.

La réplique est la partie la plus belle et la plus difficile de la défense; elle est le triomphe de l'éloquence judiciaire. « Entendre pendant deux heures, a dit un de nos maîtres, une plaidoirie dans laquelle un puissant adversaire a développé, au soutien de sa cause, tous les moyens de la science et de l'art, et sur-le-champ se lever et, avec autant de méthode et de clarté que de force de raisonnement et de sentiment, répondre et, comme par enchantement, détruire tout l'édifice d'un discours qui avait frappé les esprits et paraissait devoir déterminer l'opinion ; c'est le prodige du don de la parole, c'est l'œuvre la plus étonnante des facultés de l'esprit humain. »

C'est dans la réplique que se montrent les orateurs et c'est elle qui les forme ; elle est l'école et le théâtre de l'éloquence, ce don divin de remuer les âmes, *continuus animi motus*, cette incomparable puissance, le lustre des barreaux, le nerf et la splendeur des peuples libres.

Cultivez-la, mes jeunes confrères, pour devenir de grands avocats et de grands citoyens. Une ère nouvelle s'ouvre pour vous ; la liberté renait, le gouvernement parlementaire sort de ses ruines ; il appelle les jurisconsultes et les orateurs. Préparez-vous à remplacer la génération qui s'en va, soyez plus heureux qu'elle et faites à la France des jours meilleurs !

Que n'a-t-il vécu assez pour prendre sa part de cette noble tâche et revenir de son désenchantement, ce jeune confrère, moissonné dans sa fleur, qui avait déposé dans un livre touchant son découragement et ses regrets ! M. Gournot avait toutes les qualités de l'esprit et du cœur. Depuis un an que la mort nous l'a ravi, son image charmante n'a pas cessé de vivre parmi nous. Nous sommes encore sous cette impression de douleur et d'attendrissement, que laisse toujours après elle la jeunesse enlevée aux tendres affections et aux brillantes espérances.

M. Fontaine (d'Orléans) était au moins plein de jours lorsqu'il nous a quittés. Il appartenait par son âge à la grande génération qui s'éteint ; il lui appartenait aussi par son austère attachement à notre discipline et par son sentiment élevé de notre profession. Disciple de Berryer et d'Hennequin, il s'est montré digne de ses illustres patrons. S'il n'avait en partage ni l'éloquence de l'un ni la séduction de l'autre, sa parole abrupte offrait, comme sa personne elle-même, un attrayant mélange de franchise et de vigueur, avec une teinte de rudesse qui assaisonnait singulièrement les traits dont ses plaidoiries étaient semées. A ces qualités solides du langage, joignant un esprit droit et pratique, une logique nerveuse et serrée, une grande intelligence des affaires, une étude approfondie du dossier, M. Fontaine était un adversaire redoutable, et le palais garde encore le souvenir des grandes causes dans lesquelles il lutta sans désavantage contre les maîtres du barreau. A tous ces titres, il avait pris place dans l'estime de ses confrères, dont les suffrages lui ouvrirent plusieurs fois les portes du conseil.

M. Dalloz, que nous avons perdu aussi, n'a jamais plaidé chez nous ; il s'absorbait dans de grands travaux juridiques et dans de savantes consultations. Il a brillé longtemps à la tête du barreau de la Cour de cassation et siégé avec distinction dans les chambres législatives. Ce que n'ont pu faire les encyclopédistes pour les sciences et les lettres, il l'a fait pour la jurisprudence ; il lui a élevé le monument le plus considérable des temps modernes ; il a rendu ainsi à la magistrature et au barreau un service inappréciable.

Mes chers confrères, ces paroles sont les dernières qu'en qualité de bâtonnier il me sera donné de vous adresser. Permettez-moi de les terminer par la vive expression de mon dévouement et de mon affection pour vous, de mes vœux pour la grandeur de notre Ordre, de ma profonde gratitude pour la dignité que vous m'avez conférée, et qui restera le plus cher souvenir et le plus grand honneur de ma vie.

Les fonctions de M. Grévy ne devaient prendre fin qu'au mois d'août 1870. Le 10 mars 1870, un décret, rendu sur la proposition de M. Émile Ollivier, garde des sceaux, ministre de la justice, restitua à l'Ordre des avocats le droit d'élire le bâtonnier, droit qui lui avait été enlevé après le 2 décembre 1851. La *Gazette des tribunaux* du 19 mars publia, au sujet de cette mesure, l'information suivante :

« Dans sa dernière séance, le conseil de l'Ordre des avocats a décidé, sur la proposition de M. Grévy, bâtonnier, qu'il se rendrait en corps près de M. le garde des sceaux et le remercierait de l'initiative qu'il a prise en proposant à l'Empereur de rendre à l'Ordre tout entier le droit d'élection du bâtonnier.

« Cette visite a été faite aujourd'hui. M. Grévy, bâton-

CHAPITRE III.

nier, a adressé à M. le garde des sceaux les remerciements du conseil. »

Les rapports courtois qu'en sa qualité de chef de l'Ordre des avocats M. Grévy entretenait avec le garde des sceaux ne l'empêchaient pas de combattre avec la dernière énergie, dans le Corps législatif, la politique du ministère que présidait M. Émile Ollivier.

Lorsque les fonctions de M. le bâtonnier Grévy arrivèrent à leur terme, la guerre était déclarée, et nos frontières du Rhin et de la Moselle allaient être le théâtre de terribles événements.

Après la guerre, M. Grévy fut élevé à la présidence de l'Assemblée nationale. Il ne quitta point pour cela le barreau, et l'Ordre, de son côté, se fit un devoir de le renommer chaque année comme membre du conseil de discipline. Quelquefois, le président de l'Assemblée nationale quittait le fauteuil pour aller à la barre. M. Grévy agit de la même manière après sa nomination à la présidence de la Chambre des députés.

Après son élection comme Président de la République, le 30 janvier 1879, il reçut, le 7 février, au palais de l'Élysée, la visite des membres du conseil de l'Ordre. Le journal *le Droit* a donné le récit de cette entrevue dans les termes suivants :

« Hier matin, à neuf heures et demie, au palais de l'Élysée, M. le Président de la République a reçu la visite des membres du conseil de l'Ordre des avocats à la Cour d'appel de Paris, conduits par le bâtonnier en exercice, M⁰ Nicolet.

« Il n'est pas besoin de dire si cette entrevue tout intime a été pleine d'expansion et de cordialité. M. le Président de la République s'est montré très touché des sentiments de vive affection et de respectueux dévouement qui lui ont été exprimés.

« Bâtonnier de l'Ordre, il y a peu d'années, élu depuis membre du conseil sans interruption, il ne pouvait, revêtu de la dignité suprême, se retrouver, sans une vive émotion, avec les confrères au milieu desquels il avait longtemps vécu, ni oublier qu'il y a une année à peine, il descendait du fauteuil présidentiel pour aller encore dans leurs rangs porter la parole devant la justice. »

Les fonctions de Président de la République lui paraissant incompatibles avec la profession d'avocat, M. Grévy donna sa démission de membre du barreau. Mais au milieu des agitations et des amertumes de la vie publique et des soucis de la première magistrature de l'État, il a dû se rappeler plus d'une fois les jours heureux et tranquilles qu'il avait passés au Palais, et la haute dignité qu'il devait au libre suffrage de ses confrères, qui reste, comme il l'a dit lui-même, « le plus cher souvenir et le plus grand honneur de sa vie ».

CHAPITRE IV

LE CORPS LÉGISLATIF

§ I

ÉLECTION DE M. JULES GRÉVY
DANS LE JURA
LE 17 AOUT 1868.

En 1868, une vacance s'était produite dans la représentation du Jura au Corps législatif, par suite du décès de M. le comte de Toulongeon. Les électeurs de la deuxième circonscription de ce département, comprenant les arrondissements de Dôle et de Poligny, offrirent la candidature à l'ancien commissaire général et représentant du peuple, M. Jules Grévy. Celui-ci hésita longtemps. Il ne pouvait se décider à l'obligation du serment préalable, prescrite par le sénatus-consulte du 17-19 février 1858. Mais ses concitoyens insistèrent tellement qu'il accepta, contraint et forcé, d'être leur candidat. L'émotion fut vive dans le monde gouvernemental à cette nouvelle. Il n'y avait pas à s'y tromper, en effet. C'était la République, vaincue dix-sept années auparavant, qui, dans cette élection, se mettait en face de l'Empire triomphant. Aussi le Gouvernement déploya-t-il la plus grande activité pour faire réussir le candidat officiel,

M. Césaire Huot, avocat, ancien représentant du peuple à la Constituante, rallié à l'Empire. M. Grévy venait de publier la profession de foi suivante adressée aux électeurs :

« Mes chers concitoyens,

« J'aurais voulu me borner à publier ma candidature et vous laisser le soin de l'apprécier. Vous me connaissez : j'ai eu l'honneur de vous administrer dans des temps difficiles et de vous représenter dans deux grandes Assemblées ; je n'ai sur moi rien à vous apprendre.

« Les attaques déloyales auxquelles je suis en butte ne m'auraient point fait rompre le silence ; elles ne peuvent ni m'atteindre, ni vous égarer. J'ai montré toute ma vie par mes paroles et par mes actes que je ne sépare point la liberté de l'ordre, et que je n'en attends le bienfait que du progrès de la raison publique.

« Mais je ne puis sans protestation laisser poser, comme on le fait, la question entre mon adversaire et moi. Je ne représente pas plus la révolution que mon concurrent ne représente l'ordre ; les révolutionnaires aujourd'hui ne sont point ceux qui tentent de retenir le pouvoir sur une pente fatale ; ce sont ceux qui, en abdiquant leur indépendance, se condamnent à se précipiter avec lui.

« Vous avez à opter entre le candidat officiel et un candidat indépendant ; entre celui qui devra son élection à l'administration et celui qui ne la devra qu'à vous ; entre un représentant qui vous est donné par le pouvoir et un représentant que vous vous donnez vous-mêmes ; — l'un, instrument forcé de la politique qui vous a valu les grosses armées, les expéditions désastreuses, les budgets écrasants, l'emprunt périodique, le malaise général et la compression ; — l'autre, partisan convaincu de la politique qui veut réduire les armées et les impôts, et, faisant rentrer la France dans sa voie, fonder la prospérité publique sur le solide établissement de la paix au dehors et de la liberté au dedans.

« Choisissez.

« *Signé :* Jules Grévy. »

Par une lettre rendue publique, M. Berryer recommanda chaudement la candidature de M. Grévy aux électeurs du Jura :

« Esprit loyal, ferme, éclairé et zélé pour le bien public, écrivait l'éminent orateur, M. Grévy réclamera et servira le développement des libertés civiles, politiques et religieuses, avec un respect sincère et intelligent du droit qu'ont tous les citoyens de jouir pleinement de ces libertés... Au temps où nous sommes, le soin de coopérer au triomphe de ces principes est l'impérieux devoir et doit être la principale préoccupation des hommes honnêtes qui savent être libres. »

Le *Constitutionnel*, appréciant ce document, déclara que la candidature de M. Grévy était une candidature antidynastique, radicale, républicaine. Le préfet du Jura, de son côté, lança une proclamation qui fut affichée dans toutes les communes : « Il y a, dit-il, en présence, deux grands principes qui vont se mesurer. L'un est le principe conservateur du Gouvernement impérial..., l'autre est le principe d'opposition à ce même Gouvernement, c'est l'idée révolutionnaire cherchant à nouveau sa voie. »

Cependant la France libérale tout entière avait les yeux attachés sur le département du Jura. Un recueil hebdomadaire, *la Revue politique et littéraire*, venait d'être fondé pour combattre, au nom de l'idée républicaine, le Gouvernement impérial. M. Challemel-Lacour en était le directeur. Il avait pour principaux collaborateurs des hommes jeunes, pour la plupart, et pleins de talent et d'avenir : MM. Allain-Targé, Henri Brisson, Clément Laurier, Frédéric Morin, Léon Gambetta, Jules Ferry, Charles Floquet, Eugène Spuller, E. Despois, Seinguerlet, Desonnaz, André Lefèvre. Dans son numéro du 1er août 1868, la *Revue politique et littéraire* publia, au sujet de l'élection du Jura, un remarquable article, dû à la plume de M. Clément Laurier, et qui, à côté de considérations historiques et politiques d'une grande valeur, contient un portrait à la plume de M. Grévy, d'une exactitude parfaite et d'une admirable finesse de touche. Le voici :

« JULES GRÉVY
« ET L'ÉLECTION DU JURA

« Celui-là est un homme, et, quand on vient à lui, il faut éteindre la lanterne et s'arrêter quelque peu, car il mérite d'être étudié et salué à titre d'exemple. Sa renommée s'est faite lentement, en dehors des voies bruyantes, par la seule force de la raison et de la probité ; il a eu la modération au pouvoir, l'intrépidité dans la lutte, la dignité dans la défaite ; la révolution de 1848 n'a pas produit un cœur plus noble, un plus sûr et plus ferme esprit.

« Jules Grévy est né en 1813[1], à Mont-sous-Vaudrey, dans

---

1. M. Grévy, on le sait, est né le 15 août 1807.

CHAPITRE IV. 89

le Jura. Il est de forte race, opiniâtre, un peu lent, comme les gens de montagne. De très bonne heure il se montra exact, intelligent, laborieux. Lorsque la révolution de 1830 éclata, il était encore au collège ; il en sortit bientôt et devint homme ; mais tant que dura la monarchie de Juillet, il se tint à l'écart de la politique active. Néanmoins et dès cette époque, ses opinions républicaines n'étaient un secret pour personne ; en attendant l'avenir, il s'y préparait par de fortes études. C'est là un des traits principaux de cette intelligence : dès sa jeunesse, il s'est astreint à tout examiner, à tout vérifier autour de lui, il a le don de la méditation utile, de la réflexion féconde. Je ne pense pas que personne ait pénétré plus profondément notre grande révolution de 1789 dans ses diverses périodes. Il a tiré de là une philosophie de l'histoire toute personnelle, laquelle, grâce à la faculté maîtresse de cet esprit, qui est un inaltérable bon sens, s'est trouvée juste sur tous les points. De bonne heure il a jugé les grandes figures et les grands événements de cette tempête avec autant de sang-froid et de sagacité que si lui-même il se fût trouvé en plein calme, et à la distance historique voulue pour être sûr de son jugement. Aussi tout ce qui ressemble à une phrase, à une sonorité oratoire, à un lieu commun d'admiration ou de dénigrement, n'a-t-il aucune prise sur lui. Il est devenu républicain comme Descartes est devenu philosophe, à force de réfléchir et y pensant toujours, mais par la seule puissance de la raison démontrée et sans subir aucun entraînement. Il ne comprend point la République comme un effort éternellement révolutionnaire ; il la conçoit au contraire et la déduit comme une conséquence nécessaire et non violente du mouvement de 1789 ; il la regarde comme la seule fin pratique et pacifique de nos agitations, si bien que pour lui, c'est elle qui, dans la combinaison générale de son système, représente l'ordre, la logique, la paix prochaine et assurée, tandis que tout effort dans le sens monarchique lui semble illogique, violent, perturbateur. Il faut ajouter, et c'est ce qui le complète, que, en même temps qu'il mettait au net les idées des autres et ses propres idées, il étudiait de près les choses et les hommes, toujours avec la même sûreté de jugement ; si bien qu'au moment où il parvint à la virilité, il se trouva pourvu d'une bonne philosophie et d'une solide expérience.

« C'est en cet état que la révolution de 1848 le trouva, avocat excellent, estimé et respecté autant qu'on peut l'être, jouissant à l'intérieur du parti républicain d'une considération exceptionnelle, mais contenue, et qui n'avait point encore éclaté au dehors.

« Le Gouvernement provisoire envoya Grévy comme commissaire dans le Jura. Sans vouloir blesser ni diminuer personne, on peut dire que ce fut son meilleur choix. Le caractère de Grévy, ses études antérieures, sa longue préparation intellectuelle et morale, faisaient de lui un homme tout à fait rare pour ces difficiles fonctions. Il arrivait là avec la résolution d'être juste, et le parfait discernement de la justice. Il comprit tout d'abord que le nouveau gouvernement avait pour premier devoir et pour premier intérêt de ne point alarmer les classes moyennes. Il y avait pourtant beaucoup à dire contre elles. Elles avaient confisqué toutes les promesses de 1830, et comme cette révolution était en grande partie leur œuvre, elles en avaient fait leur profit. Elles avaient conservé tout le mécanisme gouvernemental de la Restauration, à commencer par le cens électoral, à peine amoindri, et, grâce au maintien des mêmes institutions, avec cette seule différence qu'elles les faisaient fonctionner à leur avantage, elles avaient créé une sorte d'aristocratie administrative, laquelle, sans s'occuper d'autre chose, s'était bien vite accoutumée à regarder les fonctions publiques comme le légitime appoint de sa fortune personnelle, et en conséquence avait fait main basse sur toutes les places.

« Néanmoins et quoiqu'elles eussent été bien égoïstes et bien peu clairvoyantes, les classes moyennes constituaient la partie la plus instruite, la plus active, la plus riche de la nation. Il fallait les replacer dans le droit commun et ne point oublier que le droit, qui implique par excellence l'égalité dans la justice, ne doit jamais devenir une arme d'intimidation ou de vexation. La révolution de 1848 avait démontré qu'on ne peut pas gouverner avec la seule bourgeoisie ; il n'en fallait pas conclure qu'on devait, à titre de représailles, gouverner contre elle. Une tête aussi bien faite que celle de Grévy se rendit compte promptement des difficultés de la situation, en même temps que des remèdes possibles et des tempéraments nécessaires. « Je ne veux pas, disait-il, que la République « fasse peur. »

« Simples et justes paroles, et les plus utiles qui pussent être dites à cette époque ! Il ne se borna pas à les prononcer, elles devinrent sa règle de conduite. Tout cela ne l'empêchait point de se montrer très ferme et très décidé quand il en était besoin, et c'est en quoi consistèrent précisément la justesse et l'originalité de sa conduite. Généralement, les commissaires du Gouvernement provisoire inclinèrent sans mesure ou vers la réaction déjà naissante, et par quelques-uns habilement pressentie, ou vers l'extrême et violente démocratie. Grévy, sans autre habileté que sa droiture d'esprit, sut se garder de ces deux écueils et frayer le chemin à l'idée républicaine à travers les terreurs des uns et les turbulences des autres. Il ne faut pas croire que dans des temps aussi passionnés il soit facile d'observer ce juste équilibre ; cette science de conduite exige, au contraire, une grande raison et une grande autorité, mais si la raison tient aux choses, l'autorité tient au caractère, et c'est parce que

Grévy possédait ces deux forces que l'on trouve si rarement réunies, qu'il a réussi au delà de toute espérance où tant d'autres ont échoué.

« L'opinion publique, dans le rayon de son influence, fut bien vite rassurée, convaincue, attirée à la République; il exerça son action par un double mouvement, sur les bourgeois, les paysans et les ouvriers, retenant ceux-ci, poussant ceux-là en avant, jusqu'à la rencontre naturelle des intérêts communs, si bien que, le jour du vote pour l'Assemblée constituante, son département le nommait représentant du peuple, le premier de sa liste, à la presque unanimité des voix, marquant ainsi la confiance de tous et l'universelle reconnaissance.

« Un tel homme devait occuper une des premières places à l'Assemblée constituante, il l'occupa en effet et dignement, sans bruit, sans apparat, de la façon la plus discrète et la plus utile. Il fut durant cette législature un des membres de la commission qui faisait fonction de Conseil d'État ; il fut aussi un des vice-présidents de l'Assemblée. Un des traits les plus remarquables et les plus tristes de cette carrière parlementaire de Grévy, c'est que ses votes et ses discours ont toujours été marqués au coin de la vérité la plus rigoureuse, et d'une vérité malheureusement prophétique. Jamais il n'a parlé, si ce n'est pour dire une chose essentielle, car il ne fatiguait pas la tribune, quoiqu'il y fût fort écouté ; jamais en parlant ou en votant, il n'a manqué de voter juste et de parler vrai. Il n'en est pas beaucoup parmi les meilleurs auxquels un tel hommage puisse être rendu. Cet hommage lui revient pleinement.

« Dans l'Assemblée constituante, il a soutenu deux luttes mémorables, à l'une desquelles il a attaché son nom. »

L'écrivain de la *Revue politique et littéraire* rappelle comment la commission de constitution, présidée par M. de

Cormenin, avait réglé le mode de nomination et les attributions du pouvoir exécutif, et il met en regard des dispositions du projet de la commission celles de l'amendement qui, dans l'histoire, porte le nom d'*amendement Grévy*. Puis il ajoute :

« ... A la tribune de l'Assemblée constituante, Grévy défendit son amendement avec cette honnêteté d'accent, cette force de dialectique, que je dirais être le propre de son talent oratoire, si le mot oratoire pouvait trouver place quelque part quand il s'agit de lui. L'amendement fut rejeté par ceux-là mêmes qui deux mois plus tard — mais trop tard ! — l'auraient voté par acclamation. Il faut en faire un grand honneur à Grévy, et beaucoup pardonner à ceux qui, avec autant de bonne foi que lui, n'ont pas eu le même don de clairvoyance et de divination. »

L'écrivain que nous citons rappelle que « la deuxième grande occasion qui s'offrit à Grévy de veiller au salut de la République se rattache à la proposition Rateau ». Après avoir indiqué en quoi consistait la proposition de M. Rateau, il poursuit en ces termes :

« ... En cédant prématurément la place à la Présidence et à l'Assemblée réactionnaire qui a suivi, en abandonnant à cette Assemblée la confection des lois organiques qui devaient servir de base au gouvernement républicain, il était trop clair qu'on accomplissait une œuvre d'aveuglement ou de trahison. De fort honnêtes gens, cependant, et à vue courte, même parmi les républicains, défendirent cette proposition, et si la République ne fut pas vendue, il est du moins certain qu'elle fut livrée ce jour-là ; Grévy, nommé rapporteur, ne voulut ni la livrer ni la vendre. Il résista de toutes ses forces, de toute son honnêteté. Dans les deux phases de la discussion, il proposa deux fois le rejet de la

coin. Il est de taille moyenne et un peu gros, ou, pour mieux dire, un peu large; car il est resté leste d'allure comme il sied à un chasseur au chien courant, qui ne chasse qu'à pied. Il passe ses vacances à travers bois. Du mois de novembre au mois d'août, il arrange le plus d'affaires qu'il peut et en plaide le moins possible. Son désintéressement est fabuleux. A la barre, il est un redoutable adversaire, précis, serré, sans faconde, professant et pratiquant l'horreur de la phrase.

« Pendant un certain temps, les clients lui ont tenu rigueur, persuadés que les magistrats regardaient moins à la cause qu'à l'avocat, et qu'une affaire gagnait beaucoup à être plaidée par un bavard ou par un sot qui fût dans les eaux du Gouvernement. Pour l'honneur de ses juges, on en est bien revenu. Grévy n'a pas tardé à conquérir au Palais la situation qui convient à son caractère et à son talent. Il plaide avec une simplicité extraordinaire, sans faste, presque sans bruit, comme un homme qui ne s'attache qu'au raisonnement, et ne fait aucun cas du reste. Il parle d'une voix claire, nette, peut-être un peu molle, contraste singulier avec le nerf de sa dialectique; mais sous cette parole négligée et comme flottante, on sent bien vite une argumentation de premier ordre. Incapable, d'ailleurs, d'employer un moyen non pas mauvais, mais douteux. A la tribune, je ne l'ai pas entendu, mais je me l'imagine y apportant le même ordre de qualités, avec cette différence que la précision et la vigueur de son esprit y devaient produire bien plus d'impression qu'à la barre. J'ai entendu raconter qu'il y était très à l'aise, comme il arrive aux gens qui ont beaucoup réfléchi, et qui s'occupent bien plus de ce qu'ils ont à dire que de la manière dont ils le diront. C'était le parfait raisonneur que nous connaissons, préoccupé non de séduire, mais de convaincre, et plaisant néanmoins malgré lui par une espèce de bonhomie ronde et malicieuse en

CHAPITRE IV.

même temps, qui donnait à sa logique une saveur particulière, et faisait de lui une sorte de Phocion, légèrement teinté de Franklin.

« Sa conversation, en tant que conversation politique, est une des mieux nourries et des plus instructives que l'on puisse entendre. Sur chaque sujet, on le trouve prêt, c'est-à-dire ayant médité et apportant des vues souvent nouvelles, toujours justes. Il aime les jeunes gens, et les jeunes gens lui font fête. Les causeries ont un grand charme, ainsi menées à travers les enseignements de l'histoire contemporaine ; et il en résulte, de la part de ses auditeurs, un tel attachement pour sa personne, que plus d'une fois il a été question parmi eux d'aller fonder, là ou là, une petite république dont on l'eût supplié d'accepter la présidence perpétuelle, si une république établie d'après les doctrines de Grévy pouvait avoir un président.

« Aujourd'hui, un peu contraint et forcé, et après une longue absence, il rentre dans la vie politique. On le porte bien plus qu'il ne se porte lui-même candidat pour le Corps législatif dans le département du Jura. Il est fort probable qu'il sera élu, car pour voter contre lui, il faudrait ne pas le connaître, et tout le monde le connaît dans ce pays qu'il a administré si sagement ; son souvenir y est resté vivace et inextirpé. Ce qui singularise tout à fait cette élection et lui donne un caractère propre, c'est que les voix des paysans se déclarent ouvertement et irrésistiblement en sa faveur. Contrairement à ce qui se passe partout pour les candidats de l'opposition, ce sont les votes campagnards qui font la force de cette candidature, et si les rustiques du Jura étaient seuls à aller au scrutin, le succès ne serait pas un instant douteux. Voilà des hommes des champs, ce me semble, qui sont en voie de faire la leçon à bien des citadins, et, ici, on ne sait vraiment pas qui on doit le plus louer, de celui qui a mérité une telle reconnaissance, ou de ceux qui, dans le temps où nous sommes, ont le courage de la lui témoigner. Grévy, s'il entre à la Chambre, ne peut manquer de rendre de grands services, et il en rendra de plus d'un genre. Son calme, son amour de la liberté, sa probité rigoureuse, son respect du droit, l'autorité d'une vie politique qui est tout un exemple et dans laquelle, à travers des époques si troublées, on ne peut relever ni une erreur ni une faute, le désignent pour occuper une des premières places et exercer une influence qui se fera bien vite sentir dans la direction de son parti. »

Nous avons tenu à reproduire presque en entier cet article de la *Revue politique et littéraire*, parce qu'il est fortement pensé, et qu'il retrace la fidèle et vivante image du jurisconsulte, de l'orateur et de l'homme politique, dont la personne, au mois d'août 1868, attirait à un si haut degré l'attention publique.

La population du Jura justifia la confiance que la France libérale avait mise en elle. L'élection eut lieu les 16 et 17 août [1]. Sur 42,131 électeurs inscrits et 34,028 votants, M. Grévy obtint 22,595 suffrages, et le candidat officiel, M. Césaire Huot, n'en eut que 11,263. M. Grévy était élu.

Cette élection eut un immense retentissement.

M. Paschal Grousset écrivit, dans le livre intitulé : *le Bilan de l'année* 1868, publié avec la collaboration de MM. Castagnary, A. Ranc et Francisque Sarcey : « Le fait le plus considérable, peut-être, qui se soit produit depuis le triomphe de la démocratie parisienne en 1863, se produit dans le département du Jura. M. Grévy est élu député [2]... »

1. Décret du 22-24 juillet 1868.
2. *Le Bilan de l'année* 1868, Paris, 1869, 1 vol. in-8°, p. 106.

§ II

DISCOURS

SUR LE PROJET DE LOI

RELATIF

A LA CESSION DE TERRAINS SIS AU TROCADÉRO

ET A L'ALIÉNATION

DE TERRAINS DOMANIAUX

DÉTACHÉS DU JARDIN DU LUXEMBOURG

PRONONCÉ LE 13 MARS 1869

AU CORPS LÉGISLATIF

La session législative fut ouverte le 18 janvier 1869. A la séance du 23 janvier, M. Terme présenta au Corps législatif le rapport sur l'élection du Jura. M. Grévy prêta le serment prescrit par l'article 16 du sénatus-consulte du 25-30 décembre 1852 : « Je jure obéissance à la Constitution et fidélité à l'Empereur », et le président du Corps législatif, M. Schneider, le déclara admis [1]. M. Grévy ne prit qu'une seule fois la parole au Corps législatif pendant l'année 1869. Le Gouvernement avait présenté un projet de loi portant approbation d'une convention passée entre l'État et la Ville de Paris au sujet de la place du Roi-de-Rome, et autorisant l'aliénation des terrains domaniaux détachés du jardin

---

1. *Journal officiel* du 24 janvier 1869, p. 94, col. 1.

du Luxembourg. Il s'agissait de créer, en face du Champ de Mars, sur les terrains vagues du Trocadéro, à l'endroit où le premier Empire avait projeté d'élever un palais au roi de Rome, un immense square, auquel on devait arriver par un escalier monumental. La dépense était évaluée à dix-neuf millions. En même temps, le Gouvernement avait rendu, à la date du 24 novembre 1865, un décret détachant plusieurs îlots du jardin du Luxembourg pour les vendre. Combattu par MM. Ernest Picard, Thiers, Eugène Pelletan, Segris, ce projet de loi fut défendu par M. Vuitry, ministre président le Conseil d'État; L'Hôpital, conseiller d'État, commissaire du Gouvernement, et Rouher, ministre d'État. M. Grévy prit également la parole dans ce débat, à la séance du 13 mars. « Dans un discours d'une admirable clarté, il prouva que le Gouvernement avait audacieusement violé la loi[1]. » Nous reproduisons intégralement ce discours :

M. LE PRÉSIDENT SCHNEIDER. — La parole est à M. Grévy.

M. GRÉVY, *de sa place*. — Messieurs...

Voix nombreuses. — A la tribune! à la tribune!

M. GRÉVY, *à la tribune*. — Je demande la permission à la Chambre de ne pas répondre à tout ce qu'elle vient d'entendre de traits d'esprit, si fins, si neufs et si bien à leur place dans ce débat... *(Sourires.)* Je veux lui présenter une très courte observation. Je ne me proposais pas de prendre part à la discussion de ce projet de loi. Les raisons qui me le

---

[1]. Ernest Hamel, *Histoire illustrée du second Empire*, Paris, 1874, 2 vol in-4°, t. II, p. 392.

font repousser, c'est-à-dire la mutilation de cette belle promenade du Luxembourg... *(Réclamations.)*

A la gauche de l'orateur. — Très bien !

M. Grévy.... la mutilation de ce beau jardin du Luxembourg qui, en perdant la pépinière et l'avenue de l'Observatoire, perdra en grande partie son caractère et ce qui fait son charme particulier, et le but réel de cette mutilation qui n'est autre que celui de faire argent du domaine public, ne pouvaient manquer d'être, et elles ont été présentées si fortement, que je n'ai point eu à me préoccuper personnellement de leur expression dans le débat. *(Très bien! à la gauche de l'orateur.)*

A la fin de la dernière séance il s'est élevé, entre les représentants du Gouvernement et plusieurs membres de l'Assemblée, une question incidente qui a laissé bien loin derrière elle, par son importance, le débat principal dans lequel elle a surgi. L'honorable M. Thiers, et, après lui, l'honorable M. Segris ont rappelé le principe que les biens composant les domaines publics ne peuvent être aliénés que par une loi. M. le président du conseil d'État s'est efforcé, avec autant d'érudition que de talent, de renverser ce principe fondamental de notre droit public ; mais il n'y est point parvenu.

Le principe invoqué par M. Thiers et M. Segris n'a point été ébranlé par les efforts des organes du Gouvernement.

Je voulais cependant laisser à M. Segris et à

M. Thiers le soin de rétablir eux-mêmes et de venger leur proposition des attaques dont elle venait d'être l'objet; et si j'ai demandé la parole, ce n'est que lorsque M. le ministre d'État s'écriait que la démonstration de M. le président du conseil d'État était une œuvre magistrale qui défiait toute contradiction.

Je n'ai pas cru pouvoir, comme député et comme jurisconsulte, laisser passer sans protestation *(Très bien! très bien! à la gauche de la tribune)* une telle affirmation qui semblait être une provocation. J'étais sous l'empire d'une double réflexion que j'ai demandé à vous communiquer immédiatement. L'heure avancée ne l'a pas permis. Je viens vous la soumettre en peu de mots si vous voulez bien m'accorder quelques courts instants d'attention. *(Parlez! parlez!)*

Je trouve que, malgré toute sa science, M. le président du conseil d'État a fait un exposé inexact de la législation qui régit le domaine de l'État et le domaine public.

Je trouve surtout qu'il a fait de cette législation une interprétation abusive et dangereuse.

Tels sont, messieurs, les deux points que je vais essayer d'établir devant vous.

M. le ministre présidant le conseil d'État a distingué justement le domaine public du domaine de l'État.

Quelle était la législation qui régissait ces deux domaines avant la Révolution? Quelle est celle qui a existé depuis la Révolution jusqu'à l'avènement du

CHAPITRE IV.

second Empire ? Quelle est celle qui est en vigueur aujourd'hui ?

Avant 1789, ces deux domaines, qui se confondaient dans la dénomination générale de domaine de la couronne ou du roi, étaient inaliénables, sauf ce qu'on appelait le petit domaine ; le grand domaine était inaliénable depuis le XVIe siècle, depuis l'ordonnance de François Ier ; ce principe avait été définitivement réglementé, sous les inspirations du chancelier L'Hôpital, dans la célèbre ordonnance de Moulins, de 1566, restée en vigueur jusqu'à 1790.

Sous l'ancien régime le domaine public ou national était inaliénable. C'est ainsi que, même sous la royauté, le droit public s'inspirait du respect des propriétés de la nation. *(Très bien ! à la gauche de l'orateur.)*

En 1790, lorsque la nation fut remise en possession des propriétés qui composaient le domaine et que la royauté avait jusque-là possédées, une loi de l'Assemblée constituante, du 1er décembre 1790, établit en principe que les biens qui composaient le domaine de l'État étaient aliénables, mais qu'ils ne pouvaient être aliénés que par une loi.

Cette loi, qui forme encore aujourd'hui le fondement de notre droit public, porte dans son préambule :

« L'Assemblée nationale, considérant que le domaine public dans son intégrité et avec ses divers accroissements appartient à la nation, que cette propriété est la plus parfaite qu'on puisse concevoir parce qu'il n'existe aucune autorité supérieure qui puisse la modifier ou la restreindre ; que la faculté d'aliéner, attribut essentiel du droit de propriété, réside également dans la nation... »

Et l'article 8 de cette loi dispose ainsi :

« Les domaines nationaux et les droits qui en dépendent sont et demeurent inaliénables sans le consentement et le concours de la nation ; mais ils peuvent être vendus et aliénés à titre perpétuel et incommutable, en vertu d'un décret formel du Corps législatif, sanctionné par le roi, en observant les formalités prescrites pour la validité de ces sortes d'aliénations. »

Telle est la loi de 1790, dont le principe a été proclamé de nouveau par des lois postérieures, et particulièrement par celle du 22 avril 1815, dont l'article 35 est ainsi conçu :

« Aucun impôt direct ou indirect, en argent ou en nature, ne peut être perçu, aucun emprunt ne peut avoir lieu, aucune inscription de créances au grand livre de la dette publique ne peut être faite, aucun domaine ne peut être aliéné ni échangé, aucune levée d'hommes pour l'armée ne peut être ordonnée, aucune portion du territoire ne peut être échangée qu'en vertu d'une loi. »

Tel était l'état du droit, universellement reconnu et appliqué jusqu'à l'avènement du second Empire.

Les biens composant soit le domaine public, soit

le domaine de l'État, étaient légalement inaliénables pour le Gouvernement; ils ne pouvaient être aliénés qu'en vertu d'une loi.

Voilà, messieurs, quel était l'état de la législation en ce qui concerne l'aliénation des propriétés nationales.

Quel était l'état de la législation en ce qui concerne l'affectation ou la désaffectation à un service public des choses dépendant du domaine public et du domaine de l'État?

M. le ministre présidant le conseil d'État s'est efforcé d'établir dans sa discussion que le droit d'affectation ou de désaffectation à un service public, sans distinction des choses du domaine de l'État et de celles du domaine public, était alors, comme il prétend qu'il est encore aujourd'hui, de la compétence du pouvoir exécutif.

Il l'a dit, il l'a affirmé, il ne l'a point démontré, il ne le démontrera jamais, car ce qu'il avance est contraire aux principes les plus élémentaires et les plus certains. *(Approbation à la gauche de l'orateur.)*

Il a invoqué des ordonnances, des décrets, c'est-à-dire des actes que le pouvoir exécutif faisait lui-même pour s'attribuer un droit qu'il n'a pu se conférer; ce droit, il se l'arrogeait, mais il ne l'avait point.

Constatons d'abord qu'il n'y a jamais eu de dispositions législatives réglant l'affectation et la désaffectation à un service public, soit des biens composant le domaine de l'Etat, soit des biens composant le domaine public; il n'y a point eu, avant le second Empire, de loi sur ce sujet; il n'y a eu que des ordonnances, des décrets, qui ne sont en droit que des empiétements du pouvoir exécutif qui ne peut assurément s'attribuer à lui-même le droit que la loi ne lui a point conféré et qu'il ne tient point de ses attributions.

Quelles sont donc les règles qui gouvernent le droit d'affectation et de désaffectation à un service public, des choses qui sont dans le domaine de l'Etat, ou dans le domaine public? Ce sont les règles du droit commun, elles se tirent des attributions du pouvoir exécutif et du droit de propriété de la nation.

On a indiqué déjà dans la discussion la différence qui existe entre les biens du domaine de l'État et les biens du domaine public. Je répéterai sommairement que les biens du domaine public sont ceux qui ne sont point dans le commerce, et qui sont destinés, affectés à un usage public et commun, tels que l'eau, l'air, les fleuves, la mer, les routes, etc., tandis que les biens du domaine de l'État sont dans le commerce et possédés par la nation au même titre que les particuliers possèdent leurs propriétés privées : tels sont les forêts, les édifices, les terrains, etc.

Quel est le droit du pouvoir exécutif en ce qui concerne ces deux parties de la fortune nationale : le domaine de l'État et le domaine public?

En ce qui concerne le domaine de l'État, le pouvoir

exécutif en a l'administration, la régie, et par suite tous les droits qui découlent de cette attribution. Il est administrateur et régisseur des biens qui composent le domaine de l'État, rien de moins, rien de plus.

A l'égard des biens qui composent le domaine public, quels sont les attributions et les droits du pouvoir exécutif? Il n'a qu'un droit de police, un droit de garde et de conservation; il n'en a point d'autre! *(Très bien! à la gauche de l'orateur.)*

Le pouvoir exécutif n'a pas le droit de disposer des choses du domaine public. Ces choses sont inaliénables et imprescriptibles ; je le répète, le Gouvernement n'a sur le domaine public qu'un droit de police et de conservation.

Tirez les conséquences et déterminez quels droits ces attributions si différentes peuvent conférer au Gouvernement touchant l'affectation et la désaffectation à un service public des biens qui composent, soit le domaine de l'État, soit le domaine public.

Pour ce qui est des biens composant le domaine de l'État, nulle difficulté. Le pouvoir exécutif en est administrateur ; il en a la régie, il peut les affecter, ou les désaffecter à un service public. C'est une conséquence de son droit d'administration, mais en laissant, toutefois, aux biens qui composent le domaine de l'État, leur caractère domanial que l'affectation ou la désaffectation ne peut jamais leur faire perdre.

Pour les biens composant le domaine public, dont

le pouvoir exécutif n'a ni l'administration ni la régie, au sujet desquels il n'a qu'un droit de garde et de conservation, il ne peut en disposer, il ne peut conséquemment ni les affecter, ni à plus forte raison les désaffecter ; car, en faisant cesser leur affectation au service public et commun auquel ils sont destinés, il changerait leur caractère et les ferait sortir du domaine public, qui est et doit rester au-dessus de ses atteintes.

La désaffectation d'un bien dépendant du domaine public le faisant entrer dans le domaine de l'État conduit indirectement à son aliénation, laquelle ne peut être directement ou indirectement qu'un acte de la nation, seule propriétaire et pouvant seule disposer du domaine public.

Le droit de garde, le droit de police, ne vous donne donc pas le droit de désaffecter, de dénaturer, de faire sortir du domaine public les biens qui le composent.

S'il en était autrement, et telle est cependant la prétention du Gouvernement, le pouvoir exécutif pourrait, à volonté, ruiner, détruire le domaine public par le commode et abusif procédé de la désaffectation.

Aussi, à aucune époque, ni les principes généraux du droit, ni la loi écrite n'ont confié au Gouvernement le pouvoir de toucher, par la désaffectation, aux biens composant le domaine public.

Le Gouvernement s'était néanmoins arrogé, par

des ordonnances et par des décrets, le droit d'affectation et de désaffectation des choses composant le domaine public, comme il le faisait pour les biens composant le domaine de l'État, jusqu'au jour où les abus dont on faisait hier l'aveu déterminèrent le législateur à y mettre un terme par la loi de mai 1850 qui retirait au Gouvernement non seulement le droit qu'il n'a jamais eu d'affecter ou de désaffecter les choses du domaine public, mais même le droit qu'il avait à l'égard des choses du domaine de l'État.

Voici le texte de cette loi : « L'affectation d'un immeuble national à un service public ne pourra être faite que par une loi. »

Telle est la situation dans laquelle le Gouvernement actuel a trouvé la législation relative au domaine public et au domaine de l'État. En ce qui concerne l'aliénation des choses, soit du domaine public, soit du domaine de l'État, comme en ce qui touche l'affectation et la désaffectation de ces mêmes choses à un service public, défense absolue d'y procéder autrement que par la loi. Telle était la législation en 1850, à l'avènement du second Empire.

Voyons maintenant ce que ce Gouvernement a fait de cette législation, et dans quel état elle se trouve aujourd'hui, et pour l'aliénation, et pour l'affectation.

Pour l'aliénation, vous avez la loi de 1864, qui, est votre œuvre, et qui permet au Gouvernement d'aliéner à son gré et sans le pouvoir législatif les biens composant le domaine de l'État, pour toutes les parcelles n'excédant pas la valeur d'un million. Vous n'avez pas entendu toucher au domaine public, qui est imprescriptible et inaliénable, tant que la destination et le caractère des choses qui le composent ne sont pas changés ; mais votre loi de 1864 confère au Gouvernement le pouvoir arbitraire, exorbitant et nouveau dans notre droit public, de disposer d'une manière générale et absolue de toutes les choses qui composent le domaine de l'État, à la condition que les parcelles aliénées n'excéderont pas la valeur estimative d'un million.

Le second Empire est le premier gouvernement qui se soit fait conférer ainsi le droit de porter la main sur le domaine national. *(Très bien ! très bien ! à la gauche de l'orateur.)*

Voilà la voie nouvelle dans laquelle vous avez engagé notre droit public, contrairement à tous les précédents et à tous les principes. Sous les autres gouvernements et jusqu'en 1864, inaliénabilité absolue, défense absolue de disposer des biens du domaine de l'État autrement que par une loi. Depuis 1864, droit général et normal pour le Gouvernement de disposer par fractions des biens qui composent le domaine de l'État.

Et au sujet de l'affectation, quelle est la modification que le nouveau régime a apportée à l'état de la législation antérieure ?

Éclairé par l'expérience, le législateur de 1850

avait retiré au Gouvernement jusqu'au droit qui découlait de la nature de ses attributions, d'affecter ou de désaffecter à un service public les biens composant le domaine de l'État, exigeant, pour toute affectation d'un bien quelconque, l'autorisation législative. Cette loi fut trouvée gênante ; elle a été abrogée par un décret de 1852.

La date de ce décret vous indiquera assez comment une loi, votée par le pouvoir législatif, a pu être abrogée par un simple acte du chef du Gouvernement.

« Louis Napoléon, Président de la République », porte ce décret :

« Vu la loi du 18 mai 1850 portant que l'affectation d'un immeuble ne pourra être faite que par une loi ;

« Considérant que les nécessités de service sont souvent urgentes et que l'affectation d'un immeuble à un service public n'altère en rien son caractère domanial ;

« Décrète :

« Article unique : L'article 4 de la loi du 18 mai est abrogé. »

Je vais examiner, dans un instant, et c'est par là que je terminerai ces observations, quelle est la portée légale de ce décret. Vous savez quelle est celle que M. le ministre présidant le conseil d'État lui attribue.

Pour lui, ce décret n'est pas purement et simplement abrogatif de la loi de 1850.

Le décret, dit-il, ne parle pas de la désaffectation ; elle reste donc dans le droit du Gouvernement, non seulement pour les biens qui composent le domaine de l'État, mais encore pour ceux du domaine public. Vous l'avez entendu hier affirmer à plusieurs reprises cette étrange prétention, se fondant, pour justifier sa thèse, sur les ordonnances et les décrets antérieurs, par lesquels le pouvoir exécutif a consommé ses empiétements. Avec le décret de 1852, interprété de la sorte, il ne restera dans le domaine public que ce que le Gouvernement voudra bien y laisser.

Il peut l'épuiser à son gré, en faisant passer dans le domaine de l'État les biens qui le constituent. Et M. le ministre présidant le conseil d'État ne vous l'a pas laissé ignorer.

L'honorable M. Thiers s'écriant : On ne nous laisse que la mer et les fleuves! M. le président du conseil d'État lui a répondu avec ce sans-façon que donne l'omnipotence : « Nous ne vous laissons pas même cette satisfaction! » *(Très bien! très bien à la gauche de l'orateur.)*

C'est vrai ; par votre décret de 1852 combiné avec la loi de 1864, vous ne laissez rien dans le domaine public ; toutes les propriétés nationales sont dans vos mains; vous êtes les maîtres de la fortune publique.

CHAPITRE IV.

(Nouvelles marques d'approbation à la gauche de l'orateur.)

Voilà l'état de la législation, non pas tel qu'il est réellement, mais tel que le Gouvernement la comprend et l'applique ; telle est l'interprétation qui excitait hier la vive admiration de M. le ministre, lorsque, se tournant de notre côté, il semblait nous défier d'en tenter la réfutation, lorsque j'ai demandé la parole.

Il faut que la Chambre et le pays sachent quelle est la législation que le Gouvernement a faite, il faut surtout qu'ils sachent quelle interprétation fausse et dangereuse il s'efforce de lui donner! *(Oui! oui! — Très bien! à la gauche de l'orateur.)*

Les principes séculaires du droit public, les principes protecteurs de la fortune nationale ont disparu sous le second Empire ; tous les biens composant le domaine de l'État, tous les biens composant le domaine public sont sous la main du Gouvernement, qui s'attribue le droit d'en disposer.

Toute mauvaise qu'elle est, la législation ne l'est pourtant pas autant qu'elle le paraît, interprétée par M. le ministre d'État. Son interprétation est inexacte, abusive et dangereuse.

Sur quoi se fonde M. le ministre présidant le conseil d'État, pour soutenir que le décret de 1852 donne au Gouvernement le droit d'affecter, et surtout de désaffecter les biens qui composent le domaine public? Ce n'est assurément pas sur les termes de ce décret, qui se borne à abroger la loi de 1850.

Ce décret ne réglemente pas, il n'édicte aucun droit nouveau; il se borne à abroger la loi de 1850; il remet conséquemment les choses dans l'état antérieur; il ne confère au Gouvernement aucun droit nouveau d'affectation ou de désaffectation.

Eh bien! quel était l'état antérieur à la loi de 1850?

Je l'expliquais il n'y a qu'un instant. En ce qui concerne les biens dont le Gouvernement a l'administration et la régie, ces biens du domaine de l'État, il peut les affecter et les désaffecter; mais pour les biens composant le domaine public, sur lesquels le Gouvernement n'a ni droit de régie ni droit d'administration, il n'a aucun pouvoir d'affectation et encore moins de désaffectation.

Autrement il pourrait en changer le caractère, il pourrait les déclasser, ce qui aboutirait à l'aliénation, et il n'a pas le droit d'aliéner, car il n'est pas propriétaire, il n'est pas même administrateur. *(Vive adhésion à la gauche de l'orateur.)*

J'entendais hier l'honorable M. Segris dire : Il n'y a pas de loi qui défende expressément d'aliéner les biens du domaine public.

Je lui en demande pardon, les lois positives le défendent expressément. Sans doute le principe d'inaliénabilité par le pouvoir exécutif est antérieur et supérieur aux lois écrites; mais les lois positives le proclament. Il est écrit en termes exprès dans la loi de 1790, il est écrit dans la loi de 1815; il est écrit dans le code Napoléon, qui porte que, pour aliéner, il faut être propriétaire. Or qui est propriétaire des biens nationaux, si ce n'est la nation? Qui peut aliéner, si ce n'est elle-même par son représentant, c'est-à-dire par la puissance législative? *(Très bien! très bien! à la gauche de l'orateur.)*

Mais le Gouvernement, qui n'est propriétaire ni des biens composant le domaine de l'État, ni des biens composant le domaine public, n'a par lui-même et ne trouve dans ses attributions aucun droit d'aliénation. La loi de 1864, dérogeant à ces sages principes, confère au Gouvernement un droit limité d'aliénation; mais c'est une exception regrettable que la prudence commande de resserrer dans ses termes et non d'étendre indéfiniment à l'aide de la désaffectation, selon les prétentions et les tendances du Gouvernement.

Je le répète, le droit de désaffectation des biens du domaine public qu'usurpe le Gouvernement conduit indirectement à l'aliénation. Le Gouvernement se donne par là indirectement le droit d'aliéner qui ne lui appartient pas. Ni la loi ni ses attributions ne lui confèrent un pareil pouvoir; il se l'arroge, mais c'est un abus et un empiétement sur les droits de la nation.

Les gouvernements qui se sont succédé en France ont pu s'arroger par ordonnance et par décrets le droit de toucher aux biens composant le domaine public; mais, je ne saurais trop le redire, ils ne l'ont fait qu'en usurpant sur la nation.

Quant à vous, messieurs, et quant au pays qui nous écoute, vous aurez à juger si le moment est bien choisi pour abandonner les principes séculaires de notre droit public, et pour livrer d'une manière à peu près indéfinie la disposition de la fortune publique à un gouvernement dépensier et besogneux. *(Vive approbation et applaudissements sur les bancs à la gauche de l'orateur. — Exclamations sur divers autres bancs.)*

Voici en quels termes le journal *le Temps* apprécia le discours de M. Grévy :

« La rentrée de M. Grévy a eu lieu hier. L'attente de ce début excitait dans la Chambre une vive curiosité ; la renommée solide que l'orateur avait acquise comme parlementaire, à la suite de son passage dans la Constituante et la Législative, le profond retentissement que son élection a eu dans le pays au mois d'août dernier, la physionomie particulièrement sérieuse de l'honorable député du Jura, tout concourait à faire de cette rentrée un véritable événement. Aussi, l'attention était-elle extrême sur tous les bancs : tout le temps que M. Grévy a parlé, l'on eût entendu une mouche voler.

« Rien de plus simple que la personne et la manière oratoire de M. Grévy ; rien non plus qui lui convînt mieux que le sujet très circonscrit qu'il avait choisi. Nul ne pouvait comme lui ramener aux vrais principes la question de droit public, que M. Vuitry avait si profondément embrouillée dans la séance précédente.

« Dans la courte démonstration à laquelle s'est livré l'ancien représentant du Jura, tout le monde a retrouvé ses qualités maîtresses : une lucidité parfaite et une sobriété telle que certainement il doit désespérer les rédacteurs chargés du résumé analytique. Nous n'avions pas vu depuis longtemps la Chambre aussi profondément impressionnée par un orateur de la gauche.

« Ou nous nous trompons fort, ou M. Grévy est destiné à prendre promptement une grande autorité dans le pays; le parti républicain le comptait jadis comme un de ses futurs hommes d'État ; encore aujourd'hui, nous ne doutons pas que la bourgeoisie ne l'envisage bientôt comme un des hommes les plus capables de faire face à des situations difficiles. »

Un journal officieux, *la France*, s'exprima ainsi au sujet du discours de M. Grévy :

« ... Aujourd'hui M. Grévy a soixante-deux ans. Il est grand, fort, bien bâti : montagnard de la tête aux pieds, autant par la manière solide dont ses pieds s'appuient sur le sol, que par la manière dont il porte sa tête chauve sur ses épaules carrées, il a conservé une verdeur rare à son âge. M. Pelletan, qui a douze ans de moins que lui, a l'air plus âgé.

« Le visage est sympathique au possible. Les traits, encadrés dans des favoris gris coupés ras, sont fins et doux. L'œil est profond, très enfoncé sous l'arcade sourcilière, mais très vivant, très ouvert, malgré son expression mélancolique. Au total, la physionomie d'un penseur et d'un philosophe qui a beaucoup vu, beaucoup appris, beaucoup souffert, et conserve néanmoins debout, entières, inébranlables, toutes ses convictions.

« La parole est froide, d'une langue très correcte, s'élevant rarement jusqu'à l'éloquence proprement dite, mais s'accentuant avec un certain éclat dans les passages que l'orateur veut souligner. Son geste est sobre et son corps reste presque immobile.

« La force de son discours recouvre une dialectique serrée, une argumentation qui se déduit habilement et logiquement. Pas une parole de trop, pas une répétition, pas une violence, seulement parfois des mots durs prononcés plus doucement que les autres. M. Grévy a fait, hier, une grande impression sur la Chambre, moins à cause des opinions qu'il exprimait qu'à cause de la manière dont il les défendait. On a compris que l'opposition avait là une précieuse recrue, au moment où elle vient de perdre M. Berryer. »

Le ministre présidant le Conseil d'État, M. Vuitry, répondit à M. Grévy ; puis la discussion générale fut close. Après un court débat, une proposition de renvoi à la commission de l'article 1er, relatif aux terrains du Trocadéro, fut repoussée par 180 voix contre 55, sur 234 votants. L'article 1er fut ensuite adopté. Par contre, au sujet de l'article 2, relatif aux terrains détachés du jardin du Luxembourg, la commission demanda et obtint la prise en considération d'un amendement qui consistait à excepter de la vente trois îlots. L'article 2 fut renvoyé à la commission. L'un des îlots, celui entre l'avenue de l'Observatoire et le boulevard Saint-Michel, fut aliéné ; et, sur les deux autres, on construisit plus tard les bâtiments de l'École de pharmacie.

§ III

OBSERVATIONS

SUR

L'ARTICLE 34 DU PROJET DE RÈGLEMENT

(DROIT D'INTERPELLATION)

PRÉSENTÉES LE 12 JANVIER 1870

AU CORPS LÉGISLATIF

Les élections générales pour le renouvellement intégral du Corps législatif eurent lieu les 23 et 24 mai 1869. M. Grévy fut de nouveau candidat dans la deuxième circonscription du Jura. Le Gouvernement impérial jugea qu'il n'était pas possible de lui opposer un concurrent. Aussi n'y eut-il pas, à proprement parler, de lutte.

Voici le texte de la profession de foi que M. Grévy adressa à cette occasion aux électeurs du Jura :

« Mes chers concitoyens,

« Je viens vous demander le renouvellement du mandat que, il y a quelques mois à peine, vous m'avez fait l'honneur de me conférer.

« Nous sommes aujourd'hui, vous et moi, ce que nous étions au mois d'août dernier, et les raisons qui ont déterminé votre choix n'ont point changé.

« L'administration le sent si bien que, après son éclatante défaite, elle n'ose plus se présenter devant vous; elle fuit vos comices dont elle s'était arrogé la direction, et qu'elle dominait en souveraine.

« Ce spectacle nouveau porte son enseignement. Il

montre à la France qu'elle pourra, quand elle voudra, secouer aisément le joug administratif, et recouvrer sans violence, par l'usage indépendant du suffrage universel, la sincérité de la représentation nationale, qui peut seule nous donner la diminution des impôts, la paix et la liberté.

« *Signé :* Jules Grévy. »

La circonscription avait été remaniée et diminuée. Sur 28,780 électeurs inscrits et 17,932 votants, M. Grévy obtint 15,928 suffrages. Le Corps législatif fut convoqué pour le 28 juin, et, à la séance du 2 juillet, après un rapport de M. Nogent Saint-Laurens sur l'élection de la deuxième circonscription du Jura, M. Grévy prêta serment et fut admis [1].

Il ne prit pas la parole pendant le cours de la session ; il se contenta de voter pour les propositions défendues par ses amis de la gauche. Après la formation du ministère du 2 janvier 1870, dont M. Émile Ollivier était le chef, le Corps législatif, remis en possession, par l'article 11 du sénatus-consulte du 8 septembre 1869, du droit de discuter et de voter son règlement, commença, le 12 janvier, l'examen du projet de règlement présenté par la commission. L'article 34 de ce projet de règlement, relatif au droit d'interpellation, était ainsi conçu : « Le Corps législatif, après avoir entendu un des membres du Gouvernement, fixe, par assis et levé, sans débat et sans scrutin, soit dans la séance, soit dans une séance ultérieure, le jour où l'interpellation sera faite. » L'introduction des mots « sans débat » et « sans scrutin » dans le texte de cet article donna lieu à une discussion assez vive : MM. Ernest Picard, Paul Bethmont et Thiers s'élevèrent contre cette disposition qu'ils jugeaient restrictive du droit d'interpellation. Par contre, la rédaction de la commission fut défendue par M. Paulmier et par le

---

1. *Journal officiel* du 3 juillet 1869, p. 909, col. 4 et 5.

CHAPITRE IV.

rapporteur, M. Josseau. M. Grévy, qui répondit à ce dernier, résuma en quelques mots les objections des orateurs de la gauche et indiqua l'importance de la question qu'ils avaient soulevée. Puis il ajouta :

Sur la proposition de mon honorable ami M. Magnin, nous avons demandé à la majorité de la commission de vouloir bien fixer une limite au delà de laquelle on ne pourrait pas reculer indéfiniment la fixation du jour où l'interpellation serait entendue. La majorité de la commission a repoussé notre demande ; elle nous a déclaré franchement qu'elle entendait réserver à la majorité de l'Assemblée le droit d'ajourner indéfiniment une interpellation... *(Oh! oh!)*, c'est-à-dire le droit de confisquer au profit de la majorité le droit d'interpellation qui appartient à chacun de nous.

Telle est la portée de cet article. Je la signale à l'Assemblée, et je demande, pour cette cause comme pour toutes les autres qui viennent d'être développées, le renvoi de l'article à la commission. *(Oui! oui! — Aux voix!)*

Après quelques observations présentées par M. Guyot-Montpayroux, le rapporteur, et M. Quesné, l'article 34 fut renvoyé à la commission, comme l'avait demandé M. Grévy. A la séance du 2 février, l'article 34 fut adopté avec la rédaction suivante : « Le Corps législatif, après avoir entendu un des membres du Gouvernement, fixe, sans débat sur le fond, soit dans la séance, soit dans une séance ultérieure, le jour où l'interpellation sera faite. »

§ IV

DISCOURS
A L'APPUI D'UN AMENDEMENT A L'ARTICLE 106
DU PROJET DE RÈGLEMENT

(DROIT DE RÉQUISITION DU PRÉSIDENT)

PRONONCÉ LE 2 FÉVRIER 1870
AU CORPS LÉGISLATIF

L'article 106 du projet de règlement était ainsi conçu : « La police des séances du Corps législatif et de l'enceinte du palais appartient au président, qui donne à la garde de service les ordres nécessaires. » M. Grévy, s'inspirant des souvenirs de 1848 et de 1851, proposa l'amendement suivant :

« La police du Corps législatif et de l'enceinte du palais appartient au président. Le Corps législatif fixe l'importance des forces militaires nécessaires pour sa sûreté, et il en dispose. Les autorités civiles et les commandants militaires sont tenus de déférer à sa réquisition. »

M. Grévy prononça, à l'appui de cet amendement, le discours que voici :

M. Grévy, *de sa place*. — Messieurs, l'article 106 du projet est ainsi conçu :

« La police des séances du Corps législatif et de l'enceinte du palais appartient au président qui donne à la garde de service les ordres nécessaires. »

CHAPITRE IV.

Une minorité dans la commission a proposé de déclarer dans cet article le droit du Corps législatif de requérir directement les forces nécessaires à sa sûreté.

La majorité de la commission ayant repoussé cette proposition, j'ai cru devoir la reprendre devant la Chambre, à titre d'amendement, et je formule en ces termes l'article amendé :

« La police du Corps législatif et de l'enceinte du palais appartient au président. Le Corps législatif fixe l'importance des forces militaires nécessaires pour sa sûreté, et il en dispose. Les autorités civiles et les commandants militaires sont tenus de déférer à sa réquisition. »

La différence qui existe entre l'article du projet et l'article amendé que je propose d'y substituer consiste donc, vous le voyez, dans le droit de réquisition directe.

Avec l'article du projet, le Corps législatif est obligé de demander au Gouvernement les forces dont il a besoin pour sa sécurité; avec l'article amendé, il peut les requérir directement. Dans le premier cas, le pouvoir législatif dépend du pouvoir exécutif en ce point capital; dans le second cas, il ne dépend que de lui-même.

Telle est la portée de l'amendement. Il ne faut ni se l'exagérer ni se la dissimuler.

Voici les raisons qui m'ont déterminé à le présenter.

Le Corps législatif, issu du suffrage universel, représente, dans la sphère de ses attributions, la souveraineté nationale; il est, dans sa sphère, un pouvoir souverain, comme le pouvoir impérial l'est dans la sienne.

Or il est de l'essence d'un pouvoir souverain de ne dépendre que de lui-même pour tout ce qui intéresse sa sûreté.

S'il est soumis à un autre pouvoir pour sa garde et sa défense, il n'est pas indépendant, il est sous la main qui le protège, il est sous le glaive. *(Approbation à gauche.)*

Le droit pour le Corps législatif de veiller lui-même et de pourvoir à sa sûreté est donc une condition nécessaire de son indépendance et de sa souveraineté.

Si des raisons tirées du droit primordial et de l'essence du pouvoir souverain je passe aux considérations politiques, je trouve que l'indépendance absolue du pouvoir législatif est un élément temporaire de stabilité dans le présent et une garantie pour la liberté dans l'avenir.

Plusieurs membres à gauche. — Très bien ! très bien !

M. Grévy. — C'est une tâche difficile que de faire vivre un Gouvernement dans lequel deux pouvoirs se partagent la souveraineté. On croit les avoir mis en équilibre, on ne tarde pas à s'apercevoir qu'ils sont en lutte, en lutte sourde d'abord et, bientôt, en lutte déclarée. Ainsi le veulent la force des choses

CHAPITRE IV.

et l'effort contraire de pouvoirs opposés. Ainsi le veulent l'action du temps et la marche du progrès qui, déplaçant et modifiant incessamment les forces qu'on a voulu mettre en équilibre, ne leur permettent pas de se pondérer longtemps. *(Approbation sur quelques bancs à gauche.)*

L'un des deux pouvoirs perd incessamment du terrain, l'autre le gagne, et, à moins que la résignation du premier et la modération du second ne permettent à cette transformation de s'opérer lentement et pacifiquement, — spectacle rare, auquel les Anglais seuls nous ont fait assister jusqu'ici, — la lutte se termine fatalement par une révolution.

L'histoire de nos quatre-vingts dernières années montre à chaque pas que, chez nous, les pouvoirs souverains entrent tôt ou tard en conflit, et que telle est l'unique cause des révolutions et des coups d'État au milieu desquels la France s'épuise et s'affaisse, cherchant vainement depuis trois quarts de siècle à se reposer dans l'ordre et dans la liberté. *(Approbation à gauche.)*

Puisque tel est encore aujourd'hui la condition de notre organisme politique, je crois que nous devons nous efforcer d'en atténuer le vice originel et de nous prémunir, à tout événement, contre le danger dont il nous menace. Je crois que la prudence et l'intérêt de la liberté nous commandent de chercher, dans l'indépendance absolue du pouvoir législatif, je n'ose dire un élément durable de pondération et d'équilibre, la raison et l'expérience s'y refusent, mais au moins une condition d'égalité; de fortifier la représentation nationale qui est l'égide des libertés publiques, de ne point l'affaiblir au profit de l'autre pouvoir, si nous ne voulons, en en faisant une proie facile, augmenter contre elle la tentation et les chances d'agressions; et, si la fatale prédiction de l'histoire doit un jour s'accomplir, de faire en toute occasion ce qui dépend de nous pour que, cette fois du moins, la représentation nationale, c'est-à-dire la nation elle-même, ne soit pas vaincue et que la force reste au droit. *(Nouvelle approbation à gauche.)*

Ces raisons n'ont point touché la commission et, sans contester en principe le droit incontestable du Corps législatif de pourvoir lui-même à sa sûreté, elle s'est déterminée par des considérations d'un autre ordre. Elle a pensé que le droit de réquisition directe est incompatible avec l'article de la Constitution qui confère au chef du Gouvernement le commandement des armées de terre et de mer; il lui a paru que ce droit ne serait, d'ailleurs, dans la main du Corps législatif qu'une arme inutile contre le droit de prorogation et de dissolution dont le Gouvernement reste armé. Elle a cru enfin que la déclaration de ce droit dans le règlement aurait l'inconvénient de présenter le caractère ou l'apparence d'un acte de défiance contre le Gouvernement.

Telles sont, messieurs, les objections que j'ai rencontrées au sein de la commission.

J'y répondrai brièvement.

Que le droit de réquisition directe soit incompatible avec l'article de la Constitution qui confère à l'Empereur le commandement général des armées, c'est ce qu'il me semble difficile de soutenir.

La Constitution de 1848 confiait, elle aussi, au chef du pouvoir exécutif le commandement de la force armée.

S. Exc. M. SEGRIS, *ministre de l'instruction publique.* Je demande la parole.

M. GRÉVY. — Et cependant elle proclame, en même temps, le droit du pouvoir législatif de la requérir pour sa sûreté.

Elle disait, en effet, dans son article 32 :

« L'Assemblée nationale fixe l'importance des forces militaires établies pour sa sûreté et elle en dispose. »

Et le règlement de l'Assemblée législative, qui porte la date du 6 juillet 1849, reprenant ce principe pour le réglementer, ajoutait dans son article 112 :

« Le président est chargé de veiller à la sûreté intérieure et extérieure de l'Assemblée nationale. A cet effet, il exerce, au nom de l'Assemblée, le droit, conféré au pouvoir législatif par l'article 32 de la Constitution, de fixer l'importance des forces militaires établies pour sa sûreté et d'en disposer. »

Cet article est un de ceux que votre commission,

qui a fait tant d'emprunts au règlement de 1849, n'a pas cru devoir s'approprier.

Il n'est pas le seul dont nous ayons à regretter l'absence dans le règlement nouveau, et je crois qu'on peut dire, sans intention satirique, que ce que la commission a pris dans le règlement de 1849 ne vaut pas ce qu'elle y a laissé. Ainsi, messieurs, dans la Constitution de 1848 et dans le règlement de 1849, à côté du commandement général de la force armée attribué au chef du pouvoir exécutif, le droit est réservé au Corps législatif de la requérir pour sa défense. Personne, à cette époque, ne trouvait que ces deux dispositions fussent incompatibles.

Comment le seraient-elles devenues aujourd'hui? La nature des choses change-t-elle avec les gouvernements? Et n'est-il pas vrai, aujourd'hui comme il y a vingt ans, qu'à côté du commandement général de la force armée peut se placer, comme l'exception à côté de la règle, le droit exceptionnel et particulier de la requérir pour un intérêt supérieur, dans une nécessité accidentelle et déterminée?

Le droit de réquisition directe est si peu incompatible avec la Constitution, messieurs, qu'il est dévolu par nos lois à toutes les autorités administratives et judiciaires.

Je pourrais en citer maint exemple; je n'en citerai qu'un seul, et, pour qu'il soit plus concluant, je le prendrai tout près du sujet qui nous occupe.

La loi électorale, qui nous régit, confère au président des collèges électoraux le droit de réquisition directe. Et écoutez, messieurs, l'article 11 du titre II du décret réglementaire du 2 février 1852 :

« Le président du collège, ou de la section, a seul la police de l'assemblée. Nulle force armée ne peut, sans son autorisation, être placée dans la salle des séances ni aux abords du lieu où se tient l'assemblée. Les autorités civiles et les commandants militaires sont tenus de déférer à ses réquisitions. »

Si le droit de requérir directement les autorités civiles et les commandants militaires appartient à un collège électoral, c'est-à-dire à une fraction de la souveraineté nationale, comment ce droit n'appartiendrait-il pas à la souveraineté nationale elle-même, représentée par l'assemblée des élus de la nation! Comment le tout aurait-il moins de pouvoir que la partie? Parce que l'institution à protéger est plus grande et plus élevée, sera-t-elle dépourvue des moyens de protection? *(Approbation autour de l'orateur.)* Et pour revenir au point en discussion, peut-on soutenir que le droit de réquisition directe est contraire à la Constitution, quand ce droit est écrit dans toutes les lois? *(Très bien! à gauche.)*

M. le ministre de l'intérieur m'a fait, à ce sujet, une objection sur laquelle il est revenu plusieurs fois avec insistance, et que je dois réfuter en passant, car on ne manquera pas de la reproduire.

M. le ministre de l'intérieur a dit que ce droit de réquisition, déféré par la loi aux autorités d'un ordre inférieur, est sans inconvénient, parce qu'il ne peut jamais gêner l'action du Gouvernement; tandis qu'il pourrait arriver que, dans un jour d'émeute, par exemple, le Corps législatif, trop préoccupé de sa défense personnelle, n'adressât à la troupe des réquisitions intempestives qui désorganiseraient les dispositions et les plans de l'autorité militaire.

J'ai répondu à M. le ministre que son objection passe à côté de la question, et qu'elle repose d'ailleurs sur l'hypothèse d'un danger purement chimérique.

L'objection passe à côté de la question ; car il ne s'agit pas de savoir, dans la question que je discute en ce moment, si le droit de réquisition directe peut avoir des inconvénients dans son exercice ; il s'agit de savoir s'il est contraire à la Constitution. Ce sont deux questions fort distinctes. Un inconvénient n'est pas une inconstitutionnalité.

Et, pour suivre M. le ministre de l'intérieur dans son raisonnement, je demande si le danger qu'il signale est bien à craindre. Je demande si, en face d'une émeute, menaçant à la fois le pouvoir exécutif et le pouvoir législatif, il est bien à craindre que ces deux pouvoirs ne se concertent pas pour la défense commune ; s'il est bien à craindre que le pouvoir législatif, pris d'une terreur panique, et ne songeant qu'à lui seul, ne déconcerte et ne paralyse, par de folles réquisitions, les plans et l'action de l'autorité militaire ! Ce danger s'est-il jamais révélé ? Rien de pareil s'est-il jamais produit ?

CHAPITRE IV.

Reportons-nous au souvenir d'un passé qui est déjà loin de nous, reportons-nous à ces jours douloureux que nous avons traversés, au milieu de terribles émeutes, l'autorité militaire s'est-elle jamais vue entravée par les frayeurs de la représentation nationale? Mais pourquoi, messieurs, nous donner le change à nous-mêmes? A quoi bon tourner le dos à la question? Il faut la regarder en face et l'aborder franchement. Ce n'est pas contre les émeutes que le pouvoir législatif a besoin d'être armé du droit de réquisition directe; c'est pour le cas de conflit entre les deux pouvoirs souverains. *(Ah! ah!)*

Et, ce cas survenant, tous les inconvénients qu'on peut signaler disparaissent devant l'inconvénient suprême, devant le suprême malheur de laisser sans défense la représentation nationale et, avec elle, les lois et la liberté. *(Très bien! très bien! à gauche.)*

Faut-il ajouter, pour en finir avec ce vain reproche d'inconstitutionnalité, que le sénatus-consulte, qui a restitué au Corps législatif le droit de faire lui-même son règlement, a virtuellement modifié tous les articles de la Constitution qui pouvaient faire obstacle à ce qu'on fît entrer dans ce règlement toutes les dispositions qui doivent y trouver place? Or, parmi ces dispositions en est-il de plus importantes, de plus légitimes, de plus nécessaires que celles qui ont pour objet d'assurer, aux jours de péril, la défense de l'Assemblée nationale?

MM. Jules Favre et Ernest Picard. — Très bien ! très bien !

M. Grévy. — Ainsi tombe, je crois, cette première objection.

La seconde objection est tirée de l'inefficacité du droit de réquisition directe, de l'impuissance de ce moyen de défense contre le droit de prorogation et de dissolution.

Je n'ai point à m'expliquer en ce moment sur le droit constitutionnel de prorogation et de dissolution. Quand on voudra sincèrement mettre la dernière main à ce gouvernement parlementaire dont on nous parle tant et dont nous attendons encore les institutions fondamentales... *(Interruptions. — Mouvements divers.)*

Je suis étonné de ces interruptions ; je suis bien tenté de prier mes interrupteurs de nous dire quelles sont les institutions parlementaires dont nous sommes en possession ? *(Rumeurs. — Approbation à gauche.)*

M. Ernest Picard. — Nous n'avons même pas de parlement.

M. Grévy. — Des promesses, des paroles tant qu'on veut ! quant aux actes, nous les attendons... *(Bruit.)*

M. Vendre. — On ne peut tout faire à la fois.

M. Grévy. — Je disais que, quand on voudra fonder un gouvernement parlementaire, il faudra bien aborder cette grave question du droit de prorogation et de dissolution, question difficile, comme toutes celles qui naissent de la juxtaposition de deux pouvoirs souverains.

En ce moment, et dans l'état présent des choses, je n'ai à m'occuper que de l'objection qui m'est faite. Que signifie cette objection? Que prétend-on en opposant au droit de réquisition directe le droit de prorogation et de dissolution? Veut-on dire que, par le droit de prorogation et de dissolution, le pouvoir législatif est tellement sous la main et à la disposition du pouvoir exécutif qu'il ne doit pas même songer à se défendre?

Si telle est la pensée de l'objection, il faut le dire hautement; il faut que le pays sache ce que valent, pour sa sécurité, les garanties constitutionnelles dont il jouit; il faut qu'il sache ce que ses élus, ce que ses représentants sont, c'est-à-dire qu'il est lui-même sous la main du pouvoir exécutif. Ce sera à lui de voir s'il veut y rester. *(Très bien! à gauche.)*

Le vice de l'objection est de confondre l'abus du droit de dissolution avec son usage légitime.

Tant que le droit de dissolution ne sera exercé que pour le renouvellement de la représentation nationale, la liberté n'a rien à en redouter, et le Corps législatif n'a point à s'armer contre lui. Ce n'est point pour ce cas que l'amendement est conçu et que le droit de réquisition directe est nécessaire.

Mais si l'abus du droit de dissolution devenait jamais, entre les mains d'un pouvoir usurpateur, le moyen, non de renouveler la représentation nationale, mais de la détruire, si l'abus de ce droit devenait le prélude et le premier acte d'un coup d'État, c'est ce jour-là que le droit et le devoir de la représentation nationale seraient de s'armer pour la défense des lois, de donner le signal et l'exemple de la résistance, et c'est pour de telles éventualités qu'elle doit se réserver le droit de faire appel aux forces du pays. *(Très bien! très bien! autour de l'orateur.)*

Mais ce droit sera inefficace ? Qui le sait, qui peut prévoir dans quelles circonstances le pouvoir législatif peut avoir à y recourir? s'il n'y trouvera pas un jour un instrument de salut; s'il n'aura pas à déplorer un jour de s'en être dessaisi? Qui peut savoir?

Et quand ce droit devrait rester inefficace, quand cette arme devrait se briser dans la main de la représentation nationale, serait-ce une raison pour elle de la rejeter timidement?

Doit-elle s'abandonner elle-même? ne doit-elle pas affirmer et proclamer son droit et sa confiance dans son droit? Cette affirmation, cette proclamation n'est-elle pas elle-même une force ? Vaut-il mieux qu'elle se désarme elle-même, et que, baissant tristement la tête, elle dise au pays qu'elle représente et qui met en elle sa confiance et son espoir : « J'ai tellement le sentiment de ma faiblesse, je me sens si impuissante à me défendre que, pour n'être pas tentée de le faire un jour, je m'en interdis d'avance la pensée et les moyens. »

J'ai hâte de quitter ce terrain brûlant, et j'arrive à la troisième et dernière objection.

CHAPITRE IV.

On craint que la déclaration du droit de réquisition directe dans le règlement ne paraisse un acte de défiance contre le Gouvernement.

Cette objection est étrange! Le devoir du législateur n'est-il pas d'être défiant? Les lois sont-elles autre chose que des actes de défiance? Ont-elles une autre raison d'être? N'est-ce pas parce que le droit peut être attaqué qu'on fait des lois pour le protéger? Parler de défiance au législateur pour le détourner de son œuvre, c'est tenir un langage que son devoir n'est pas d'entendre. *(Très bien! très bien! à gauche.)*

Je ne voudrais pas réveiller des souvenirs irritants... *(interruptions)*, mais l'objection qui m'est faite me force de vous rappeler que l'Assemblée législative a péri pour n'avoir pas été défendue et pour avoir repoussé l'arme que la loi lui présentait pour sa défense. Ce fut sa dernière faute. Elle l'a payée cher et la France aussi! Qu'une si cruelle leçon porte au moins ses fruits! *(Approbation à gauche. — Murmures au centre et à droite.)*

M. Dugué de la Fauconnerie. — C'est votre opinion personnelle.

M. Guyot-Montpayroux. — Voulez-vous recommencer le deux décembre? *(Allons donc!)* Alors n'interrompez pas sur cette question!

M. Grévy. — Vous voulez, dites-vous, et je le crois, réparant une si longue et si funeste erreur, restituer à la France le Gouvernement représentatif, qui, de l'aveu de tous, peut seul la tirer de l'état où elle est tombée sous le Gouvernement personnel! *(Nouveaux murmures au centre et à droite. — Très bien! très bien! autour de l'orateur.)*

Un membre à droite. — La France n'est pas tombée!

Un autre membre à droite. — Voilà une vérité patriotique!

M. Esquiros. — Pourquoi a-t-on abandonné le Gouvernement personnel alors? *(Bruit.)*

M. le président Schneider. — L'orateur exprime là une opinion qui lui est personnelle.

M. Grévy. — Je ne parle que pour mon compte personnel.

M. le baron Zorn de Bulach. — Soyez-en bien convaincu!

Plusieurs membres à gauche. — Et pour le nôtre!

M. Esquiros. — Pour le compte du pays tout entier. *(Réclamations au centre et à droite.)*

Voix nombreuses. — Au contraire! Le pays tout entier proteste!

M. le président Schneider. — C'est dans ce sens que j'ai dit que l'orateur exprimait une opinion qui lui était personnelle.

M. Dugué de la Fauconnerie. — Certainement ce n'est pas le sentiment national. *(Réclamations à gauche.)*

M. Emmanuel Arago. — Pourquoi donc consentez-vous à autre chose aujourd'hui, si ce n'est pas le sentiment national? *(Mouvements divers.)*

M. Grévy. — N'oubliez pas, messieurs, que la représentation nationale est la pièce maîtresse et la clef de voûte de l'édifice ; qu'elle doit être placée dans une situation élevée, prédominante, au-dessus de toutes les atteintes.

Montrez que vous voulez sincèrement revenir à ce gouvernement réparateur, et que vous comprenez les conditions nécessaires de son existence et de sa durée. *(Vive approbation et applaudissements à gauche. — L'orateur reçoit les félicitations des collègues qui siègent auprès de lui.)*

M. Segris, ministre de l'instruction publique, prit ensuite la parole. Il indiqua les différences qui existaient entre la Constitution de 1848 et la Constitution du second Empire, et il soutint que le sénatus-consulte du 8 septembre 1869, en accordant au Corps législatif le droit de faire son règlement intérieur, ne lui avait pas permis de « mettre la main sur un attribut essentiel et nécessaire du pouvoir exécutif ». Il termina en repoussant, au nom du cabinet libéral dont il faisait partie, l'amendement de M. Grévy qui, à ses yeux, était un « amendement de défiance ». Après une vive réponse de M. Jules Favre, l'amendement de M. Grévy fut rejeté par 215 voix contre 41, sur 256 votants [1].

---

1. En 1879, après l'élection de M. Jules Grévy à la présidence de la République, et lorsqu'on s'occupa de ramener les Chambres et le pouvoir exécutif de Versailles à Paris, le projet de loi présenté à ce sujet par le ministère n'admit pas le droit de réquisition. Le texte voté par le Sénat, tout en l'admettant, décida que la force militaire, nécessaire à la sûreté intérieure et extérieure de l'une et de l'autre Chambre, serait fixée, chaque année, par le président, et que si celui-ci estimait, pendant le

cours de la session, que le nombre des troupes devait être augmenté, « cette augmentation serait faite sur sa réquisition, après entente avec le ministre de la guerre ». C'était faire dépendre le droit de réquisition du bon vouloir du ministre de la guerre. Le journal *le Siècle* publia alors, dans son numéro du 8 juillet, le discours prononcé, le 2 février 1870, par M. Grévy au Corps législatif. Le projet adopté par le Sénat ayant été envoyé à la Chambre des députés, le rapporteur, M. Charles Floquet, exposa, le 10 juillet, les raisons pour lesquelles la commission, à l'unanimité, « appelait respectueusement sur la rédaction de l'article 5 un nouvel examen du Sénat ». Après avoir rappelé qu'en 1869 le Corps législatif avait recouvré le droit de faire lui-même son règlement, jusqu'alors édicté par le pouvoir exécutif, il ajouta :

« Aussitôt l'homme illustre, qui est aujourd'hui le Président de la République française, M. Jules Grévy, éleva la voix et demanda que le Corps législatif inscrivît dans ce règlement discuté le droit de requérir directement la force armée et les fonctionnaires publics.

« Notons-le bien : on entrait alors dans un régime parlementaire encore bien modeste, on était en face d'un empereur qui avait le commandement suprême des troupes de terre et de mer, sous une Constitution qui ne disait mot de ce droit ainsi revendiqué par le pouvoir législatif.

« M. Jules Grévy posa la question avec sa netteté ordinaire, et la développa avec une force de logique incomparable et qui suffit à l'appui de notre thèse.

« ..... La proposition relative au droit de réquisition directe ne pouvait être adoptée, au mois de février 1870, par le dernier Corps législatif de l'Empire. Elle fut votée par une minorité de 41 députés, qui figurent aujourd'hui, pour la plupart, dans le Gouvernement, dans le Sénat et la Chambre de la République.

« Et maintenant, avons-nous besoin d'ajouter quelque chose à une argumentation si autorisée, répondant si complètement à toutes les objections qui ont été opposées au sentiment général de la Chambre dans ses bureaux, à l'opinion unanime de votre commission sur le droit de réquisition directe ? Non, nous n'ajouterons rien, sinon qu'aujourd'hui nous vivons sous un régime parlementaire aussi réel que celui de 1870 était factice, et que le droit de tout Parlement libre, celui de veiller lui-même à sa propre sûreté, ne saurait plus nous être contesté. »

La commission proposa, en conséquence, de rédiger ainsi l'article 5 du projet de loi :

« *Article 5.* — Les présidents du Sénat et de la Chambre des députés sont chargés de veiller à la sûreté intérieure et extérieure de l'Assemblée qu'ils président.

« A cet effet, ils ont le droit de requérir la force armée et toutes les autorités dont ils jugent le concours nécessaire.

« Les réquisitions peuvent être adressées directement à tous officiers, commandants ou fonctionnaires, qui sont tenus d'y obtempérer immédiatement sous les peines portées par les lois.

« Les présidents du Sénat et de la Chambre des députés peuvent déléguer leur droit de réquisition aux questeurs ou à l'un d'eux. »

Le 15 juillet, la rédaction de la commission fut adoptée par 308 voix contre 121. Le 19 juillet, le Sénat vota, à son tour, l'article 5, par 153 voix contre 124, et l'ensemble du projet de loi par 153 voix contre 116. La loi fut promulguée le 22 juillet 1879.

§ V

DISCOURS

AU SUJET DES INTERPELLATIONS DE M. JULES FAVRE

ET PLUSIEURS DE SES COLLÈGUES

SUR

LES CANDIDATURES OFFICIELLES

PRONONCÉ LE 23 FÉVRIER 1870

AU CORPS LÉGISLATIF

Le cabinet du 2 janvier s'était présenté au Corps législatif comme un gouvernement libéral et parlementaire. Mais la politique qu'il avait suivie depuis son arrivée aux affaires semblait en contradiction absolue avec ses déclarations. La réponse faite, le 21 février, par M. le comte Daru, ministre des affaires étrangères, aux interpellations des membres de la gauche relatives à la politique que le Gouvernement entendait suivre dans les affaires intérieures, aggrava l'équivoque au lieu de la dissiper. L'opposition démocratique interpella alors le Gouvernement sur la question de savoir s'il entendait persévérer dans le système des candidatures officielles. Cette interpellation fut discutée le 23 février. M. Ernest Picard ouvrit le débat en présentant quelques observations pleines d'esprit et de force à l'appui d'un ordre du jour qu'il proposait, de concert avec plusieurs de ses collègues de la gauche, et qui était ainsi conçu :

« La Chambre,

« Considérant que le système des candidatures officielles,

CHAPITRE IV.

caractérisé par l'intervention du Gouvernement dans la lutte électorale, est la négation même du régime parlementaire et la violation du principe de la souveraineté nationale,

« Passe à l'ordre du jour. »

M. Picard avait conclu à la nécessité de la dissolution du Corps législatif. M. Du Miral, membre de la majorité, qui lui répondit, s'éleva vivement contre l'idée de la dissolution ; puis M. Chevandier de Valdrôme, ministre de l'intérieur, vint dire que, bien que l'établissement d'un gouvernement parlementaire impliquât l'abandon de ce qu'on avait appelé le système des candidatures officielles, « le Gouvernement n'entendait point renoncer au droit qui appartient à tout gouvernement d'avouer ses amis devant les électeurs, au droit de déclarer quels sont ses amis, quels sont ses adversaires ». Cette déclaration fut accueillie par de bruyants applaudissements partis des bancs de la majorité. Après un discours de M. le marquis de Piré, M. Grévy prit la parole pour répondre au ministre de l'intérieur. Il le fit dans les termes suivants :

M. LE PRÉSIDENT SCHNEIDER. — M. Grévy a la parole.

M. GRÉVY. — Messieurs, je ne puis accepter, pour mon compte, la réponse que M. le ministre de l'intérieur a faite à la question de mon honorable ami, M. Picard.

M. le ministre de l'intérieur a dit que le Gouvernement renoncerait désormais aux candidatures officielles, mais qu'il se réserverait le droit de déclarer ses préférences et de recommander aux électeurs ses candidats préférés.

Je suis très persuadé que M. le ministre de l'intérieur, en faisant cette déclaration, a cru de bonne foi qu'il y a quelque différence entre les candidatures officielles et les candidatures préférées.

Je soutiens qu'il n'y en a aucune.

M. Paul Bethmont. — C'est évident!

M. Grévy. — Je soutiens que les candidatures officielles, les candidatures préférées, les candidatures adoptives, comme on voudra les nommer, ne sont qu'une seule et même chose; qu'y eût-il entre elles quelque différence, elles sont les unes et les autres également illégitimes, et qu'elles produisent, les unes et les autres, exactement les mêmes effets.

Je cherche vainement quelle différence il pourrait exister entre la candidature officielle et celle que la déclaration de M. le ministre m'autorise à qualifier de candidature préférée; je n'en puis apercevoir aucune.

Est-ce que, dans un cas comme dans l'autre, le Gouvernement ne se place pas à côté de son candidat de prédilection? Est-ce que, sous le premier rapport, le résultat, dans les deux cas, n'est pas exactement le même?

M. le ministre a semblé nous indiquer, sans le dire positivement, que, se bornant à déclarer son option, le Gouvernement se renfermerait dans un rôle passif et ne travaillerait point au succès du candidat de sa préférence. C'est encore une illusion. Le Gouvernement y travaillera; il ne peut point n'y pas travailler.

Il y travaillera d'abord par le fait même de son adoption. Il n'adopte que pour recommander; l'adoption, la préférence ne peut avoir ni un autre but ni un autre effet.

Adopter, préférer, c'est recommander, et recommander n'est-ce pas travailler à l'élection ?

Le Gouvernement y travaillera par tous les moyens et par toutes les forces dont il dispose.

A gauche. — Oui! c'est vrai !

M. Grévy. — Une fois engagé dans l'élection, comment s'arrêterait-il ? Si son candidat est vaincu, ne sera-t-il pas vaincu lui-même ?

Entrera-t-il dans la lutte pour ne pas lutter? Se laissera-t-il vaincre sans combattre ? *(Très bien! très bien! à gauche.)*

Il ne le peut pas.

Donc, adopter un candidat, déclarer pour lui sa préférence, ce n'est pas seulement le recommander, c'est se mettre dans la nécessité de le soutenir. *(Nouvelles marques d'approbation à gauche.)*

Et quel scrupule pourrait arrêter le Gouvernement? S'il se croit le droit d'intervenir dans l'élection, d'y faire son choix, de déclarer sa préférence et de recommander par cette déclaration, pourquoi se refuserait-il le droit de pousser à son triomphe? Quel scrupule pourrait l'arrêter dans la voie où il est entré? Le droit d'intervenir est-il plus justifiable que le droit d'appuyer et de soutenir? Le second n'est-il pas la conséquence logique et nécessaire du premier?

Je pose donc cette question : si le Gouvernement intervient dans l'élection, et s'il y déclare sa préférence, s'il adopte un candidat, s'il le recommande, s'il travaille à son succès, en quoi ce système diffère-t-il de celui des candidatures officielles? En rien.

M. Glais-Bizoin. — La franchise de moins !

M. Paul Bethmont. — S'il y en a une différence, c'est au profit du système ancien.

M. Grévy. — Il n'y a de changé que le mot, la chose est conservée.

A gauche. — C'est cela !

M. Grévy. — Il n'y a plus de candidatures officielles, mais il y a les candidatures préférées, les candidatures adoptives, les candidatures recommandées; et, comme les précédentes, soutenues et poussées par toutes les forces de l'administration. Le système, les moyens, les effets ne sont pas changés.

J'en conclus qu'entre les candidatures officielles et les candidatures adoptives, entre le système ancien et le système nouveau, il n'y a aucune différence. Le ministère peut croire de bonne foi qu'il abandonne un abus qui a soulevé la réprobation de la France entière. Il se trompe, il ne fait qu'y persévérer. *(Nouvelle approbation à gauche.)*

Mais veut-on, contre toute évidence, qu'entre la candidature officielle et la candidature adoptive, il y ait quelque différence? Toujours restera-t-il que, par la candidature adoptive, le Gouvernement interviendra dans l'élection pour exercer une influence sur le choix des électeurs. *(Très bien à gauche.)*

Or c'est un droit qui ne lui appartient pas. Le

CHAPITRE IV.

Gouvernement n'a le droit de s'ingérer dans des élections sous aucune forme, dans aucune mesure, d'aucune manière. Ce droit, je le dénie, je le conteste de la façon la plus radicale et la plus absolue.

M. Paul Bethmont. — C'est cela !

M. le comte Jérome-Paul de Champagny. — Que l'opposition n'intervienne pas non plus, alors !

M. Glais-Bizoin. — Intervenez comme nous !

M. Grévy. — Je conteste au Gouvernement le droit de s'immiscer dans les élections à aucun titre.

Pour que le Gouvernement ait le droit de s'ingérer dans l'élection des députés, il faut qu'il tienne ce droit ou de la loi ou de la nature de ses attributions.

Il ne le tient pas de la loi : ni la Constitution, ni la loi électorale, ni aucune loi écrite ne confèrent au Gouvernement le droit de s'ingérer dans les élections des membres du Corps législatif.

Une voix à gauche. — C'est évident !

M. Grévy. — Ce droit que la loi ne lui concède point, il ne le tient pas non plus des attributions qui lui sont propres.

La nation souveraine divise en deux parts le pouvoir qui réside en elle pour en faire le double objet de deux délégations distinctes, et à certains égards opposées : au chef du Gouvernement, elle délègue le pouvoir exécutif et une part du pouvoir législatif; à la Chambre des députés, elle délègue l'autre part du pouvoir législatif, le contrôle des actes du Gouvernement et la manifestation de sa volonté sur la direction générale de la politique.

A quel titre l'un des deux pouvoirs délégués s'immiscerait-il dans la délégation de l'autre? A quel titre le Gouvernement s'ingérerait-il dans la collation du mandat de la nation à ses représentants?

Est-ce lui ou la nation qui est le mandant? Est-ce lui ou la nation que les députés représentent?

Le Gouvernement n'est pas électeur. Les citoyens qui le composent, les fonctionnaires de tous les ordres et de tous les degrés peuvent, sans doute, comme simples électeurs, prendre dans l'agitation électorale et dans le vote la part qui leur appartient, comme l'expliquait si bien tout à l'heure mon honorable ami M. Picard. Mais le Gouvernement comme pouvoir public, mais le pouvoir exécutif, à quel titre interviendraient-ils? A quel titre s'interposeraient-ils entre le mandant et le mandataire pour usurper le droit du premier et dicter le choix du second?

Voilà la question que je pose. *(Très bien! très bien! sur les bancs à gauche.)* J'attends qu'on y réponde. Voilà comment je prouve que l'intervention du Gouvernement dans l'élection est illégitime; comment je prouve que le droit qu'il s'attribue ne lui appartient pas.

Voilà pourquoi je ne puis me contenter de la réponse de M. le ministre de l'intérieur, qui se réserve un droit qu'il n'a pas, bien qu'il semble nous donner l'assurance qu'il n'en usera qu'avec réserve et surtout qu'il n'en abusera point.

C'est toujours le même système; c'est toujours le même langage.

Jamais, a-t-il dit, nous n'altérerons le suffrage universel, nous ne fausserons la représentation nationale. On a toujours les meilleures intentions.

N'avons-nous pas entendu un autre ministre de l'intérieur nous dire sérieusement que le Gouvernement n'intervenait que pour désigner aux électeurs, qui sans doute ne le savaient pas, quels étaient les candidats qui possédaient le mieux leur confiance et leurs sympathies. *(Rires approbatifs à gauche.)* Il faut être sincère. Si le Gouvernement tient tant à mettre la main dans les élections, ce n'est pas dans l'intérêt des électeurs, c'est dans le sien propre.

Quant aux funestes effets de la candidature officielle, ils ont été signalés si souvent et tout à l'heure même encore, par notre honorable collègue M. Picard, que je craindrais d'abuser des instants de la Chambre si j'y revenais avec insistance.

J'en rappellerai seulement quelques-uns par voie de simple récapitulation : la souveraineté usurpée, le suffrage universel altéré, la représentation nationale faussée et confisquée, les fonctionnaires et les fonctions publiques corrompus comme, par exemple, les justices de paix, sur lesquelles l'honorable M. Barthélemy Saint-Hilaire appelait hier votre attention; cette belle institution que ses auteurs avaient placée dans une région sereine de justice et de paix, comme son nom l'indique, et qu'on n'a pas craint de faire descendre dans l'arène des passions pour la transformer par une sorte de profanation en un instrument de police, en une agence politique.

Voilà quelques-uns des fruits de la candidature officielle !

Je pourrais aussi vous en montrer les effets sur les mœurs publiques : les électeurs placés entre la séduction et l'intimidation, entre leur conscience et leur intérêt, entre les faveurs de l'administration et ses rigueurs, école ouverte d'immoralité où les mœurs publiques viennent se pervertir.

Je me borne à énumérer, sans les développer, ces déplorables effets de la candidature officielle. Laissez-moi seulement m'arrêter un instant sur le dernier et le plus funeste de tous, le Gouvernement personnel dont la candidature administrative est la plus forte assise.

Plusieurs membres à gauche. — Très bien ! très bien !

M. Grévy. — La France veut, dit-on, le régime parlementaire. Qu'elle sache bien que tant qu'elle laissera le pouvoir exécutif faire ses élections, elle aura le Gouvernement personnel. *(Assentiment à gauche.)*

Messieurs, si quelqu'un venait nous dire : Il y a dans un coin du globe, sous une latitude éloignée, une nation qui a voulu se donner un gouvernement représentatif. Le chef du Gouvernement, qui a rédigé lui-même la Constitution, s'est fait la part du lion ; il s'est attribué la plus grosse part du pouvoir ; il n'en a laissé à la nation qu'une faible part à déléguer à des représentants, et lorsque celle-ci veut procéder à cette délégation, le Gouvernement intervient pour indiquer les choix à faire ; il met dans la balance la force énorme dont il dispose, force telle qu'elle lui rend possible, par exemple, d'envoyer dans un département un candidat complètement inconnu, de le faire élire à une immense majorité...

Plusieurs voix à gauche. — C'est cela ! — Très bien !

M. GRÉVY. — ... et de voir presque partout sortir du scrutin ceux qu'il a désignés.

Quelle serait notre réponse ?

Nous dirions : Cette nation n'a d'un gouvernement représentatif que la trompeuse apparence ; elle est, en réalité, sous un gouvernement personnel.

Messieurs, cette fable sera notre histoire, tant que nous souffrirons la candidature administrative. *(Vive approbation à gauche.)*

Messieurs, la candidature officielle a fait son temps. Elle a causé assez de mal à la France. *(Rumeurs sur plusieurs bancs. — Approbation à gauche.)* La France la réprouve ; elle n'en veut plus. *(Assentiment à gauche).* Et si le ministère — ce qu'à Dieu ne plaise — commet la faute de la conserver, — je n'ai pas l'habitude de faire des prédictions, — mais je lui prédis que la France en fera justice. *(Vive approbation à gauche. — Rumeurs sur divers bancs.)*

Le garde des sceaux, M. Émile Ollivier, répondit à M. Grévy. Il confirma les déclarations du ministre de l'intérieur et chercha à justifier la théorie qu'il avait émise.

« Le parti ministériel, dit-il, autant que le parti de l'opposition, a le droit, par l'intermédiaire de ses chefs, d'avouer, de déclarer ses candidats. » Et, comme M. Glais-Bizoin lui demandait : « Par chefs, entendez-vous les ministres ? » il répondit : « Oui ! » M. Jules Simon, qui parla ensuite, s'éleva avec vigueur contre le système des candidatures officielles, qui fut défendu avec non moins d'ardeur par un membre de la droite, M. Dugué de la Fauconnerie. Ce dernier eut la malheureuse idée de reprocher à M. Grévy d'avoir été candidat du Gouvernement en 1848, et même candidat du Gouvernement dans un département qu'il administrait, le Jura. Le centre et la droite se mirent à rire. Mais M. Grévy coupa court immédiatement à la légende, ainsi que le montre l'incident suivant :

« M. Grévy. — Je demande la parole.

« M. Dugué de la Fauconnerie. — L'honorable M. Grévy...

« A gauche. — Laissez répondre !

« M. Grévy. — C'est une erreur absolue...

« M. Dugué de la Fauconnerie. — Est-ce que vous n'avez pas été candidat du Gouvernement dans le Jura ?

« M. Grévy. — C'est une erreur matérielle : il n'y en a pas eu !

« M. Dugué de la Fauconnerie. — Vous étiez commissaire du Gouvernement dans le Jura ?

« M. Grévy. — Je répondrai : prenez mieux vos informations quand vous voudrez produire des accusations de ce genre.

« A gauche. — Très bien ! très bien ! »

A la fin de la séance, M. Grévy demanda la parole pour un fait personnel. Il s'exprima ainsi :

« M. Grévy. — Messieurs, l'honorable orateur qui descend de la tribune m'accuse d'avoir été, en 1848, candidat du Gouvernement.

CHAPITRE IV.

« Ma réponse sera bien simple. Je n'ai jamais été nulle part, à aucune époque, candidat du Gouvernement. Je ne l'ai pas été en 1848, dans le Jura, par la bonne raison qu'en 1848 l'administration n'a point eu de candidat dans ce département.

« Non seulement l'administration n'a produit aucune liste de candidats dans le département du Jura en 1848, mais elle a déclaré publiquement qu'elle s'interdisait toute immixtion dans les élections, et elle a conformé sa conduite à son langage.

« Voilà comment M. Dugué de la Fauconnerie écrit l'histoire. Quand nous écrirons celle de l'Empire et de son personnel, nous n'aurons pas besoin de la défigurer. » *(Approbation à gauche.)*

La suite de la discussion fut renvoyée au lendemain. En opposition à l'ordre du jour de la gauche, une trentaine de membres de l'extrême droite, parmi lesquels MM. Jérôme David, Clément Duvernois, Du Miral et Dugué de la Fauconnerie, proposèrent un ordre du jour ainsi conçu :

« La Chambre,

« Considérant que l'intervention sage et mesurée du Gouvernement dans les élections est, dans certains cas, une nécessité,

« Passe à l'ordre du jour. »

Mais le ministère déclara qu'il ne pouvait accepter que l'ordre du jour pur et simple. La gauche fut contrainte de voter cet ordre du jour, pour laisser dans l'isolement M. Dugué de la Fauconnerie et les autres signataires de l'ordre du jour de l'extrême droite. Aussi l'ordre du jour pur et simple fut-il adopté par 185 voix contre 56, celles des membres de l'extrême droite.

§ VI

DISCOURS

SUR LES

INTERPELLATIONS RELATIVES AU POUVOIR CONSTITUANT

(A L'OCCASION DU PLÉBISCITE)

PRONONCÉ LE 4 AVRIL 1870

AU CORPS LÉGISLATIF

Quelques semaines après, alors qu'il était question déjà d'un plébiscite, M. Grévy déposa, en son nom et au nom de ses collègues de la gauche, une interpellation relative au pouvoir constituant. Pour déjouer la tactique de la gauche, l'Empereur adressa, le 21 mars, une lettre à M. Émile Ollivier, dans laquelle il invitait le chef du cabinet, « afin de mettre un terme au désir immodéré de changement qui s'était emparé de certains esprits, et qui inquiétait l'opinion en créant l'instabilité », à s'entendre avec ses collègues pour lui soumettre un projet de sénatus-consulte destiné à résoudre la question constitutionnelle. Le projet de sénatus-consulte fut rédigé aussitôt et déposé, le 28 mars, sur le bureau du Sénat. Le lendemain, à la demande du cabinet, le Corps législatif ajourna l'interpellation de M. Grévy. Mais le Gouvernement et la majorité ménageaient une surprise à l'opposition. Le 4 avril, M. le vice-président Alfred Le Roux, qui présidait la séance, annonça que l'ordre du

CHAPITRE IV.

jour appelait la fixation d'un jour pour les interpellations de M. Grévy relatives au pouvoir constituant. Le garde des sceaux, M. Émile Ollivier, demanda la discussion immédiate. Il espérait que M. Grévy, pris au dépourvu, serait obligé de battre en retraite. Mais le député du Jura monta aussitôt à la tribune. Il s'exprima ainsi :

M. Grévy. — Messieurs, je me mets à la disposition de l'Assemblée. Prévenu ce matin seulement que le Gouvernement, qui, à la dernière séance, nous avait ajourné à ce jour pour nous faire connaître sa résolution finale d'accepter ou de décliner la discussion de notre interpellation, était disposé à la provoquer immédiatement, j'ai résolu, quoique pris au dépourvu, de me mettre aux ordres de la Chambre, avec le regret, si elle m'ordonne de parler, de ne point me présenter devant elle avec la préparation que commandent l'importance du sujet et la dignité de l'Assemblée. *(Très bien! sur les bancs à gauche. — Mouvements divers au centre et à droite.)*

Nous avons demandé à interpeller le Gouvernement sur la nécessité de restituer à la nation le pouvoir constituant. Postérieurement au dépôt de notre interpellation, a paru, dans le *Journal officiel,* une lettre de l'Empereur invitant ses ministres à préparer un projet de sénatus-consulte pour opérer cette restitution. Aujourd'hui le projet de sénatus-consulte est connu; il est soumis à la délibération du Sénat.

Dans cette situation, la question que notre interpellation soulève est celle-ci : Le projet de sénatus-consulte préparé par le ministère rend-il au peuple le pouvoir constituant dont il était dépouillé ? A cette question je réponds hautement : Non ! *(Très bien! très bien! à gauche.)*

M. Ernest Picard. — Il le confisque !

M. Grévy. — La restitution n'est que nominale et apparente, elle n'est ni sincère ni réelle ; elle n'est que dans les mots, elle n'est pas dans les choses. *(Nouvelle approbation à gauche.)*

De courtes réflexions vont rendre cette proposition évidente.

D'après le projet de sénatus-consulte, le peuple ne pourra désormais exercer son pouvoir constituant que par la voie plébiscitaire ; toute autre voie lui sera interdite, et il ne pourra user du plébiscite que sur l'initiative et sous le bon plaisir de l'Empereur.

Si le peuple veut recourir à une Assemblée constituante, il n'en aura pas la faculté.

C'est la proscription du principe représentatif, cette belle institution des nations modernes, que l'antiquité n'a pas connue, et qui est de nos jours la seule expression véritable et sincère de la souveraineté nationale.

Plus d'assemblée constituante, plus de représentation législative pour toucher aux institutions fondamentales ; il n'y aura plus que le plébiscite, c'est-à-dire les citoyens interpellés isolément, sans concert, sans discussion, sans délibération, sans initiative, ne pouvant ni proposer une modification, ni exprimer spontanément leur pensée, forcés de répondre passivement, par oui ou par non, à une question qui les place brutalement entre l'abîme et l'acceptation du fait accompli. *(Très bien! à gauche.)*

Voilà ce que c'est que le plébiscite, voilà la seule voie laissée à la nation pour réformer ses institutions et sortir de l'impasse où elle est acculée !

Mais, au moins, cette voie à laquelle on la condamne lui sera-t-elle toujours ouverte, pourra-t-elle la prendre librement et spontanément ? Non. Et comprenez toute la misère de la situation qui est faite à ce grand peuple français : la nation tout entière eût-elle reconnu la nécessité de modifier ses institutions fondamentales, le voulût-elle résolument, unanimement, elle ne le pourra que sur l'initiative et sous le bon plaisir de l'Empereur ; sa volonté, ses destinées sont dans la main d'un homme. Il est maître de son sort !

Qui donc ose s'arroger le droit d'enchaîner ainsi le peuple souverain ? *(Très bien! à gauche.)* Pour briser ses chaînes, il ne lui reste que la révolution. Votre projet de sénatus-consulte enferme la nation entre l'immobilité, qui est impossible, et la révolution violente, qui est inévitable. *(Très bien! à gauche.)* Telle est la condition que vous faites à ce malheureux pays ; tel est l'avenir que vous lui préparez. Voilà comment vous lui rendez sa souveraineté usurpée et la disposition de ses destinées !

Vous le privez du grand avantage, du grand bonheur de sa situation présente. Le suffrage universel, qui a ses mauvais jours et ses défaillances, constitue au moins, dans son libre exercice, cet immense bienfait qu'il peut fermer l'ère funeste des révolutions violentes. Nous mettions en lui tout notre espoir ; nous espérions que, par son jeu pacifique et régulier, nous pourrions arriver sans secousses, sans désastres, à la réforme progressive de nos institutions ; nous nous croyions sortis des révolutions, vous nous y replongez ! *(Très bien! à gauche)*.

C'est ainsi, messieurs, que la restitution du pouvoir constituant, revendiquée par la nation, réclamée par notre interpellation, promise par la lettre de l'Empereur, est éludée par le sénatus-consulte qu'on prépare.

Ce pouvoir constituant qui n'est pas rendu au peuple, à qui va-t-il réellement appartenir? A l'Empereur, aux mains de qui le projet de sénatus-consulte le livre et le concentre. C'est la situation présente, mais la situation aggravée et empirée. Aujourd'hui, messieurs, le pouvoir constituant appartient de fait à l'Empereur et au Sénat. Je dis de fait; je ne veux pas dire et je ne dirai jamais : de droit. La souveraineté est inaliénable; elle réside dans le peuple; il n'est pas de plébiscite qui ait jamais pu légitimement la faire passer ailleurs. *(Très bien! à gauche. — Réclamations à droite.)*

Je dis donc qu'en fait, le pouvoir constituant est entre les mains de l'Empereur et du Sénat.

CHAPITRE IV.

Si mauvaise que soit cette situation, elle offre néanmoins quelque chose qui ressemble à une garantie, je veux parler du concours obligé du Sénat.

On n'entraîne pas aisément une grande Assemblée, qui a ses intérêts et ses frayeurs, dans les aventures périlleuses ; il est plus aisé de les lui faire subir que de les lui faire tenter. *(C'est vrai ! — Très bien ! à gauche.)*

Il y a donc, en fait, dans la situation présente, une garantie dont je ne m'exagère pas la valeur, mais enfin une garantie telle quelle.

Cette garantie disparaît, quand nous voyons le pouvoir constituant se concentrer d'une manière si exclusive entre les mains du chef du Gouvernement, sous la forme expéditive et menaçante du plébiscite.

Le plébiscite, messieurs, n'est pas et n'a jamais été la forme de la manifestation sincère et libre de la volonté nationale. *(Très bien ! très bien ! à gauche. — Vives protestations au centre et à droite.)*

M. Girault. — Non, jamais !

M. Grévy. — Entre les mains du chef de l'État, le plébiscite est un ordre. Quel est celui qui n'a pas été voté ? Quel est celui qui ne pourrait l'être encore, sous l'empire des mêmes circonstances ?

Tous les plébiscites auxquels les interrupteurs viennent de faire allusion, n'ont-ils pas été rendus après des coups d'État, sous la pression des événements, dans la contrainte et la terreur ? Étaient-ils l'expression libre et spontanée de la volonté du peuple? *(Nouvelles protestations sur un grand nombre de bancs. — Approbation à gauche.)*

Quand on place une nation entre le fait accompli et le néant, en la trompant, en la terrifiant... *(murmures sur plusieurs bancs)*, je dis que la réponse qu'on lui demande est un ordre qu'on lui donne.

Messieurs, mon intention n'était pas de soulever des murmures ni de réveiller des souvenirs irritants. Les allusions dans lesquelles mes interrupteurs viennent de m'entraîner n'étaient ni dans mon intention ni dans mon esprit; elles sont leur œuvre plus que la mienne.

Je discutais une thèse générale. Je parle sincèrement; ce que je dis du plébiscite, je le pense, et je voudrais qu'un de mes interrupteurs se levât pour soutenir sérieusement que le plébiscite a été inventé comme un moyen sincère d'obtenir l'expression libre et spontanée de la volonté nationale.

Plusieurs membres. — Oui, nous le pensons !

M. Achille Jubinal. — Très sincèrement nous le pensons !

M. Grévy. — Ne cherchons pas à nous faire illusion. Disons franchement ce qui est au fond de nos cœurs. Il est manifeste que le plébiscite n'est pas une manière de connaître la volonté nationale, ce n'est qu'un moyen de la confisquer. *(Allons donc ! allons donc ! — Approbation à gauche.)*

Messieurs, ces interruptions prouvent qu'il est

CHAPITRE IV.

des matières sur lesquelles il est difficile de s'exprimer librement devant vous.

M. Granier de Cassagnac. — Vous ne pouvez pas vous étonner de la résistance que vous rencontrez dans l'Assemblée. *(Exclamations à gauche.)*

M. Ernest Picard. — Dans l'Assemblée décrite par le ministère.

M. Grévy. — Comment, messieurs! vous pensez qu'au moment où l'on remanie nos institutions fondamentales, au moment où, l'œuvre n'étant pas encore consommée, il s'agit d'opter entre le principe de la représentation et celui du plébiscite, il n'appartient pas à un député d'apprécier celui qu'on propose et de dire ce qu'il en pense?

Sur divers bancs. — Si! si! — Parlez! parlez!

M. Granier de Cassagnac. — Exprimez votre sentiment, nous exprimons le nôtre aussi!

M. de Forcade. — Ne vous livrez pas à des attaques incessantes!

M. Grévy. — Je n'attaque personne. Tant pis pour le passé s'il ne peut entendre sans se les appliquer des vérités qui ne s'adressent pas à lui.

M. Granier de Cassagnac. — Il brave votre discussion!

M. Grévy. — Je ne voulais pas parler du passé; les allusions n'étaient ni dans ma pensée, ni dans mes paroles : c'est à vous qu'elles appartiennent et non à moi. *(Rumeurs sur quelques bancs.)*

A gauche. — Très bien! très bien!

M. le président Alfred Le Roux. — Veuillez continuer, monsieur Grévy.

M. Grévy. — Il m'est bien difficile de continuer, s'il ne m'est pas permis de parler du plébiscite. *(Parlez! parlez!)*

Voulez-vous me permettre de dire quel est, à mes yeux, le danger du plébiscite, quelle menace il fait planer sur le pays? Croyez-vous qu'il soit impossible, je ne dis pas aujourd'hui, je ne dis pas demain, mais dans un temps éloigné, très éloigné, — voyez comme je m'efforce d'éviter les allusions, — que le chef du Gouvernement, armé de cet instrument redoutable qu'on appelle le plébiscite, à la faveur de circonstances comme celles que nous avons traversées, remette jamais la France sous l'empire du despotisme, sous l'empire de la dictature? *(Assentiment à gauche.)*

Quelques membres à droite. — Si la nation y consentait !

M. Grévy. — C'est la question par la question. Il s'agit précisément de savoir si, par le plébiscite, si par cette forme impérieuse qui exclut la délibération, la spontanéité, le choix, la modification, la nation exprime son sentiment ou celui de qui l'interroge. *(Mouvements en sens divers.)*

Voilà, messieurs, les critiques qu'au point de vue de la restitution du pouvoir constituant le projet de sénatus-consulte soulève ; voilà pourquoi nous n'avons pu l'accepter comme une satisfaction donnée à notre interpellation, comme l'exécution de la promesse contenue dans la lettre de l'Empereur, comme l'exécution de la volonté du pays. Non, le pouvoir constituant ne lui est pas rendu, il est resté dans la main du chef du Gouvernement.

M. Jules Favre. — Très bien! très bien!

M. Grévy. — Je ne veux pas aller plus loin ; notre interpellation ne portant que sur le pouvoir constituant, je n'ai point à examiner, en ce moment, le projet de sénatus-consulte dans ses autres dispositions ; je n'ai point à en découvrir tous les vices, à vous montrer, par exemple, que s'il ne restitue point à la nation le pouvoir constituant, il lui ôte, en retour, une partie du pouvoir législatif au profit d'un Corps qui n'émane pas d'elle et qui est à la nomination du chef de l'État.

M. Ernest Picard. — C'est un attentat contre le suffrage universel !

M. Grévy. — Si mon interpellation me conduisait jusque-là, je suivrais M. le garde des sceaux dans son exposé des motifs du sénatus-consulte, et je lui montrerais avec la raison et l'expérience que les secondes Chambres qui ne représentent pas une aristocratie réelle, une classe privilégiée, existant réellement dans le pays, ou qui ne procèdent pas de l'élection populaire, ne peuvent jamais jouer qu'un rôle de comparses... *(rumeurs sur plusieurs bancs)*, ne peuvent jamais être et n'ont jamais été qu'une inutilité ou un embarras. *(Approbation à gauche.)*

Je me résume. Le projet de sénatus-consulte ne

restitue pas à la nation le pouvoir constituant ; il ne le retire au Sénat que pour le concentrer dans les mains de l'Empereur ; il condamne la nation à l'immobilité ou à la révolution ; il fait du plébiscite un danger permanent, un instrument légal de coup d'État.

Œuvre puérile! Vous croyez pouvoir enfermer un grand peuple dans vos petites combinaisons! Vous croyez pouvoir arrêter la marche du progrès et enchaîner la nation à une constitution. L'exemple de ceux qui vous ont précédés dans cette œuvre impossible ne vous a donc pas instruits! Le peuple, à son jour, brisera vos entraves comme il en a brisé d'autres, jusqu'à ce qu'il arrive enfin, à travers les révolutions dont vous lui rouvrez la carrière, à la forme du gouvernement des peuples modernes, à la forme démocratique, la seule qui soit appropriée à notre état social, la seule qui soit possible et durable, la seule dans laquelle il puisse trouver enfin l'ordre, la liberté, le repos et la prospérité dont il a si grand besoin. *(Vive approbation et applaudissements à gauche. — L'orateur, en retournant à son banc, reçoit les félicitations de ses collègues.)*

Le garde des sceaux, M. Émile Ollivier, répondit à M. Grévy. Il entra dans des développements étendus sur les différentes formes de gouvernement, et fit l'éloge du Gouvernement impérial qui, après avoir été fondé sur l'autorité, était entré, depuis le décret du 24 novembre 1860, dans les voies libérales et y marchait résolument. Il prononça dans ce débat une parole à laquelle l'événement devait donner un bien cruel démenti : « Aujourd'hui, dit-il, il est aussi impossible à l'Empereur, qui a loyalement accepté le régime parlementaire, d'*entreprendre une guerre sans le consentement de la nation*, que de modifier ou de maintenir une disposition constitutionnelle contre le gré de l'opinion publique. » Il avoua, en terminant, que le ministère dont il était le chef n'avait accepté qu'après beaucoup d'hésitation le plébiscite. « Nous avons été chargés par l'Empereur et par vous, dit-il, d'inaugurer dans ce pays-ci un gouvernement constitutionnel; nous avons d'abord hésité entre la marche lente et la marche rapide. Nous avons préféré la marche rapide, parce que nous avons cru qu'il n'était pas bon de laisser trop longtemps en suspens la loi constitutionnelle, et de compromettre par des controverses passionnées la sécurité des affaires, l'étude des lois spéciales et des institutions populaires. Nous avons pensé qu'il était sage de réaliser en une fois les transformations constitutionnelles jugées indispensables, afin de mettre un terme à l'instabilité, au tumulte des esprits, afin de constituer un état ferme, je ne dis pas définitif, rien n'est définitif dans le monde politique, mais ayant une durée raisonnable.

« Voilà pourquoi nous avons présenté un sénatus-consulte... Si nous avons mal fait, déclarez-le et renversez-nous; le sénatus-consulte tombera avec nous, et d'autres viendront faire mieux que nous... »

Une question ministérielle était greffée sur la question constitutionnelle. M. Ernest Picard s'éleva, lui aussi, contre le vote plébiscitaire. M. Martel, opposé au plébiscite, se prononça pour le maintien du cabinet. M. le marquis d'Andelarre, qui appartenait, comme M. Martel, au parti ministériel, déclara qu'il était contraire au système des plébiscites répétés, mais qu'il acceptait le plébiscite annoncé. M. Jules Favre dirigea une vigoureuse attaque contre les ministres, auxquels il reprocha d'être « les serviteurs du pouvoir personnel ». Le lendemain, M. Gambetta prononça un discours qui fut très remarqué. Il y établit que le plébiscite ne serait pas un attentat contre la souveraineté nationale, s'il était précédé d'une discussion libre dans les comices. M. Jules Simon, qui parla ensuite, se déclara l'adversaire du plébiscite. Enfin, le Corps législatif, à la majorité de 225 voix contre 43, adopta l'ordre du jour suivant :

« Le Corps législatif,

« Après avoir entendu les déclarations du ministère, confiant dans son dévouement au Gouvernement impérial et parlementaire,

« Passe à l'ordre du jour. »

La première délibération sur le projet de sénatus-consulte commença le 14 avril; la seconde vint le 18, et, le 20, le projet était adopté à l'unanimité de 130 votants. Le 23 avril parut le décret impérial qui convoquait le peuple français dans ses comices pour le dimanche 8 mai, à l'effet d'accepter ou de rejeter le projet de plébiscite suivant :

« Le peuple approuve les réformes libérales, opérées dans la Constitution depuis 1860, par l'Empereur, avec le concours des grands corps de l'État, et ratifie le sénatus-consulte du 20 avril 1870 [1]. »

1. Le vote sur le plébiscite fut l'occasion d'une scission dans les rangs de la gauche du Corps législatif. Les membres de la gauche, décidés à combattre le plébiscite, se réunirent pour déterminer les conditions de la lutte électorale. Une question se posa tout d'abord. Devaient-ils ou non admettre au milieu d'eux les délégués de la presse pour rédiger un manifeste en commun? Après une très vive discussion, cette question fut résolue affirmativement. M. Grévy vota dans ce sens. M. Ernest Picard, au contraire, était un de ceux qui avaient fait opposition à l'admission des journalistes. Avec plusieurs de ses collègues, il se sépara, en cette occasion, du gros de la gauche. Il publia, en son nom personnel, un article manifeste très pâle, mais qui se

CHAPITRE IV.

terminait, cependant, par le conseil de voter contre le plébiscite.

Dès ce moment, il y eut deux gauches : la gauche, dite *ouverte*, dirigée par M. Picard, et la gauche, dite *fermée*, dont le lieu de réunion était rue de la Sourdière, et dont M. Grévy devint le président. Quelque temps après, M. Ernest Picard fit à M. Emile Ollivier et au Gouvernement de l'Empire des avances si manifestes que le *Siècle*, dans le conseil d'administration duquel il avait figuré, crut devoir signaler cette évolution dans les termes suivants : « Quant à nous, dit-il, invariablement attachés à nos principes et non à des hommes, quels qu'ils soient, nous saluons le navire qui emporte M. Picard et ses amis, en lui souhaitant bonne chance ; que le pouvoir leur soit léger. » Aussi la gauche pure jugea-t-elle nécessaire de se séparer avec éclat du groupe dont M. Picard était l'inspirateur. Le soin de rédiger cette déclaration échut à son président, M. Grévy. Il adressa à M. Picard la lettre suivante :

Mon cher collègue,

J'ai communiqué aux députés de la gauche, auxquels elle était destinée, la lettre que vous m'avez fait l'honneur de m'adresser au nom de plusieurs de nos collègues.

Voici la réponse que je suis chargé de vous transmettre : la réunion de la gauche a vu avec regret un certain nombre de ses membres, après s'être séparés de la majorité dans une circonstance grave, se réunir à part et laisser publier dans des comptes rendus de leur séance, qu'ils formaient une réunion nouvelle et qu'ils adoptaient une politique ouverte aux compromis monarchiques, répudiés par notre manifeste du 14 novembre 1869.

Sans paraître tenir compte de ces faits, qui ont frappé l'attention publique et qui nous ont vivement émus, vous nous demandez aujourd'hui, en leur nom, vous nous requérez presque de les convoquer à la réunion de la gauche.

Nous ne pouvons le faire, quel qu'en soit notre désir, que s'ils croient devoir désavouer la formation d'une seconde réunion et la ligne politique qu'ils se sont laissé attribuer publiquement.

Il est de leur intérêt, comme du nôtre, qu'il ne se glisse entre eux et nous aucune équivoque ; que nous restions unis, si nous devons marcher ensemble ; ou que, si nous voulons suivre des voies différentes, nous soyons distincts, tout en conservant nos bons rapports et nos bons sentiments.

Agréez, etc.

Signé : Jules Grévy.

3 juin 1870.

§ VII

DISCOURS

AU SUJET D'UNE QUESTION RELATIVE AUX INSTRUCTIONS
DONNÉES AUX PRÉFETS

A L'OCCASION DU VOTE SUR LE PLÉBISCITE

PRONONCÉ LE 9 AVRIL 1870

AU CORPS LÉGISLATIF

L'acceptation par le Sénat du projet de sénatus-consulte ne faisait de doute pour personne. Aussi, dès le 9 avril, M. Barthélemy Saint-Hilaire déposa-t-il sur le bureau du Corps législatif un projet de loi relatif à l'organisation du scrutin du futur plébiscite. Puis une question fut posée par M. le comte de Kératry au ministre de l'intérieur relativement aux instructions qu'il avait données aux préfets à l'occasion du vote sur le plébiscite. M. Chevandier de Valdrôme répondit qu'aucune de ces instructions n'était en opposition avec l'esprit du cabinet, qu'elles étaient conformes à la loyauté et à la sincérité du vote, et qu'il y avait là, au surplus, un acte administratif au sujet duquel il n'avait pas d'autre réponse à faire. M. Picard insista. Le garde des sceaux, M. Émile Ollivier, après s'être défendu de vouloir user de la candidature officielle, avoua que ce qu'il redoutait, c'était un système d'abstention organisé. Il ajouta que

le ministère dirait aux agents du Gouvernement : « ... Votre devoir de fonctionnaires, c'est d'employer, comme l'a dit M. le ministre de l'intérieur, *l'activité la plus dévorante* pour dire et faire comprendre à tous les citoyens que leur devoir est de venir au scrutin et d'y exprimer leur opinion. »
« Nous n'admettrons pas, ajouta-t-il, que l'administration et le Gouvernement restent les bras croisés et inertes en présence d'un système d'abstention organisé... » De vifs murmures s'élevèrent à ces mots sur les bancs de la gauche, et M. Grévy s'écria : « C'est la pression administrative organisée ! » Quelques instants après, il monta à la tribune pour répondre au discours du ministre de la justice. Il s'exprima dans les termes suivants :

M. LE PRÉSIDENT BUSSON-BILLAULT. — La parole est à M. Grévy.

Quelques membres. — L'ordre du jour ! l'ordre du jour !

M. GRÉVY. — Messieurs, il est impossible de laisser passer sans protestation cette assertion de M. le garde des sceaux, que l'intervention de l'administration dans l'élection sera un moyen d'en assurer la liberté.

M. LE GARDE DES SCEAUX. — Je n'ai pas dit cela !

M. GRÉVY. — Pour être exacte, cette assertion a besoin d'être renversée.

Plusieurs membres. — Le ministre n'a pas dit cela !

M. GRÉVY. — Qu'a-t-il donc dit ? Qu'il rétablisse sa pensée.

Lorsque nous avons discuté dans cette assemblée la question soulevée par notre interpellation sur les candidatures officielles, M. le garde des sceaux est venu déclarer à la tribune, dans les termes les plus explicites et les plus absolus, que l'administration, en matière électorale, garderait une complète neutralité. Il l'a déclaré aux applaudissements de l'assemblée, et je crois pouvoir l'ajouter, à la satisfaction de la France entière.

Quelques voix à droite. — Non! non!

Sur plusieurs bancs. — Si! si!

M. GRÉVY. — La nouvelle déclaration que fait aujourd'hui M. le ministre de la justice est un démenti formel donné à sa déclaration précédente.

Voix nombreuses. — Mais non! — Pas du tout!

M. GRÉVY. — M. le garde des sceaux vient de nous annoncer qu'il se propose de tenir, pendant la période plébiscitaire, une conduite qui est diamétralement opposée aux engagements qu'il a pris dans la discussion que je viens de rappeler.

Sur plusieurs bancs. — Non! non!

M. GRÉVY. — Que dit, en effet, M. le ministre de la justice? Que le Gouvernement n'entend exercer aucune pression, mais que tous les fonctionnaires recevront l'ordre de déployer une activité dévorante pour dissuader les électeurs de l'abstention et les pousser au scrutin.

Eh bien, c'est là ce qui constitue l'intervention de l'administration dans l'élection.

M. LE GARDE DES SCEAUX. — Il n'y a pas d'élection!

M. GRÉVY. — Soit; dans le vote, si vous voulez.

CHAPITRE IV.

Or cette intervention de l'administration dans le vote est une double illégalité.

La première illégalité résulte de ce que l'administration s'ingère dans une opération qui ne la concerne pas, et à laquelle elle est et doit rester étrangère.

S. Exc. M. Segris, *ministre de l'instruction publique.* — Ah! par exemple!

M. Grévy. — M. le ministre de l'instruction publique m'interrompt pour s'écrier : Ah! par exemple!

Et qui donc, je le lui demande, a le droit d'entrer dans les comices et de s'immiscer au dépôt des bulletins dans l'urne? Les seuls électeurs, apparemment! Qui donc a le droit de se mêler au mouvement, à l'agitation qui précède le vote? Les seuls électeurs. A quel titre l'administration, comme pouvoir public, pourrait-elle donc s'interposer entre les électeurs et le scrutin?

Vous ferez, dites-vous, agir vos fonctionnaires, non seulement comme électeurs, mais encore comme agents de l'administration, avec une dévorante activité.

A quel titre le ferez-vous? A quel titre jetterez-vous dans le scrutin le pouvoir, les ressources dont l'administration dispose, et qui ne lui ont pas été confiées pour cet usage, qui ne lui ont pas été confiées pour influencer et altérer le résultat des votes populaires?

Je demande à M. le ministre de l'instruction publique qui m'a interrompu, je demande à M. le ministre de la justice auquel je réponds, à quel titre l'administration, c'est-à-dire le pouvoir exécutif, s'arroge le droit de descendre dans l'arène, de s'approcher du scrutin, de s'adresser aux votants et d'agir sur eux ?

Le pouvoir exécutif est-il électeur, est-il votant ? Non ! Son devoir est donc de s'abstenir. *(Mouvement en sens divers.)*

Tel est le principe, le principe libéral et légal, qu'il faut toujours affirmer, qu'il faut toujours rétablir lorsqu'il est méconnu. Ce n'est qu'en entreprenant sur le droit des citoyens, ce n'est qu'en exerçant sur eux une pression illégitime que l'administration peut faire invasion dans les collèges électoraux. *(Assentiment à gauche.)*

Telle est la première illégalité. Le Gouvernement n'a pas droit de voter, le vote ne le regarde pas. *(Oh ! oh !)* Ce n'est que par une usurpation, un empiétement sur le droit des citoyens qu'il peut intervenir dans les comices. *(C'est vrai ! — Très bien ! très bien ! à gauche.)*

La seconde illégalité consiste en ce que l'intrusion de l'administration dans les comices ne peut avoir lieu qu'au prix de la violation des dispositions prohibitives de la loi électorale, et à l'aide des moyens répréhensibles qu'elle proscrit. L'administration, agissant avec les moyens dont elle dispose, ne peut influer sur les votants autrement que par une action répréhensible. *(Exclamations sur plusieurs bancs.)*

Ce n'est pas, apparemment, par la prédication que les fonctionnaires exerceront l'activité dévorante qu'on leur impose; ce ne peut être que par une pression exercée à l'aide des seuls moyens dont ils disposent, c'est-à-dire par des promesses et des menaces.

M. le garde des sceaux. — Non! non! positivement non! J'en donne ma parole, et quand je donnerai ma parole, le pays me croira. *(Oui! oui! — Très bien!)*

M. Grévy. — Ne dites pas non, monsieur le ministre de la justice; vous pouvez répondre de vos intentions, que je ne suspecte pas, vous ne pouvez répondre de la conduite de vos agents, et par ce que vous leur demandez, par les résultats que vous attendez de leur zèle, vous les mettez dans la nécessité, pour agir avec quelque efficacité, d'user et d'abuser de tous les moyens de séduction et d'intimidation dont ils sont armés par leur caractère et leurs fonctions.

Rappelez-vous, messieurs, le triste spectacle qui s'est déroulé sous nos yeux pendant ce mois lamentable de la vérification de nos pouvoirs. *(Protestations à droite.)* Est-ce que vous n'avez pas vu partout la pression, les promesses, les faveurs, les menaces, l'abus, sous toutes les formes, du pouvoir de l'administration?

Quelques membres à droite. — C'est de votre côté qu'elle est venue!

M. Grévy. — Voilà l'administration dans son action nécessaire, toutes les fois que, au mépris de la loi, au mépris du droit de la nation, au mépris de la moralité publique, on lui permettra de se mêler aux électeurs et de peser sur les citoyens dans l'exercice de leurs droits politiques. *(Assentiment à gauche.)*

M. LE GARDE DES SCEAUX. — Eh bien, vous verrez !

M. GRÉVY. — Nous verrons ce que nous avons déjà vu. Nous n'avons pas l'espoir de vous détourner de la conduite que vous avez résolu de tenir et que vous nous annoncez. Vous interviendrez donc...

Une voix. — Je l'espère bien !

M. GRÉVY. — C'est un espoir que je vous laisse avec l'honneur de l'exprimer...

M. JULES FAVRE. — Très bien ! très bien !

M. GRÉVY. — Vous interviendrez ; mais vous ne le ferez qu'en violant la loi, qu'en entreprenant sur le droit des électeurs. Vous ne pourrez intervenir qu'au mépris des promesses que vous avez faites, et qu'en employant la pression administrative à laquelle vous avez solennellement renoncé.

M. LE GARDE DES SCEAUX. — Vous verrez que non !

M. ERNEST PICARD. — Mais nous l'avons vu déjà, et, quand nous l'aurons vu de nouveau, il sera trop tard.

M. GRÉVY. — Vous l'emploierez à l'instar de vos devanciers, et, comme eux, vous empiéterez sur le droit national et vous fausserez le vote.

Tel est le résultat inévitable, nécessaire, de la conduite que vous vous proposez de tenir. *(Vive approbation à gauche.)*

Le ministre de l'instruction publique, M. Segris, répondit que les théories de M. Grévy ne tendaient à rien moins qu'à condamner le Gouvernement, dans des circonstances aussi solennelles, à un mutisme absolu. « Je sais, dit-il, que personne mieux que l'honorable M. Grévy ne sait parler au peuple de ses droits; mais, messieurs, il ne suffit pas de parler au peuple de ses droits, il faut aussi lui parler de ses devoirs... » La pensée du cabinet était claire; il se réservait d'intervenir dans le vote du plébiscite. M. Grévy fit cette courte réplique aux observations du ministre :

M. Grévy. — La réponse que m'adresse M. le ministre de l'instruction publique est celle qui est toujours faite en pareil cas. Elle me fait m'apercevoir d'une lacune que j'ai laissée dans les observations que je viens de présenter.

M. le ministre nous dit — et il n'a pas le mérite de l'invention — que le Gouvernement ne peut rester désarmé en présence des partis...

M. le ministre de l'instruction publique. — Je n'ai pas dit cela!

Plusieurs membres. — C'est vrai! vous n'avez pas dit cela!

M. Grévy. — Si vous n'avez pas dit cela, que disiez-vous donc quand vous parliez du mutisme dans lequel vous ne vouliez pas, disiez-vous, vous renfermer?

Les partis politiques!... Mais qu'êtes-vous vous-mêmes? Êtes-vous autre chose au pouvoir que l'expression d'un parti politique? Que vous exerciez par toutes les forces dont vous disposez comme citoyens et comme parti; que vous exerciez par vos journaux, par vos orateurs, par vos comités, par votre autorité et votre influence personnelle, par vos fonctionnaires agissant en qualité de simples citoyens, — car, pour être fonctionnaires, vos agents ne cessent pas d'être citoyens électeurs, mais dans les comices, ils ne doivent pas être autre chose, — que par tous ces moyens vous exerciez votre action à l'encontre des autres partis, rien de mieux! Mais faire venir à Paris vos préfets, les enfermer dans vos salons, leur donner des instructions secrètes...

M. LE MINISTRE DE L'INTÉRIEUR. — Je demande la parole.

M. GRÉVY. — ... et venir dire ensuite que l'administration n'entend exercer aucune pression dans les votes, voilà ce qui nous met en défiance. *(Rumeurs sur plusieurs bancs.)*

Comment! vous ne vous proposez d'exercer aucune pression : est-ce donc en vue de n'exercer aucune pression que vous appelez vos préfets si longtemps à l'avance, que vous leur donnez des instructions, et que lorsqu'on vous interpelle sur le caractère politique de ces instructions, vous vous renfermez dans le silence? *(Approbation à gauche.)*

Après quelques observations de M. Picard, et un incident personnel soulevé par M. le garde des sceaux, et à l'occasion duquel M. Paul Bethmont monta à la tribune, le Corps législatif reprit son ordre du jour.

§ VIII

OBSERVATIONS

AU SUJET D'UN AMENDEMENT A L'ARTICLE 17

DU

PROJET DE LOI RELATIF AUX DÉLITS DE PRESSE

(OPPOSITIONS AUX ARRÊTS PAR DÉFAUT)

PRÉSENTÉES LE 11 AVRIL 1870

AU CORPS LÉGISLATIF

Le ministère du 2 janvier avait présenté au Corps législatif un projet de loi relatif au jugement des délits commis par la voie de la presse et autres délits politiques, destiné à remplacer la loi du 11 mai 1868. Des propositions de loi sur les mêmes matières avaient été déposées par MM. Garnier-Pagès, Ernest Picard, Lefèvre-Pontalis et plusieurs de leurs collègues. Le Corps législatif avait consacré plusieurs séances déjà à ces discussions, lorsque M. Cochery proposa un amendement aux deux premiers paragraphes de l'article 17. Cet article était ainsi rédigé :

« Art. 17. Si le prévenu ne comparaît pas au jour fixé par la citation, il sera jugé par défaut par la cour d'assises, sans assistance ni intervention de jurés.

« L'opposition à l'arrêt par défaut devra être formulée dans les trois jours de la signification à personne ou domicile, outre un jour par cinq myriamètres de distance, à peine de nullité.

« L'opposition emportera de plein droit citation à la première audience.

« Si, à l'audience où il doit être statué sur l'opposition, le prévenu n'est pas présent, le nouvel arrêt rendu par la cour sera définitif. »

M. Cochery proposait la rédaction suivante :

« Si le prévenu ne comparaît pas au jour fixé par la citation, il sera jugé par défaut, mais néanmoins avec l'assistance et l'intervention du jury, dans les conditions du chapitre IV du titre VII du code d'instruction criminelle.

« L'opposition à l'arrêt sera recevable conformément à l'article 476 du code d'instruction criminelle. »

Après quelques observations de M. Cochery, M. Riché, président de section au conseil d'État, commissaire du Gouvernement, défendit la rédaction de l'article 17. M. Grévy, à qui M. Cochery avait cédé son tour de parole, lui fit une courte réponse. Après avoir résumé les dispositions de l'article 17, il continua en ces termes :

De sorte que, si, pour une cause quelconque et qui peut être indépendante de la volonté du prévenu, celui-ci n'a pu ni se présenter à l'audience, ni faire opposition dans les trois jours de la signification de l'arrêt, il aura été jugé sans être entendu; et après quelques jours écoulés, la condamnation sera devenue irrévocable. Et jugé par qui? par les magistrats composant la cour d'assises, c'est-à-dire par une institution qui, d'après le principe de votre loi, est impropre à statuer libéralement sur le fait. *(Très bien à gauche.)* Et jugé comment? sans examen, sans vérification de l'acte d'accusation. C'est ainsi que, dans l'usage, les choses se passent; la condamnation est une pure formalité, et c'est pourquoi la cour la prononce sans le jury qui peut seul apprécier le fait. De telle sorte qu'en quelques jours, avec le projet de loi, un citoyen peut être jugé sans avoir été entendu, sans que l'accusation ait été vérifiée et sans qu'il lui reste aucun recours contre une condamnation si précipitée et si inconsciente.

Je dis que cette dérogation au droit commun, qu'on veut créer en matière politique, a quelque chose de monstrueux!

Une discussion s'engagea ensuite entre M. Grévy et le commissaire du Gouvernement. Après avoir répondu aux objections de ce dernier, M. Grévy termina ainsi ses observations :

Quand on se présente devant le tribunal civil pour requérir défaut, le tribunal n'examine-t-il pas les conclusions? Le jugement ne porte-t-il pas en termes formels que les conclusions ont été vérifiées et trouvées justes? La loi n'en fait-elle pas une obligation au tribunal?

Pourquoi, en matière criminelle, la justice se dispenserait-elle de cette vérification? Est-ce parce qu'il s'agit de la liberté de l'homme et peut-être de la vie, tandis qu'en matière civile il ne s'agit que d'intérêts matériels?

La raison de l'honorable commissaire du Gouvernement ne me touche en aucune façon. Si, dit-il, on appelle un juge à statuer, lorsqu'il s'agit d'un défaut, il pourra se faire que, sur l'opposition, le même juge, ou un juge différent, rende un verdict contraire !

Et en quoi ce résultat possible serait-il un si grand mal ? Est-ce qu'il ne se produit pas souvent en matière civile et criminelle avec la magistrature ?

Ne voit-on pas tous les jours le tribunal et la cour rapporter un jugement ou un arrêt rendu par défaut ?

En quoi ce résultat est-il plus choquant pour le jury que pour la magistrature ? Pourquoi l'un ne pourrait, comme l'autre, revenir après débat contradictoire sur une décision par défaut ? (*Très bien à gauche.*)

Que si vous ne voulez absolument pas exposer le jury à se déjuger, l'amendement vous offre le moyen d'atteindre le même résultat, sans l'inconvénient que vous redoutez. Il consiste à faire juger au moins l'opposition par le jury et à permettre l'opposition jusqu'à l'exécution de l'arrêt. De cette manière, il n'y aura plus de condamné sans comparution et sans défense que celui qui n'aura voulu ni se défendre ni comparaître. J'avoue que, dans ce cas, je verrais moins d'inconvénient à laisser prononcer par la cour d'assises des arrêts par défaut, qui ne deviendraient définitifs que par la volonté du condamné. Il faut que la voie de l'opposition reste ouverte jusqu'à l'exécution, c'est-à-dire jusqu'à l'incarcération. Il ne faut pas chercher des difficultés ou des fins de non-recevoir dans cette circonstance que, l'exécution étant faite par la gendarmerie ou la police, l'opposition ne sera pas facilement recevable entre ses mains. Qu'est-ce qui vous empêche de dire que, au moment de l'incarcération, l'opposition pourra être reçue sur le registre d'écrou? Vous lèverez ainsi toutes les difficultés.

Telles sont les réflexions qui se sont présentées à mon esprit lorsque j'ai entendu M. le commissaire du Gouvernement repousser d'une manière si expéditive et si absolue l'amendement de M. Cochery.

Je me joins à mon honorable collègue et à M. le rapporteur de la commission, pour demander que la Chambre veuille bien prendre en considération cet amendement. *(Très bien! sur plusieurs bancs)*

Après quelques observations de MM. Darracq, Crémieux et Jourdain, l'amendement fut pris en considération.

§ IX

OBSERVATIONS

AU SUJET DE L'ARTICLE 32 DU PROJET DE LOI

RELATIF AU

JUGEMENT DES DÉLITS DE PRESSE

ET DES DÉLITS POLITIQUES

PRÉSENTÉES LE 19 MAI 1870

AU CORPS LÉGISLATIF

Le 19 mai, l'article 32 du projet de loi relatif au jugement des délits commis par la voie de la presse et autres délits politiques vint en discussion. Il était ainsi conçu :

« Art. 32. — Quiconque, après que la condamnation d'un écrit, dessin, gravure, image ou emblème, sera réputée connue par la publication dans les formes prescrites par l'article précédent, les réimprimera, vendra, mettra en vente, exposera ou distribuera, subira le maximum de la peine qu'aurait pu encourir l'auteur. »

M. Cochery s'attacha à démontrer que cet article était inacceptable par le motif qu'on ne pouvait raisonnablement l'appliquer au libraire, au vendeur des kiosques. Le rapporteur, M. Genton, en demanda, au contraire, l'adoption par cette raison que la disposition critiquée avait été empruntée

CHAPITRE IV.

à l'article 27 de la loi du 26 mai 1819. Il admit, il est vrai, que si le tribunal reconnaissait qu'il n'y avait pas eu d'intention coupable, il devrait prononcer l'acquittement du prévenu. M. Grévy lui répondit. Il s'exprima dans les termes suivants :

M. Grévy. — M'emparant de la déclaration par laquelle M. le rapporteur vient de terminer ses observations, je propose, à titre d'amendement, d'introduire dans la loi les mots suivants : « lorsque le prévenu sera de mauvaise foi ».

Ce n'est pas sans motif, messieurs, que je propose cette addition. Nous savons tous que la jurisprudence tend à considérer le cas prévu comme un fait matériel, absolument dépourvu d'intention, dans la pensée du législateur, et à en faire ce que, pour me servir d'une expression un peu moderne, on appelle une contravention.

S. Exc. M. Émile Ollivier, *garde des sceaux*. — Du tout !

M. Grévy. — Je vous demande pardon, et je vous citerai des décisions de la Cour de cassation qui l'ont fait, et des décisions conformes de cours d'appel. Cette question de savoir si l'introduction ou la *réimpression* d'un écrit condamné constitue un délit, c'est-à-dire un acte qui ne puisse être puni que dans le cas d'une intention coupable, avec connaissance de cause, ou si c'est au contraire une simple contravention qui existe par la simple existence d'un fait matériel, sans l'acception de l'intention de l'agent, est une question qui a été diversement résolue par la jurisprudence dans ces derniers temps. Il suffirait bien assurément qu'il y eût incertitude sur une question comme celle-là pour que la Chambre prît la peine d'introduire dans la loi la déclaration qui vient d'être faite au nom de la commission. Vous verrez un peu plus tard, quand nous nous occuperons des contraventions d'une manière spéciale, quelle est la portée de l'observation que je fais en ce moment.

Votre loi a la prétention de faire juger par la police correctionnelle un très grand nombre d'infractions aux lois de la presse, par la seule constatation du fait matériel, sans aucune acception de l'intention et sans admissibilité de circonstances atténuantes. Pour moi, il est manifeste que le cas de l'article qui nous occupe et qui est appliqué, comme je vous l'ai dit, par les tribunaux, est susceptible d'être considéré comme une contravention. Et puisque le Gouvernement et la commission, et je les félicite de cette pensée libérale, veulent bien nous déclarer qu'à leurs yeux l'article 32 n'est pas une contravention et que lorsqu'on aura, en toute bonne foi, dans l'ignorance des condamnations précédemment encourues, soit réimprimé, soit vendu des écrits condamnés, on ne sera pas coupable, c'est à merveille ; mais il faut le dire dans la loi. Si, quand on a causé un préjudice par un acte matériel, sans intention, il y a lieu à une réparation civile, ni la morale, ni la justice ne permettent, ne sauraient admettre l'application d'une peine. C'est cependant ce que ferait l'article 32, s'il n'était modifié. En un mot, quelle est votre intention? Voulez-vous en faire un délit ou une contravention?

Il faut le dire, parce qu'il y a équivoque dans la rédaction de l'article, parce qu'il y a divergence dans les décisions de la jurisprudence et présomption du côté de la contravention. Il est indispensable, si vous êtes dans le même sentiment que j'exprime, que vous déclariez que si l'acte prévu par cet article n'est pas accompli de mauvaise foi, il ne pourra jamais entraîner de condamnation correctionnelle. *(Marques d'approbation sur plusieurs bancs.)*

M. Riché, président de section au conseil d'État, commissaire du Gouvernement, déclara qu'aux termes de la jurisprudence de la Cour de cassation, le fait incriminé par l'article 32 était non une contravention, mais un délit; que le ministère public serait libre d'exercer ou non des poursuites, et que le jury apprécierait. M. de Tillancourt demanda le rejet de l'article proposé, puis M. Grévy reprit la parole:

« Puisque la bonne foi, dit-il, doit innocenter les auteurs des faits prévus par l'article 32, il faut le dire expressément, ou au moins ne faut-il pas s'attacher à une rédaction qui implique le contraire. Si votre pensée, si votre déclaration est sincère, comme je n'en doute pas, il faut qu'elle se traduise dans la loi. » *(Très bien! très bien! sur plusieurs bancs.)*

M. le président Schneider ayant fait observer que M. Grévy insistait sur la prise en considération de son amendement, le député du Jura ajouta : « Je demande la prise en considération par la Chambre de mon amendement, qui consiste dans l'addition du mot *sciemment*, à moins qu'on ne me donne satisfaction par une rédaction équivalente. » Après une réponse de M. Émile Ollivier, garde des sceaux, M. Grévy reprit de nouveau la parole. Il termina ainsi ses observations :

« En droit pénal plus encore qu'en matière civile, la mauvaise foi ne se suppose pas ; c'est la bonne foi qui est présumée jusqu'à preuve contraire. Lors donc que vous traduisez un prévenu devant les tribunaux de répression, c'est que vous croyez avoir la preuve de sa culpabilité, c'est que vous croyez que le fait délictueux a été commis et qu'il a été commis de mauvaise foi. Faites donc cette double preuve, autrement vous intervertissez les rôles au préjudice de la justice et de la liberté.

« Vous faites à l'accusé une situation qui n'est pas celle que la loi générale lui assure ; vous renversez toutes les notions en matière d'accusation, de défense, de justice et de liberté. » (*Assentiment à gauche.*)

Après une courte réponse de M. Émile Ollivier, M. Grévy reprit la parole pour la quatrième fois. Il insista en ces termes sur le danger de la rédaction proposée :

« Vous dites que le fait est réputé connu ; mais, généralement, il ne sera pas connu, il ne le sera pas surtout des agents subalternes du colportage ou de la vente, ni même de l'éditeur et de l'imprimeur. Vous voulez qu'il y ait une connaissance à peu près certaine, et vous partez de cette supposition erronée pour faire aux prévenus une position exceptionnelle. Cela n'est ni rationnel ni juste. » Et il ajouta :

« Le raisonnement de M. le garde des sceaux n'a donc pas la valeur qu'il a bien voulu lui attribuer ; il n'y a aucune raison, dans le cas particulier, de supposer la mauvaise

CHAPITRE IV.

foi. Je répète qu'il y en a beaucoup moins que dans les cas que j'ai signalés ; car lorsqu'on veut attacher à la publication faite dans le *Journal officiel,* d'une condamnation qui remonte à une époque plus ou moins ancienne pour en déduire une présomption de connaissance universelle et absolue du fait, on s'éloigne manifestement de la réalité des choses pour mettre le prévenu, sans raison, je dirai même contre toute raison, dans une situation exceptionnelle que ni la justice, ni la libéralité, ni la loi ne semblent pouvoir justifier. » (*Assentiment à gauche.*)

M. Émile Ollivier reprocha à M. Grévy d'établir une confusion dans le débat. Ce dernier lui demanda la permission de l'interrompre pour rectifier immédiatement cette assertion. Le garde des sceaux, ne voulant pas se tenir pour battu, insista et demanda au Corps législatif de ne prononcer le renvoi que dans les termes indiqués par le Gouvernement. Après plusieurs observations présentées par divers membres, et comme le Corps législatif allait voter, M. Grévy dit un dernier mot : « Que la commission veuille bien tout simplement, comme le Gouvernement y consent, faire connaître par une rédaction nouvelle qu'il s'agit d'un délit et non d'une contravention, je me déclare satisfait. »

Puis le président déclara que, puisque tout le monde était d'accord, l'article était renvoyé à la commission, sous le bénéfice des observations qui venaient d'être échangées. Au début de la séance du 23 mai, M. Genton, rapporteur de la commission, vint donner lecture de la rédaction nouvelle de l'article 32, dans laquelle il était spécifié que l'infraction prévue et punie par cet article était bien un délit. Satisfaction avait été ainsi donnée aux persistantes réclamations de M. Grévy.

§ X

DISCOURS

SUR L'ARTICLE 2 DU PROJET DE LOI

RELATIF AU

JUGEMENT DES DÉLITS DE PRESSE

ET DES DÉLITS POLITIQUES

PRONONCÉ LE 23 MAI 1870

AU CORPS LÉGISLATIF

Au début de la séance du 23 mai, M. Genton, rapporteur, donna lecture d'un deuxième rapport supplémentaire relatif au projet de loi sur la presse; puis, M. Laroche-Joubert ayant demandé que l'article 1er, qui avait été réservé, contînt une énumération des délits politiques et des peines y correspondant, M. Grévy fit observer que, lorsqu'après 1830 on rendit au jury la connaissance des délits politiques et des délits de presse, la loi du 8 octobre de la même année énuméra, dans son article 7, les délits politiques. Il ajouta que, pour ne rien omettre et ne rien exclure, on pourrait dire : « Les délits politiques sont particulièrement ceux prévus dans l'article 7 de la loi du 8 octobre 1830. » Le rapporteur répondit que la commission avait adopté une formule générale : « tous les délits politiques », qui comprenait évidemment l'énumération de l'article 7 de la loi d 8 octobre 1830.

L'article 1er fut adopté après cet échange d'observations. Le président donna ensuite lecture de la nouvelle rédaction de l'article 2 :

« *Article 2*. — Continueront d'être jugés par les tribunaux de police correctionnelle, sauf les cas attribués aux tribunaux de simple police :

« Les délits de diffamation verbale ou d'injure verbale contre toute personne ;

« Les diffamations, injures et autres délits contre les particuliers ;

« Les cris séditieux ;

« Les contraventions en matière de presse et en matière politique déjà attribuées à cette juridiction par les lois existantes ;

« Les délits d'offenses verbales envers la personne de l'Empereur et envers les membres de sa famille. »

Un amendement de M. Crémieux proposait de modifier le cinquième paragraphe de cet article ainsi qu'il suit :

« Les contraventions, en matière de presse et en matière politique, déjà attribuées à cette juridiction par les lois existantes, *quand elles ne sont punies que des peines de simple police.* »

Après quelques observations du rapporteur, M. Grévy prit la parole au sujet de l'amendement de M. Crémieux. Il s'exprima en ces termes :

M. LE PRÉSIDENT SCHNEIDER. — M. Grévy a la parole.

M. GRÉVY. — Messieurs, de toutes les dispositions du projet de loi, il n'en est pas de plus grave à mes yeux et de plus contraire à la liberté de la presse que le paragraphe final de l'article 2 sur lequel vous délibérez.

Ce paragraphe 2 consacre et érige en loi une doctrine fausse, qui procède d'une pensée exclusive de répression, et qui jusqu'ici n'a trouvé place que dans une certaine jurisprudence où elle s'est glissée aux mauvais jours de la liberté.

M. Glais-Bizoin. — C'est vrai!

M. Grévy. — L'honorable M. Crémieux propose de corriger cet article en le modifiant.

J'aurais pu me rallier à cet amendement, car il rend le paragraphe 2 inoffensif. Mais, comme en même temps, il le rend inutile, il m'a paru plus simple et plus logique d'en demander la suppression.

Jusqu'à ce jour nous avons vu les législateurs de la presse opter pour le jury ou pour la police correctionnelle, selon qu'ils travaillaient pour ou contre la liberté. Le projet de loi se place entre ces deux systèmes, il prend une position intermédiaire et tient une sorte de juste milieu entre le jury et la police correctionnelle.

On serait tenté de penser que ce système mixte n'a pas été conçu avec une très grande maturité, lorsqu'on voit qu'à la première attaque il a été abandonné, car au moment où je parle il n'est plus entier, il est mutilé et à moitié détruit.

En effet, le système du projet de loi portait originairement sur deux points : il ôtait au jury, pour les donner à la police correctionnelle, d'un côté les délits politiques, d'un autre côté ce qu'il appelle les contraventions en matière de presse.

Sur le premier point, la commission a demandé au Gouvernement pourquoi les délits politiques n'étaient pas, dans le projet, assimilés aux délits de presse, et, comme eux, attribués au jury. Le Gouvernement, n'ayant, apparemment, aucune bonne réponse à faire à cette question, a cédé de bonne grâce et a consenti que les délits politiques fussent déférés au jury. Il demanda seulement qu'on lui en réservât quelques-uns pour en doter la police correctionnelle, pour laquelle, s'il faut en juger par le projet de loi, il paraît se ressentir un peu de cette inclination qu'elle a le don d'inspirer à tous les gouvernements.

Le premier mouvement de la commission a été d'accéder à ce désir, qu'elle a paru comprendre; mais quand elle a voulu, dans les délits politiques, faire une part pour la police correctionnelle, elle s'est trouvée fort empêchée, elle n'a pu trouver entre eux aucune différence, elle n'a su où placer le sinet, et après des efforts aussi louables qu'infructueux, elle a renoncé à donner au Gouvernement cette satisfaction; si bien qu'elle a fini par assimiler de tous points les délits politiques aux délits de presse, et par proposer de rendre au jury le jugement des uns et des autres, ce que vous venez de voter à l'instant même.

Voilà où nous en sommes; voilà ce qui est advenu de la première partie du système du projet de loi : les délits politiques qu'il déférait à la police correctionnelle sont restitués au jury.

Reste la seconde partie de ce système, l'attribution à la police correctionnelle de ce qu'on appelle les contraventions en matière de presse.

L'article 1er du projet de loi dit :

« Est attribuée aux cours d'assises la connaissance des délits commis par la voie de la presse ou par tout autre moyen de publication. »

Et l'article 2, restreignant aussitôt cette disposition, ajoute :

« Continueront d'être jugés par les tribunaux de police correctionnelle, sauf les cas attribués aux tribunaux de simple police...

« Les contraventions prévues par les lois sur la presse et sur les autres modes de publication. »

Ainsi, d'après le projet de loi, les délits de presse sont rendus au jury; les contraventions en matière de presse sont réservées à la police correctionnelle.

Quelles sont les contraventions qui, en matière de presse, doivent former le lot de la police correctionnelle?

Ni le Gouvernement dans son projet de loi, ni la commission dans son rapport, ne nous l'apprennent.

Le projet de loi nous dit seulement que ce sont les contraventions prévues par les lois sur la presse et sur les autres modes de publication. Et lorsqu'on se reporte aux lois auxquelles le projet renvoie, on trouve bien que ces lois prévoient et punissent les infractions à leurs prescriptions; mais on ne voit nulle part qu'elles les qualifient ou qu'elles les classent en délits et en contraventions, de sorte qu'elles ne nous enseignent point ce que nous ignorons.

Ainsi, ni le projet du Gouvernement, ni le rapport de la commission, ni les lois sur la presse, ne nous apprennent quelles sont les contraventions qui doivent former l'apanage de la police correctionnelle.

Jusqu'à ce que le Gouvernement et la commission veuillent bien nous prêter leur flambeau, nous ne pouvons nous guider dans cette recherche qu'à la lumière des principes généraux en matière pénale.

La loi générale, définissant les trois natures d'infraction qu'elle prévoit et qu'elle punit, dit, dans l'article 1er du code pénal, que le crime est l'infraction punie d'une peine afflictive ou infamante; le délit, l'infraction punie d'une peine correctionnelle; la contravention, l'infraction punie d'une peine de simple police.

Et les articles 465 et 466 ajoutent que les peines de simple police sont l'amende de 1 franc à 15 francs et l'emprisonnement d'un jour à cinq jours.

Voilà donc ce qu'est en droit pénal la contravention : c'est l'infraction punie des peines de simple police : la loi générale n'en connaît pas d'autres, ni moi non plus.

S'il se rencontre quelques-unes de ces contraventions dans les lois sur la presse, elles appartiennent à la simple police, et non à la police correctionnelle, qui doit disparaître du projet de loi.

Telle est donc la situation : le projet de loi et le

rapport de la commission proposent d'attribuer à la police correctionnelle ce qu'ils appellent les contraventions prévues par les lois sur la presse. Ni le Gouvernement, ni la commission, ni les lois sur la presse ne disent quelles sont ces contraventions; et la loi générale ne connaît d'autres contraventions que les infractions punies des peines de simple police.

Dans cette situation, je pose au Gouvernement et à la commission deux questions. Je leur demande d'abord à quel caractère distinctif on reconnaîtra ce qu'ils appellent contravention en matière de presse; en quoi elle diffère essentiellement du délit; comment, dans la pratique, on pourra discerner les uns des autres; à quel signe constant et certain on pourra dire : voilà pour le jury, voici pour la police correctionnelle?

Je demande ensuite par quelle raison ces contraventions, fussent-elles distinctes des délits, sont déférées à la police correctionnelle, dans un projet de loi qui attribue les délits de presse au jury?

Je reprends ma première question. A quels caractères distinctifs se reconnaissent les contraventions en matière de presse? A quel signe essentiel et certain se distinguent-elles des délits?

Ce n'est pas, comme le fait le code pénal, à la nature de la peine encourue, puisque la peine, pour toutes les infractions, contraventions ou délits, est toujours une peine correctionnelle ; une peine qui peut s'élever à plusieurs milliers de francs d'amende et à plusieurs années d'emprisonnement.

CHAPITRE IV.

Ce n'est pas non plus à l'existence d'un fait matériel, car, dans toutes les infractions, quelque nom qu'on leur donne, délit ou contravention, il y a toujours un fait matériel.

Qu'on cherche un délit de presse qui n'ait pour base un fait matériel, on n'en trouvera point. Je prendrai, si l'on veut, de tous les délits de presse ceux qui semblent les moins matériels, les plus intellectuels, les plus métaphysiques, l'excitation à la haine et au mépris du Gouvernement, la provocation à son renversement.

Ne reposent-ils pas sur un fait matériel, sur un écrit et sur sa publication?

Au fond de toutes les infractions, en matière de presse, au fond de tous les délits, comme au fond de toutes les contraventions, il y a un fait matériel. *(Signes de dénégation au banc des ministres et au banc de la commission.)*

J'aperçois au banc des ministres et au banc de la commission des signes de dénégation. Il faut que je n'aie pas été bien compris, car ce que je viens de dire est indéniable. Je cherche s'il existe un caractère essentiel, un caractère distinctif, un criterium auquel la contravention, autre que la contravention de simple police, se puisse discerner du délit; j'ai montré que ce ne peut être la nature de la peine encourue, et je montre en ce moment que ce ne peut être l'existence d'un fait matériel parce qu'il n'est pas de délit qui ne repose sur un fait de cette nature; je le montre par l'analyse et le raisonnement, et on se borne à me répondre par des signes de dénégation!

Je répète donc et j'ai démontré qu'au fond de toutes les infractions en matière de presse, il y a toujours un fait matériel. Ce n'est donc pas non plus à ce caractère que les contraventions pourront se distinguer des délits.

Est-ce dans l'élément intentionnel, comme M. le rapporteur s'efforçait à l'instant de l'inférer de l'auteur qu'il citait, qu'on pourra chercher cette distinction?

Pas davantage. L'élément intentionnel est commun aux contraventions et aux délits. Il a sa place et son rôle dans les contraventions comme dans toutes les actions humaines. Il n'est pas une contravention qui ne puisse se commettre avec ou sans bonne foi, avec ou sans connaissance de cause, avec ou sans intention répréhensible.

Pourquoi ne tiendrait-on pas compte de cette intention? Pourquoi frapperait-on indistinctement la bonne et la mauvaise foi? Où l'intention est innocente l'équité et le droit peuvent bien commander encore la réparation civile d'un dommage causé; mais ni la raison, ni la justice, ni la morale n'y permettent l'application d'une peine.

Il n'y a donc nulle différence entre les délits attribués au jury et les contraventions déférées à la police correctionnelle. Là est le vice du projet de loi, là est aussi son danger. *(Assentiment à gauche.)*

Il ne méconnaît pas seulement les principes élémentaires du droit pénal, mais il crée la confusion et l'arbitraire. Il fournit le moyen d'ôter au jury, pour les donner à la police correctionnelle, des infractions arbitrairement choisies et dont le nombre peut s'accroître arbitrairement, avec cette circonstance que, pour condamner sous le nom de contravention, la police correctionnelle n'aura qu'à constater le fait matériel, sans se préoccuper de l'intention. Cette disposition ruine le projet de loi ; elle ne lui laisse de libéral que le titre et l'apparence. Avec elle le jury n'aura de délits de presse que ce que l'on voudra bien lui en laisser *(interruption)* ; la police correctionnelle ressaisira graduellement sa proie. *(Marques d'adhésion à gauche.)*

Telle est ma première question.

M. Philis, *commissaire du Gouvernement*. — Je demande la parole.

M. Grévy. — J'arrive à la seconde. Je suppose qu'on soit parvenu à signaler une différence essentielle entre le délit et la contravention ; je demande, dans cette hypothèse, pour quelles raisons les contraventions seraient laissées à la police correctionnelle, dans un projet de loi, qui donne au jury la connaissance des délits. Ces raisons, il me semble les avoir entrevues, lorsqu'à une précédente séance, à l'occasion des délits politiques, que le projet attribuait à la police correctionnelle par la même raison qu'il lui attribue les contraventions, M. le garde des sceaux, voulant défendre le système du projet de loi, développa une théorie empruntée, nous dit-il, à Benjamin Constant et à Royer-Collard, et qu'il formula à peu près ainsi :

Parmi les infractions aux lois politiques et aux lois sur la presse, il y en a qui ne consistent que dans un fait facile à constater; il y en a d'autres qui, purement intellectuelles et métaphysiques, ne peuvent être saisies que par une appréciation dans laquelle il entre toujours une certaine dose d'arbitraire. Les premières reviennent à la police correctionnelle, parce qu'il n'y a qu'un fait matériel à constater; les autres appartiennent au jury, parce qu'au jury seul peut être confié, sans danger pour la liberté, l'arbitraire dans l'appréciation.

Si M. le garde des sceaux était présent, je lui demanderais la permission de lui dire qu'en attribuant cette doctrine à Benjamin Constant et à Royer-Collard, il s'est trompé. Elle ne leur appartient point. De leur temps, les contraventions, en matière de presse, n'étaient pas encore inventées.

M. Oscar de Vallée, *commissaire du Gouvernement*. — Pardon! La loi du 9 juin!

M. Grévy. — J'en demande pardon à M. le commissaire du Gouvernement, la loi dont il parle ne crée pas les contraventions de presse, dont il est ici question; je répète que ni Royer-Collard ni Benjamin Constant n'ont connu ce genre nouveau de contravention, et, si l'on en doute, je les laisserai parler eux-mêmes, et vous verrez que ni Royer-Collard ni

CHAPITRE IV.

Benjamin Constant n'ont divisé les infractions aux lois sur la presse en deux parts, l'une pour le jury, l'autre pour la police correctionnelle ; cette ingénieuse division leur était inconnue ; ils ne connaissaient, outre les contraventions de simple police, que des délits qu'ils déféraient tous au jury ; il n'y avait point pour eux d'infraction matérielle à déférer à la police correctionnelle.

Comment ces grands esprits auraient-ils pu comprendre qu'une infraction punissable de peines correctionnelles pût consister exclusivement dans un fait matériel, sans acception, ni de l'intention de l'agent, ni du préjudice social ! *(Assentiment à gauche.)*

Ne savaient-ils pas qu'en matière politique tout est conventionnel ; que le fait matériel est presque toujours indifférent aux yeux de la morale et de la justice absolue ; qu'il n'est en lui-même ni bon ni mauvais, ni juste ni injuste, qu'il ne devient coupable que par l'intention criminelle et le préjudice causé ?

Ne savaient-ils pas que la distinction entre les infractions qui reposent sur un fait matériel et celles qui n'ont pas cette base est fausse et chimérique ; que toutes les infractions, contraventions ou délits, se composent nécessairement des trois éléments constitutifs de tout acte punissable : le fait, l'intention et le préjudice ?

Ils professaient que le fait matériel étant indifférent en lui-même, c'est l'intention et le résultat qu'il s'agit d'apprécier, et c'est parce que cette appréciation, qui varie sans cesse avec les temps et les circonstances, comporte nécessairement de l'arbitraire, qu'elle ne doit être confiée qu'à la nation elle-même représentée par le jury. *(Nouvel assentiment à gauche.)*

C'est cette doctrine et non l'autre, qui est la doctrine de Benjamin Constant et de Royer-Collard; et si quelque doute ou quelque contestation s'élevait sur ce point, je suis prêt à les citer textuellement pour les justifier devant la Chambre.

Je me résume, et je dis que le projet de loi qui vous est soumis, après avoir rendu au jury les délits de presse, laisse à la police correctionnelle, sous le nom de contraventions, une série indéfinie d'infractions aux lois sur la presse; qu'il n'y a aucune différence essentielle entre cette nature de contravention et le délit; qu'y eût-il entre eux une différence, il n'y a nulle raison, ni morale, ni légale, ni politique, dans une loi qui restitue au jury la connaissance des délits, d'attribuer à la police correctionnelle une partie de ces délits sous le nom de contraventions; que le paragraphe final de l'article 2 donne à la police correctionnelle le moyen de s'attribuer le jugement de presque tous les délits de presse, qu'il fait du projet de loi une déception, et qu'il doit être supprimé.

Messieurs, la liberté pour une nation consiste à faire elle-même ses lois et à les appliquer, à les faire par ses représentants, et à les appliquer par ses jurés. La seconde condition n'est pas moins indispensable que la première. Mesurez la part faite au jury dans l'application de la loi, mesurez la part que la nouvelle Constitution fait à la représentation nationale dans leur confection, et vous aurez la distance qui vous sépare de la liberté. *(Vive approbation à gauche.)*

M. Philis, conseiller d'État, commissaire du Gouvernement, se chargea de répondre au député du Jura. Il s'étonna que M. Grévy, « dans cette discussion savante et lumineuse qui est la sienne », ait reproché au garde des sceaux d'avoir emprunté à Royer-Collard et à Benjamin Constant l'idée d'attribuer le jugement des contraventions en matière de presse à la police correctionnelle. Il termina en faisant l'éloge de la politique libérale du Gouvernement. M. Crémieux prononça un remarquable discours en faveur de l'attribution de tous les délits de presse au jury. « Il faut absolument, dit-il, que le magistrat soit entouré d'une auréole d'estime, de confiance, que rien ne doit pouvoir détruire; or rien ne détruit l'estime et la confiance que nous avons dans la magistrature comme vos délits politiques et vos délits de presse. » Et il ajouta : « Ne vous y trompez pas, messieurs, plus vous aurez la liberté de la presse, plus vous aurez la sécurité au milieu de vous. » Après une courte réponse du rapporteur, M. Genton, M. Grévy reprit la parole en ces termes :

M. Grévy. — Si la Chambre veut bien me permettre de répondre en quelques mots à M. le rapporteur de la commission et à M. le commissaire du Gouvernement, je lui promets de n'abuser ni de son attention ni de sa patience. *(Parlez! parlez!)*

Je crois que M. le commissaire du Gouvernement, qui a annoncé l'intention de me répondre, ne m'a pas répondu. Quant à M. le rapporteur de la commission, il me semble qu'il n'a pas essayé de le faire.

J'avais posé deux questions : j'avais demandé qu'on voulût bien signaler une différence essentielle entre la contravention et le délit. On ne l'a pas même tenté. Je devrais même dire que, sur ce premier point, M. le commissaire du Gouvernement m'a fait l'honneur d'être parfaitement d'accord avec moi-même, reconnaissant qu'il y a toujours et partout, au fond de toutes les infractions, un fait matériel, et que l'intention a sa place et son rôle dans la contravention, comme dans le délit, ce qui est la confirmation de la première partie de mes observations.

Sur le second point, à savoir : pour quelles raisons, soit juridiques, soit politiques, on veut scinder en deux classes les infractions aux lois sur la presse pour les attribuer, les unes au jury, les autres à la police correctionnelle, on n'a rien répondu non plus ; de sorte que mon argumentation subsiste entière après la double réponse de M. le rapporteur et du commissaire du Gouvernement.

Il y a dans ce qu'a dit M. le commissaire du Gouvernement une chose à laquelle je tiens surtout à répondre.

Ne pouvant pas ou ne voulant pas, théoriquement, essayer de signaler une différence essentielle entre la contravention et le délit, M. le commissaire du Gouvernement s'est réfugié dans une espèce. Il a pris le compte rendu prohibé, dont la doctrine que je com-

CHAPITRE IV.

bats fait une contravention, et il a dit : Il peut y avoir dans le compte rendu prohibé une double infraction, premièrement le compte rendu lui-même qui est une contravention ; deuxièmement un délit quelconque, d'une autre nature, qui peut se rencontrer dans le compte rendu lui-même. Et M. le commissaire du Gouvernement a paru en tirer la preuve que le compte rendu est une contravention. Mais cela ne prouve qu'une chose, c'est qu'il peut y avoir dans un compte rendu plusieurs délits ; cela ne prouve nullement que le compte rendu soit une contravention. Vous reconnaissez que la seconde infraction est un délit, mais cela prouve-t-il que la première infraction soit une contravention? Nullement, c'est pourtant ce qu'il aurait fallu établir.

Il s'agit de savoir si la première infraction, si le compte rendu est une contravention ou un délit. Eh bien, voyons !

Qu'est-ce qu'un compte rendu? Comment, sans parler de l'intention, peut-on en constater l'existence? Est-ce un fait purement matériel? Y a-t-il rien, au contraire, dans certaines circonstances, de plus délicat et de plus incertain? N'est-ce pas une appréciation des plus difficiles que celle qui a pour objet de déterminer, d'après l'esprit, les termes, la forme, d'un article de journal, si cet article constitue une discussion, des réflexions, ou un compte rendu? Est-il une appréciation plus délicate et plus arbitraire? Et puisque partout où se montre la nécessité de l'arbitraire, c'est au jury qu'il faut s'adresser, reconnaissez donc que c'est devant le jury, et non devant la police correctionnelle, qu'il faut renvoyer le compte rendu prohibé, et qu'il constitue, non une contravention, mais un délit.

M. le rapporteur de la commission, confondant à tort quelques infractions en matière d'imprimerie et de librairie avec les infractions aux lois sur la presse dont il est ici question, nous dit que ces infractions ont un caractère matériel, grossier en quelque sorte, qui les distingue suffisamment des délits d'opinion qui ne sont qu'une manifestation de la pensée.

Je lui en demande pardon; s'il a suivi avec attention, comme je l'ai fait moi-même, le développement graduel de la théorie des contraventions en matière de presse, laquelle, comme Pascal le dit de la doctrine de la probabilité, va toujours grandissant et se perfectionnant, il a dû remarquer à quelles infractions on a fini par attacher le caractère de contravention.

Cette doctrine a commencé modestement, il est vrai; elle ne s'étendait qu'aux infractions les plus matérielles, au dépôt, au cautionnement, au timbre, par exemple; mais elle n'a pas tardé à s'étendre, et savez-vous où elle en est venue aujourd'hui? Elle en est venue à ranger dans la catégorie des contraventions les délits les plus évidents, les plus incontestables, comme le compte rendu prohibé, comme la publication, dans un journal littéraire et scientifique, de matières politiques et d'économie sociale.

CHAPITRE IV.

Voilà où en est arrivée, grâce à la jurisprudence, la doctrine des contraventions. La publication des matières politiques et d'économie sociale une contravention! Le délit le plus métaphysique, le plus insaisissable, une infraction purement matérielle. Qu'y a-t-il de moins matériel que cette appréciation si difficile, la plus délicate, la plus incertaine, la plus arbitraire assurément que puissent nécessiter les infractions aux lois sur la presse, puisqu'il ne s'agit de rien moins que de trouver la ligne de démarcation qui sépare la politique et l'économie sociale de la philosophie, de la morale et des autres sciences qui l'avoisinent?

Et c'est à une juridiction chargée de constater seulement la matérialité d'un fait, sans s'élever à la pensée qui l'a inspirée, que vous attribuez la connaissance d'une semblable infraction, c'est-à-dire, en un mot, de ce qu'il y a de plus immatériel, de plus métaphysique, de plus arbitraire parmi les délits de presse!

Je reviens, en terminant, à ma seconde question.

Pour quelles raisons voulez-vous attribuer à une autre juridiction que le jury ce que vous appelez les contraventions? Est-ce pour une raison politique? L'intérêt de la liberté devrait vous en dissuader. Je vous l'ai déjà signalé, ce danger. Si vous ouvrez cette porte, on y fera passer la plupart des délits de presse pour les conduire à la police correctionnelle.

Je vous demande donc pour quelle raison vous donnez à la police correctionnelle, sous le nom de contraventions, un si grand nombre d'infractions qui, nous dit M. le commissaire du Gouvernement, s'élèvent déjà au chiffre de 44, et qui, je vous le prédis, atteindront dans la suite un chiffre encore plus élevé; car le nombre des contraventions a toujours été en augmentant, et il est dans la nature des choses qu'il s'accroisse constamment; on ne s'arrêtera devant aucune barrière, on ne reculera devant aucune énormité, puisqu'on est venu à faire de la publication des matières politiques ou d'économie sociale une simple contravention. *(Très bien! à gauche.)*

J'insiste et vous demande encore une fois pourquoi vous voulez attribuer à la police correctionnelle toute cette catégorie d'infractions? Je n'en vois aucune bonne raison. Ne parlons pas de politique et de liberté, ne prenons que le fait matériel; pourquoi voulez-vous la police correctionnelle?

Est-ce pour avoir une juridiction plus commode et plus expéditive? Cette raison-là même, toute misérable qu'elle soit, vous échappe.

Le jury ne sera ni moins expéditif ni moins commode! n'avez-vous pas le jury en permanence, la citation à bref délai? Vous irez aussi vite devant le jury que devant la police correctionnelle, et vous aurez même, pour les contraventions, de meilleures décisions.

Nous vous donnons nos raisons : nous ne voulons pas que la presse soit justiciable de la police correctionnelle; donnez-nous donc les vôtres!

Votre disposition est injustifiable, elle dénature

et détruit le projet de loi. Ce n'est plus une loi libérale, ce n'est plus une loi d'attribution des délits de presse au jury ; c'est une combinaison artificieuse, à l'aide de laquelle la police correctionnelle ressaisira, à son gré, le jugement du plus grand nombre des infractions aux lois sur la presse. *(Nouvelle approbation sur les bancs de la gauche.)*

Au centre et à droite. — Aux voix ! aux voix !

Le débat était épuisé. Le président fit remarquer au Corps législatif que les discours des derniers orateurs tendaient en réalité à la suppression de l'article 2. M. Grévy reprit la parole sur la position de la question. Il constata que l'amendement de M. Crémieux consistait à dire qu'on ne renverrait à la police correctionnelle que les contraventions de simple police. Or il n'en devait pas être ainsi. Il n'y avait rien à renvoyer à la police correctionnelle en matière de presse, pas plus les contraventions que les délits, par cette raison que les contraventions proprement dites appartenaient à la simple police, et les délits à la cour d'assises. Conformément à ces principes, M. Grévy demanda la suppression du paragraphe 5 de l'article 2, c'est-à-dire l'attribution du jugement des contraventions à la police correctionnelle, et M. Crémieux se rallia à cet amendement. Les paragraphes 1, 2, 3, 4 et 6 de l'article 2 furent successivement mis aux voix et adoptés. Le paragraphe 5, dont M. Grévy avait demandé la suppression, le fut également, par 155 voix contre 44, sur 199 votants.

§ XI

DISCOURS

SUR LE PROJET DE LOI

RELATIF A LA

NOMINATION DES MAIRES ET DES ADJOINTS

PRONONCÉ LE 24 JUIN 1870

AU CORPS LÉGISLATIF

Le ministère du 2 janvier avait déposé sur le bureau de la Chambre un projet de loi relatif à la nomination des maires et des adjoints. Ce projet de loi laissait au Gouvernement le choix des maires et des adjoints, qui, toutefois, devaient être pris dans les conseils municipaux. Le 24 juin, M. Horace de Choiseul soutint un contre-projet aux termes duquel les maires étaient élus directement par le suffrage universel. Après une assez longue discussion, ce contre-projet fut repoussé.

Puis vint le contre-projet déposé par MM. Jules Favre, Grévy, Desseaux et Gambetta. Il était ainsi conçu :

« Dans toutes les communes de France, le maire sera élu par le conseil municipal, à la majorité absolue des membres de ce conseil. Dans le délai de trois mois après la promulgation de la présente loi, il sera procédé à l'élection des maires de toutes les communes. »

CHAPITRE IV.

M. Jules Favre ouvrit la discussion. Son discours fut vivement applaudi par la gauche. Le garde des sceaux, M. Émile Ollivier, qui lui répondit, prit la défense du projet du Gouvernement; puis M. Grévy demanda la parole. Il attaqua avec la plus grande vigueur le projet de loi et la politique dont ce projet était l'expression, et, malgré les interruptions incessantes et violentes de la majorité, il put achever son discours. En voici le texte :

M. LE PRÉSIDENT SCHNEIDER. — M. Grévy a la parole.

M. GRÉVY. — Messieurs, il y a dans le projet de loi sur lequel vous délibérez deux ordres d'intérêts, deux natures de considérations qu'on ne peut, si l'on veut être sincère, ni dissimuler ni faire disparaître.

Il y a — ce qui a presque exclusivement occupé M. le ministre de la justice — un intérêt administratif; il y a, ce qu'hier l'honorable rapporteur de la commission nous accusait à tort d'y mettre, quand nous ne faisions que l'accepter et le constater, un intérêt politique.

Dans ce pays et dans ce temps où la politique est partout, se mêle à tout, envahit tout, il est bien difficile qu'une question législative se présente qui ne touche, par quelque point, à la politique.

Le projet de loi est d'ailleurs, par sa nature, essentiellement politique; la nomination des maires n'intéresse pas seulement l'administration des communes, elle intéresse leur liberté, elle intéresse, surtout dans les circonstances où nous sommes, la liberté publique. C'est sur ce dernier point que je voudrais plus particulièrement arrêter l'attention de la Chambre, après avoir toutefois répondu brièvement à la discussion de M. le garde des sceaux sur l'administration et la liberté des communes.

A gauche. — A demain! à demain!

A droite et au centre. — Non! non! — Parlez! parlez!

M. Grévy. — M. le garde des sceaux dit que la nomination des maires est indifférente à la liberté municipale et que, pour être libre dans son administration et son gouvernement intérieur, la commune n'a pas besoin de nommer son maire.

C'est cette proposition que je veux détruire : elle est condamnée par la raison et par la pratique de tous les peuples libres. Dans tous les pays libres, les maires sont les élus des communes.

M. le garde des sceaux a parlé de l'Angleterre, des États-Unis, de la Suisse; il n'a pu méconnaître que dans ces trois pays, les plus libres du monde, le maire est élu par les membres de la commune; mais il a prétendu qu'aux États-Unis, pour corriger et neutraliser en quelque sorte cette élection, on place à côté de chaque magistrat municipal, et comme pour le doubler, un représentant du pouvoir central, un fonctionnaire public.

C'est une erreur capitale; il n'existe rien de pareil aux États-Unis.

M. le garde des sceaux. — Et les juges de paix?

M. Grévy. — Les juges de paix aux États-Unis!

CHAPITRE IV.

ils n'ont point cette étrange position; ils ne sont point une doublure des magistrats municipaux; je vais dire quel est leur rôle; il est bien différent de celui que vous leur attribuez.

On classe les communes, aux États-Unis, en grandes et en petites communes.

Dans les petites communes il n'y a pas de conseil municipal. Les habitants se réunissent et délibèrent sur la place publique, comme autrefois les Grecs et les Romains; ils traitent directement toutes les affaires communales. C'est le gouvernement direct.

Dans les grandes communes il y a des conseils élus, qu'on peut assimiler à nos conseils municipaux; mais, dans les unes et les autres, l'exécution des résolutions est confiée à des magistrats élus, qu'on appelle les *select-men*, qui correspondent à nos maires, mais qui ne sont point flanqués de représentants du pouvoir central, quoi qu'en dise M. le garde des sceaux.

Les magistrats municipaux sont très nombreux, parce que leurs fonctions sont très divisées; mais ils ne les partagent ni avec des agents des États particuliers, ni avec des fonctionnaires du pouvoir fédéral. Ils agissent dans leur indépendance et sous leur responsabilité, sous les yeux de la commune qui les surveille et les contrôle.

Quel est, au milieu de ces belles institutions, le rôle du juge de paix et généralement du pouvoir judiciaire? Le pouvoir judiciaire n'intervient que lorsqu'un magistrat, et non seulement un magistrat municipal, mais un fonctionnaire d'un ordre quelconque forfait à son devoir ; le pouvoir judiciaire le punit, le suspend quelquefois et accomplit lui-même les actes que le magistrat prévaricateur laisse en souffrance. Mais cette intervention du pouvoir judiciaire n'est qu'un accident passager, et nullement une coopération ordinaire et normale, comme M. le ministre de la justice semble le croire.

Oui, au-dessus de l'administration municipale, au-dessus de l'administration des comtés, au-dessus de l'administration des États eux-mêmes, il existe en Amérique un pouvoir inconnu dans notre continent, le pouvoir judiciaire, qui joue un très grand rôle, qui surveille et réprime l'administration, et qui la supplée quelquefois ; mais, et c'est là l'erreur de M. le garde des sceaux, qui ne fonctionne pas normalement à côté d'elle.

M. LE GARDE DES SCEAUX. — C'est ce que j'ai dit.

M. GRÉVY. — Si j'ai bien compris M. le garde des sceaux, il a dit qu'il n'y a dans les pays libres des magistrats municipaux nommés par les habitants de la commune qu'à la condition qu'ils soient doublés de fonctionnaires publics.

Cela n'est point exact ; aux États-Unis, que M. le garde des sceaux a cités à l'appui de sa thèse, il n'y a point de fonctionnaire public dans la commune ; il n'y a, à côté, ou plutôt au-dessus de l'administration, que le pouvoir judiciaire, qui ne concourt ni ne se confond avec elle ni par son caractère, ni par ses attributions.

Les élus de la commune fonctionnent librement, sans auxiliaires et sans entraves.

Voilà la vérité.

A gauche. — Très bien! très bien!

M. Grévy. — Il n'est donc pas vrai de dire qu'en fait, dans les pays libres, les magistrats municipaux élus ont toujours à côté d'eux, pour les compléter, des représentants du pouvoir public.

Il n'en est point ainsi, particulièrement aux États-Unis, et les *select-men* qui ont, comme en France les maires, des attributions multiples, ne les partagent point avec des fonctionnaires publics.

Mais laissons le fait pour interroger la raison.

Est-il vrai que la commune puisse être libre, c'est-à-dire que sa volonté puisse toujours s'exécuter, si elle est privée de l'élection de son maire? C'est demander si le mandant est sûr de l'exécution du mandat, quand le mandataire ne dépend pas de lui! Qu'importe la délibération, si elle n'est pas ou si elle est mal exécutée? Ne savez-vous pas que l'exécution est tout dans les choses de ce monde? Ne savez-vous pas que celui qui exécute est le maître, s'il n'est pas dans la dépendance de celui qui ordonne? Ne faut-il pas que l'administrateur de la commune soit responsable envers elle? Et que devient la liberté de la commune, que devient la prépondérance de sa volonté, si celui qui agit pour elle, qui dispose de ses intérêts, n'est ni nommé par elle, ni responsable devant elle, et ne relève que d'un autre pouvoir?

La commune ne sera donc libre, elle ne sera maîtresse de ses intérêts et de son gouvernement intérieur que lorsque ses magistrats seront ses élus.

Voilà ce que je voulais dire, et seulement en passant, sur le côté administratif de la question ; je ne m'y arrêterai pas plus longtemps.

On tient, dans les pays libres, comme un principe et un axiome, que l'individu est le meilleur et le seul juge de ses intérêts.

M. Quesné. — Et le revolver ? *(Exclamations et rires.)*

M. Grévy. — Cette règle est la condition de la liberté ; l'individu est souverain en tout ce qui n'intéresse que lui ; il est sujet pour ce qui concerne les lois et les devoirs sociaux.

Cette règle est celle qui régit, en Angleterre, aux États-Unis, les communes elles-mêmes, qui ne sont que des individualités ; soumises aux lois et au pouvoir chargé de leur exécution pour toutes leurs obligations sociales, elles sont indépendantes et souveraines lorsqu'il ne s'agit que de leurs intérêts. N'est-ce pas rationnel et juste ?

La collection des individus qui composent la commune n'est-elle pas aussi apte, plus apte même pour l'administration de ses intérêts collectifs que ne l'est chacun de ses membres pour celle de ses intérêts

CHAPITRE IV.

privés? Pourquoi donc la mettre en tutelle? quelle est donc cette prétention de la supposer incapable pour la gouverner? Quel est le maire nommé et inspiré par un préfet ou un sous-préfet, qui aura plus de capacité pour administrer les intérêts d'une commune que les habitants eux-mêmes.

C'est toujours et partout la même prétention! Supposer tout le monde incapable pour mettre tout le monde en tutelle, depuis la commune asservie au maire et au préfet, jusqu'à la France asservie au gouvernement personnel!

Et puisque nous parlons du gouvernement personnel, il faut dire franchement qu'il est au fond du projet de loi que nous discutons; il faut dire que le côté le plus important de ce projet n'est pas le côté administratif.

S'il ne s'agissait que de déterminer quel est le mode de nomination des maires le meilleur pour une bonne administration municipale, le débat ne nous passionnerait pas autant.

M. ROLLE. — C'est vous qui le passionnez!

M. GRÉVY. — M. le rapporteur de la commission, se tournant hier de ce côté, nous disait que nous apportions dans cette discussion des préoccupations politiques.

Eh bien, oui, nous y apportons des préoccupations politiques, et vous aussi! Il n'y a entre vous et nous qu'une différence, c'est que nous les avouons et que vous les dissimulez! Oui, nous avons des préoccupations politiques de l'ordre le plus élevé, de la nature la plus inquiétante. Oui, la question de la nomination des maires est, à nos yeux, une question capitale, la question la plus grosse que, dans les circonstances où nous sommes, on puisse agiter dans une assemblée!

C'est la question du gouvernement qui se cache sous cette question de nomination des maires; je vous en ferai, si vous le niez, une démonstration en forme, à laquelle vous ne répondrez pas.

M. le garde des sceaux nous a dit, en parlant du maire : ce sera un véritable fonctionnaire du pouvoir exécutif, — nous le savions bien, — et il ajoutait, ce que nous savions bien aussi, qu'il obéirait sous peine de destitution. Il obéirait! A qui?

M. Jules Favre. — Aux caprices du préfet!

M. Grévy. — ...A tous les ordres que vous lui donnerez. Vous parliez tout à l'heure, monsieur le garde des sceaux, dans les mouvements éloquents qui ont terminé votre discussion, vous parliez de la distinction à faire entre l'abus et l'usage. Il y aura, disiez-vous, des abus. Quels sont les hommes et les institutions qui en sont exempts? S'il ne s'agissait que des abus inséparables d'une bonne institution, il n'y aurait pas de débat entre nous.

Ce n'est pas l'abus possible que j'attaque, c'est l'usage, c'est le système même; c'est par l'usage ordinaire et non par l'abus accidentel de l'institution que vous préconisez, qu'on a réduit et qu'on main-

CHAPITRE IV.   215

tient ce pays dans l'asservissement! *(Réclamations à droite. — Très bien! à gauche.)*

Contesterez-vous que la commune soit le siège de l'élection et que le maire, dans la commune, dans les communes rurales surtout, n'ait une influence prépondérante, n'exerce, en général, une pression décisive sur l'élection? Le contestez-vous?

MM. Millon, de Benoist *et plusieurs autres membres.* Oui! oui!

A gauche. — Ah! ah!

M. Dugué de la Fauconnerie. — Votre élection, à vous, en est la preuve : vous n'aviez pas les maires pour vous.

M. le baron de Benoist. — L'honorable M. Millon en est également la preuve; il a été nommé, en 1860, contre un candidat officiel.

M. Grévy. — Vous contestez cela, monsieur Millon?

M. Millon. — Oui!

M. Grévy. — Je ne dis pas que, dans telle ou telle localité, exceptionnellement... *(Ah! ah!)* tel ou tel maire... *(interruption)*, je dis en général... Je sais qu'il y a eu quelquefois, bien rarement, des maires qui ont fait voter contre le Gouvernement.

M. Ernest Picard. — Et ils ont bien fait. *(On rit.)*

M. Millon. — Il n'est pas facile de faire voter les électeurs contre leur volonté.

Les électeurs français ne sont pas aussi serviles que vous le dites : quand ils veulent quelque chose, ils le veulent bien.

M. Grévy. — Voulez-vous écouter sérieusement une discussion sérieuse? *(Bruit.)*

J'ai été interrompu par l'honorable M. Millon, lorsque j'émettais cette proposition générale que, dans les communes, dans les petites communes surtout, qui forment le plus grand nombre, les maires exercent une influence prépondérante dans l'élection. Le niez-vous?

M. Millon. — Oui, je le nie! *(Exclamations à gauche.)*

M. le président Schneider. — Monsieur Millon, je vous prie de ne pas interrompre, et j'engage l'orateur à s'adresser à la Chambre.

M. Grévy. — Monsieur, entre mon affirmation et votre dénégation, il y a un grand arbitre, la conscience publique. C'est à elle que j'en appelle; elle nous entend et nous jugera! *(Très bien! autour de l'orateur. — Bruits divers.)*

M. Millon. — Moi aussi!

Plusieurs membres. — Nous aussi! nous aussi!

M. Corneille. — La conscience publique a déjà répondu.

M. le président Schneider. — Je demande à la Chambre d'écouter l'orateur.

M. Grévy. — Vos dénégations ne prévaudront pas contre la vérité des choses que j'affirme, et l'intrusion des maires dans les élections, leur pression sur les élections... *(Murmures et interruptions au centre et à droite. — Approbation à gauche.)*

Eh bien, messieurs, nos électeurs entendront et nous jugeront! *(Oui! oui!)*

La conscience publique sera juge entre vous et moi.

M. Dugué de la Fauconnerie. — Jusqu'à présent nous n'avons pas à nous plaindre de ses jugements.

M. Grévy. — Vous ne détruirez pas ce qui est attesté par la conscience publique : l'action des maires dans les élections, leur pression sur les électeurs.

Plusieurs voix à droite. — Nous affirmons le contraire.

M. Grévy. — Messieurs, je constate avec satisfaction que vous n'avez pas d'autre moyen de résister à mon argumentation que de nier l'évidence.

M. le comte d'Ayguesvives. — C'est l'évidence pour vous peut-être, mais non pour nous. *(Bruit.)*

M. le marquis de Grammont. — C'est quarante mille fois vrai, mon cher collègue.

M. Grévy. — Me contestera-t-on aussi que, dans les élections qui ont eu lieu jusqu'à ce jour, les maires ont été les instruments de l'administration? M. Millon contestera-t-il encore?

M. Millon. — Certainement!

M. Dugué de la Fauconnerie. — C'est la même question que vous reproduisez sous une autre forme. La réponse est la même.

M. le président Schneider. — Veuillez, monsieur Grévy, parler à la Chambre sans vous arrêter aux interruptions.

M. Grévy. — Je parle à la Chambre, et j'attends qu'elle fasse silence.

Les maires sont les agents électoraux de l'administration. *(Non! non!)* Ils sont l'instrument nécessaire de la candidature officielle, ils ont été et seront à l'avenir, d'après la déclaration que vous venez d'entendre, destitués s'ils n'obéissent pas aux injonctions du Gouvernement. *(Nouvelles dénégations et interruptions.)*

M. le garde des sceaux. — A la loi!

M. le comte de la Tour. — Personne ici ne le pense; par conséquent, le ministre n'a pas pu dire cela!

M. Grévy. — Voilà où est le grand intérêt du projet de loi; voilà l'importance de la question qui nous divise.

M. le garde des sceaux. — J'ai parlé de la loi et non du pouvoir. *(Protestations à gauche.)*

M. Grévy. — Je ne voudrais pas dénaturer vos intentions, monsieur le garde des sceaux. Je n'ai pas dit qu'en parlant de la destitution certaine des maires désobéissants, vous faisiez allusion à leur conduite électorale. J'ai dit que vous considériez les maires comme des fonctionnaires publics, comme les représentants du pouvoir exécutif, qu'ils devaient, sous peine de destitution, obéir à tous ses ordres. *(Non! non!)*

M. le comte d'Ayguesvives. — M. le garde des sceaux a parlé de désobéissance à la loi et non de désobéissance au pouvoir. *(Si! si! —Non! non!)*

M. Grévy. — Voulez-vous, monsieur le garde des sceaux, que, sans nous attacher plus longtemps à ce qui arrivera dans l'avenir, et qui nous échappe à l'un comme à l'autre, nous nous attachions à ce qui a eu lieu dans le passé?

N'a-t-on jamais, jusqu'ici, donné des ordres aux maires que pour l'exécution des lois?

Ne leur a-t-on jamais donné des instructions en matière électorale?

Et s'il leur en est encore donné dans l'avenir et qu'ils refusent de les exécuter, ne seront-ils pas destituables, selon votre doctrine? Oui, assurément.

Je ne tire donc de vos paroles que ce qu'elles renferment.

S'il est vrai que, dans le passé, vous ou vos prédécesseurs avez transformé les maires en agents électoraux, et je pourrais dire vous, car à l'occasion du plébiscite, nous avons vu se renouveler ce scandale...
(*Vives réclamations sur un grand nombre de bancs. — Bruit.*)

M. Dugué de la Fauconnerie. — C'est calomnier le pays!

M. le ministre de l'intérieur. — Je proteste.

M. Grévy. — Vous ne méconnaîtrez pas au moins que, au temps des candidatures officielles hautement avouées, les maires recevaient des instructions, des injonctions qui n'étaient pas inscrites dans la loi?
(*Vives protestations à droite.*)

Vous ne méconnaîtrez pas non plus que leur destitution dépendait de l'inexécution de ces instructions. *(Nouvelles réclamations.)*

M. Dugué de la Fauconnerie. — Où sont les maires destitués ?

M. Grévy. — Mais le pays a été témoin de ces destitutions ; pourquoi lutter contre l'évidence des faits ? N'avons-nous pas été témoins de ce qui s'est passé ; comptez-vous, par vos dénégations, en effacer la mémoire ?

M. le comte de Chambrun, *avec véhémence*. Il y a eu vingt-huit destitutions dans mon département ! *(Mouvement.)*

M. Rolle. — Est-ce quand vous étiez préfet ?

M. le président Schneider. — Je demande à monsieur de Chambrun, qu'on n'interrompe pas, et surtout qu'on ne le fasse pas avec autant d'animation !

M. Ernest Picard. — Oh ! mais l'argument est fort, vingt-huit maires révoqués dans une seule circonscription !

M. Jules Favre. — C'est la vérité à la place de la fiction.

M. le président Schneider. — J'engage M. Grévy à continuer sa discussion.

M. de Forcade. — M. de Chambrun vient de dire que, dans son département, il y avait eu vingt-huit destitutions de maires.

M. le comte de Chambrun. — Oui, vingt-huit maires et adjoints suspendus ou destitués en 1863 !

CHAPITRE IV.

M. DE FORCADE. — Le fait que vient de citer M. de Chambrun ne saurait se rapporter aux élections de 1869, et puisqu'on a fait allusion aux circulaires du ministre de l'intérieur, je prierai l'honorable M. Grévy de vouloir bien se reporter aux circulaires que j'ai eu l'honneur de lire à la tribune, au mois de décembre dernier. Dans une circulaire du 3 mai 1869, je donnais aux préfets comme instructions de ne révoquer ni suspendre aucun maire pendant la période électorale. *(Interruptions à gauche.)*

Voilà les instructions qui ont été données : et, dans toute la France, il y a eu cinq maires suspendus pendant la durée de la période électorale, et pour des faits d'un caractère tout à fait exceptionnel.

M. LE MARQUIS DE GRAMMONT. — Et après?

M. DE FORCADE. — Il n'y a pas eu plus de suspensions après qu'avant les élections.

M. LE COMTE DE KÉRATRY. — Et les instituteurs? *(Bruit.)*

M. LE PRÉSIDENT SCHNEIDER. — Je demande instamment à la Chambre d'écouter l'orateur dans un silence complet, comme elle l'a fait de toutes parts pour le précédent orateur.

M. Jules Favre avait été aussi parfaitement écouté. *(Réclamations à gauche.)*

Permettez! la Chambre n'a rien perdu de ce qu'a dit M. Jules Favre, et je demande qu'il en soit de même pour l'orateur qui, dans ce moment-ci, a la parole. *(Très bien!)*

M. le comte d'Ayguesvives. — Qu'il ne soulève pas d'orages!

M. le président Schneider. — Les interruptions provoquent parfois de la part de l'orateur des expressions qui peuvent arriver à blesser la Chambre. Si l'on veut qu'il demeure maître de sa parole, il faut qu'on l'écoute en silence. *(Très bien!)*

M. Grévy. — S'il était sorti de ma bouche une parole qui eût blessé la Chambre... *(Non! non!)* c'eût été bien contre mon intention.

Mon intention, dans une question aussi délicate, aussi brûlante, est, au contraire, de me tenir dans les généralités de la discussion, dans l'exposition des principes, dans l'appréciation des faits, avec toute la modération possible.

J'ai pu être quelquefois entraîné par des interruptions, mais je crois et j'espère n'avoir blessé aucun de mes collègues. *(Non! non!)*

Quant à M. de Forcade, qui a mis en pratique la candidature officielle et qui a eu le courage d'en soutenir ici la légitimité, je me bornerai à lui répondre qu'il n'a pu, fidèle à sa doctrine, se dispenser de donner aux maires des instructions électorales, sans lesquelles la candidature officielle n'avait plus de raison d'être.

M. de Forcade. — J'ai donné des instructions...

M. Grévy. — Si M. de Forcade s'est cru le droit, lorsqu'il était ministre de l'intérieur, de lancer les maires dans l'arène électorale, de leur donner des

CHAPITRE IV.

instructions, d'en faire, en un mot, des agents électoraux, ce n'était pas apparemment à la condition qu'ils puissent lui désobéir; et si la sanction n'est pas venue pendant la période électorale, elle n'a pas dû se faire attendre. *(Très bien! très bien à gauche.)*

Messieurs, j'abrège et je formule ma pensée plutôt que je ne la développe : les maires nommés par le pouvoir, la candidature officielle, le gouvernement personnel sont les trois termes d'une trilogie.

On nous dit, on nous répète souvent, — non pas d'en haut pourtant, cette parole n'est jamais sortie des lèvres du chef du pouvoir exécutif, — on nous dit que le gouvernement personnel a fait son temps, qu'il a fait place au gouvernement parlementaire; tout le monde l'a dit, excepté celui de la bouche duquel il serait si important de l'entendre...

M. LE GARDE DES SCEAUX. — Il l'a dit formellement... *(Dénégations à gauche.)*

M. GRÉVY. — Je ne l'ai jamais entendu.

M. LE GARDE DES SCEAUX. — Nous parlons en son nom ; nous parlons pour lui.

M. GRÉVY. — J'aimerais mieux qu'il parlât lui-même. *(Exclamations ironiques à droite et au centre. — Très bien! à gauche.)*

M. LE GARDE DES SCEAUX. — Alors, ce serait du gouvernement personnel. *(C'est évident.)*

M. GRÉVY. — Le chef d'un gouvernement parlementaire ne peut-il donc prendre la parole?... *(Nouvelles interruptions.)*

Ce que je constate, c'est que, tandis que ses ministres et tous les promoteurs de l'empire libéral nous annonçaient l'avènement du gouvernement parlementaire et la fin du gouvernement personnel, aucune parole tombée de plus haut n'est venue le confirmer. Cette confirmation, nous l'avons cherchée dans les faits, nous ne l'avons trouvée nulle part. *(Très bien! très bien! à gauche. — Réclamations au banc des ministres.)*

J'entends des protestations au banc des ministres; je les comprends; MM. les ministres sont de très bonne foi; mais ils se complaisent dans une erreur profonde.

Il y a, monsieur le garde des sceaux, l'apparence et la réalité; il y a les choses secondaires et les choses essentielles. En fait de gouvernement parlementaire, vous vous contentez de l'apparence, vous n'avez pas la réalité. *(Très bien! très bien! sur les bancs à gauche. — Réclamations sur d'autres bancs.)*

Si vous en voulez une démonstration régulière, je la ferai en peu de mots... *(Oui! oui! voyons!)*

Dites-moi, je vous prie, ce qui constitue à vos yeux ce qu'on a appelé le gouvernement personnel. Cherchons en quoi il consiste, nous verrons ensuite si les éléments qui le composent ont cessé d'exister.

Le gouvernement personnel, je crois que c'est la prépondérance de la volonté du chef du pouvoir exécutif sur la volonté nationale... *(Murmures sur divers bancs.)*

Si vous en connaissez une meilleure définition...

M. LE PRÉSIDENT SCHNEIDER. — Je crois que cela va nous mettre hors de la question... *(Exclamations à gauche.)*

M. GRÉVY. — Oh! monsieur le président, je suis bien dans la question, et si vous en doutez...

M. LE PRÉSIDENT SCHNEIDER. — Nous verrons.

M. GRÉVY. — Je suis dans la question, et je vais vous le montrer.

Pour moi, la nomination des maires, c'est la pierre angulaire du gouvernement personnel. *(Vive approbation à gauche. — Mouvements divers.)*

Vous voyez donc bien qu'en parlant du gouvernement personnel, je suis au cœur de la question.

Voulez-vous, messieurs, me permettre de dire toute ma pensée? Vous savez que je n'ai pas la prétention d'exprimer la vôtre, et vous me rendrez cette justice que j'exprime la mienne avec sincérité. *(Parlez! parlez!)*

Je touche à un sujet délicat!

Qu'est-ce qui constitue essentiellement?.. — Mon Dieu! messieurs, je puis me tromper, mais laissez-moi m'expliquer franchement... — Qu'est-ce qui constitue essentiellement, principalement, le gouvernement personnel?

La Constitution dit : l'Empereur gouverne au moyen du Sénat, des ministres, du conseil d'État, du

Corps législatif. Or l'Empereur nomme les sénateurs, il nomme les conseillers d'État et nomme les ministres. *(Bruits divers.)*

N'est-il pas vrai que s'il nommait encore ou faisait nommer, ce qui est tout un, le Corps législatif ou la majorité de ses membres, il n'y aurait dans le pays d'autre volonté que la sienne et que ce serait bien là le pouvoir personnel?

Permettez-moi d'ajouter qu'au temps où florissait la candidature officielle, au temps où c'était le Gouvernement qui nommait la majorité de cette assemblée... *(Protestations bruyantes à droite et au centre.)*

J'en suis fâché, messieurs, mais vous ne pouvez pas plus m'empêcher de le dire que je ne puis moi-même m'en dispenser, parce que c'est pour vous comme pour moi l'évidence. Eh quoi! ce n'était pas le Gouvernement qui nommait, lorsqu'il envoyait ses candidats, lorsqu'il envoyait tels de nos collègues, tels de mes amis même que je vois assis sur ces bancs, lorsqu'il les envoyait dans des départements où ils étaient inconnus... je ne dis pas où ils n'avaient ni relations ni sympathies, je dis où ils étaient absolument inconnus...?

M. LE BARON SIBUET *et d'autres membres à droite*. Et l'opposition!

M. ROLLE. — Elle n'en a jamais fait d'autres!..

M. DUGUÉ DE LA FAUCONNERIE. — On a fait comme vous, on s'est formé à votre école!

M. Grévy. — ...et les faisait nommer à la presque unanimité. *(Interruption prolongée.)*

Messieurs, si la candidature officielle produit de tels résultats, si ces résultats constituent l'élément le plus essentiel et le plus considérable du gouvernement personnel et si la nomination des maires par le pouvoir est l'instrument nécessaire de la candidature officielle, je comprends l'ardeur et l'acharnement avec lesquels les auteurs et les défenseurs du projet de loi s'attachent à ravir aux communes l'élection de leurs maires... *(Nouvelle interruption.)*

Il n'y a qu'un intérêt de cet ordre et de cette importance qui puisse vous faire repousser le sentiment de la France entière. *(Dénégations à droite et au centre. — Très bien à gauche.)*

Je sais que messieurs les ministres, aux intentions desquels j'ai l'habitude de rendre hommage, nous ont déclaré qu'ils renonçaient à la candidature officielle ; mais cette déclaration ne me suffit et ne me rassure point ; elle me suffit tant qu'ils seront à ce banc, mais elle ne me rassure pas pour l'avenir.

A gauche. — Très bien ! très bien !

M. Grévy. — Ils semblent l'avoir compris eux-mêmes, lorsqu'ils ont pris la précaution, qui m'a déplu, de réserver pour leurs successeurs le principe de la candidature officielle et le droit du Gouvernement d'intervenir dans les élections.

M. Lefèvre-Pontalis. — Après eux le déluge !

M. Grévy. — La candidature officielle n'est **pas**

morte; aux prochaines élections, elle reparaîtra, en changeant de nom et de forme, et c'est pour lui conserver son instrument et son appui, qu'on s'efforce de retenir contre le vœu du pays la nomination des maires.

Eh bien, voilà où j'attends ceux qui croient à la fin du gouvernement personnel.

Je les attends aux prochaines élections, à la réapparition de la candidature officielle. Le jour où la représentation nationale sera sincèrement et librement élue, je croirai avec eux au gouvernement parlementaire.

Mais ce jour est loin de nous, si j'en juge par le projet de loi que nous discutons; si j'en juge par l'attitude du Gouvernement, par la pensée, les traditions, les tendances, les illusions de l'Empire.

Je voterai donc contre le projet, et parce que je veux la liberté communale, fondement de la liberté politique, et parce que je ne veux ni de la candidature officielle, ni du gouvernement personnel. *(Vives marques d'approbation à gauche. — Aux voix! aux voix!)*

Immédiatement après ce discours, l'amendement de la gauche fut mis aux voix et repoussé par 183 voix contre 54, sur 237 votants.

§ XII

DISCOURS

SUR LES
CONCLUSIONS DE LA COMMISSION DES PÉTITIONS
TENDANT A PASSER A L'ORDRE DU JOUR SUR LES PÉTITIONS
RÉCLAMANT

L'ABROGATION DES LOIS DE BANNISSEMENT
CONTRE LES MEMBRES DE LA FAMILLE DE BOURBON

PRONONCÉ LE 2 JUILLET 1870
AU CORPS LÉGISLATIF

Un membre de la majorité du Corps législatif, dont les traits d'esprit avaient le don de dérider ses collègues, M. le marquis de Piré, eut un jour l'idée de faire appel à la magnanimité de l'Empereur pour mettre un terme à l'exil des princes des deux branches de la famille de Bourbon. Deux pétitionnaires, dont l'un était M. Degouve-Denuncques, ancien préfet, s'adressèrent, sur ces entrefaites, au Corps législatif pour lui demander l'abrogation des lois d'avril 1832 et de mai 1848, qui avaient prononcé le bannissement de la branche aînée et de la branche cadette de la maison de Bourbon. Une troisième pétition vint, qui réclama seulement l'abrogation de la loi de mai 1848. Elle portait les signatures suivantes : Louis-Philippe d'Orléans, comte de Paris; François d'Orléans, prince de Joinville; Henri d'Orléans, duc d'Aumale; Robert d'Orléans, duc de Chartres. Les princes d'Orléans déclaraient, dans cette pétition, qu'ils venaient protester de nouveau « devant les représentants du pays » contre la loi qui les avait exilés. « Ce n'est pas, disaient-ils, une grâce que nous réclamons, c'est notre droit, le droit qui appartient à tous les Français et dont nous sommes seuls dépouillés. »

Le rapporteur de la commission, M. Dréolle, rappela que tous les gouvernements, tous les législateurs, à toutes les époques, avaient considéré comme une impérieuse nécessité l'éloignement du territoire national des familles qui avaient occupé le trône de France. Il ajouta qu'il n'y avait ni cruauté, ni violence dans l'application de pareils principes, parce que ceux qui les invoquaient cédaient à des devoirs d'ordre et d'apaisement social. Il demanda, en conséquence, au Corps législatif de voter l'ordre du jour pur et simple sur les trois pétitions. Un ancien membre de l'Assemblée législative, orléaniste avéré, que les élections dernières avaient fait entrer au Corps législatif, M. Estancelin, prit ensuite la parole pour appuyer la pétition des princes d'Orléans, et il profita de la circonstance pour faire un grand éloge des membres de cette famille. Après lui, un vieux républicain, M. Esquiros, député des Bouches-du-Rhône, déclara que, « proscrit du 2 décembre », il voterait contre la proscription. Puis, M. Martel ayant demandé à connaître l'opinion du cabinet, le garde des sceaux, M. Émile Ollivier, déclara que le Gouvernement refusait d'admettre la pétition.

Il y avait à ce moment deux courants dans la gauche. Les uns, dans la pensée d'embarrasser le Gouvernement impérial, voulaient accueillir favorablement la pétition. Les autres, considérant avant tout les principes, s'y refusaient absolument. MM. Jules Favre et Ernest Picard, partisans de la première opinion, parlèrent en faveur de l'abrogation des lois de bannissement. Alors M. Grévy se leva, et, au milieu d'un profond silence, fit les déclarations suivantes :

M. Grévy. — Je ne veux point parler pour ou contre le renvoi de la pétition au Gouvernement, et j'aurais gardé le silence, si le tour que prend la discussion, le caractère qu'on s'efforce d'attribuer à la pétition, la manière dont la question est posée, et la signification qu'on tend à donner au vote, ne me faisaient une nécessité d'expliquer publiquement l'attitude que j'entends garder dans cette délibération. *(Écoutez! écoutez.)*

Si je pouvais ne voir dans la pétition des princes d'Orléans qu'un acte privé, que la légitime réclamation d'exilés redemandant leur patrie, je serais le premier à joindre ma voix à la leur; et, moi aussi, je dirais à ceux qui nous gouvernent: la proscription n'est pas seulement un crime, comme toutes les iniquités, elle est une faute qui retombe tôt ou tard sur ses auteurs, et l'histoire est pleine de proscripteurs proscrits à leur tour.

Pas plus que ceux qui ont cru devoir le déclarer, je n'ai l'honneur de connaître les princes d'Orléans; je n'ai pour eux ni amour ni haine; mais ils sont proscrits, et je voudrais qu'il me fût possible de ne voir en eux que des Français, tendant les mains vers la France.

Voix nombreuses. — Nous aussi!

Plusieurs membres. — Nous sommes d'accord!

A droite. — Parlez! parlez!

M. Grévy. — Mais je ne puis me faire cette illusion; et quand je vois les princes d'Orléans, après vingt ans de silence, au moment où l'Empire peut leur paraître pencher sur son déclin... *(réclamations et murmures au centre et à droite)*, se ranger derrière le jeune chef de leur dynastie et s'adresser à la représentation nationale, c'est-à-dire à la France elle-même, pour demander leur rappel, je ne puis prendre pour un acte privé cette démonstration monarchique. *(Approbation à droite et au centre. — Dénégations sur divers bancs à gauche.)*

M. le garde des sceaux. — Très bien!

M. Grévy. — Ce ne sont pas seulement, à mes yeux, de simples citoyens demandant à rentrer dans leur patrie; c'est la dynastie d'Orléans, c'est la royauté de 1830 qui demande à la France de la rappeler. *(Très bien sur plusieurs bancs. — Rumeurs sur d'autres.)*

Or je n'ai mission ni de mes commettants ni de mes convictions de rappeler la royauté!

Oui, je voudrais pouvoir ouvrir à ces princes les portes de leur patrie, mais je ne veux rappeler ni la royauté de droit divin, ni la royauté de 1830, c'est une question dans laquelle je me désintéresse. Je suis donc obligé de m'abstenir de voter, parce que, d'un côté, je ne veux pas repousser la pétition de citoyens demandant la fin de leur exil, et que, d'un autre côté, je ne veux pas rappeler la royauté, deux questions qui se trouvent habilement mêlées et confondues dans la pétition soumise à votre délibération. *(Approbation à droite et au centre. — Interpellations diverses à gauche.)*

M. Léopold Javal. — C'est un procès de tendance !

Un membre derrière l'orateur[1]. — C'est parler en soutien de l'Empire !

M. Grévy. — C'est parler en républicain, qui ne veut être ni dupe ni complice du rappel de la royauté. *(Exclamations diverses.)*

M. Guyot-Montpayroux. — Il n'y a ici ni dupes ni complices ; nous sommes des libéraux, et vous des jacobins ! *(Vive agitation.)*

Sur plusieurs bancs. — La clôture ! la clôture !

M. Ernest Picard protesta encore, en son nom et au nom de plusieurs de ses collègues de la gauche, contre le mot de M. Grévy : ni dupe ni complice ; puis il fut procédé au scrutin par appel nominal. Sur 204 votants, 173 se prononcèrent pour l'ordre du jour, et 31 contre. MM. Barthélemy Saint-Hilaire, Bethmont, Crémieux, Esquiros, Jules Favre, Girault, Glais-Bizoin, Larrieu, Lecesne, Magnin, Malézieux, Pelletan, Picard, Jules Simon, Steenackers, Wilson, furent parmi les 31 partisans de l'abrogation des lois de bannissement. Par contre, nous trouvons parmi les membres qui ne prirent point part au vote les noms de MM. Arago, Desseaux, Dorian, Jules Ferry, Gagneur, Garnier-Pagès, Grévy, de Jouvencel, Marion, Ordinaire, Raspail, Rioudel, Rochefort[2].

1. C'était, paraît-il, M. Carré-Kérisouët.
2. M. Gambetta était absent par congé.

Ce fut le dernier discours que M. Grévy prononça au Corps législatif. De graves événements se préparaient en Europe, et de terribles malheurs allaient fondre sur la France. C'est le 6 juillet que M. le duc de Gramont, ministre des affaires étrangères, donna lecture au Corps législatif de la déclaration du Gouvernement relative à l'acceptation du trône d'Espagne par le prince de Hohenzollern, et neuf jours après, le 15 juillet, la guerre était votée par cette Assemblée.

M. Grévy assistait à cette séance tristement fameuse où M. Thiers démontra, au milieu des interruptions, des cris, des vociférations d'une Chambre en délire, que ce n'était pas pour l'intérêt essentiel de la France, mais par la faute du cabinet qu'on avait la guerre. Il fut un des députés qui votèrent la proposition de M. Jules Favre relative à la communication des dépêches, notamment de celles par lesquelles le Gouvernement prussien avait notifié sa résolution aux gouvernements étrangers. Cette proposition fut repoussée par 159 voix contre 84. Après le rapport de M. de Talhouët, au nom de la commission du Corps législatif, et le discours de M. Gambetta, le garde des sceaux, M. Émile Ollivier, déclara de nouveau que les instructions de M. de Bismarck existaient, qu'elles avaient été communiquées à la commission ; puis il demanda au Corps législatif de renoncer à discuter, parce que discuter c'était perdre un temps précieux. « Votez ! s'écria-t-il, votez ! car voter, c'est agir. »

Ces paroles du garde des sceaux furent accueillies par les bravos et les applaudissements répétés de la majorité. De tous côtés le cri : aux voix ! se fit entendre. Cependant M. Grévy demanda la parole contre la clôture. Voici comment le *Journal officiel* rapporte cet incident :

« M. LE PRÉSIDENT SCHNEIDER. — La parole est à M. Grévy contre la clôture.

« M. Grévy. — Avant qu'elle ferme la discussion, je demande à la Chambre la permission de dire un mot, un seul mot (*la clôture!*), le premier et le dernier que je prononcerai dans cette délibération. Lorsque la guerre... (*Interruption.*) Voulez-vous ou ne voulez-vous pas?... (*Non! non!*)

« Je demande à la Chambre si elle veut ou si elle ne veut pas me laisser la liberté qui m'appartient (*Non! non!*) d'exprimer par un mot (*Parlez !*) mon vote sur le projet de loi. (*Bruits divers.*)

« *Voix nombreuses.* — Consultez la Chambre, monsieur le président !

« M. Grévy. — C'est ainsi que vous comprenez la liberté ! Lorsque la guerre... (*Interruption.*)

« *Voix diverses.* — Parlez contre la clôture !

« M. le président Schneider. — Par vos interruptions, vous prolongez la discussion.

« *Voix à droite.* — Veuillez mettre aux voix la clôture !

« M. Grévy. — Je demande que la Chambre me laisse la liberté d'expliquer mon vote. Le veut-elle ou ne le veut-elle pas? (*Non! La clôture!*)

« M. le président Schneider. — On demande que je consulte la Chambre sur la clôture ? (*Oui! oui!*)

« Je mets aux voix la clôture.

« (La clôture est mise aux voix et prononcée.)

« M. Grévy. — C'est un digne spectacle que vous donnez à la France !

« (L'agitation continue.) »

La majorité, qui avait hâte d'en finir, décida ensuite qu'elle passait à la discussion des articles. M. Eugène Pelletan voulut expliquer son vote ; mais des clameurs couvrirent sa voix. Au milieu du tumulte, les sténographes purent toutefois recueillir ces paroles de deux députés de la gauche, dont l'un était M. Grévy :

« M. Glais-Bizoin. — L'intolérance de la Chambre est odieuse !

« M. Grévy. — Nous protestons contre une telle violence et une telle oppression ! »

Mais le cri : Aux voix ! aux voix ! se fit de nouveau entendre sur les bancs de la majorité, et le projet de loi portant ouverture d'un crédit de 50 millions au ministre de la guerre fut adopté par 245 suffrages contre 10. Les dix opposants étaient MM. Arago, Desseaux, Esquiros, Jules Favre, Gagneur, Garnier-Pagès, Glais-Bizoin, Grévy, Ordinaire, Pelletan. MM. Crémieux, Girault, Raspail, Rochefort (ce dernier était à la prison de Sainte-Pélagie) n'avaient pas pris part au vote.

On sait le résultat de cette lamentable politique : nos armées furent vaincues et la France fut envahie. Lorsque le Corps législatif, dont la session avait été close le 21 juillet, fut convoqué extraordinairement pour le 9 août, à la nouvelle des défaites de Frœschwiller et de Forbach, M. Grévy mit son nom au bas de la proposition déposée par M. Jules Favre et tendant à l'armement de Paris et à l'organisation de la garde nationale. Il signa aussi la proposition déposée le même jour par M. Jules Favre, et tendant à la nomination d'un comité exécutif de quinze membres, pris dans la Chambre, qui serait investi des pleins pouvoirs de gouvernement pour repousser l'invasion étrangère. L'urgence, votée sur la première proposition, fut repoussée sur la seconde, par 190 voix contre 153, sur 243 votants.

Le nom de M. Grévy figure également au bas de la proposition déposée le 10 août par M. Estancelin sur le bureau du Corps législatif, et portant que la Chambre déclarait que, tant que l'ennemi serait sur le sol de la France, ce serait

CHAPITRE IV.

un devoir patriotique pour elle de rester en permanence, proposition dont l'urgence fut repoussée par 117 voix contre 117 [1].

Dans la nuit du 3 au 4 septembre, lorsque le Corps législatif fut réuni pour parer aux conséquences du désastre de Sedan et de la captivité de l'Empereur, M. Jules Favre déposa sur le bureau de l'Assemblée une proposition, ayant pour objet : 1° la déchéance de Louis-Napoléon Bonaparte et de sa dynastie; 2° la nomination, par le Corps législatif, d'une commission investie de tous les pouvoirs de gouvernement, ayant mission de résister à outrance à l'invasion et de chasser l'ennemi du territoire; 3° le maintien du général Trochu comme gouverneur de Paris. Le nom de M. Grévy ne se trouve point parmi ceux des signataires de cette proposition; mais le député du Jura déclara, pendant la séance tenue dans la salle à manger de la prési-

---

1. « Lorsque les événements eurent pris une gravité exceptionnelle, lorsque les désastres s'accumulèrent, et avant l'affaire de Sedan, j'insistai pour que la Chambre fût représentée dans le conseil de la défense ; et, en disant la Chambre, je n'entends pas seulement quelques membres désignés ou acceptés par les ministres, mais la représentation même de la Chambre, par le choix qu'elle avait fait parmi les hommes de toutes nuances. Je suis heureux de dire aujourd'hui qu'en tête était le très honorable, très excellent M. Grévy, auquel je me plais à rendre hommage, car dans un temps où il y a tant d'affaissement de caractères, on éprouve un véritable bonheur à trouver un caractère aussi grave, aussi intact et aussi élevé que celui de M. Grévy. »

« M. LE PRÉSIDENT DARU. — Ce compliment est mérité, et, venant de vous, lui sera certainement précieux. »

(Déposition de M. Schneider, ancien président du Corps législatif, dans l'enquête sur les actes du Gouvernement de la défense nationale. — 22 juillet 1871. — *Enquête parlementaire*, t. V, p. 377, col. 3.)

dence, après l'envahissement du Corps législatif, qu'il préférait cette proposition à celle de M. Thiers portant que, vu les circonstances, la Chambre nommait une commission de gouvernement et de défense nationale, et qu'une Constituante serait convoquée dès que les circonstances le permettraient.

L'attitude de M. Grévy, dans cette journée fameuse qui vit la chute de l'Empire, fut très nette. Il croyait qu'on pouvait obtenir, par les voies légales, la solution politique attendue, et il estimait que, dans les graves circonstances où se trouvait la France, le concours des représentants du pays était nécessaire au Gouvernement, quel qu'il fût[1].

Le palais législatif fut envahi pendant que l'Assemblée, réunie dans ses bureaux, délibérait sur les trois propositions qui lui avaient été soumises : celle de M. le général comte de Palikao, président du conseil, celle de M. Jules Favre, et celle de M. Thiers. La proposition de M. Thiers, légèrement modifiée, venait d'être admise; lorsque, en présence de l'envahissement de la salle, le président M. Schnei-

---

1. Dans sa déposition devant la commission d'enquête relative aux événements du 4 septembre 1870, M. Thiers rapporte une conversation qui eut lieu, après la bataille de Sedan, entre plusieurs membres de la gauche démocratique, MM. Jules Favre, Simon, Ferry, Picard, Gambetta et lui :

« La révolution est proche, lui dirent ses interlocuteurs, elle est inévitable; c'est dans vos mains que le pouvoir doit passer. Eh bien, mettez-vous à notre tête, et nous nous appliquerons tous ensemble à sauver le pays, qui sans cela va périr. » Mais M. Thiers : « Je leur répondis que cela ne se pouvait point; que la situation serait écrasante pour eux comme pour moi; qu'il fallait laisser le pouvoir dans les mains où il se trouvait, sauf un changement qui consisterait à le concentrer dans le sein du Corps législatif.

« Ma pensée, en ce moment, c'était de se servir de ce que j'appelais le Corps législatif *repentant*, pour résoudre les diffi-

der déclara la séance levée. Les députés de Paris étaient déjà partis pour l'Hôtel de Ville.

Peu de temps après, les membres du Corps législatif, au nombre de 150 à 200, se réunirent dans la salle à manger de la présidence. M. Alfred Leroux, l'un des vice-présidents, présida cette assemblée. Après avoir pris deux fois la parole, M. Garnier-Pagès conclut en demandant aux députés de s'entendre avec les membres de la gauche qui étaient allés à l'Hôtel de Ville. Puis M. Buffet, après une véhémente protestation contre la violence qui avait été faite à la représentation nationale, proposa d'entendre le rapport de la commission. M. Martel donna lecture de son rapport. M. Thiers déclara qu'il revenait à sa première formule : « Vu la vacance du trône... », et qu'il acceptait les autres modifications apportées à sa proposition. M. Grévy prit la parole après M. Thiers. Il s'exprima ainsi d'après le compte rendu :

« M. Grévy préférerait que la Chambre adoptât la proposition de l'honorable M. Jules Favre. Cette proposition ne prête ni à l'ambiguïté ni à l'équivoque, et elle n'outrepasse pas les droits qui découlent du mandat de député. »

M. Martel relut les articles du projet de loi. Les mots : « Vu les circonstances », furent remplacés par ceux-ci :

cultés de cette affreuse situation. Il fallait, selon moi, que le Corps législatif déclarât le trône vacant, formât une commission de gouvernement, essayât de signer un armistice avec l'ennemi, puis convoquât une Assemblée où se réunirait tout ce que le pays contenait d'hommes capables et dévoués, et du sein de laquelle sortirait le remède à nos malheurs.

« Sans énoncer à mes interlocuteurs toutes mes pensées à ce sujet, je leur conseillai de ne pas prendre sur eux la charge d'événements accablants dont ils n'étaient pas la cause, et dont ils n'avaient ni le devoir, ni l'intérêt d'assumer la formidable responsabilité. »

« Vu la vacance du trône », et le vote eut lieu à une très grande majorité. M. Dréolle, député de la Gironde, élu comme candidat officiel de l'empire, « tout en constatant les droits de la Chambre et les défendant énergiquement, engagea les députés à céder devant les faits accomplis ». Il se rallia à la proposition de M. Garnier-Pagès consistant à envoyer une délégation à l'Hôtel de Ville. Cette proposition fut adoptée. MM. Lefèvre-Pontalis, Martel, Grévy, de Guiraud, Cochery, Johnston et Barthélemy Saint-Hilaire furent désignés pour aller à l'Hôtel de Ville. Pour faciliter la conciliation, il fut décidé que les délégués pourraient considérer comme provisoire le nombre de cinq membres devant composer la commission de gouvernement. Les délégués partirent immédiatement, et l'Assemblée s'ajourna à huit heures du soir pour entendre leur rapport.

Les détails donnés par M. Garnier-Pagès dans son livre, *l'Opposition et l'Empire*[1], sur l'entrevue des délégués du Corps législatif et des députés de Paris à l'Hôtel de Ville, ne sont pas entièrement exacts. Lorsque les délégués arrivèrent à l'Hôtel de Ville, accompagnés de M. Garnier-Pagès, qui ignorait encore que son nom figurait parmi ceux des membres du nouveau gouvernement, ils y trouvèrent MM. Jules Favre et Jules Ferry. Les autres députés de Paris étaient allés prendre possession des ministères.

M. Grévy exposa le but de la démarche des délégués et remit à M. Jules Favre la résolution votée par la Chambre. M. Jules Favre répondit que la nécessité du salut public avait motivé la création immédiate d'un gouvernement composé de tous les députés de Paris. Il ajouta que son collègue et lui ne pouvaient, en l'absence des autres membres, délibérer sur la communication que venait de leur

---

1. Garnier-Pagès, *l'Opposition et l'Empire,* Paris, 1872, 2 vol. in-32, t. II, p. 154-155.

CHAPITRE IV.

faire M. Grévy, mais que le Gouvernement l'examinerait dès qu'il serait au complet. M. Jules Favre termina en disant qu'il irait lui-même, à neuf heures du soir, porter à la Chambre la réponse du Gouvernement. Au moment où les délégués allaient se retirer, on apporta l'épreuve d'une proclamation. M. Grévy, qui la reçut, la passa à M. Garnier-Pagès, lequel y vit son nom et apprit ainsi qu'il faisait partie du Gouvernement.

La nouvelle séance eut lieu également dans la salle à manger de l'Hôtel de la présidence du Corps législatif, à huit heures du soir. En l'absence du président et des vice-présidents, M. Thiers fut prié de présider la réunion. Il prit place au bureau, assisté de trois secrétaires du Corps législatif : MM. Martel, Peyrusse et Josseau. MM. Jules Favre et Jules Simon furent introduits. Ils déclarèrent qu'il y avait des faits accomplis, qu'un Gouvernement provisoire de la République, composé de tous les députés de Paris, et présidé par le général Trochu, avait été formé, et que les membres de ce Gouvernement n'avaient qu'une pensée : faire face à l'ennemi. M. Thiers leur adressa ces paroles :

« Vous vous êtes chargés d'une immense responsabilité.

« Notre devoir à tous est de faire des vœux ardents pour que vos efforts réussissent dans la défense de Paris, des vœux ardents pour que nous n'ayons pas longtemps sous les yeux le spectacle navrant de la présence de l'ennemi.

« Ces vœux, nous les faisons tous par amour pour notre pays, parce que votre succès serait celui de notre patrie. »

Puis MM. Favre et Simon se retirèrent. Ils avaient déjà quitté la salle lorsque M. Grévy, qui ignorait que l'heure de la réunion eût été avancée, y entra. Le député du Jura prit la parole en ces termes :

« M. Grévy. — Le Gouvernement provisoire, auprès duquel vous m'aviez fait l'honneur de me déléguer, avec la mission de lui parler comme à des collègues, n'avait pas pu donner sa réponse définitive. Il nous avait promis de délibérer pour nous la transmettre, en nous indiquant neuf heures du soir. Je ne comptais pas que cette heure aurait été devancée ; c'est pourquoi je ne suis pas venu ici plus tôt.

« Nous sommes arrivés trop tard à l'Hôtel de Ville. Il y avait déjà un Gouvernement provisoire qui s'y était installé. Nous y avons lu l'épreuve, qu'on nous a montrée, d'une proclamation qui nous a convaincus que notre mission était devenue sans objet. »

Après les protestations de divers membres contre les événements de la journée, M. Thiers termina la séance par les paroles suivantes, rapportées dans le procès-verbal de la séance dressé par deux des secrétaires : MM. Martel et Peyrusse :

« Voulez-vous renouveler toutes les discussions des dernières années ? Je ne crois pas que ce soit convenable.

« Je proteste contre la violence que nous avons subie aujourd'hui ; mais ce n'est pas le moment de donner cours aux dissentiments. Est-il possible de nous mettre en hostilité avec le Gouvernement provisoire en ce moment suprême ?

« En présence de l'ennemi, qui sera bientôt sous Paris, je crois que nous n'avons qu'une chose à faire : nous retirer avec dignité. (L'émotion profonde de M. Thiers se communique à toute l'assemblée.)

« La séance est levée à dix heures. »

Le lendemain, 5 septembre, le *Journal officiel* publia un décret du Gouvernement de la défense nationale ainsi conçu :

« Le Corps législatif est dissous.

« Le Sénat est aboli. »

CHAPITRE V

L'ASSEMBLÉE NATIONALE

§ I

LES ÉLECTIONS DU 8 FÉVRIER 1871

A la séance tenue le soir du 4 septembre 1870, dans la salle à manger de la présidence du Corps législatif, M. Thiers, parlant des membres du Gouvernement de la défense nationale, avait dit : « Ces hommes doivent avoir le concours de tous les citoyens contre l'ennemi. Nous faisons des vœux pour eux, et nous ne pouvons actuellement les entraver par une lutte intestine. » Et, répondant à M. Roulleaux-Dugage, qui demandait quel rôle les députés du Corps législatif devaient jouer dans leurs départements, il avait ajouté : « Dans nos départements, nous devons vivre en bons citoyens, dévoués à la patrie. »

Après la révolution du 4 septembre et la dissolution du Corps législatif, M. Grévy vécut, soit à Paris, soit à Tours, soit dans le département du Jura, comme un bon citoyen dévoué à son pays. Tandis que l'un de ses frères, M. le lieutenant-colonel d'artillerie Paul Grévy, combattait sous les remparts de Paris, et que son autre frère, M. Albert Grévy, avocat au barreau de Besançon, acceptait du Gouvernement de la défense nationale les fonctions de commissaire général dans les départements de la Haute-Saône, du Doubs et du Jura, M. Jules Grévy suivait d'un œil attentif les événements qui se déroulaient en France et en Europe. Il n'y avait plus, pour lui, qu'un moyen de salut : le Gouvernement de la défense nationale devait, au plus tôt, faire appel au pays, qui enverrait à l'Assemblée nouvelle une majorité dévouée à la République. La représentation nationale déciderait la continuation de la guerre ou la conclusion de la paix. Or le Gouvernement de la défense nationale paraissait être dans les mêmes idées. Il avait publié, le 8 septembre, quatre jours après sa prise de possession du pouvoir, une proclamation ainsi conçue :

« Français,

« En proclamant, il y a quatre jours, le Gouvernement de la défense nationale, nous avons nous-mêmes défini notre mission.

« Le pouvoir gisait à terre ; ce qui avait commencé par un attentat finissait par une désertion. Nous n'avons fait que ressaisir le gouvernail échappé à des mains impuissantes.

« Mais l'Europe a besoin qu'on l'éclaire. Il faut qu'elle connaisse par d'irrécusables témoignages que le pays tout entier est avec nous.

« Il faut que l'envahisseur rencontre sur sa route non

CHAPITRE V.

seulement l'obstacle d'une ville immense résolue à périr plutôt que de se rendre, mais un peuple entier, debout, organisé, représenté, *une Assemblée, enfin*, qui puisse porter, en tous lieux, et en dépit de tous les désastres, l'âme vivante de la patrie... »

Cette proclamation était suivie d'un décret convoquant les collèges électoraux pour le dimanche 16 octobre, à l'effet d'élire une Assemblée nationale constituante; les élections devaient avoir lieu au scrutin de liste, conformément à la loi du 15 mars 1849.

Mais ces résolutions ne tardèrent pas à être modifiées. L'armée allemande s'avançait vers Paris; le siège de la capitale était imminent. Le 19 septembre, l'investissement de Paris par l'armée allemande fut achevé. Le 11 septembre, avant le commencement du siège, M. Jules Favre, vice-président du Gouvernement de la défense nationale, et ministre des affaires étrangères, avait eu une entrevue avec M. le comte de Bismarck, principal ministre du roi de Prusse, au château de Ferrières. Il avait appris de lui que la Prusse exigeait la cession des deux départements du Bas et du Haut-Rhin, une partie de celui de la Moselle avec Metz, Château-Salins et Thionville, et que le roi Guillaume ne consentirait à un armistice permettant la réunion d'une Assemblée constituante que moyennant un gage qui devait être : l'occupation de Strasbourg, de Toul et de Phalsbourg, et, en cas de réunion de l'Assemblée à Paris, l'occupation d'un fort dominant la ville, le mont Valérien, par exemple. Le 21 septembre, M. Jules Favre fit connaître à M. le comte de Bismarck que le Gouvernement de la défense nationale ne pouvait souscrire à ces conditions. Le 24 septembre, la délégation du Gouvernement de la défense nationale composée de MM. Crémieux, Glais-Bizoin et Fourrichon, et qui avait son siège à Tours, annonça au pays les exigences du roi Guillaume, ajoutant « qu'à d'aussi insolentes prétentions, on ne répondait que par la lutte à outrance, que la France acceptait cette lutte et comptait sur tous ses enfants ». Un décret du même jour porta que « toutes les élections municipales et pour l'Assemblée constituante étaient suspendues et ajournées ». La même mesure avait été prise par le Gouvernement de Paris.

M. Grévy crut qu'en ajournant les élections pour la nomination d'une Assemblée nationale, le Gouvernement commettait une grande faute. Il alla deux fois à Tours pendant le séjour de la délégation dans cette ville, et chaque fois il se prononça, dans ses conversations avec MM. Crémieux et Glais-Bizoin, pour la prompte convocation des représentants du pays.

La lettre suivante, qu'il écrivit à son retour dans le Jura, indique clairement son opinion à cet égard :

« Mont-sous-Vaudrey (Jura), 5 novembre 1870.

« Monsieur le rédacteur en chef du *Républicain du Jura*,

« L'*Indépendance belge* m'attribue une démarche auprès de M. Gambetta que je n'ai point faite, et elle me prête, à cette occasion, sur M. de Bismarck et sur la paix, des discours que je n'ai point tenus.

« Il est vrai, du reste, qu'avec presque tous mes amis politiques, je déplore comme un grand malheur, et pour la défense du pays et pour l'établissement de la République, que la représentation nationale n'ait pas été convoquée le lendemain de la chute de l'Empire, et que pour des raisons secondaires elle ait été ajournée indéfiniment.

« Je suis de ceux qui ont foi dans le principe républicain et qui ne croient pas qu'en face des difficultés et des périls il faille le voiler. Je suis plein de confiance dans le Gouvernement du pays par lui-même, je n'en ai point dans la dictature, et je ne reconnais qu'à la nation le droit de disposer de ses destinées.

« Je vous prie de vouloir bien publier cette rectification que j'ai adressée déjà aux journaux qui, comme le vôtre, ont reproduit en tout ou partie l'article de l'*Indépendance belge*.

« Agréez, etc.

« *Signé :* Jules GRÉVY. »

La délégation, et M. Gambetta surtout, étaient dans des sentiments différents. Malgré la capitulation du maréchal Bazaine à Metz, le jeune ministre, tout plein des souvenirs de 1792, avait organisé la résistance avec une admirable énergie. A son appel, tous les hommes valides s'étaient levés, des armées s'étaient formées sur la Loire et dans l'Ouest, et la victoire de Coulmiers, remportée le 9 novembre, avait permis aux Français de rentrer dans Orléans. Mais l'armée de Paris ne parvint pas à rompre le cercle de fer qui l'entourait. Après avoir vaillamment lutté, et remporté même quelques succès, notamment à Pont-Noyelles et à Bapaume, à Nuits, à Dijon et à Villersexel, les armées de province ne purent opérer la jonction avec celle de Paris. Il avait fallu abandonner Orléans. Après les batailles de Saint-Quentin et du Mans, les armées du Nord et de la Loire furent contraintes de battre en retraite, et l'expédition de l'Est, heureusement commencée, se termina par un désastre. D'autre part, à la suite de l'évacuation du plateau d'Avron, l'artillerie allemande avait bombardé Paris. Neuf jours après la bataille de Buzenval, le 28 janvier, l'armistice fut conclu. L'Assemblée nationale, dont M. Grévy avait demandé la convocation, dès le lendemain du 4 septembre, allait être réunie. L'ancien député du

Jura n'avait cessé de réclamer la consultation du pays. Violemment attaqué par le *Progrès*, de Lyon, il avait adressé à ce journal, au commencement de l'année 1871, la réponse que voici :

« Mont-sous-Vaudrey (Jura), 6 janvier 1871.

« A Monsieur Eugène Véron.

« Monsieur,

« Dans un article que je trouve reproduit par le *Républicain du Jura*, vous dites qu'après la trahison de Bazaine, j'ai prononcé ces paroles : *Maintenant, nous n'avons plus qu'à courber le dos*. Vous êtes mal renseigné, monsieur, je n'ai point tenu ce propos.

« Vous ajoutez que, si je suis partisan d'une représentation nationale, c'est pour faire la paix, même au prix de l'Alsace et de la Lorraine. Cette seconde assertion n'est pas plus vraie que la première. J'ai exprimé publiquement les motifs de mon opinion ; vous auriez pu les discuter, vous avez préféré m'en prêter gratuitement d'autres.

« Du reste, vos arrêts sont sans appel ; il est évident que ceux qui s'obstinent à ne pas préférer, pour la défense du pays et pour la fondation de la République, une dictature et un gouvernement personnel à une représentation de la nation elle-même, et qui refusent d'admettre qu'on puisse disposer des plus grands intérêts d'un peuple sans son consentement et sans son concours, ne sont pas républicains ; et puisque c'est vous, monsieur, qui dispensez les brevets de républicanisme, vous faites bien de leur retirer ceux qu'ils ont usurpés.

« Agréez, etc.

« *Signé :* Jules GRÉVY. »

CHAPITRE V.

Le 29 janvier 1871, le *Journal officiel*, de Paris, publia le texte de la convention signée la veille, à huit heures du soir, entre M. de Bismarck, chancelier de l'empire d'Allemagne, et M. Jules Favre, ministre des affaires étrangères du Gouvernement de la défense nationale. La convention indiquait à quelles conditions l'armistice était consenti, les réserves faites, et enfin quels pouvoirs spéciaux seraient attribués à l'Assemblée nouvelle.

L'article 2 de la convention était ainsi conçu : « L'armistice convenu a pour but de permettre au Gouvernement de la défense nationale de convoquer une assemblée librement élue, qui se prononcera sur la question de savoir si la guerre doit être continuée, ou à quelles conditions la paix doit être faite.

« L'Assemblée se réunira dans la ville de Bordeaux. Toutes les facilités seront données par les commandants des armées allemandes pour l'élection et la réunion des députés qui la composeront. »

Un décret du Gouvernement de la défense nationale, en date du même jour, convoqua les électeurs pour le 8 février à l'effet de nommer l'Assemblée nationale. Les élections devaient avoir lieu, conformément aux dispositions de la loi électorale du 15 mars 1849. L'Assemblée, composée de 753 membres, devait se réunir à Bordeaux le 12 février.

Comme en 1848 et en 1849, les électeurs du Jura nommèrent M. Grévy, le premier des six candidats républicains, avec 52,678 voix. Il fut élu également dans les Bouches-du-Rhône avec 51,164 suffrages. Dans le département de la Seine, il obtint, sans être élu, 51,499 voix.

§ II

ÉLECTION DE M. GRÉVY

A LA

PRÉSIDENCE DE L'ASSEMBLÉE NATIONALE

LE 16 FÉVRIER 1871.

L'Assemblée nationale se réunit à Bordeaux le 12 février 1871. Lors de la vérification des pouvoirs, M. Grévy, élu dans les Bouches-du-Rhône et dans le Jura, opta, le 11 mars, pour le Jura. La majorité de l'Assemblée nouvelle, élue sur les *listes de la paix*, voulait la paix et était, de plus, hostile à la République. Elle comprenait dans ses rangs deux anciens vice-présidents de l'Assemblée législative, MM. Vitet et Benoist d'Azy. Ce dernier présida les premières séances en sa qualité de doyen d'âge. L'Assemblée renfermait, en outre, beaucoup de membres qui s'étaient signalés dans les assemblées de la monarchie de Juillet, de la deuxième République et du second Empire. Néanmoins, lorsque, le 16 février, il fut procédé à l'élection du bureau définitif de l'Assemblée, M. Grévy fut nommé président par 519 suffrages sur 536 votants. En élevant au fauteuil présidentiel cet éminent citoyen, qui avait voué sa vie au triomphe de l'idée républicaine, la majorité monarchique de l'Assemblée nationale rendait en même temps un involontaire hommage à la République.

Le 17 février, en prenant possession du fauteuil, M. Jules Grévy prononça ces simples et graves paroles :

Mes chers collègues,

En me confiant la présidence de cette Assemblée, qui tient dans ses mains les destinées de la France, et qui, dans le deuil et le péril de la patrie, saura s'élever, par un concert patriotique, à la hauteur d'une telle mission, vous m'avez fait un grand honneur et vous m'avez imposé une grande tâche.

J'y consacrerai tout ce que j'ai de forces, d'impartialité et de dévouement, et si, avec votre bienveillant concours, je parviens à l'accomplir dignement, ce sera le meilleur moyen de vous témoigner ma gratitude. *(Vive et unanime approbation.)*

Je demande à l'Assemblée la permission d'adresser, en son nom, des remerciements à notre honorable président d'âge et au bureau provisoire. *(Assentiment général.)*

Tous les partis avaient concouru à l'élection du président de l'Assemblée nationale. Tous se montrèrent satisfaits du choix qui venait d'être fait. Un organe orléaniste, le *Français*, publia à cette occasion une biographie très élogieuse de M. Grévy. Un autre journal conservateur s'exprima ainsi, au sujet de la mission dévolue au président :

« Dans un milieu politique aussi violemment secoué que le nôtre, dans une Assemblée qui n'est pas habituée aux pratiques parlementaires et qui doit être naturellement portée aux exagérations, M. Grévy, par la droiture de son passé politique et par la modération de son langage et de ses actes, est appelé à rendre les plus grands services, comme un arbitre impartial et tout dévoué au pays. Nous voyons arriver bien des luttes passionnées, bien des discussions ardentes, bien des débats qui mettront en jeu les intérêts les plus graves. La voix du président saura mettre au-dessus de ces rivalités de partis l'intérêt souverain de la France. »

Le 16 février, après l'élection des vice-présidents, des secrétaires et des questeurs, l'Assemblée avait été saisie d'une proposition portant la signature de M. Jules Grévy, et ayant pour objet l'organisation du pouvoir exécutif. Elle était ainsi conçue :

« Les représentants du peuple, soussignés, proposent à l'Assemblée nationale la résolution suivante :

« M. Thiers est nommé chef du pouvoir exécutif de la République française.

« Il exercera ses fonctions sous le contrôle de l'Assemblée nationale, avec le concours des ministres qu'il aura choisis et qu'il présidera. — *Signé* : Dufaure, Jules Grévy, Vitet, Léon de Malleville, Lucien Rivet, le comte Mathieu de la Redorte, Barthélemy Saint-Hilaire. »

M. Thiers, que les signataires de la proposition voulaient investir des fonctions de chef du pouvoir exécutif, était en quelque sorte désigné d'avance par le suffrage universel au choix de la représentation nationale. Vingt-six départements l'avaient envoyé à l'Assemblée, en souvenir des efforts infructueux qu'il avait faits, le 15 juillet, pour empêcher une guerre dont il prévoyait trop bien l'issue funeste, et du patriotisme qu'il avait montré, après la révolution du 4 septembre, en allant à Londres, à Vienne, à Saint-Pétersbourg, à Florence, pour intéresser l'Angleterre,

CHAPITRE V.

l'Autriche, la Russie, l'Italie au sort de la France. Quant à la proposition elle-même, elle semblait inspirée du célèbre amendement à la Constitution de 1848, auquel M. Grévy avait attaché son nom.

Une commission de seize membres fut nommée d'urgence pour examiner cette importante proposition. Elle choisit M. Dufaure comme président, M. Fresneau comme secrétaire, et M. Victor Lefranc comme rapporteur. Le lendemain, 17, tandis que la commission achevait de délibérer, M. Keller, représentant du Haut-Rhin, déposa sur le bureau une déclaration pour laquelle il demanda le bénéfice de la prise en considération. Ce document, signé par les représentants du Bas et du Haut-Rhin, de la Moselle et de la Meurthe, rappelait que, depuis deux siècles, l'Alsace et la Lorraine étaient associées à la bonne et à la mauvaise fortune de la France, signifiait à l'Allemagne la volonté de ces deux provinces de rester françaises, déclarait que la France ne pouvait consentir ni signer la cession de la Lorraine et de l'Alsace; qu'une assemblée, même issue du suffrage universel, ne pouvait couvrir ou ratifier des exigences destructives de l'intégrité nationale; que l'Europe ne pouvait permettre ni ratifier un tel abandon, que la paix faite à ce prix ne serait qu'une paix ruineuse et non définitive, et que les Alsaciens et Lorrains seraient prêts à recommencer la guerre aujourd'hui, demain, à toute heure. Nous n'avons point à rappeler ici les débats auxquels donna lieu cette éloquente revendication du droit imprescriptible des populations de l'Alsace et de la Lorraine de disposer de leurs destinées. Qu'il nous suffise de dire que M. Grévy présida avec une grande impartialité cette mémorable séance.

§ III

INCIDENT RELATIF

A LA

DÉMISSION DE M. VICTOR HUGO

SURVENU LE 8 MARS 1871

A L'ASSEMBLÉE NATIONALE

Dans les discussions si importantes qui eurent lieu à cette époque : celle du décret portant nomination de M. Thiers comme chef du pouvoir exécutif de la République française ; celle de la ratification des préliminaires de paix, qui amena tout à la fois la déchéance de l'Empire et la démission des représentants de l'Alsace et de la Lorraine ; l'incident à propos duquel M. Victor Hugo donna sa démission de représentant ; enfin, le pacte de Bordeaux et le choix de Versailles comme siège du Gouvernement et de l'Assemblée, M. Grévy dirigea les débats avec beaucoup d'autorité.

Nous nous bornerons à rappeler l'incident qui amena la retraite de M. Victor Hugo.

Le général Garibaldi, élu dans quatre départements, avait donné sa démission dès la première séance de l'Assemblée. Cependant, le 8 mars, à l'occasion de la vérification des pouvoirs des représentants de l'Algérie, on discuta son élection. On lui contesta, en sa qualité d'étranger, le droit de faire partie d'une assemblée française. M. Victor Hugo se leva alors et dit : « De toutes les puissances européennes, aucune ne s'est levée pour défendre cette France qui, tant de fois, avait pris en main la cause de l'Europe; pas un roi, pas un État, personne! un seul homme excepté. Cet homme, qu'avait-il? son épée, et cette épée avait déjà délivré un peuple, et cette épée pouvait en sauver un autre. Il l'a pensé, il est venu, il a combattu... »

Des murmures, suivis de vives interruptions, éclatèrent du côté droit. Mais ce fut une véritable explosion de colère, lorsque M. Victor Hugo ajouta : « Je ne veux blesser personne dans cette Assemblée, mais je dirai qu'il est le seul des généraux qui ont lutté pour la France, le seul qui n'ait pas été vaincu. » Le général Ducrot demanda la parole, et M. le vicomte de Lorgeril lança cette interruption grotesque : « L'Assemblée refuse la parole à M. Victor Hugo parce qu'il ne parle pas français. » Le président, M. Grévy, était impuissant à dominer un aussi effroyable tumulte. La voix de l'orateur se perdait dans le bruit. La droite ne cessait de demander le rappel à l'ordre.

« Vous refusez de m'entendre, dit alors M. Victor Hugo ; cela me suffit. Je donne ma démission. » (*Longues rumeurs. — Non! non! — Applaudissements à gauche.*) Et le grand poète descendit de la tribune, prit la plume d'un des sténographes, écrivit, debout, sur le rebord extérieur du bureau, sa lettre de démission, et la remit au président. Le *Journal officiel* rapporte ainsi l'incident qui suivit :

M. LE PRÉSIDENT. — Avant de donner lecture à l'Assemblée de la lettre que vient de me remettre M. Victor Hugo, je voulais le prier de se recueillir et de se demander à lui-même s'il y persiste?

M. VICTOR HUGO, au pied de la tribune. — J'y persiste.

M. le président. — Voici la lettre de M. Victor Hugo ; mais M. Victor Hugo... *(Rumeurs diverses.)*

M. Victor Hugo. — J'y persiste, je le déclare, je ne paraîtrai plus dans cette enceinte.

M. le président. — ... Mais M. Hugo ayant écrit cette lettre dans la vivacité de l'émotion que ce débat a soulevée, j'ai dû en quelque sorte l'inviter à se recueillir lui-même, et je crois avoir exprimé l'impression de l'Assemblée. *(Oui ! oui ! — Très bien !)*

M. Victor Hugo. — Monsieur le président, je vous remercie ; mais je déclare que je refuse de rester plus longtemps dans cette Assemblée. *(Non ! non !)*

De toutes parts. — A demain ! à demain !

M. Victor Hugo. — Non ! non ! j'y persiste. Je ne rentrerai pas dans cette Assemblée.

(M. Victor Hugo sort de la salle.)

M. le président. — Si l'Assemblée veut me le permettre, je ne lui donnerai connaissance de cette lettre que dans la séance de demain. *(Oui ! oui ! — Assentiment général.)*

Cet incident est terminé, et je regrette que les élections de l'Algérie y aient donné lieu.

Au commencement de la séance du 9 mars, M. le président Grévy fit part en ces termes à l'Assemblée de la démission de M. Victor Hugo :

M. le président. — Messieurs, je regrette profondément que notre illustre collègue, M. Victor Hugo, n'ait pas cru pouvoir se rendre aux instances d'un grand nombre de nos collègues, et, je crois pouvoir le dire, au sentiment général de l'Assemblée. *(Oui! oui! — Très bien!)* Il persiste dans la démission qu'il a remise hier au soir, et dont il ne me reste, à mon grand regret, qu'à donner connaissance à l'Assemblée.

La voici :

« Il y a trois semaines, l'Assemblée a refusé d'entendre Garibaldi ; aujourd'hui elle refuse de m'entendre.

« Je donne ma démission.

« *Signé :* Victor Hugo.

« 8 mars 1871. »

La démission sera remise à M. le ministre de l'intérieur.

§ IV

ADIEUX DU PRÉSIDENT

A LA VILLE DE BORDEAUX

PRONONCÉS LE 11 MARS 1871

A L'ASSEMBLÉE NATIONALE

Lorsqu'à la séance du 11 mars, l'Assemblée s'ajourna pour se réunir le 20 à Versailles, M. Grévy adressa, en son nom, quelques paroles de remerciement et d'adieu à la ville de Bordeaux. Il s'exprima ainsi :

M. LE PRÉSIDENT. — Messieurs, en remerciant les électeurs des Bouches-du-Rhône, dont je regrette de ne pouvoir conserver le mandat, je déclare opter pour le département du Jura.

L'ordre du jour est épuisé.

Au moment de quitter cette magnifique ville de Bordeaux, qui nous a fait un accueil si sympathique et donné une si généreuse hospitalité, l'Assemblée, par l'organe de son président, la prie d'agréer le témoignage de ses regrets et l'expression de sa profonde gratitude. *(Marques générales d'assentiment.)*

§ V

ALLOCUTION DE M. GRÉVY
A L'OCCASION DE L'INSURRECTION DU 18 MARS 1871

PRONONCÉE LE 20 MARS 1871

A L'ASSEMBLÉE NATIONALE

Cependant de graves événements se préparaient. Loin d'avoir disparu, l'effervescence patriotique qui avait été la suite du 4 septembre et du siège n'avait fait qu'augmenter après l'entrée des troupes allemandes dans Paris, l'adoption des préliminaires de paix, et la défiance témoignée par l'Assemblée à la capitale de la France.

Le parti révolutionnaire, qui s'était manifesté au 31 octobre et au 22 janvier, exploita habilement ces sentiments et ces craintes. Il s'empara de la direction de la garde nationale. La fédération des bataillons fut complétée par la création d'un comité central. Après d'inutiles négociations pour obtenir la remise des canons qui étaient réunis sur la butte Montmartre, M. Thiers se décida à faire appel à l'armée pour les enlever. Le 18 mars au matin, les hauteurs de Montmartre et de Belleville furent occupées; mais bientôt, les soldats, entourés par la foule, se débandèrent et refusèrent d'obéir aux ordres de leurs chefs. Les généraux ramenèrent leurs troupes en désordre dans l'intérieur de Paris. La garde nationale ne répondit pas à l'appel qui lui fut adressé, et le Gouvernement, se rendant à l'avis de M. Thiers, se retira sur Versailles, tandis que les généraux

Lecomte et Clément Thomas tombaient sous les balles des insurgés.

Le second siège de Paris allait commencer. La situation de la France était critique. M. le président Grévy ouvrit, le 20 mars, la séance de l'Assemblée nationale par l'allocution suivante :

M. LE PRÉSIDENT. — Messieurs, il semblait que les malheurs de la patrie fussent au comble. Une criminelle insurrection, qu'aucun grief plausible, qu'aucun prétexte spécieux ne saurait atténuer, vient de les aggraver encore.

Un gouvernement factieux se dresse en face de la souveraineté nationale dont vous êtes seuls les légitimes représentants. *(Très bien! très bien!)* Vous saurez vous élever avec courage et dignité à la hauteur des grands devoirs qu'une telle situation vous impose.

Que la nation reste calme et confiante, qu'elle se serre autour de ses élus : la force restera au droit. *(Mouvement. — Oui! oui! Très bien! très bien!)*

La représentation nationale saura se faire respecter... *(Oui! oui!)* et accomplir imperturbablement sa mission en pansant les plaies de la France et en assurant le maintien de la République, malgré ceux qui la compromettent par les crimes qu'ils commettent en son nom. *(Applaudissements.)*

§ VI

INCIDENT

AMENÉ PAR LA

PRÉSENCE DES MAIRES DE PARIS

A LA SÉANCE DU 23 MARS 1871

DE L'ASSEMBLÉE NATIONALE

La séance du 23 mars fut marquée par un incident qui, inexactement rapporté, ne contribua pas peu à augmenter l'irritation de la garde nationale parisienne. Après la collision sanglante qui avait eu lieu le 22 entre les manifestants du parti de l'ordre et la garde nationale à la place Vendôme, plusieurs maires et adjoints de Paris se rendirent à Versailles, et l'un d'eux, M. Arnaud (de l'Ariège), qui était en même temps représentant du peuple, annonça que ses collègues et lui avaient une communication à faire à l'Assemblée. Il demanda en même temps qu'on mît une tribune à la disposition des maires. Le président, M. Grévy, fit la réponse suivante :

M. LE PRÉSIDENT. — Rien n'est plus simple que de concilier les droits, les prérogatives et les intérêts de l'Assemblée, qu'il ne faut jamais sacrifier... *(Très bien!)* avec la déférence que nous devons aux maires de Paris.

M. Arnaud (de l'Ariège) nous annonce que MM. les

maires de Paris ont une communication à faire à l'Assemblée.

Nous avons l'honneur d'avoir parmi nous des maires de Paris.

Chacun des maires de Paris n'a pas la pensée de venir alternativement à la tribune ; il suffira que quelques-uns d'entre eux, ceux qui sont nos collègues, se rendent les organes de la communication. A ce point de vue, la dignité de l'Assemblée sera parfaitement satisfaite.

Quant à l'assistance de MM. les maires à la séance, c'est une chose qui leur est due à tous égards et pour laquelle il y a une grande facilité d'exécution.

Le président mettra sa tribune à leur disposition, et MM. les questeurs prendront toutes les mesures dans ce sens. Je crois même que ces mesures ont été déjà prises.

Lorsque les maires et adjoints entrèrent dans la tribune, ceints de leurs écharpes, le côté gauche se leva en leur honneur au cri de : Vive la République! qu'ils répétèrent. La majorité monarchique accueillit cette manifestation avec une véhémente indignation. Au milieu d'un inexprimable tumulte, des demandes de rappel à l'ordre furent faites, et de violentes interpellations furent adressées au président. En même temps beaucoup de représentants de la droite se couvrirent et quittèrent leurs sièges. M. Grévy leva la séance. Une nouvelle séance eut lieu dans la soirée. Le président prit aussitôt la parole. Il s'exprima ainsi :

M. LE PRÉSIDENT. — Messieurs, il a éclaté, à la fin de la dernière séance, une émotion qui m'a paru être le résultat d'une regrettable méprise. *(C'est vrai! c'est vrai!)*

Le président tient à dire que, s'il a levé la séance un instant après l'entrée de MM. les maires de Paris dans les tribunes, c'est que l'Assemblée venait de décider qu'elle se retirerait immédiatement dans ses bureaux, et qu'il n'y avait plus rien à l'ordre du jour. *(Très bien! très bien!)* Il a regretté que l'Assemblée fût ainsi obligée de se retirer presque au moment où entraient dans cette enceinte MM. les maires de Paris... *(Interruptions)*, qui donnent dans ces cruelles conjonctures un si magnifique exemple de courage, de patriotisme et de dévouement à l'ordre et à la liberté.

De toutes parts. — Oui! oui! Très bien! très bien!

§ VII

ALLOCUTION DE M. GRÉVY
A L'OCCASION
DE SA
DEUXIÈME ÉLECTION A LA PRÉSIDENCE
PRONONCÉE LE 17 MAI 1871
A L'ASSEMBLÉE NATIONALE

Sur ces entrefaites, l'Assemblée procéda aux élections pour le renouvellement du bureau. Le 16 mai 1871, M. Grévy fut réélu président, par 506 suffrages sur 520 votants. Au commencement de la séance du lendemain, il prononça l'allocution suivante :

Mes chers collègues,

Je suis vivement touché du nouveau témoignage de confiance et d'estime dont vous venez de m'honorer, et je vous en exprime ma profonde gratitude.

En encourageant par tant de bienveillance mes intentions et mes efforts, vous me prêtez une nouvelle force pour accomplir la tâche que vous m'avez confiée. Je m'efforcerai d'être toujours le directeur impartial de vos débats, le ferme soutien des droits de chacun de mes collègues, le gardien dévoué des prérogatives, de la dignité et de la sûreté de la représentation nationale. (*Vives et nombreuses marques d'approbation.*)

Puissé-je, en m'élevant toujours à la hauteur de cette mission, vous seconder dans l'accomplissement de votre œuvre, la plus grande, la plus douloureuse que l'état intérieur et extérieur de notre cher et malheureux pays ait jamais imposée à une Assemblée française, mais qui ne sera pas au-dessus de votre sagesse, de votre patriotisme et de votre dévouement à la liberté! *(Très bien! très bien! — Bravos et applaudissements prolongés dans toutes les parties de l'Assemblée.)*

§ VIII

ALLOCUTION

A L'OCCASION

DE

LA REVUE DE L'ARMÉE DE PARIS

PRONONCÉE LE 30 JUIN 1871

A L'ASSEMBLÉE NATIONALE

Le 29 juin, l'Assemblée passa en revue l'armée de Paris. Au début de la séance du lendemain, le président prononça l'allocution suivante :

Messieurs,

Nous avons assisté hier à un beau spectacle, bien fait pour relever les cœurs : nous avons vu défiler, dans son attitude si disciplinée et si martiale, cette magnifique armée qui vient de rétablir dans la capitale le règne des lois et de sauver la civilisation. *(Très bien! très bien! — Applaudissements.)*

Permettez-moi d'être votre organe en lui adressant vos vives félicitations. *(Marques unanimes d'assentiment.)*

La veille, l'État avait demandé 2 milliards à la France ; la France lui avait répondu par une offre de près de 5 milliards !

Messieurs, un pays qui, au lendemain de tant de désastres, sait tirer de son sein de telles ressources, est toujours la grande nation. *(Oui! oui! — Très bien! très bien! — Nouveaux applaudissements.)*

Ses revers ont pu la courber, ils ne l'ont point abattue. *(Bravo! bravo!)* Il dépend de ceux qui la dirigent, il dépend de vous, messieurs, de votre sagesse et de votre patriotisme, qu'elle reprenne bientôt la grande place qui n'a jamais pu cesser de lui appartenir. *(Bravos prolongés et triple salve d'applaudissements.)*

§ IX

ALLOCUTION DE M. GRÉVY

A L'OCCASION

DE SA

QUATRIÈME ÉLECTION A LA PRÉSIDENCE

PRONONCÉE LE 7 DÉCEMBRE 1871

A L'ASSEMBLÉE NATIONALE

Aux élections pour le renouvellement du bureau, qui eurent lieu le 16 août, M. Grévy fut réélu président par 461 voix sur 468 votants. Le 5 décembre, après la prorogation de l'Assemblée, il obtint 511 suffrages sur 525 votants. En prenant possession du fauteuil, le 7 décembre, il prononça l'allocution suivante :

Mes chers collègues,

En reprenant cette place où vos suffrages viennent de me faire remonter, mon premier besoin est de vous exprimer de nouveau toute ma gratitude.

Le témoignage persévérant de votre estime et de votre confiance, qui ne me demande le sacrifice d'aucune de mes convictions, est pour moi un honneur dont je sens tout le prix... *(Très bien! très bien!)* et s'il m'est permis d'y trouver en même temps, pour mon dévouement et mes efforts, l'expression bienveillante de votre satisfaction, il est la récompense la plus douce que mon cœur puisse ambitionner. *(Très bien! très bien! — Vifs applaudissements sur tous les bancs.)*

§ X

RAPPEL A L'ORDRE DE M. ROUVIER

ET

CENSURE PRONONCÉE CONTRE M. ORDINAIRE

LES 8 ET 9 DÉCEMBRE 1871

A L'ASSEMBLÉE NATIONALE

Dans les derniers temps de la guerre civile, l'Assemblée, sur la proposition de M. Thiers, avait nommé une commission chargée d'examiner les recours en grâce. Aux termes du décret d'institution, la grâce ne pouvait être accordée par le chef du pouvoir exécutif que conformément à l'avis de cette commission, et, en cas de dissentiment entre la commission et le chef du pouvoir exécutif, la condamnation devait être exécutée.

Parmi les condamnations à mort que les conseils de guerre avaient prononcées, il y avait celles du capitaine du génie Rossel et de M. Gaston Crémieux, de Marseille. De très pressantes démarches furent faites auprès de M. Thiers pour obtenir une commutation de peine en faveur de ces deux condamnés. La presse républicaine fut unanime à demander une mesure de clémence. M. Rossel et M. Gaston Crémieux furent néanmoins fusillés. Des scènes très vives eurent lieu à l'Assemblée. Le 8 décembre, M. Rouvier, parlant sur une proposition tendant à la levée de l'état de siège à Lyon et à Marseille, souleva une violente tempête en déclarant que l'ordre n'avait pas été troublé après l'exécution d'un jeune homme sympathique à la ville entière. L'orateur s'écria alors : « Vous avez lancé à Marseille un défi sanglant ! » A ces mots, le tumulte redoubla. M. Grévy intervint en ces termes :

M. LE PRÉSIDENT. — Monsieur Rouvier, vous ne pouvez imputer à vos collègues l'intention, ni le fait d'avoir excité au désordre ou à la guerre civile par un défi sanglant jeté à une partie de la population. Cette imputation est un outrage : je vous invite à la rétracter.

Mais M. Rouvier refusa, malgré une nouvelle exhortation du président, de retirer ces paroles. M. Grévy reprit :

M. LE PRÉSIDENT. — Malgré les paroles atténuantes... *(Interruptions à droite.)*
Voulez-vous me permettre de remplir mon devoir, messieurs ! *(Très bien !)*
Malgré les paroles atténuantes par lesquelles M. Rouvier a terminé, l'outrage qu'il a adressé à ses collègues, n'ayant point été retiré, subsiste ; je rappelle à l'ordre M. Rouvier. *(Vif élan d'approbation à droite et au centre.)*

L'orage recommença le lendemain. Parlant sur le procès-verbal, M. Ordinaire, représentant du Rhône, fut accueilli par une explosion de murmures. Pâle d'émotion, frémissant de colère, ne se possédant plus, il jeta à la commission des grâces ces mots : « Commission d'assassins ! » Des scènes terribles eurent lieu alors. M. Dahirel se précipita vers la tribune en s'écriant qu'on venait d'insulter l'Assemblée. Le tumulte était à son comble. Le président, M. Grévy, n'avait pas entendu l'apostrophe de M. Ordinaire. Dès qu'on la lui eut rapporté et qu'il eut obtenu le silence, il prit la parole en ces termes :

M. LE PRÉSIDENT. — M. Ordinaire a adressé aux membres de la commission des recours en grâce une expression qui n'aurait jamais dû être prononcée dans cette Assemblée et qui est un odieux outrage. *(Oui! oui! — C'est vrai! — Très bien!)*

Je propose à l'Assemblée de prononcer la censure contre M. Ordinaire. *(Oui! oui! — Très bien! très bien! — Vifs applaudissements sur un très grand nombre de bancs.)*

Lorsque le bruit des applaudissements eut cessé, M. Grévy reprit :

M. LE PRÉSIDENT. — Que ceux qui sont d'avis d'appliquer la censure veuillent bien se lever.

(L'Assemblée presque entière se lève.)

M. LE PRÉSIDENT. — Que ceux qui sont d'un avis contraire veuillent bien se lever.

(Quelques membres seulement de l'extrême gauche se lèvent à la contre-épreuve.)

M. LE VICOMTE DE RAINNEVILLE. — Ils ne sont que treize !

M. LE PRÉSIDENT. — La peine de la censure est prononcée contre M. Ordinaire. *(Mouvement prolongé.)*

§ XI

ALLOCUTION DE M. GRÉVY

A L'OCCASION

DE SA

SEPTIÈME ÉLECTION A LA PRÉSIDENCE

PRONONCÉE LE 13 NOVEMBRE 1872

A L'ASSEMBLÉE NATIONALE

L'année 1872, pendant laquelle se produisirent des événements importants, et qui fut marquée par de graves discussions politiques, ne nous retiendra pas longtemps. Le 5 mars, M. Grévy fut réélu pour la cinquième fois président de l'Assemblée, par 494 voix sur 537 votants.

Le 5 juin 1872, lors des élections pour la nomination du bureau, M. Grévy fut élu pour la sixième fois président, par 459 voix sur 476 votants, et le 12 novembre suivant, il fut réélu pour la septième fois, par 462 suffrages sur 505 votants. Le 13 novembre, il s'adressa en ces termes à l'Assemblée :

M. LE PRÉSIDENT. — Mes chers collègues... *(Mouvement général d'attention. — Profond silence)*, je suis profondément touché des marques persévérantes de votre confiance, et je vous remercie du grand honneur que vos suffrages viennent de me décerner encore une fois.

Permettez-moi de compter encore, au début de cette session qui doit être laborieuse et importante, sur le sentiment de bienveillance et de sympathie dont vous m'avez soutenu jusqu'ici dans les difficultés de ma tâche, comme vous pouvez aussi compter toujours sur mon ferme dévouement à l'Assemblée nationale... *(Très bien! très bien!)*, aux intérêts qu'elle me confie... *(applaudissements)*, aux devoirs qu'elle m'impose et aux droits qui appartiennent à chacun de vous. *(Très bien! très bien! — Applaudissements redoublés et prolongés.)*

§ XII

OBSERVATIONS ADRESSÉES A M. GAMBETTA

REPRÉSENTANT DE LA SEINE

LE 14 DÉCEMBRE 1872

A L'ASSEMBLÉE NATIONALE

Le 14 décembre de la même année on discuta les rapports de MM. le baron Decazes, le marquis de Montlaur et Raoul Duval sur les pétitions relatives à la dissolution de l'Assemblée. M. Gambetta, qui prit le premier la parole pour défendre la thèse de la dissolution de l'Assemblée, contesta les pouvoirs constituants qu'elle s'était attribués et obligea le président à intervenir. Le *Journal officiel* s'exprime ainsi au sujet de cet incident :

M. GAMBETTA. — ... Si vous voulez, je mettrai sous vos yeux un extrait des doctrines et des aperçus qu'on trouvait à cette époque dans les journaux[1] qui représentaient précisément l'opinion que l'Assemblée ne pouvait être constituante, parce qu'elle avait été bâclée. *(Réclamations et murmures à droite.)*

M. LE PRÉSIDENT. — Je ne puis vous laisser dire cela.

M. GAMBETTA. — Cependant, c'est une indication

---

1. Les journaux appartenant à l'opinion conservatrice.

de faits qui me permettrait de mettre sous les yeux du pays et de l'Assemblée... *(Mouvements divers.)*

Quelques membres. — Laissez dire !

M. LE PRÉSIDENT. — L'orateur ne peut pas ignorer et ne doit pas oublier que l'Assemblée s'est prononcée par une résolution formelle[1] sur le point auquel il touche. Et il ne m'est pas possible de laisser remettre en question devant l'Assemblée ses propres décisions. *(Très bien! très bien! à droite et au centre.)* J'invite l'orateur à quitter ce terrain.

M. GAMBETTA. — Messieurs, cependant il me semble absolument impossible que vous admettiez la discussion sur la dissolution, et que vous n'admettiez pas la discussion sur l'origine de vos pouvoirs. *(Parlez!)* Car de quoi s'agit-il? Il s'agit de savoir précisément, entre vous et les pétitionnaires, si, au moment où vous avez été élus, non seulement le suffrage universel entendait vous donner le pouvoir constituant, mais si vous-mêmes, au moment où vous sollicitiez les suffrages, vous demandiez ce pouvoir et si vous y croyiez.

A droite. — Oui! oui!

M. GAMBETTA. — J'entends bien que vous dites : oui!

M. LE PRÉSIDENT. — L'Assemblée a décidé, par un vote formel et solennel, qu'elle était constituante.

---

1. Le vote rendu, le 30 août 1871, par 434 voix contre 225, dans la discussion de la proposition Rivet, et par lequel l'Assemblée s'était déclarée constituante.

Tant que cette décision existe, tant qu'elle n'est pas rapportée par elle-même, mon devoir est de ne pas la laisser remettre en question. *(Très bien! très bien!)*

M. Gambetta peut assurément introduire, par une voie directe, une proposition tendant à amener l'Assemblée à rapporter sa décision; mais, tant que cette décision subsiste, je répète que le devoir du président est de la faire respecter. *(Très bien! très bien!)*

§ XIII

RAPPEL A L'ORDRE DE M. MESTREAU
REPRÉSENTANT DE LA CHARENTE-INFÉRIEURE

PRONONCÉ LE 14 DÉCEMBRE 1872

A L'ASSEMBLÉE NATIONALE

A la séance du soir, M. Raoul Duval prit la parole et attaqua avec véhémence les promoteurs des pétitions tendant à la dissolution de l'Assemblée. « Le parti qui avait été écrasé pendant la Commune fut, dit-il, pendant un certain temps, tranquille ; mais bientôt ces mêmes hommes qui, après avoir figuré dans les rangs de la Commune, se retrouvent aujourd'hui, dans une certaine proportion, parmi les organisateurs du pétitionnement... » Ces paroles provoquèrent un grand tumulte. De vives réclamations se produisirent à gauche, et un représentant qui siégeait de ce côté de l'Assemblée, M. Mestreau, s'écria, en s'adressant à M. Raoul Duval : « Vous êtes un calomniateur ! » Plusieurs membres de la droite demandèrent aussitôt le rappel à l'ordre de M. Mestreau. Le président, M. Grévy, lui donna la parole pour s'expliquer. Le représentant de la Charente-Inférieure déclara qu'en sa qualité de membre de la gauche il avait signé la demande de dissolution, qu'il y avait été amené par les nombreuses pétitions qu'il recevait tous les jours, et il ajouta qu'ayant été, dans l'Assemblée, l'interprète de ses amis politiques, il n'entendait pas que

CHAPITRE V.

M. Raoul Duval prit plaisir à le confondre avec les communards de Paris. Ces explications furent accueillies par les applaudissements répétés des membres de la gauche. Mais, comme l'agitation devenait de plus en plus vive, le président crut devoir s'adresser en ces termes à l'Assemblée :

M. LE PRÉSIDENT. — Messieurs, veuillez faire silence.

Quand j'ai dit à M. Mestreau qu'il avait tort de prendre pour lui les expressions dont s'est servi l'orateur... *(Réclamations à gauche.)*

M. LAURENT-PICHAT, debout, au fond de la salle, prononce quelques paroles qui ne parviennent pas jusqu'à la sténographie.

M. LE PRÉSIDENT. — Monsieur Laurent-Pichat, veuillez vous asseoir, ou je vous rappellerai à l'ordre!

M. LE BARON VAST-VIMEUX. — Faites-le tout de suite.

M. LE PRÉSIDENT. — J'ai suivi avec soin le discours de l'orateur, et quand j'ai dit à M. Mestreau que les paroles dont l'orateur s'est servi ne s'adressaient pas à lui...

M. DUFAURE, *garde des sceaux, ministre de la justice.* — C'est très certain! On s'est mépris.

A l'extrême gauche. — A qui donc s'adressaient ces paroles?

M. LE PRÉSIDENT. — Je voudrais bien pouvoir saisir quels sont ceux qui m'interrompent et qui prétendent s'interposer entre le président et le membre de l'Assemblée auquel il s'adresse et qui paralysent l'action du président. *(Le silence se rétablit.)*

Je disais à M. Mestreau que les paroles prononcées par l'orateur ne s'adressaient pas à lui, et que si j'eusse pensé que, quand M. Raoul Duval parlait des membres de la Commune, il désignait quelqu'un de ses collègues, je l'aurais rappelé à l'ordre. *(Très bien! très bien!)*

Je suis très convaincu que cela n'était pas plus dans sa pensée que cela n'a été dans ses expressions. *(Très bien! très bien. — C'est vrai! — Mouvements divers.)* M. Duval a parlé des organisateurs du pétitionnement en dehors de l'Assemblée, et M. Mestreau a eu tort de prendre pour lui des expressions qui ne lui étaient point adressées. C'est ce que j'ai dit à M. Mestreau pour lui faire sentir le tort qu'il a eu d'adresser à un de ses collègues une expression, qui est un outrage, et que, encore une fois, je l'invite à rétracter.

M. Mestreau. — Si M. Duval veut bien donner à son langage la clarté que M. le président vient de lui donner, je pourrai retirer mon expression. *(Mouvements divers.)*

M. Raoul Duval. — Je m'expliquerai quand on aura retiré une injure... *(Très bien! à droite)*, ou quand j'aurai obtenu la réparation que j'attends de l'impartialité de M. le président... *(Bruit général.)*

(Un colloque à voix basse s'établit entre l'orateur et M. le président.)

M. le président. — Je répète que, dans ma conviction, dans celle de l'Assemblée, comme dans la pensée manifeste de l'orateur, cette expression n'était point adressée à son collègue.

Voix à gauche. — Qu'il le dise! qu'il le dise!

M. LE PRÉSIDENT. — M. Mestreau devrait se tenir pour désintéressé par les déclarations que je viens de faire.

Un membre. — Non! *(A l'ordre! à l'ordre!)*

M. LE PRÉSIDENT. — Je voudrais bien savoir qui a dit non!

Si M. Mestreau persiste à maintenir son expression, je le rappellerai à l'ordre et je donnerai ensuite la parole à l'orateur pour s'expliquer.

M. MESTREAU. — Je persiste.

M. LE PRÉSIDENT. — Je vous rappelle à l'ordre. *(Mouvements.)*

§ XIV

ALLOCUTION

AU SUJET DE LA RÉSOLUTION

PORTANT

RATIFICATION

DU

TRAITÉ DE LIBÉRATION DU TERRITOIRE

PRONONCÉE LE 17 MARS 1873

A L'ASSEMBLÉE NATIONALE

Le 16 mars 1873, le *Journal officiel* publia une note annonçant qu'un traité d'évacuation du territoire français par les troupes allemandes avait été signé la veille, à cinq heures du soir, à Berlin. Quand la dépêche qui apportait cette grande nouvelle fut remise au Gouvernement, la séance de l'Assemblée était levée. On ne put qu'en donner communication au président, M. Grévy. Le lendemain, 17 mars, M. de Rémusat, ministre des affaires étrangères, exposa à l'Assemblée les conditions du traité. La gauche accueillit ses paroles au cri de : Vive la République! et la droite au cri de : Vive la France! M. Albert Christophle, président du centre gauche, proposa aussitôt un projet de résolution formulé en ces termes :

« L'Assemblée nationale déclare que M. Thiers, Président de la République, a bien mérité de la patrie. »

M. Saint-Marc Girardin, président du centre droit, se

CHAPITRE V.

présenta ensuite à la tribune et, au nom de trois cents de ses collègues, proposa l'ordre du jour suivant :

« Accueillant avec une patriotique satisfaction la communication qui vient de lui être faite, et heureuse d'avoir ainsi accompli une partie essentielle de sa tâche, l'Assemblée vote des remerciements solennels à M. Thiers, Président de la République, et au Gouvernement. »

Ce fut cet ordre du jour que le président mit aux voix par division. Le premier paragraphe fut adopté à l'unanimité; la gauche s'abstint de voter le deuxième, et, sur le troisième, relatif à M. Thiers, l'extrême droite ne prit pas part au vote. Six légitimistes se levèrent même à la contre-épreuve.

Aussitôt après le vote, M. Grévy prit la parole en ces termes :

M. LE PRÉSIDENT. — Messieurs, je suis heureux d'avoir eu, par ma fonction, à proclamer cette résolution de l'Assemblée.

Une nation montre sa grandeur morale lorsque, élevant sa reconnaissance à la hauteur des services qui lui sont rendus, elle sait ainsi décerner aux hommes qui la servent et qui l'honorent une récompense digne d'elle et digne d'eux. *(Vifs applaudissements à gauche, au centre et sur divers bancs à droite.)*

Je propose à l'Assemblée d'ordonner que la résolution qu'elle vient de rendre sera portée à M. le Président de la République par une députation du bureau. *(Oui! oui! — Très bien! très bien! — Applau-*

dissements à gauche. — Rumeurs sur quelques bancs à droite.)

Il n'y a pas d'opposition?... *(Non! non!)*

La résolution sera transmise à M. le Président de la République par une députation du bureau.

La résolution fut portée à M. Thiers par une députation du bureau, ayant à sa tête M. le vice-président Martel, et à laquelle se joignirent un grand nombre de représentants de la gauche et du centre gauche.

Cette sévère leçon, donnée par le président de l'Assemblée à ceux qui n'avaient pas craint de marchander à M. Thiers la reconnaissance du pays, eut pour résultat d'augmenter l'animosité à laquelle il était lui-même en butte, depuis quelque temps, de la part du côté droit. L'occasion de satisfaire ces rancunes n'allait pas tarder à s'offrir à la droite.

§ XV

ALLOCUTION

AU SUJET DE LA

MORT DE M. DE CHASSELOUP-LAUBAT

REPRÉSENTANT DE LA CHARENTE-INFÉRIEURE

PRONONCÉE LE 31 MARS 1873

A L'ASSEMBLÉE NATIONALE

Le président, M. Grévy, annonça en ces termes à l'Assemblée, au début de la séance du 31 mars, le décès d'un de ses membres, M. de Chasseloup-Laubat :

Messieurs, la mort vient de frapper encore un de nos collègues. *(Mouvement. — Profond silence.)* M. le marquis de Chasseloup-Laubat est décédé subitement presque au sortir de notre dernière séance.

Membre de l'ancienne Chambre des députés, du Corps législatif, du Sénat, du Conseil d'État, ministre de l'Algérie, ministre de la marine, M. de Chasseloup-Laubat s'est toujours montré à la hauteur des grandes positions qu'il a occupées. *(Marques générales d'assentiment.)*

Il avait pris dans cette Assemblée une place importante ; il avait particulièrement consacré sa remarquable puissance de travail, son intelligence, son savoir, son talent, aux travaux de la commission de l'armée... *(C'est vrai!)* qui l'avait choisi pour son rapporteur, et qui le considérait à juste titre comme un de ses membres les plus utiles et les plus éminents. *(C'est vrai! Très bien! très bien!)*

Esprit modéré et conciliant, plein de bienveillance et d'aménité, M. de Chasseloup-Laubat avait conquis l'estime et l'affection de tous ses collègues. *(Oui! oui! — C'est vrai!)*

L'Assemblée sentira et regrettera vivement sa perte. *(Marques générales de sympathique adhésion.)*

§ XVI

INCIDENT

SOULEVÉ PAR M. LE MARQUIS DE GRAMMONT

A L'OCCASION DU

DISCOURS PRONONCÉ PAR M. LE ROYER

REPRÉSENTANT DU RHONE

SURVENU LE 1ᵉʳ AVRIL 1873

A L'ASSEMBLÉE NATIONALE

Le lendemain, 1ᵉʳ avril, survint l'incident qui amena la démission de M. Jules Grévy. La discussion du projet de loi relatif à la municipalité lyonnaise avait commencé le 31 mars et avait continué le 1ᵉʳ avril. Ce jour-là, M. Le Royer, représentant du Rhône, ancien procureur général à Lyon, prit la parole, et, après avoir énuméré les arguments principaux du rapport de M. de Meaux, prononça cette simple phrase : « Voilà le bagage de la commission. » Aussitôt une rumeur s'éleva à droite. M. Le Royer, avec une convenance parfaite, expliqua que le mot *bagage* n'avait dans sa bouche aucune signification désobligeante. Quelques membres de la droite, M. de Meaux et M. le comte Jaubert, notamment, se montrèrent satisfaits de cette explication ; mais un groupe de ce côté de l'Assemblée persista à protester, et M. le marquis de Grammont, qui gesticulait violemment, s'écria : « C'est une impertinence ! » M. Le Royer, justement irrité, déclara que si l'interrupteur n'était pas rappelé à l'ordre, il descendrait de la tribune. Le président, M. Grévy, prononça le rappel à l'ordre; mais aussitôt une violente clameur se produisit sur les bancs de la droite. M. le marquis de Grammont eut la parole pour s'expliquer. Il maintint le mot « impertinence » et somma M. Le Royer de retirer le mot « bagage »; il menaça même du geste le représentant du Rhône, qui se tenait impassible sur les marches de la tribune. La droite encourageait par ses cris M. de Grammont à persister dans cette attitude. Alors le président, M. Grévy, après avoir réclamé plusieurs fois le silence, s'adressa à l'Assemblée en ces termes :

M. LE PRÉSIDENT, *après avoir plusieurs fois réclamé le silence*. — J'ai rappelé à l'ordre M. le marquis de Grammont pour deux causes : la première, c'est que, malgré mes observations et mes remontrances, il s'est obstiné à diverses reprises à se lever et à interpeller violemment l'orateur... *(rumeurs à droite)*; la seconde, et assurément la plus grave, c'est que M. de Grammont a adressé à son collègue une expression que personne ne peut souffrir.

M. LE MARQUIS DE GRAMMONT. — Laquelle?

M. LE ROYER. — Le mot impertinence!

M. LE MARQUIS DE GRAMMONT. — Oui! oui! je l'ai dit et je le renouvelle!

Plusieurs membres à droite. — Très bien! très bien!

M. LE PRÉSIDENT. — Messieurs, laissez-moi remplir mon devoir comme je l'entends, vous en serez juges ensuite.

M. de Grammont reconnaît qu'en s'adressant à l'orateur, il lui a dit : « C'est une impertinence ! » Pensez-vous qu'un président puisse laisser passer une telle injure? *(Approbation sur divers bancs. — Réclamations sur d'autres.)* J'ajouterai, messieurs, quant à l'expression qui a échappé à M. Le Royer... *(Réclamations à droite.)*

Divers membres du côté droit. — Il l'a répétée plusieurs fois !

M. LE PRÉSIDENT. — Veuillez, messieurs, écouter avec calme, si vous voulez juger avec justice. *(Très bien!)*

Quant à l'expression de M. Le Royer, elle m'a paru peu convenable *(Ah! ah! sur plusieurs bancs à droite)*; mais je ne l'ai pas jugée aussi sévèrement que vous ; elle reçoit des acceptions fort différentes, et M. Le Royer s'est empressé de l'expliquer et de l'adoucir. *(Nouvelle interruption à droite.)*

Veuillez m'écouter, messieurs !

Cette expression n'a pu, à mes yeux, justifier en aucune façon, surtout après les explications données par M. Le Royer, le mot qui a échappé à M. de Grammont, à qui je donne la parole pour s'expliquer.

M. LE MARQUIS DE GRAMMONT. — Mon explication sera bien simple.

Lorsque M. Le Royer a qualifié de « bagage » les développements de l'honorable rapporteur, qui ont été si approuvés par la grande majorité de cette Assemblée, j'ai trouvé que c'était antiparlementaire au premier degré. *(Bravos et applaudissements à droite. — Réclamations et dénégations à gauche.)* Mais quand j'ai entendu M. Le Royer renouveler son expression, sans que M. le président l'interrompît pour lui faire part de son impression... *(Oh! oh! à gauche. — Très bien! très bien! à droite.)*

M. LE PRÉSIDENT. — Il ne l'a renouvelée que pour l'expliquer et l'excuser. *(Réclamations à droite.)*

M. LE MARQUIS DE GRAMMONT. — Non! j'affirme le contraire. Veuillez, monsieur le président, me permettre d'achever.

M. LE PRÉSIDENT. — Ce n'est pas à vous que je m'adresse, c'est aux interrupteurs.

M. LE MARQUIS DE GRAMMONT. — Je ne puis vous dissimuler, messieurs, que, lorsque j'ai vu M. le président ne pas blâmer cette expression qui a excité l'indignation de toute l'Assemblée... *(vives dénégations à gauche)*, de la grande majorité de l'Assemblée, j'ai déclaré qu'à mon sens cette expression de « bagage » était une impertinence. *(Oui! oui! à droite. — Exclamations et murmures à gauche.)*

Voix à droite. — Et le mot « clichés » !

M. LE MARQUIS DE GRAMMONT. — Permettez-moi de vous dire maintenant que nous avons entendu — et j'en appelle au témoignage de mes collègues — qualifier les développements donnés par notre honorable rapporteur en des termes que le président, il me semble, aurait pu arrêter. Le mot de « calomnie », par exemple, a été prononcé à plusieurs reprises.

CHAPITRE V.

(Bruit à gauche. — Vif assentiment et applaudissements à droite.)

M. ANISSON-DUPERRON. — Nous l'avons tous entendu !

M. LE PRÉSIDENT. — Par qui a-t-il été prononcé ?

M. ANISSON-DUPERRON. — A la gauche !

M. LE MARQUIS DE GRAMMONT. — Il l'a été non pas une fois, mais dix fois !

Vous devez comprendre, messieurs, l'impression que cela a dû produire sur les personnes qui ne se permettent jamais d'appréciations insolentes, ni mensongères, comme celle-là.

Sous cette impression, j'ai dit que l'expression « bagage », non réprimée par M. le président, me paraissait être une impertinence. Je l'ai dit, je le répète ! *(Applaudissements à droite.)*

A *gauche*. — A l'ordre ! à l'ordre !

M. LE MARQUIS DE GRAMMONT. — Et avant le rappel à l'ordre de M. le président, j'ai dit, mes voisins l'ont entendu : Que M. Le Royer retire son expression de « bagage »... *(exclamations à gauche)* et je retire celle « d'impertinence ». *(Très bien ! très bien ! à droite.)*

Au surplus, messieurs, après la manière dont M. le président a qualifié un peu tardivement une parole échappée à l'improvisation, je puis dire que le mot « impertinence » dont je me suis servi n'était pas une personnalité ; j'honore la personne de M. Le Royer, que je ne connais même pas, et je dirai même, s'il y tient, que je le vénère, car cela m'est parfaitement égal... *(bruit)* et M. le président, en reconnaissant que l'expression était inconvenante, fâcheuse, qu'elle avait échappé à l'improvisation, me rend très facile cette satisfaction. *(Très bien! — Assez! assez! à droite.)*

M. LE PRÉSIDENT. — Retirez-vous votre expression?

M. LE MARQUIS DE GRAMMONT. — M. le président me demande si je retire l'expression d' « impertinence » qu'a provoquée de ma part le mot de « bagage ».

Je n'avais pas attendu l'invitation de M. le président pour le dire ; je l'ai dit de ma place, et en ce moment, à la tribune, je viens déclarer que, lorsque M. Le Royer aura retiré son mot inconvenant de « bagage », je retirerai le mien. *(Vifs applaudissements à droite. — Murmures à gauche.)*

M. LE PRÉSIDENT. — Il y a, messieurs, dans l'Assemblée une animation que je regrette, et qui, je le crois, ne lui laisse pas la saine appréciation du fait qui se passe en ce moment sous ses yeux. *(Très bien! très bien! à gauche. — Rumeurs à droite.)*

Attendez, messieurs, attendez! Si je m'étais trompé, — je ne le crois pas...

M. DE BELCASTEL. — En mon âme et conscience, je le crois. *(Exclamations prolongées.)*

M. LE PRÉSIDENT. — Je ne crois pas m'être trompé en ne rappelant pas à l'ordre l'orateur, parce qu'il se servait d'une expression qui, à mes yeux, n'a pas le caractère qu'elle paraît avoir aux vôtres, et que, très souvent, on emploie dans un langage qui n'a rien de désobligeant. *(Rumeurs à droite.)* Ne dit-on pas, par exemple, le bagage littéraire d'un auteur... *(Oui! oui! — C'est vrai!)*

M. Le Royer. — Même à l'Académie française !

M. le président. — Et quel est l'auteur qui s'en est jamais trouvé blessé?

J'ajoute que j'y ai d'autant moins songé que, reprise à l'instant même, cette expression a été expliquée et atténuée par l'orateur, qui s'est empressé de protester contre toute intention offensante.

Si je l'avais rappelé à l'ordre dans cette circonstance, j'aurais fait une chose qui n'aurait pu être approuvée par vous de sang-froid. *(Très bien! très bien! sur divers bancs.)*

Maintenant, quand M. de Grammont s'est levé plusieurs fois...

M. de Belcastel. — Une simple observation aurait suffi...

M. le président. — Veuillez, monsieur de Belcastel, ne pas m'interrompre, vous n'en avez pas le droit. *(Très bien! très bien! — Laissez parler le président!)*

Quand M. de Grammont, se levant vivement à plusieurs reprises, ne tenant aucun compte de mes admonitions, s'obstinant à interrompre, à interpeller l'orateur, a fini par lui adresser l'expression que vous avez entendue sortir de sa bouche, il m'a paru impossible de ne pas le rappeler à l'ordre.

Maintenant, ma conduite paraît n'être pas approuvée, elle est même vivement blâmée par les manifestations hostiles d'une partie de l'Assemblée.

Messieurs, si vous trouvez que je ne remplis pas mes fonctions comme vous avez le droit de l'attendre, il faut, en effet, que je le sache. *(Applaudissements à gauche.)* Je n'ai ni demandé ni recherché les fonctions dont vous m'avez investi... *(Nouveaux applaudissements et bravos prolongés à gauche et au centre gauche.)*

M. DE LABORDERIE. — Ces applaudissements sont très naturels !

M. LE PRÉSIDENT. — ... je les ai toujours remplies selon mes forces, dans toute ma justice et mon impartialité. *(Très bien! très bien!)* Puisque je ne trouve pas en retour, chez vous, messieurs, la justice à laquelle je crois avoir droit, je saurai ce qu'il me reste à faire. *(Vifs applaudissements sur les bancs de la gauche et du centre gauche. — Sensation générale et prolongée.)*

La séance est levée.

(L'Assemblée se sépare au milieu d'une très grande agitation. — Il est cinq heures et demie.)

§ XVII

DÉMISSION DE M. GRÉVY

DES FONCTIONS DE PRÉSIDENT

DONNÉE LE 2 AVRIL 1873

A L'ASSEMBLÉE NATIONALE

Au début de la séance du 2 avril, M. Vitet, vice-président, qui occupait le fauteuil, donna lecture de la lettre suivante, qu'il n'accompagna d'aucune parole de regret :

Versailles, 2 avril 1873.

Monsieur le vice-président,

Je vous prie de vouloir bien transmettre à l'Assemblée nationale ma démission des fonctions de la présidence.

Agréez, je vous prie, monsieur le vice-président, l'assurance de ma haute considération.

Signé : Jules Grévy.

La droite, prise au dépourvu, dépêcha M. Baragnon à la tribune pour demander deux jours de réflexion ; mais M. Germain ayant fait remarquer qu'un candidat comme M. Grévy ne se pesait pas, M. Vitet en fut réduit à faire voter une suspension d'une demi-heure, afin de permettre à ses amis de se concerter. Le scrutin pour l'élection du président eut lieu ensuite. M. Grévy obtint 349 suffrages, et M. Buffet, candidat de la droite, 231. M. Grévy était donc réélu président. Mais le lendemain, 3 avril, il envoya une nouvelle lettre ainsi conçue :

Versailles, 3 avril 1873.

Monsieur le vice-président,

Les raisons qui m'ont déterminé à résigner les fonctions de la présidence ne me permettent point de revenir sur cette résolution ; je ne puis qu'y persister.

Je remercie du fond du cœur ceux de mes collègues qui, dans le scrutin d'hier, m'ont donné un nouveau témoignage d'estime et de sympathie dont je suis profondément touché.

Je vous prie, monsieur le vice-président, d'agréer l'assurance de ma haute considération.

Signé : JULES GRÉVY.

Après avoir donné lecture de cette lettre, M. le vice-président Martel, qui présidait la séance, répara l'incroyable omission commise la veille par M. Vitet. Il s'exprima ainsi :

« Messieurs, je ne puis pas, après vous avoir donné cette communication, ne pas vous prier de me permettre d'y ajouter l'expression des très vifs, des très profonds regrets que m'inspire la résolution prise par notre collègue M. Jules Grévy, si cher à tous... (*Très bien! très bien!*), que son patriotisme éclairé et bien connu avait désigné à nos suffrages, quand nous nous sommes trouvés réunis à Bordeaux, au milieu des circonstances les plus terribles et qui, depuis cette époque, pendant plus de deux ans, n'a cessé de diriger avec tant d'impartialité et une si grande distinction les travaux si difficiles de l'Assemblée nationale. »

(*Applaudissements prolongés à gauche, au centre et sur plusieurs bancs du côté droit.*)

La démission de M. Grévy était-elle nécessaire, ou fut-elle, au contraire, une faute? A-t-elle rendu possible l'entreprise du 24 mai 1873 qui, sans cela, n'eût pas pu s'accomplir?

Ces questions ont été beaucoup agitées dans la presse, au mois d'avril 1873, et surtout après la chute de M. Thiers. Depuis cette époque, plusieurs historiens ont persisté à soutenir que le président de l'Assemblée avait eu tort de donner sa démission. « On peut dire à coup sûr, a écrit l'un d'eux, que cette démission a rendu le 24 mai possible et faisable… C'est précisément parce que la crise était imminente qu'il (M. Grévy) se devait à la République, qu'il se devait à lui-même de rester au fauteuil et de ne pas abandonner son poste de combat[1]. » Mais on n'a jamais essayé de démontrer que si M. Grévy fût revenu sur sa détermination première après le vote de l'Assemblée, il eût pu se maintenir au fauteuil présidentiel et empêcher les événements qui ont suivi de si près sa retraite. L'hostilité de la droite contre sa personne était manifeste depuis longtemps déjà. Elle s'était traduite, aux élections pour le bureau, par des abstentions de plus en plus nombreuses. Le président pouvait-il accepter ce blâme indirect de sa conduite, alors surtout que, dans des circonstances récentes, le côté droit avait paru mettre en doute son impartialité et avait protesté avec vivacité contre la direction qu'il imprimait aux débats? D'ailleurs, un observateur clairvoyant, comme l'était M. Grévy, ne pouvait se tromper sur les visées de la droite. L'heure était venue où un assaut en règle allait être livré à la République. Un républicain pouvait-il diriger l'Assem-

1. A. Ranc, *De Bordeaux à Versailles*, Paris, s. d., 1 vol. in-18, p. 154.

blée dans cette voie? M. Grévy ne l'a point pensé, et, lors des élections de 1876, il s'en est expliqué très catégoriquement avec ses concitoyens du Jura.

Au surplus, le départ de M. Grévy ne fut pas seulement regretté des républicains. Au moment même où eut lieu l'incident provoqué par M. de Grammont, un organe monarchique, le *Paris-Journal,* publia l'article suivant :

« Si nous étions antirépublicains à la façon dont la plupart des républicains sont antimonarchistes, nous nous réjouirions de l'incident qui va sans doute priver l'Assemblée du président qui dirigeait ses délibérations depuis Bordeaux.

« Patriotes avant tout, respectueux pour les hommes rares qui se sont respectés eux-mêmes au milieu de la débâcle des caractères qui est une des plaies de ce temps-ci, nous nous affligeons de la retraite trop probable de M. Grévy.

« Républicain comme on n'en voit guère en notre époque et en notre pays, M. Grévy, nous ne l'oublierons jamais, s'est montré, au 4 septembre, seul ou presque seul parmi les gens de son parti, occupé du pays, non de lui-même, dévoué serviteur de la loi, esclave du devoir...

« Tel fut M. Grévy en ces jours néfastes qui sont l'épreuve décisive des caractères. Quels qu'aient été les derniers incidents de sa présidence, nous aurions souhaité que le souvenir de sa conduite si digne, si élevée, si patriotique au milieu des crises suprêmes, dominât certaines impressions plus récentes dont on ne peut cependant méconnaître la légitimité. »

Ainsi, il résulte de l'article même de l'organe monarchique, que la droite avait de récents griefs contre M. Grévy. Ces griefs, quels étaient-ils?

Dans son ouvrage intitulé : *le Gouvernement de M. Thiers,* M. Jules Simon les indique clairement :

CHAPITRE V.

« La présence de M. Grévy au fauteuil contrariait vivement les membres de la droite. On ne pouvait songer ni à le gagner, ni à le tromper, ni à le braver. C'était un républicain de la veille et de l'avant-veille, aux idées très arrêtées et aux résolutions inflexibles sous une apparence calme. Il savait toujours où il était et où il allait; il n'y avait dans toute sa vie ni une bravade ni une reculade, ni même une distraction. Sous Louis-Philippe, sous la première République, sous l'Empire, au barreau, à la Chambre, dans les séances, dans les commissions, dans les conversations, partout et toujours il avait été le même. Quoique fidèle à ses amis, il était encore plus fidèle à ses idées, ce qui est la plus rare des qualités en politique. Il paraissait n'avoir aucune ambition; en tout cas, s'il en avait une, il était clair qu'il ne ferait jamais un pas hors de son chemin pour la satisfaire. Il était né pour être président, parce qu'il voyait vite, avec sagacité, avec sûreté, et ne perdait jamais le sang-froid. Il fallait remonter jusqu'à Royer-Collard pour trouver un président ayant autant d'autorité et de dignité[1]. »

On ne pouvait faire un plus grand éloge de la présidence de M. Grévy. Arrêtons-nous un instant sur cette présidence qui vient de finir. Aussi bien n'est-il pas sans intérêt de recueillir le témoignage de ceux qui ont publiquement constaté comment M. Grévy avait exercé ses fonctions.

Un des concitoyens de M. Grévy le dépeignait ainsi au mois de mai 1871 :

« M. Grévy préside avec une impartialité fine et froide. Il ne trouble pas, comme faisait M. Dupin, les orateurs de ses lazzis et n'égaye pas la Chambre à leurs dépens; mais ses yeux et sa bouche ont un sourire moqueur qui serait

[1] Jules Simon, *le Gouvernement de M. Thiers*, Paris, 1878, 2 vol. in-8°, t. II, p. 369.

capable de former le goût d'une Assemblée en lui faisant
connaître celui de son président. Quelquefois il l'invite à la
patience par une attitude résignée. C'est là, je trouve, le
trait le plus nouveau de cette présidence. Elle est aussi
républicainement honnête, ne sert aucune passion, n'en
exprime aucune, n'escamote rien... Il y aurait pour un
écrivain un beau et intéressant portrait à faire du président
de l'Assemblée nationale. M. Grévy personnifie la présidence sous la République, comme M. de Morny la personnifiait sous l'Empire[1]. »

Nous avons reproduit plus haut le portrait à la plume du
représentant de 1848 par M. Edmond Texier. Celui du président de 1871, par le même écrivain, est aussi vivant que
le premier. Nous le donnons presque en entier :

« Comme président, M. Grévy rompit avec toutes les
traditions parlementaires. Jamais le plus petit mot pour
rire. Tous ses prédécesseurs du règne de Louis-Philippe
tempéraient l'aridité des discussions par des volées de
calembours. En ces temps fabuleux, Sauzet succédait à
Dupin; en 1848, Armand Marast, s'il ne sacrifiait pas au
jeu de mots, se permettait des réflexions plaisantes;
Morny, sous l'Empire, avait toujours quelque fine repartie
sur le bout de la langue. M. Grévy fut la majesté en personne.

« Le tambour battait. Ran-tan-plan. C'était le moment où
le président montait au fauteuil. Du fond de la scène, un
homme noir apparaissait : l'âge avait fait son œuvre depuis
le dépôt de la proposition[2]; les arêtes du visage avaient
disparu sous une légère couche de graisse; la figure avait

1. Pierre Henry, *M. Jules Grévy, Président de la République*, Lons-le-Saulnier, 1879, 1 vol. in-16, p. 69.
2. L'amendement de 1848, relatif à l'organisation du pouvoir
exécutif.

pris du ventre, mais cette rotondité orientale donnait de l'ampleur au personnage. Il tenait son chapeau à la main, ce chapeau qui allait peut-être jouer dans la séance le rôle du trident de Neptune. Une fois assis au fauteuil, il prenait, en attendant l'arrivée des députés, cet éternel journal que tout président trouve toujours sur son bureau, et qui lui sert moins à lire qu'à se donner une contenance. Quand les banquettes étaient garnies d'un nombre suffisant d'honorables, un coup de sonnette, vif et sec, trois notes au plus. Lecture du procès-verbal par un de messieurs les secrétaires. Après quoi, M. Grévy se levait avec la dignité d'un consul, pour lire le menu du festin.

« Il n'a pas de tics. Un caricaturiste aurait eu de la peine à saisir le côté plaisant de cette physionomie toujours au repos, même quand elle s'illuminait un peu. Pas le moindre soubresaut de paroles, même dans le rappel à l'ordre infligé à un collègue. Il disait à un interrupteur : « Vous n'avez pas la parole » du même ton qu'il disait : « La parole est à M. le Président de la République ». Et cette tonalité toujours égale n'avait pas peu contribué à lui donner sur tous les partis l'autorité nécessaire à son rôle.

« J'ai fait cette remarque que, si à la fin de chaque séance, on avait relevé les rappels à l'ordre, il y en aurait eu juste autant au compte de l'extrême gauche qu'au compte de l'extrême droite. La balance était tenue avec l'impartialité de ces figures symboliques peintes ou sculptées, qui représentent la Justice [1]. »

1. Edmond Texier, *les Portraits de Kel-Kun*. Paris, 1875-1876, 2 vol. in-18, t. Ier, p. 4-6.

§ XVIII

LE GOUVERNEMENT NÉCESSAIRE

Après être descendu du fauteuil, M. Jules Grévy reprit sa place sur les bancs de la gauche de l'Assemblée. Loin de songer à se mettre en avant, il resta dans la foule, d'où il suivit d'un regard attentif et attristé le cours des événements. Il sortit pourtant un jour de sa réserve ; ce fut lors de l'élection qui eut lieu, au mois d'avril 1873 à Paris, et qui mit aux prises la candidature du ministre des affaires étrangères de M. Thiers, M. de Rémusat, et celle de l'ancien maire de Lyon, M. Barodet. Le 20 avril, le journal *le Soir* publia la déclaration suivante, qui fut immédiatement affichée sur les murs de Paris :

« DÉCLARATION DE M. GRÉVY

« M. Jules Grévy, qui vient de rentrer à Paris, s'est rendu aujourd'hui au comité électoral présidé par M. Carnot. Après avoir félicité le comité de ses efforts, il a ajouté les paroles suivantes :

« Au point de vue de l'affermissement de la République,
« la candidature de M. Barodet est une grande faute. Dans
« la situation difficile que lui font les partis dans l'Assem-
« blée, le Gouvernement a besoin qu'on lui donne de la
« force contre les ennemis de la République, et non un
« avertissement qui ne serait pour lui qu'un échec et un
« affaiblissement plein de périls.

CHAPITRE V.

« Il est, d'ailleurs, souverainement impolitique lorsque
« le pays, se dégageant de ses longues préventions, vient
« enfin à la forme de gouvernement appropriée à son état
« social, la seule qui puisse fermer l'ère de ses révolutions
« et lui restituer, avec l'ordre, la paix et la liberté, sa pros-
« périté et sa grandeur, de fournir des prétextes à ceux qui
« cherchent à l'effrayer pour le faire reculer encore une
« fois.

« M. Grévy a déclaré, en finissant, « qu'il se fait un devoir de conseiller à tous ceux qui viennent le consulter de
voter, comme il le fera lui-même, pour M. de Rémusat, qui
a bien servi la France, et qui, par sa conduite et ses déclarations, s'est rallié franchement à la République ».

Mais l'intervention de l'ancien président de l'Assemblée
nationale n'empêcha point M. Barodet d'être élu, le 27 avril,
par 180,045 suffrages, contre 135,028 accordés à M. de
Rémusat. Cette élection fut-elle, comme on l'a dit à l'époque,
la cause déterminante de la chute de M. Thiers? Servit-elle
seulement de prétexte à la coalition monarchique pour
monter à l'assaut de la présidence? Nous n'avons point à
examiner ici cette question. Nous nous contentons de rappeler que le traité concernant la libération du territoire
était signé et ratifié, et que le parti monarchique, uni et
discipliné, n'avait plus de motif de retarder les hostilités.

A la chute de M. Thiers, à l'élection de M. le maréchal
de Mac-Mahon à la présidence de la République, à la constitution d'un ministère de combat présidé par M. le duc de
Broglie succédèrent bientôt les tentatives de restauration
monarchique. C'était le moment où, après la visite du
comte de Paris au comte de Chambord, le confident des
princes d'Orléans, M. Édouard Hervé, écrivait dans le
Journal de Paris : « Nous avons coupé les ponts derrière
nous; nous ferons la monarchie à une voix de majorité. »

Le péril était grand. Si les espérances des partisans de la monarchie se réalisaient, c'en était fait pour longtemps du gouvernement parlementaire et de la République. Alors M. Jules Grévy prit la plume et publia, chez l'éditeur Armand Le Chevalier, sous ce titre : *le Gouvernement nécessaire*, une brochure en quelques pages qui eut en France un grand et salutaire retentissement. Nous la reproduisons intégralement[1] :

Je veux examiner quel doit être le gouvernement définitif de la France.

Les plus grandes difficultés, dans cette question, ne viennent pas du sujet; elles tiennent à nos préjugés, au trouble que tant de changements politiques ont jeté dans les esprits, aux partis rivaux qui nous divisent, triste legs de nos quatre-vingts ans de révolution.

Quand on étudie avec sincérité l'état présent de la société française et la condition vitale des institutions représentatives, on arrive aisément à reconnaître que, pour notre pays tel que le temps l'a fait, le gouvernement nécessaire, parce qu'il est le seul durable, c'est celui de la nation par elle-même, dans sa réalité et sa sincérité; en d'autres termes, le gouvernement démocratique ou républicain.

C'est ce que je veux essayer de montrer avec les lumières de la raison et les enseignements de l'histoire.

---

1. Jules Grévy, *le Gouvernement nécessaire*. Paris, 1873, une broch. in-8°.

CHAPITRE V.

I

Ceux qui, dans leur regret du passé et leur appréhension de l'avenir, se persuadent qu'on peut, en France, au temps où nous sommes, relever sur un fondement solide et sous une forme quelconque le gouvernement monarchique, ne tiennent point compte de ce qu'est devenue, depuis un siècle, la constitution sociale de la nation française.

Les peuples sont soumis à la grande loi de transformation qui gouverne notre globe, et ils subissent, comme tout ce qui le couvre, une perpétuelle métamorphose. Non seulement ces êtres collectifs naissent, grandissent, déclinent et disparaissent, comme les êtres individuels; mais encore, durant leur existence, il s'opère incessamment en eux, sur leur génie et leurs mœurs, sur leurs intérêts et leurs besoins, sur la nature et les liens de l'agrégation qui les compose, et, par une suite nécessaire, sur leurs lois et leurs institutions, un travail continuel de modifications.

Et, pour accélérer cette œuvre lente de rénovation, il se produit de loin en loin dans le monde quelqu'un de ces faits extraordinaires, quelqu'un de ces grands courants, qui emportent irrésistiblement les peuples vers leurs destinées.

Nous assistons à un de ces faits qui changent la face des sociétés politiques, au fait le plus considérable peut-être que l'histoire ait jamais enregistré, je veux parler de l'avènement de la démocratie par l'établissement graduel de l'égalité des conditions dans les nations modernes.

Ce fait, nouveau dans le monde, car l'antiquité, avec son esclavage et ses distinctions de classes entre les citoyens, ne l'a point connu ; ce grand fait de l'égalité des conditions, qui remonte par ses premiers commencements au déclin de la féodalité, et dont les causes multiples se confondent avec celles du mouvement général de la civilisation, un des grands esprits de notre temps, M. Alexis de Tocqueville, le décrivait et le jugeait ainsi, il y a quarante ans :

« Une grande révolution démocratique s'opère parmi nous ; tous la voient, mais tous ne la jugent point de la même manière. Les uns la considèrent comme une chose nouvelle, et, la prenant pour un accident, ils espèrent pouvoir encore l'arrêter ; tandis que d'autres la jugent irrésistible, parce qu'elle leur semble le fait le plus continu, le plus ancien et le plus permanent que l'on connaisse dans l'histoire.

« Et ceci n'est pas seulement particulier à la France. De quelque côté que nous jetions nos regards, nous apercevons la même révolution qui se continue dans tout l'univers chrétien.

« Partout on a vu les divers incidents de la vie des peuples tourner au profit de la démocratie ; tous les hommes l'ont aidée de leurs efforts : ceux qui avaient envie de concourir à ses succès et ceux qui ne songeaient point à la servir ; ceux qui ont combattu pour elle, et ceux qui se sont déclarés ses ennemis ; tous ont été poussés pêle-mêle dans la même voie, et tous ont travaillé en commun, les uns malgré eux, les autres à leur insu, aveugles instruments dans les mains de Dieu.

« Le développement graduel de l'égalité des conditions est donc un fait providentiel, il en a les principaux caractères : il est universel, il est durable, il échappe chaque jour à la puissance humaine ; tous les événements, comme tous les hommes, servent à son développement.

« Serait-il sage de croire qu'un mouvement social qui vient de si loin pourra être suspendu par les efforts d'une génération ? Pense-t-on qu'après avoir détruit la féodalité et vaincu les rois, la démocratie reculera devant les bourgeois et les riches ? S'arrêtera-t-elle maintenant qu'elle est devenue si forte et ses adversaires si faibles ?...

« Il n'est pas nécessaire que Dieu parle lui-même pour que nous découvrions des signes certains de sa volonté ; il suffit d'examiner quelle est la marche habituelle de la nature et la tendance continue des événements ; je sais, sans que le Créateur élève la voix, que les astres suivent dans l'espace les courbes que son doigt a tracées.

« Si de longues observations et des méditations sincères amenaient les hommes de nos jours à reconnaître que le développement graduel et progressif de l'égalité est à la fois le passé et l'avenir de leur histoire, cette seule découverte donnerait à ce développement le caractère sacré de la volonté du Souverain Maître. Vouloir arrêter la démocratie paraîtrait alors lutter contre Dieu même, et il ne resterait aux nations qu'à s'accommoder à l'état social que leur impose la Providence...

« Il faut une science politique nouvelle à un monde tout nouveau.

« Mais c'est à quoi nous ne songeons guère : placés au milieu d'un fleuve rapide, nous fixons obstinément les yeux vers quelques débris qu'on aperçoit encore sur le rivage, tandis que le courant nous entraîne et nous pousse à reculons vers les abîmes.

« Il n'y a pas de peuples de l'Europe chez lesquels la grande révolution sociale que je viens de décrire ait fait de plus rapides progrès que parmi nous ; mais elle y a toujours marché au hasard.

« Jamais les chefs de l'État n'ont pensé à rien préparer d'avance pour elle ; elle s'est faite malgré eux et à leur insu. Les classes les plus puissantes, les plus intelligentes et les plus morales de la nation n'ont point cherché à s'emparer d'elle, afin de la diriger. La démocratie a donc été abandonnée à ses instincts sauvages ; elle a grandi comme ces enfants, privés des soins paternels, qui s'élèvent d'eux-mêmes dans les rues de nos villes, et qui ne connaissent de la société que ses vices et ses misères. On semblait encore ignorer son existence, quand elle s'est emparée à l'improviste du pouvoir. Chacun alors s'est soumis

CHAPITRE V.

avec servilité à ses moindres désirs ; on l'a adorée comme l'image de la force ; quand ensuite elle se fût affaiblie par ses propres excès, les législateurs conçurent le projet imprudent de la détruire au lieu de chercher à l'instruire et à la corriger, et sans vouloir lui apprendre à gouverner, ils ne songèrent qu'à la repousser du gouvernement. »

Voilà des vérités éclatantes pour tous les esprits que n'aveugle pas la prévention.

L'égalité des conditions, ou la démocratie s'avance incessamment dans le monde moderne, grandissant toujours, renversant tous les obstacles, courbant sur son passage les événements et les hommes et les faisant servir à son développement, avec l'indomptable puissance de ces lois supérieures sous lesquelles nous nous agitons et qui règlent souverainement la marche de l'humanité à travers les siècles.

Dans son invasion progressive des peuples de l'Europe, c'est en France qu'elle a poussé le plus loin sa conquête. Parmi nous, tous les privilèges, toutes les inégalités légales, toutes les distinctions de classes ont aujourd'hui disparu ; nos lois et nos mœurs ne reconnaissent plus ni droits seigneuriaux dans une classe nobiliaire, ni droit royal dans une famille, je veux dire, ni droit d'une famille de régner sur nous ; il n'y a plus que des citoyens qui sont tous égaux devant la loi civile et la loi politique ; c'est l'égalité des conditions portée à ses limites extrêmes, c'est la pleine démocratie.

Le grand mouvement social qui nous l'a apportée présente, selon l'expression de M. de Tocqueville, tous les caractères d'un fait providentiel : il est ancien, continu, universel, irrésistible ; il vient, comme on l'a dit, de trop loin et de trop haut pour qu'on puisse l'arrêter, et ceux qui tenteront encore de le faire seront brisés, comme ceux qui l'ont essayé avant eux, comme l'ont été depuis la fin du siècle dernier tous nos gouvernements, parce qu'au lieu d'accepter la démocratie et de l'organiser, ils n'ont songé qu'à la repousser ou à l'asservir.

Nous avons eu depuis quatre-vingts ans huit gouvernements détruits par des révolutions violentes. Arrêtons un instant notre attention sur ce fait unique dans l'histoire ; car aucun peuple, à aucune époque, ne présente ce phénomène surprenant de huit gouvernements élevés et abattus en moins d'un siècle. Quelle est la cause de si fréquents bouleversements et d'une instabilité si extraordinaire ? Je sais que chacun, selon son point de vue, peut apporter son explication ; mais l'histoire dira que la cause de tant de révolutions, c'est que la France est devenue depuis quatre-vingts ans une pure démocratie, et que, depuis quatre-vingts ans, elle n'a pu se constituer démocratiquement ; c'est qu'au lieu de donner à cette démocratie toute-puissante la seule institution qu'elle pût supporter, on s'est opiniâtré à édifier contre elle, pour la refouler et la contenir, des gouvernements dont elle était proscrite, digues impuissantes qui n'ont duré que le temps nécessaire au flot démocratique pour monter et les rompre.

Étrange et douloureux spectacle! Depuis bientôt un siècle, la France s'épuise en vains efforts pour sortir des convulsions dans lesquelles elle s'affaisse, et pour achever l'évolution rendue nécessaire par sa transformation sociale. La démocratie a pris possession de la société française; elle en a banni tous les privilèges, elle s'y est établie sans partage, elle a détruit tous les gouvernements qu'on lui a opposés, et elle n'a pu parvenir encore à constituer le sien! Le tort en est, sans doute, à son inexpérience et à ses fautes, à ses excès et à ses emportements surexcités par les obstacles; mais le tort en est surtout à ceux qui n'ont pas voulu l'admettre et l'organiser dans l'État.

Les uns, sans tenir compte de son avènement, ont tenté de retourner en arrière, comme si l'on remontait le passé.

Les autres ont dressé contre elle des échafaudages défectueux et sans bases, qui se sont écroulés sous son effort.

D'autres ont cru pouvoir la soumettre en la trompant, comme si l'on pouvait tromper toujours.

Tous ont péri à l'œuvre, tous ont été emportés par le grand courant social qu'ils ont voulu arrêter, et seront emportés comme eux tous ceux qui, après l'exemple de tant de naufrages, ne craindront pas de reprendre cette tâche surhumaine. Tenter de refouler la démocratie ou de l'enchaîner est une entreprise aussi insensée que celle d'arrêter la mer dans son mouvement ou la terre dans son orbite.

Nous voici revenus encore une fois au point de départ : nous allons doter la France d'un neuvième gouvernement.

Relèverons-nous contre la démocratie une de ces faibles barrières qu'elle a si souvent renversées? ou, sortant de ce cercle fatal, fonderons-nous enfin le gouvernement républicain.

Organiser la démocratie ou continuer à lutter contre elle; sortir des révolutions ou y rentrer, au risque d'y périr, telle est la question qui se dresse devant nous.

La France ne trouvera son salut que dans l'organisation de la démocratie.

II

Cette organisation, quelle est-elle?

Elle est différente selon les lieux et les temps, selon l'état d'avancement auquel l'égalité des conditions est parvenue. La question que nous avons à nous poser n'a pas cette généralité, elle est particulière à l'époque et au pays où nous sommes. Nous avons à nous demander quelle doit être aujourd'hui l'organisation de la démocratie en France.

CHAPITRE V.

Cette question revient à celle-ci : Quel est le gouvernement que comporte et qu'exige l'état démocratique de la société française?

Il faut en chercher la solution dans ce que j'appellerai la loi organique du gouvernement représentatif.

Ce serait une grande erreur de croire que cette institution puisse se constituer arbitrairement; elle a, comme toutes les autres, sa loi à laquelle elle ne peut impunément se soustraire.

Pour assurer leurs intérêts et pour les régler, les hommes réunis en corps de nation ont besoin de faire des lois et de les exécuter. Lorsqu'ils sont répandus sur un vaste territoire, ils ne peuvent, comme autrefois dans les petites républiques de l'antiquité, et comme aujourd'hui encore dans quelques communes de l'Amérique et de la Suisse, se réunir sur la place publique pour se gouverner directement; ils se choisissent des mandataires. De là l'institution moderne de la représentation, institution heureuse et féconde, qui seule rend possible le gouvernement des nations par elles-mêmes, en suppléant à l'impossibilité physique du gouvernement direct, et en substituant à l'ignorance du plus grand nombre les lumières de l'élite des citoyens.

Telles sont l'origine et la raison d'être du gouvernement représentatif; il est le représentant de la nation, préposé par elle à la confection des lois et à leur exécution.

Si la nation renferme dans son sein des éléments différents ; s'il s'y trouve un ordre nobiliaire investi de privilèges qui lui constituent ces droits et des devoirs distincts de ceux des autres citoyens, une famille royale en possession du droit de régner, une classe populaire, un tiers état, comme disaient nos pères, le gouvernement doit se composer des représentants de ces trois éléments, qui sont dans un état naturel d'antagonisme. Si l'un d'eux était exclu de la représentation, il ne participerait ni à la confection ni à l'exécution des lois, auxquelles pourtant ses intérêts seraient soumis ; il resterait sans garantie hors d'une administration dont il ne pourrait manquer d'être la victime et l'ennemi. Dans un tel état social, le gouvernement représentatif doit comprendre la monarchie héréditaire et deux Chambres, l'une pour les représentants de la noblesse, l'autre pour les représentants du peuple.

Mais si la nation est homogène, si elle est devenue une pure démocratie, si ni le droit royal ni le droit seigneurial ne sont plus admis par le consentement universel, s'ils ont disparu des lois et des mœurs, comment pourraient-ils être représentés encore dans le gouvernement ? Comment garderaient-ils leur place au pouvoir, quand ils l'ont perdue dans la nation ? Ce serait plus qu'un non-sens, ce serait un péril. En politique comme en mécanique, les rouages inutiles sont dangereux. Il est dans la tendance des institutions, comme dans celle des indi-

CHAPITRE V.

vidus, de prendre de l'importance et d'agrandir leur sphère d'action ; quand le terrain manque, on empiète ; l'empiétement amène le conflit, et le gouvernement s'écroule. Lorsque la nation est entièrement démocratique, le gouvernement ne doit être que la représentation de la démocratie. Il doit, en un mot, refléter tout ce qui existe, mais seulement ce qui existe dans le pays.

A cette condition il est durable, parce qu'il est fondé sur une réalité. Tout gouvernement dans lequel on fera entrer un élément qui ne représente rien dans la nation ne durera pas, quelque ingénieuse que soit la combinaison ; il ne sera qu'une création artificielle établie sur une fiction. On ne bâtit solidement que sur un fondement réel.

Telle est la loi organique du gouvernement représentatif. Le bon sens la révèle, et l'histoire la confirme.

III

Étudions dans les annales des peuples modernes cette loi, tantôt observée, tantôt désobéie ; nous verrons qu'elle a donné aux peuples qui l'ont respectée la stabilité et la grandeur, et que la France n'a vu tant de gouvernements éphémères et de si fréquentes révolutions que pour l'avoir toujours méconnue.

Supériorité politique ou bonheur des circonstances,

l'Angleterre a excellé, parmi les nations de l'Europe, dans l'établissement et la pratique du gouvernement représentatif.

Dès que la démocratie commence à paraître en Angleterre, nous la voyons prendre place dans le gouvernement à côté de la noblesse et de la royauté, place exiguë d'abord, mais qui s'agrandit avec le temps, à mesure que la démocratie se développe elle-même.

Appelée d'abord uniquement pour consentir des taxes, elle ne tarde pas à participer à la délibération des affaires publiques, et, dès la fin du xive siècle, elle va s'asseoir avec la petite propriété normande dans une seconde Chambre, devenue avec le temps cette fameuse Chambre des communes qui a reconquis une à une sur les vainqueurs toutes les libertés dont l'Angleterre est aujourd'hui en possession.

A mesure qu'elle gagna du terrain dans le pays, comme il est dans sa nature de le faire, la démocratie en gagna dans le gouvernement, et elle est parvenue progressivement à la presque toute-puissance que nous lui voyons aujourd'hui dans le parlement, parce qu'elle est devenue presque toute-puissante dans la nation.

C'est ainsi que la démocratie anglaise, organisée dès ses débuts, mêlée aux affaires, participant au pouvoir, s'instruisant, se moralisant, arrivera insensiblement à sa constitution finale, si les deux autres pouvoirs continuent à montrer la sagesse et elle-même le tempérament, dont ils ont fait preuve jusqu'ici.

Tel est ce gouvernement des trois pouvoirs, si justement célébré, mais si mal compris et si mal imité; qui a duré, parce qu'il a toujours fidèlement représenté les trois grands intérêts nationaux, en suivant pas à pas la société anglaise dans sa transformation; qui a progressé, parce que la royauté et l'aristocratie ont su céder par degrés la place à la démocratie; gouvernement de lente et heureuse transition, que nous avons fait la double faute de ne pas adopter lorsque nous le pouvions, et de vouloir copier quand il n'était plus temps.

IV

Les Américains des États-Unis ne sont pas tombés dans cette méprise. Lorsqu'après la guerre de l'indépendance ils voulurent se réunir en un seul peuple et constituer un gouvernement central, ils se gardèrent bien d'imiter les Anglais, n'ayant ni leur droit royal ni leurs privilèges aristocratiques. Ils formaient une démocratie, ils fondèrent un gouvernement démocratique, et ils sont devenus en peu de temps le grand peuple que nous voyons. S'ils eussent emprunté aux Anglais leurs trois pouvoirs et mis une royauté et une Chambre nobiliaire à côté ou au-dessus de la démocratie, il n'est pas téméraire de penser qu'elle fût entrée en lutte avec ces institutions factices, et qu'au lieu de grandir dans une liberté tranquille, les Américains se fussent affaissés, comme nous, dans une longue suite de révolutions.

Ainsi le gouvernement représentatif s'est établi sur un fondement durable, en Angleterre avec les trois pouvoirs, aux États-Unis avec la seule démocratie, parce qu'il a su, dans les deux pays, s'adapter à l'état réel de la société.

V

Moins heureux ou moins sages que les Anglais et les Américains, nous n'avons su organiser la démocratie dans le gouvernement représentatif, ni lorsqu'elle apparut dans la société française, ni lorsqu'elle l'eut entièrement envahie.

Sous l'ancienne monarchie, l'élément populaire, le tiers état, qui occupait une si grande place dans la nation, n'en obtint aucune dans le gouvernement, si l'on excepte son apparition passagère et interrompue dans les champs de Mars et de Mai ; car il ne fut plus admis ni dans les parlements seigneuriaux de Charlemagne et de ses successeurs, ni dans aucune autre assemblée gouvernementale. Il siégeait, il est vrai, avec les deux autres ordres, dans les états généraux ; mais on sait que ces assemblées de la nation, qui n'étaient ni obligatoires ni périodiques, qui n'apparaissaient que de loin en loin quand le roi les convoquait, dont les sessions n'étaient que de courte durée, et qui n'avaient d'autre droit que celui de voter des subsides extraordinaires, ne prenaient aucune part au gouvernement. Si elles saisissaient l'occasion qui leur était offerte de se faire l'organe des plaintes et des vœux du pays; si elles présentaient des doléances dans lesquelles on trouve, il est vrai, mais seulement à l'état de requête, les réformes que la révolution a réalisées, elles n'avaient aucun moyen de les faire passer dans les lois, et on faisait de leurs cahiers le cas que l'on voulait. Les états généraux n'étaient point une institution gouvernementale.

C'est à cette époque qu'il fallait, à l'instar de l'Angleterre, instituer la monarchie représentative. La nation en renfermait les éléments : elle avait un droit royal, une famille en possession du trône; un droit seigneurial, les privilèges de la noblesse; une démocratie partielle, le tiers état. Fondé sur ces trois intérêts sociaux, le gouvernement qui les eût représentés eût pu être, comme en Angleterre, durable et prospère; il eût, comme en Angleterre, instruit et moralisé la démocratie, en la formant au maniement des affaires; il eût ménagé les transitions et conduit la France, par une lente et pacifique transformation, de la monarchie féodale et absolue à la pleine démocratie.

L'ancienne monarchie ne le sut point faire; ce fut sa grande faute et le grand malheur de la France.

Au lieu d'attribuer à la démocratie sa part dans le gouvernement, on l'a tenue à l'écart, on l'a repoussée, on l'a laissée grandir dans son ignorance, dans ses illusions, dans ses misères, dans l'amertume de ses griefs; et lorsqu'un jour, après des siècles de cet abandon, elle eût, dans son développement successif, envahi la société tout entière, et que, n'étant rien, elle voulut être tout, suivant un mot célèbre et vrai, elle fit irruption au pouvoir, comme un torrent qui rompt ses digues, et dans son inexpérience, ses emportements et ses colères, elle renversa tout devant elle.

VI

Je ne sais si, dans cet impétueux essor, elle pouvait s'arrêter à la limite d'une organisation sage, et si la violence de son action ne devait pas l'emporter fatalement au delà. Ce qui est certain, c'est qu'arrivée à cette toute-puissance, elle ne put supporter ni la monarchie, ni la noblesse, dont elle déchira les titres, et que le tardif essai de monarchie constitutionnelle de 1791, loin de la satisfaire, la surexcita comme un nouvel obstacle qu'elle détruisit à son tour. On sait le reste : portée aux dernières violences par la résistance des intérêts qu'elle brisait à l'intérieur et par la guerre étrangère allumée de toutes parts contre elle, épuisée par ses excès, dégouttante de sang, elle recula effrayée et vint tomber sous les pieds d'un soldat.

VII

Il ne la releva que pour l'assujettir ; il eût pu être le Washington de la France, il voulut en être le César.

Il institua ce gouvernement impérial, dont le sort a été deux fois de s'établir par un attentat, de se soutenir par la compression au dedans, par la guerre au dehors, et d'y périr, et entraînant la France dans son désastre.

Si cette institution fausse, qui n'appelle la démocratie que pour fonder sur son asservissement le gouvernement personnel, peut durer au déclin des sociétés dont elle précipite la décomposition, les démocraties jeunes et vivaces ne la subissent que par accident et ne la supportent pas longtemps, comme l'Angleterre l'a montré pour le protectorat de Cromwell, et la France pour l'empire des deux Bonaparte.

VIII

Le gouvernement de 1814 ne chercha pas, comme l'Empire, à ruser avec la démocratie ; il la supprima, ou du moins il crut la supprimer.

Rayant d'un trait de plume vingt-cinq années d'histoire, Louis XVIII déclara qu'il venait *renouer la chaîne des temps que de funestes écarts avaient inter-*

rompue [1]. Niant la souveraineté nationale, il affirma que *l'autorité tout entière réside en France dans la personne du roi* [2]. Puis, s'inspirant de l'exemple de Louis le Gros, de saint Louis, de Philippe le Bel, de Louis XI, de Henri II, de Charles IX et de Louis XIV, qui *n'avaient point hésité,* dit-il, *à modifier l'exercice de l'autorité royale, suivant la différence des temps* [3], il crut devoir, au même titre qu'eux et par son bon plaisir, octroyer une charte ; octroi toujours révocable, qui ne liait qu'autant qu'ils le voulaient Louis XVIII et ses successeurs, puisque la souveraineté royale est inaliénable. C'était la royauté du moyen âge dans toute la crudité de son principe ; c'était le successeur de Louis le Gros, de Philippe le Bel et de Louis XIV, maître de la France, comme eux, par le droit de sa race, et faisant une charte comme ils avaient fait des ordonnances.

On a comparé la Charte de 1814 à la constitution anglaise, dont on a dit qu'elle était l'imitation. Rien n'est moins juste que ce rapprochement. L'Angleterre a une royauté et une aristocratie encore incontestées, la France n'en a plus depuis 1789. La constitution anglaise n'est pas, d'ailleurs, une charte octroyée ; elle est l'œuvre des faits et du temps. Chacun des trois pouvoirs s'y est fait lui-même sa place, en vertu de son droit propre, et c'est ce qui donne sa force à

---

1. Préambule de la Charte de 1814.
2. *Ibid.*
3. *Ibid.*

cette constitution. Les compagnons d'armes de Guillaume ont pris siège avant lui, au même titre que lui, à titre de conquérants, dans les parlements seigneuriaux qui ont suivi la conquête; et lorsque la royauté a tenté de toucher à leurs droits, ils les ont défendus les armes à la main. Les communes, quoique venues plus tard, ne relèvent non plus que d'elles-mêmes. Jamais on n'a dit, en Angleterre, que l'autorité tout entière résidait dans la personne du roi.

Lorsque Louis XVIII osa le dire en France, ce n'était plus une vérité, c'était un anachronisme. Il ne suffit pas d'une déclaration pour effacer de notre histoire une révolution qui a moins opéré que sanctionné la transformation de la société française, pour dépouiller un peuple de sa souveraineté reconquise, pour supprimer une démocratie devenue la nation elle-même. On le vit bien quinze ans plus tard, lorsque, ce gouvernement, qu'elle menaçait, voulant reprendre ce qu'il avait octroyé, elle se leva et il disparut.

IX

A la royauté légitime la révolution de 1830 substitua une monarchie élue. Le vice de cette institution était de vouloir concilier deux choses inconciliables : la souveraineté nationale et la monarchie.

Le gouvernement de 1814 avait au moins sa logique. Sachant que le propre de la monarchie est de n'avoir pour fondement que son droit, qu'elle ne peut vivre d'une existence empruntée et n'est que par elle-même, il substituait au principe républicain de la souveraineté du peuple le principe monarchique de la souveraineté du roi. L'état du pays protestait, il est vrai, contre cette substitution ; mais si l'institution de 1814 était surannée, il faut reconnaître qu'elle était logique ; tandis que celle de 1830, fondée sur le principe de la souveraineté nationale incompatible avec elle, était une conception vicieuse.

Elle se fondait sur la division de la souveraineté et sur son aliénation partielle ; elle la partageait entre le roi et la nation, comme si la souveraineté n'était pas de sa nature indivisible et inaliénable.

Je me donne volontiers le ridicule de parler des principes dans un temps où il est de mode de les dédaigner et de les sacrifier aux faits. Ils n'en sont pas moins les règles éternelles de la raison, et l'expérience a montré, pour l'institution de 1830 comme pour tant d'autres, qu'il n'est pas donné aux faits de prévaloir longtemps contre les principes.

J'ajouterai, pour ceux que les faits seuls intéressent, que la souveraineté ne s'aliène pas plus en fait qu'en droit. Comment une génération serait-elle enchaînée par celle qui l'a précédée ? Comment un peuple hésiterait-il à reprendre sa souveraineté lorsqu'il croit que son intérêt l'exige ? N'a-t-on pas vu ce que valent ces aliénations ?

Quant au partage de la souveraineté, son effet le

plus certain est de mettre en présence et en quelque sorte aux prises deux pouvoirs souverains et indépendants, et de donner, si je puis ainsi parler, deux têtes au gouvernement.

On comprend la monarchie avec son principe, le roi souverain ; la république avec le sien, la nation souveraine ; on ne saurait concevoir l'amalgame de ces deux principes, le roi et la nation souverains l'un et l'autre.

Cette conception hybride organise fatalement le conflit, et, entre deux pouvoirs souverains, le conflit, c'est la révolution.

Le seul moyen d'éviter cet écueil, c'est que l'une des deux moitiés de la souveraineté partagée s'efface devant l'autre, que le roi se plie toujours aux volontés des représentants de la nation, en un mot, que l'un des deux souverains se résigne à s'annihiler au profit de l'autre; ce qui est une manière indirecte de revenir au principe violé et de rentrer sous son empire.

Malheureusement, cette résignation n'est pas une vertu commune, et c'est pour n'avoir pu la pratiquer que la monarchie constitutionnelle a si souvent échoué. Elle a échoué trois fois en France, elle a échoué en Espagne, elle a échoué dans les Deux-Siciles. Si elle s'est maintenue depuis quarante ans en Belgique, c'est grâce à un homme d'un grand sens, qui a su comprendre qu'il ne pouvait régner qu'en s'effaçant, et qui a eu la force d'ériger l'effacement en règle de conduite. Je ne parle pas de l'Angleterre, quoique ce que je viens de dire du roi Léopold soit applicable, au mobile près peut-être, à ses derniers souverains : l'Angleterre n'a pas le principe de la souveraineté nationale ; son gouvernement, créé par son état social et fondé sur lui, tire de lui seul sa stabilité ; il n'a avec notre monarchie constitutionnelle qu'une ressemblance superficielle et fausse.

Création arbitraire de deux pouvoirs souverains, abdication nécessaire de l'un d'eux, telle est bien l'institution de 1830.

Je n'interroge plus ni les principes ni l'expérience, ils ont répondu ; je demande au simple bon sens de juger à son tour une institution politique dont la stabilité repose sur l'annihilation forcée du chef de l'État ; qui exige, non seulement d'un homme, mais encore de tous ses descendants, qu'ils n'aient jamais ni passion, ni faiblesse, ni intérêt, ni volonté, ni politique personnelle ; qui demande toujours à la nature un phénomène qu'elle produit si rarement.

Le roi Louis-Philippe était un prince éclairé, et il devait être animé d'un ardent désir de consolider le gouvernement dont il était le fondateur ; il ne put se plier au rôle exigé, il avait sa politique qu'il croyait la meilleure, il voulut la faire prévaloir, il succomba.

En pouvait-il être autrement ? Peut-on raisonnablement attendre qu'un chef de gouvernement abandonne insoucieusement une politique qu'il croit bonne, pour en suivre une toute contraire ? Quelle idée se fait-on du caractère, de la dignité, de la conscience de l'homme que l'on place à la tête de l'État?

On le voit donc, l'institution de 1830 n'avait même pas ce à quoi elle sacrifiait tout, la stabilité. Monarchie fictive, aristocratie fictive, aliénation fictive de la souveraineté, elle ne se composait que de fictions. Il n'y avait de réel que la démocratie, et elle était écartée du gouvernement. Elle ne tarda pas à y réclamer sa place; elle demanda la réforme de la loi électorale, la monarchie résista et fut emportée.

Elle périt comme la royauté légitime, parce qu'elle était comme elle inconciliable avec la souveraineté nationale, qui ne se laisse ni supprimer ni partager; elles tombèrent l'une et l'autre devant la démocratie, qui ne souffre pas longtemps les gouvernements dont elle est exclue.

C'est ainsi que l'histoire, ajoutant ses enseignements aux préceptes de la raison, nous révèle à son tour la loi qui préside à l'organisation des institutions représentatives, en nous montrant, en Angleterre et aux États-Unis, la durée des gouvernements qui l'ont respectée, et, en France, l'instabilité de ceux qui se sont obstinés à la méconnaître.

X

Aux conseils de la raison et de l'histoire vient s'ajouter aujourd'hui la force des choses.

Les trois dynasties que nos révolutions ont fait

passer au pouvoir ont laissé derrière elles trois partis, qui ont survécu à la chute de leurs chefs et qui survivront, quoi qu'on fasse, à leur rapprochement. C'est estimer trop peu les hommes que de croire qu'il suffise d'une réconciliation de famille pour mêler deux grands partis politiques et pour faire franchir à l'un ou à l'autre l'abîme qui sépare le droit ancien du droit moderne, la souveraineté du roi de la souveraineté du peuple, le drapeau blanc du drapeau tricolore.

Les partis monarchiques sont condamnés par leurs origines, leurs principes et leurs intérêts, à se tenir réciproquement en échec et à se neutraliser ; aucun d'eux n'est assez fort pour remonter au pouvoir. Tout ce qu'ils ont pu faire, c'est de mettre en commun la seule chose qui leur soit commune, leur hostilité contre la république ; mais, unis pour détruire, ils ne le sont plus pour édifier, ils n'ont qu'une force de négation. Ils ont bien pu se coaliser contre la République sous le nom de parti de l'ordre moral, comme nous les avons vus ligués déjà contre elle, il y a vingt-cinq ans, sous la dénomination de grand parti de l'ordre ; ils ont bien pu précipiter du pouvoir un grand citoyen, parce que, à l'exemple des hommes d'État les plus éminents de l'Angleterre, il a su reconnaître les nécessités de son temps et faire taire d'anciennes convictions devant l'intérêt de son pays ; ils ne peuvent toucher au gouvernement républicain, parce qu'ils ne peuvent le remplacer. En vain tiennent-ils la France dans un provisoire plein de souffrances et de périls, il faudra bien qu'elle sorte d'un état qui la tue ; ne le pouvant par la monarchie, elle en sortira par la république, et, le nombre des partis qui la déchirent faisant leur faiblesse, son salut lui viendra de l'excès de ses maux.

Le jour, et il ne peut être éloigné, où les tentatives de restauration monarchique auront définitivement échoué, il restera péremptoirement démontré pour les plus opiniâtres que, le pouvoir n'étant plus le patrimoine d'une famille ou d'un parti, la république est devenue le gouvernement nécessaire de notre pays et de notre temps.

Quel autre fut mis jamais à une plus formidable épreuve dans des conditions plus désavantageuses ? Provisoire, — on ne le lui a pas laissé oublier un seul jour, — privé partant de ce qui fait la force des gouvernements, la sécurité du lendemain ; dépourvu de ses organes et réduit en quelque sorte à un état rudimentaire ; attaqué à l'envi dans son principe et son existence par trois compétiteurs accourus pour prendre sa place ; souffert impatiemment par une partie de l'Assemblée qui, en s'en servant, craignait de l'affermir, le gouvernement républicain a eu à soutenir une épouvantable guerre civile, à rétablir l'ordre profondément troublé, à refaire le crédit, les finances, l'administration, l'armée, à libérer le territoire, à relever enfin la France aux yeux de l'Europe et aux siens propres. Quel autre gouvernement se fût montré, comme il l'a fait, à la hauteur d'une telle tâche? Quel autre s'est offert pour la prendre à sa place? A quelle partie de cette tâche s'est-il trouvé inférieur? Il a étonné le monde par la puissance et la rapidité de son action réparatrice. Que lui manque-t-il enfin pour ramener la confiance et avec elle la prospérité? Une seule chose: cesser d'être provisoire et menacé.

Et c'est lorsque ce gouvernement a mené à fin cette œuvre immense; que deux fois l'Assemblée nationale lui a rendu, dans la personne de son chef, le solennel témoignage qu'il a bien mérité de la patrie; que la France, reconnaissante de ses bienfaits, s'est attachée à lui par le sentiment de sa conservation et en témoigne chaque jour par toutes les manifestations qui lui sont permises; c'est lorsqu'il n'y a plus qu'à recueillir où il a semé, qu'on s'agite pour le supplanter, en essayant d'exhumer, au mépris du droit et de la volonté de la nation, un régime dont la génération de 1830 a salué la chute comme une délivrance! Et ce qui serait de l'ironie, si ce n'était de l'habileté, c'est sous le manteau des intérêts conservateurs que l'on conduit cette campagne révolutionnaire.

Quand on songe aux suites du renversement de la République par une nouvelle restauration, aux émotions intestines, aux périls extérieurs, au retour offensif de la volonté nationale méprisée, au renouvellement fatal du vieux duel entre la démocratie et

CHAPITRE V.

331

la monarchie si souvent vaincue, à la nouvelle révolution qui en serait l'inévitable issue, et dont tant de causes pourraient aggraver le caractère, on est confondu de l'aveuglement des partis qui jouent avec tant de témérité, contre un triomphe d'un jour, le repos et peut-être les destinées de la France !

Si je jette un regard sur la route que je viens de parcourir, je vois la grande révolution du monde moderne, sa force irrésistible ; la France, graduellement transformée, aujourd'hui devenue une pure démocratie ; son inintelligence de la grande loi du gouvernement représentatif si bien comprise par l'Angleterre et les États-Unis ; sa première faute de n'avoir pas su fonder la monarchie constitutionnelle quand elle en avait les éléments, sa seconde faute d'avoir voulu l'établir lorsqu'elle ne les avait plus ; son obstination funeste à opposer depuis quatre-vingts ans à la démocratie des gouvernements qu'elle n'a pu supporter ; la nécessité pour elle d'organiser enfin le gouvernement approprié à l'état social que le temps lui a fait, sous peine de rouler de révolution en révolution jusqu'à l'abîme ; l'impuissance des partis monarchiques ; les titres que le gouvernement républicain s'est acquis à la confiance du pays ; les redoutables événements dont son renversement serait le signal.

Ainsi, pour sortir de la région des orages, il ne s'ouvre pas deux routes devant nous : toute restauration monarchique ne serait encore qu'une halte entre deux tempêtes ; c'est dans la République seule que nous trouverons le port.

Cependant, devant la résistance du pays, les coalisés se prirent à envisager les conséquences possibles de leur entreprise. L'ardeur des premiers jours disparut; la confiance de plusieurs fut ébranlée. Le ministère était hésitant; le Président de la République, M. le maréchal de Mac-Mahon, n'était pas convaincu. On découvrit tout à coup que les coalisés n'avaient jamais été d'accord, et la lettre de M. le comte de Chambord à M. Chesnelong, que publia l'*Union* dans son numéro du 30 octobre, mit fin à cette audacieuse tentative.

§ XIX

DISCOURS

SUR UNE PROPOSITION DE M. DUFAURE

TENDANT AU RENVOI DE LA PROPOSITION RELATIVE A

LA PROROGATION DES POUVOIRS

A LA COMMISSION QUI SERA CHARGÉE DE L'EXAMEN
DES PROJETS DE LOIS CONSTITUTIONNELLES

PRONONCÉ LE 5 NOVEMBRE 1873
A L'ASSEMBLÉE NATIONALE

La tentative de restauration monarchique ayant échoué, il semblait que l'Assemblée n'eût plus que deux partis à prendre : se dissoudre ou constituer le gouvernement de la République. Mais le 5 novembre, après la lecture d'un message dans lequel M. le maréchal de Mac-Mahon se plaignait de ce que son pouvoir n'eût ni la stabilité ni l'autorité suffisantes, M. le général Changarnier monta à la tribune et, au nom d'un grand nombre de ses collègues et au sien, déposa sur le bureau une proposition portant prorogation pour dix ans des pouvoirs du maréchal de Mac-Mahon, duc de Magenta. M. de Goulard et M. le duc de Broglie, vice-président du conseil, demandèrent à l'Assemblée de prononcer l'urgence. M. Dufaure prit ensuite la parole. Il soutint que l'Assemblée ne pouvait pas régler la durée et les attributions du pouvoir exécutif en laissant de côté l'organisation du pouvoir législatif, et il conclut à ce que les lois constitutionnelles déposées par le gouvernement de M. Thiers, une proposition d'appel au peuple de M. Eschassériaux et la proposition de M. le général Changarnier fussent renvoyées à une même commission, qui rédigerait un projet de loi complet sur l'organisation des pouvoirs publics.

Après quelques mots de M. Baragnon en faveur de l'urgence, M. Rouher reprit la thèse de M. Dufaure. L'Assemblée entendit encore M. Depeyre, M. Prax-Paris, M. Beaussire, M. Germain; puis elle adopta l'urgence sur la proposition de M. le général Changarnier, et refusa le bénéfice de l'urgence à la proposition de M. le baron Eschassériaux.

Restait la motion de M. Dufaure, qui tendait à ce que la proposition de M. le général Changarnier fût renvoyée à la commission qui serait chargée de l'examen des lois constitutionnelles. M. le duc de Broglie, vice-président du conseil, déclara que le Gouvernement s'opposait au renvoi des propositions à une même commission. M. Jules Grévy prit la parole pour lui répondre. Voici le texte du discours qu'il prononça dans cette discussion :

M. LE PRÉSIDENT. — La parole est à M. Grévy.

M. JULES GRÉVY. — Je viens, messieurs, appuyer la demande de renvoi des deux propositions à une seule et même commission ; et, en le faisant, je ne demanderai que ce que commandent l'usage et les précédents de l'Assemblée, la loyauté et la bonne foi. *(Très bien! très bien! et applaudissements redoublés à gauche et au centre gauche.)*

Les précédents de l'Assemblée, ils sont, en effet,

conformes à ce que demande M. Dufaure : lorsque l'Assemblée est saisie de plusieurs propositions portant sur un même sujet et partant connexes, il est d'usage de les élaborer et de les rapporter en même temps, sauf à les diviser dans la décision, ce qui répond, en passant, à la confusion commise il n'y a qu'un instant par l'honorable M. Depeyre.

Si vous ne suiviez pas cette marche, messieurs, vous écarteriez implicitement et nécessairement l'une des deux propositions en statuant sur l'une d'elles seule, et en l'adoptant vous élimineriez forcément l'autre sans examen. (Très bien! C'est vrai! à gauche. Dénégations à droite.)

Ce que vous devez vouloir faire, si vous procédez sans passion, avec impartialité, avec maturité... *(Vive approbation et applaudissements à gauche. — Rumeurs à droite)*, c'est de comparer les deux systèmes qui vous sont présentés, c'est de rechercher si l'intérêt du pays veut qu'on scinde la constitution du gouvernement, qu'on élève sur des bases, dont je dirai un mot dans un moment, le pouvoir exécutif en laissant le pouvoir législatif sans institution; ou si, au contraire, il vaut mieux, comme le disait si bien tout à l'heure l'honorable M. Dufaure, constituer dans son ensemble un gouvernement, qui ne sera fort, qui ne sera durable, qu'à la condition d'être complet. *(Très bien! très bien! et applaudissements à gauche.)*

M. le vice-président du conseil est revenu sur la déclaration d'urgence : il a parlé de la nécessité de procéder immédiatement à l'organisation du pouvoir exécutif qui vient d'être proposée, et à laquelle il a déclaré adhérer.

Quant à l'organisation du pouvoir législatif, M. le vice-président du conseil ne paraît pas en apercevoir l'urgence ni en être touché.

Je me demande en quoi peut consister une urgence si extrême...

A droite. — Elle a été votée !

A gauche. — N'interrompez pas ! Laissez parler !

M. JULES GRÉVY. — Les interruptions ne sont pas des réponses ; ceux qui ont de bonnes réponses à faire devraient les apporter à la tribune et respecter mon droit. *(Très bien ! à gauche. — Parlez !)*

Je dis que l'urgence que vous avez déclarée — déclaration sur laquelle je ne reviens pas et à laquelle je ne me suis pas opposé — n'est pas de telle nature que vous deviez vous priver de l'examen approfondi d'un tel projet. Les pouvoirs de M. le Président de la République ne touchent pas à leur terme ; la prorogation qu'on en demande n'a rien de bien pressant ; l'Assemblée n'est pas au moment de son départ, et les pouvoirs qu'elle a délégués précédemment à M. le Président de la République doivent durer autant que l'Assemblée elle-même.

Qu'y a-t-il donc de si urgent à proroger cette délégation, que nous ne puissions prendre le temps de réfléchir avec maturité sur un si grave sujet ? *(Applaudissements à gauche et au centre gauche.)*

CHAPITRE V.

Messieurs, je ne m'explique pas... ou plutôt je m'explique trop bien pourquoi on veut nous faire délibérer avec précipitation. Il est des mesures qu'on ne peut avoir l'espérance d'emporter que dans l'émotion et le trouble du premier moment. *(Nouveaux applaudissements sur les mêmes bancs.)*

Je m'adresse aux hommes de toutes les opinions dans cette Assemblée. Ils ont tous ici le même intérêt, qui est de voir clairement dans quelle voie on veut les entraîner.

Le pouvoir qu'on vous propose d'organiser — j'espère que nous le démontrerons péremptoirement dans la discussion du fond — est un pouvoir illégal *(vives protestations à droite)*, que vous ne pouvez pas valablement constituer. *(Très bien! et applaudissements à gauche. — Rumeurs à droite.)*

C'est un pouvoir d'un caractère particulier qui, comme l'avouait M. de Goulard lui-même à cette tribune, n'est pas régulier ; je reprends après lui cette expression adoucie. *(Interruptions à droite.)*

Messieurs, à quelque opinion que vous apparteniez, vous devez avoir un souci : la prudence vous conseille de considérer quelle peut être la destinée de ce pouvoir, ce qu'il peut porter dans ses flancs, ce qu'il peut un jour enfanter.

Il y a dans cette Assemblée bien des hommes qui croient aujourd'hui avoir à s'applaudir, à espérer, et qui bientôt peut-être auront à se plaindre et à regretter. *(Très bien ! très bien ! à gauche.)*

Un membre. — C'est la question de fond !

M. Jules Grévy. — C'est la question de renvoi.

Je soutiens qu'il n'y a pas plus d'urgence à instituer le pouvoir exécutif qu'à constituer le pouvoir législatif.

M. le vicomte de Lorgeril. — Ce n'est pas la question !

M. Jules Grévy. — L'argument tiré de l'urgence pour écarter le renvoi à une seule et même commission est le seul qu'ait employé M. le ministre des affaires étrangères auquel je réponds ; je suis bien dans la question en le réfutant.

M. le ministre a paru considérer qu'il y a une urgence excessive à instituer, comme il l'entend, le pouvoir exécutif, et qu'il n'y en a aucune à constituer le pouvoir législatif. C'est à cette considération que je réponds.

J'y ai répondu en disant, d'une part, que le pouvoir exécutif, tel qu'on propose de le proroger, existe aujourd'hui et existera encore longtemps, au moins d'après les espérances de beaucoup d'entre vous, de la même façon qu'il sera après une nouvelle prorogation ; que le temps ne vous presse pas et qu'il n'y a pas une si grande urgence que nous devions délibérer avec tant de précipitation, et écarter comme une entrave les projets de loi déposés par l'honorable M. Dufaure, c'est-à-dire la seconde partie de la constitution des pouvoirs publics, qu'il n'y a aucune raison réelle de séparer de la première. *(Très bien ! à gauche.)*

CHAPITRE V.

J'ai répondu, d'autre part, à la considération que M. le ministre a tirée de l'urgence par le caractère et la gravité de la proposition soumise à la délibération de l'Assemblée.

J'ai répondu, enfin, en disant qu'en refusant la jonction, vous écartez sans examen et sans vote les projets de loi dont vous avez ordonné la mise à l'ordre du jour... *(Non! non! à droite. — Si! si! à gauche.)*

M. LE VICOMTE ARTHUR DE CUMONT. — On ne veut pas les écarter; on les maintient!

M. JULES GRÉVY. — Si vous ne voulez pas les écarter, vous devez nécessairement les joindre à la nouvelle proposition ; vous devez les joindre afin de comparer les deux systèmes et de mettre l'Assemblée en situation de choisir en connaissance de cause.

Si vous ne retenez que l'examen de la dernière proposition, vous écartez par ce fait la précédente.

A droite. — Non! non! Pas du tout!

M. JULES GRÉVY. — Je maintiens que vous écartez par ce fait la précédente, et vous ne pouvez le faire sans courir un grand danger.

Quand vous aurez prorogé de dix ans les pouvoirs de M. le Président de la République, et ajourné à un temps qu'on n'indique pas et qu'on pourra toujours reculer indéfiniment...

Un membre à gauche. — A dix ans!

M. JULES GRÉVY. —... la discussion des projets constitutionnels, vous aurez érigé un pouvoir extra-constitutionnel, un pouvoir extra-légal. *(Applaudissements à gauche.)*

M. Rivaillé. — Il ne sera pas extra-légal quand l'Assemblée le lui aura donné, et la nation devra le respecter.

M. Jules Grévy. — Puisqu'on me contredit, j'explique ma pensée.

Quel est le pouvoir qu'on propose de conserver pour dix ans à M. le Président de la République? Est-ce un pouvoir provisoire? Est-ce un pouvoir définitif? Aux termes de la proposition et par la nature des choses, c'est un pouvoir provisoire tant qu'il n'aura pas été constitutionnellement converti en pouvoir définitif.

Avez-vous le droit de confier pour dix ans un pouvoir provisoire?

M. le vicomte Arthur de Cumont. — Parfaitement!

M. Jules Grévy. — J'entends qu'on me répond « Parfaitement! » Il est plus facile de prononcer cet adverbe que de le justifier. Je dis, moi, qu'il est parfaitement évident que vous n'en avez pas le droit et je vais vous le prouver. *(Réclamations à droite et au centre droit.)*

Indépendamment de vos attributions législatives, vous avez, messieurs, comme toutes les Assemblées constituantes, trouvé dans les circonstances et dans la nécessité, n'ayant à côté de vous aucun gouvernement légal, le pouvoir d'administrer, de gouverner provisoirement le pays.

Ce pouvoir est déjà, par sa nature, essentiellement provisoire. Il est, de plus, attaché à votre existence; il doit finir avec vous, il ne peut pas vous survivre. *(Très bien! très bien! et applaudissements à gauche. — Réclamations à droite.)*

M. Christophle, *au milieu du bruit et s'adressant à la droite.* — Vous l'avez dit et soutenu vingt fois dans vos commissions.

M. Jules Grévy. — Est-ce que vous avez, messieurs, la prétention de gouverner le pays quand vous ne serez plus là? *(Rires à gauche.)*

Ce pouvoir provisoire, gouvernement que vous tenez des circonstances et qui doit mourir avec vous, croyez-vous qu'il vous est possible de le déléguer encore lorsque vous ne l'avez plus? *(Bruit à droite. — Très bien! à gauche.)*

M. le vicomte Arthur de Cumont. — Mais nous faisons des lois, des lois qui doivent nous survivre! Dans votre système, nous ne devrions pas pouvoir en faire!

M. Jules Grévy. — J'énonce des vérités si vulgaires, des principes si élémentaires, que je ne comprends pas qu'ils puissent être contestés.

On me dit, du pied de la tribune : « Mais nous faisons des lois qui nous survivent!. »

Incontestablement, parce que, dans ce cas, vous exercez votre pouvoir législatif. Mais à côté de ce pouvoir législatif vous avez un pouvoir de gouvernement, un pouvoir de circonstance étranger à vos attributions législatives, que vous ne traduisez pas en lois, qui n'est qu'un pouvoir d'exécution, qui vous est donné par la force des choses, parce qu'il n'existait à côté de vous, lorsque vous vous êtes réunis, aucun gouvernement légal, et que vous avez dû y suppléer. Ce pouvoir, toutes les assemblées constituantes l'ont eu comme vous et l'ont exercé comme vous par délégation, et toutes les assemblées constituantes l'ont vu mourir avec elles. *(Très bien! à gauche.)*

Et c'est ce pouvoir de gouvernement, ce pouvoir provisoire attaché à votre existence, qui ne peut vous survivre, qu'on vous propose de déléguer pour dix ans, c'est-à-dire pour une époque fort au delà sans doute des plus longues espérances d'aucuns de vous. *(Très bien! — Rires approbatifs à gauche.)*

J'ai donc raison de dire et j'ai prouvé que conférer un pouvoir provisoire pour un temps où vous ne serez plus, c'est excéder votre droit, c'est vouloir faire ce que vous ne pouvez faire valablement. *(Très bien! et applaudissements à gauche. — Dénégations à droite.)*

Si vous le faites, si vous instituez de fait un pouvoir aussi irrégulier, vous procéderez comme on fait en temps de révolution; ce pouvoir sera nul de soi. *(Réclamations et murmures à droite. — Applaudissements à gauche.)*

Vous vous placez dans le fait, je me place dans le droit, et tôt ou tard il faudra y revenir.

Si vous conférez un pouvoir que vous n'avez pas

le droit de conférer... *(Mais si ! mais si ! à droite)*, ce pouvoir sera nul, il ne sera respecté ni par la nation, ni par vos successeurs. *(Bravos et applaudissements à gauche.)*

Et M. le vice-président du conseil trouve que l'examen de pareilles questions ne vaut pas qu'on s'y arrête avec maturité ! quand on vous propose d'engager le pays dans une pareille voie, de constituer un pouvoir qui, avec les lois qu'on nous annonce, ne sera autre chose qu'une dictature... *(nouveaux bravos et applaudissements à gauche)*, un pouvoir extra-légal et, par conséquent, révolutionnaire ! *(Allons donc ! à droite. — Bravos et applaudissements à gauche.)*

Oui, le jour où l'Assemblée se sera retirée, ce pouvoir, s'il n'est pas devenu définitif par le vote d'une constitution qui en aura réglé la transmission, s'il persiste à conserver son caractère primitif et prétend vous survivre, sera un pouvoir illégal et révolutionnaire ! *(Nouveaux applaudissements à gauche.)*

Je dis que la question est immense, qu'elle intéresse peut-être plus qu'ils ne le pensent ceux qui m'interrompent. Je répète qu'on nous entraîne dans une voie dont personne n'aperçoit le terme. *(Très bien ! très bien !)*

Je dis qu'il est téméraire de s'y engager si précipitamment, sans se laisser le temps ni de la discussion, ni de la réflexion. Ce temps, messieurs, on veut vous l'enlever ; c'est à vous de le prendre, si vous voulez agir sagement et ne pas vous préparer d'amers et stériles regrets. *(Applaudissements prolongés à gauche et au centre gauche.)*

M. de Goulard, l'ancien ministre de M. Thiers, essaya de répondre à M. Grévy. M. Dufaure défendit de nouveau sa proposition ; puis, après quelques mots de M. le comte Jaubert, l'Assemblée fut appelée à voter. Par 348 voix contre 362, sur 710 votants, c'est-à-dire à 14 voix de majorité (la majorité du 24 mai, comme le dit M. de Barante), la proposition de M. Dufaure fut repoussée.

Dans les études politiques qu'il a réunies sous le titre de : *l'Assemblée au jour le jour*, M. Camille Pelletan a résumé en ces termes l'impression causée aux auditeurs par l'intervention de M. Grévy dans ce débat :

« ... C'est alors que M. Grévy prend la parole.

« Tout, dans M. Grévy, respire l'autorité et impose le respect : sa grande prestance, son port de tête magistral, la haute gravité de sa physionomie, son parler bref, sévère et impérieux. D'autres, à la tribune, s'emportent ou manœuvrent, caressent ou soulèvent leur auditoire ; lui, il enseigne et il juge. Sa pensée sort frappée en formules, adages et sentences. C'est l'oracle du *fas* et du *nefas*. A ouïr sa parole en quelque sorte lapidaire, on croirait entendre parler la loi des Douze Tables. Il regarde le projet de sa hauteur de théoricien ; et non seulement il le condamne, mais encore il en montre l'inanité.

« ... On imagine l'effet de cette parole magistrale. L'autorité naturelle de l'orateur, dont l'Assemblée qu'il avait présidée ne secoua jamais l'ascendant, — la sévère orthodoxie de la thèse qu'il met en relief dans ces formules irréfutables, — le ton absolu dont il impose ses enseignements et dont il déconcerte les rumeurs, prêtent à la cause qu'il soutient une force incomparable ; et quand il conclut en disant : « Le pouvoir que vous prétendez voter serait « nul de soi », on sent quel coup il porte. Demain toute la France répètera : c'est l'homme du droit jusqu'au formalisme qui a dit : « Ce pouvoir serait nul de soi, une autre Assem- « blée ne serait pas tenue de le respecter. » Aussi, quand l'orateur redescend, au milieu de plusieurs salves de bravos retentissants, la loi est bien ébranlée. Et quand on passe au vote, le ministère a pour lui quatorze voix de majorité sur sept cent dix votants [1]. »

1. Camille Pelletan, *l'Assemblée au jour le jour,* Paris, 1875, 1 vol. in-12, p. 72-73.

§ XX

DISCOURS

SUR LA

PROPOSITION DE MM. LE GÉNÉRAL CHANGARNIER ET AUTRES

RELATIVE A

LA PROROGATION DES POUVOIRS

DE M. LE MARÉCHAL DE MAC-MAHON

PRONONCÉ LE 19 NOVEMBRE 1873

A L'ASSEMBLÉE NATIONALE

Une commission de quinze membres fut nommée dans les bureaux pour examiner la proposition de M. le général Changarnier. Par une circonstance qui tenait au tirage au sort des bureaux, la gauche eut la majorité dans la commission : huit voix contre sept. La commission choisit M. de Rémusat pour son président, et M. Laboulaye comme son rapporteur. Le rapport du savant professeur au Collège de France n'était, à vrai dire, que le développement de cette résolution votée par le centre gauche : « Nous nous déclarons prêts à proroger la présidence de M. le maréchal de Mac-Mahon, en liant étroitement la loi de prorogation à la prompte organisation des pouvoirs publics. » Le projet de loi proposé par la commission portait : 1° que les pouvoirs du Président de la République étaient prorogés pour une période de cinq ans au delà du jour de la prochaine législature ; 2° que ces pouvoirs s'exerceraient dans les conditions actuelles, jusqu'au vote des lois constitutionnelles ; 3° que la prorogation n'aurait le caractère constitutionnel qu'après le vote des lois organiques.

La discussion fut fixée au 18 novembre. Le rapport de M. Laboulaye était de nature à produire de l'impression sur l'Assemblée. Beaucoup de représentants de la droite pensaient que le terme de dix ans, indiqué dans la proposition de M. le général Changarnier, était trop long. La majorité de 14 voix qui, le 5 novembre, avait repoussé la proposition de M. Dufaure, pouvait donc être entamée.

Pour écarter cette éventualité, M. le duc de Broglie résolut de faire parler, une fois encore, M. le maréchal de Mac-Mahon. A la séance du 17 novembre, il donna lecture d'un nouveau message du Président de la République, destiné à combattre les conclusions du rapport de M. Laboulaye. Le maréchal y disait « qu'après avoir bien réfléchi, il avait cru que le délai de sept ans répondrait suffisamment aux exigences de l'intérêt général et serait plus en rapport avec les forces qu'il pouvait consacrer au pays ».

Il était assez singulier de voir le Président de la République fixer lui-même la durée de son pouvoir ; en outre, le ton du message avait causé une vive irritation jusque dans les rangs de la droite. La discussion s'ouvrit sur ces entrefaites. Elle dura deux jours, et la séance du soir du 19 novembre ne fut levée qu'à deux heures du matin. C'est dans cette séance de nuit que M. Jules Grévy prit la parole, pour répondre à un discours comminatoire de M. le duc de Broglie, vice-président du conseil. Un historien, généralement peu sympathique à M. Grévy, juge ainsi ce débat : « De la discussion, qui se prolongea pendant deux séances, dit-il, il n'y a à retenir que la réponse de M. Jules Grévy au duc de Broglie. M. Grévy prononça, ce jour-là, un de ces trop rares discours où il excelle à formuler, dans une langue sobre et vigoureuse, les principes du droit et les enseignements de la politique[1]. » Voici le texte de cette magnifique harangue :

M. LE PRÉSIDENT. — La parole est à M. Grévy.

M. JULES GRÉVY. — Messieurs, je ne viens pas faire un long discours ; l'heure, votre fatigue et la mienne ne me le permettraient pas.

M. LE MARQUIS D'ANDELARRE. — Nous ne sommes pas fatigués.

M. JULES GRÉVY. — Et d'ailleurs, les réflexions et les sentiments que ce sujet fait naître ont été exprimés déjà, en grande partie, avec plus de force que je ne saurais le faire.

Je n'ai demandé la parole que lorsque, pris en quelque sorte à partie, d'une manière personnelle et persistante, et dans l'opinion que j'ai émise l'autre jour, et même dans mes opinions les plus anciennes, il m'a paru que je ne pouvais refuser le débat qui m'était offert.

Je répondrai aussi, puisque l'occasion m'en est fournie, aux principales observations qui viennent d'être présentées par M. le vice-président du conseil.

Aussi bien, messieurs, et je remercie l'honorable M. Depeyre de m'y avoir convié, il faut que cette grande question de droit public, qui domine de si haut toute cette délibération, soit approfondie et

---

1. A. Ranc, *De Bordeaux à Versailles*, Paris, s. d. 1 vol. in-18, p. 241.

vidée définitivement, non seulement parce qu'une Assemblée qui fait les lois doit avant tout enseigner par son exemple le respect du droit, qui est le fondement des lois et de la société elle-même, mais encore parce que, hors du droit, il n'y a rien de solide, rien de bon. *(Très bien! très bien! à gauche.)* Quand on en sort pour poursuivre ce qui apparaît comme un bien immédiat ou prochain, on ne voit pas, un peu plus loin, un plus grand mal contre lequel on vient fatalement se briser.

Hors du droit et contre le droit, il n'y a rien de réellement utile. C'est la grande loi du monde moral, confirmée et enseignée par l'expérience de tous les temps.

Songez, d'ailleurs, messieurs, que la conscience publique, selon qu'elle jugera que vous restez dans votre droit ou que vous en sortez, donnera ou ôtera à l'institution que vous voulez fonder une force morale dont elle ne peut se passer. *(Marques d'assentiment à gauche.)*

Je l'ai dit à une séance précédente, je ne vous reconnais pas le droit de créer le pouvoir que l'on vous propose d'organiser.

La principale objection que j'ai rencontrée est celle-ci : Nous sommes souverains, m'a-t-on répondu, nous pouvons créer, dans notre souveraineté, un pouvoir quelconque, dans les conditions qui nous conviennent.

Il y a, messieurs, dans cette affirmation générale,

quelque chose de ce vague, de cette ambiguïté, source banale de ces vieux sophismes qui ont fait tant de mal dans le monde, et avec lesquels on a justifié tant de choses injustifiables.

Vous êtes souverains! Comment l'entendez-vous? Si vous voulez dire que vous êtes omnipotents dans l'exercice des attributions qui vous ont été confiées, j'en tombe d'accord; mais si vous prétendez être à la place du souverain, être le souverain lui-même, je le nie! *(Adhésion à gauche.)*

Le souverain, c'est la nation et vous n'êtes que son mandataire; vous n'êtes pas plus le souverain que le mandataire n'est le mandant; et puisque vous en doutez, permettez-moi de vous en administrer la preuve.

Si vous étiez le souverain, vous pourriez accomplir toutes les fonctions de la souveraineté; vous pourriez faire tout ce que fait le peuple lui-même, et vous ne le pouvez pas!

Le peuple a le droit de se gouverner indéfiniment: pouvez-vous le gouverner indéfiniment vous-mêmes? Votre gouvernement n'est-il pas accidentel et temporaire?

La nation procède directement ou indirectement à l'institution de tous ses pouvoirs; pouvez-vous les instituer à sa place? Pourriez-vous, par exemple, instituer le pouvoir législatif?

Vous avez la prétention — que j'examinerai tout à l'heure — de nommer le pouvoir exécutif du gouvernement à venir; auriez-vous aussi celle d'élire le futur pouvoir législatif? Croyez-vous, par exemple, pouvoir vous mettre à sa place? *(Rumeurs à droite. — Approbation à gauche.)*

Vous n'êtes donc pas le souverain; vous n'êtes que les délégués, les mandataires du souverain, et pour une partie seulement des fonctions de la souveraineté. *(Assentiment à gauche.)*

Quelles sont celles des fonctions de la souveraineté dont vous avez été investis par le mandat du peuple?

Il y en a trois : vous avez le droit de faire les lois ordinaires; vous vous êtes attribué, et je n'ai pas à vous le contester, le pouvoir constituant; vous avez l'exercice du pouvoir exécutif; vous le tirez de cette circonstance que, à côté de vous, il n'existe pas de gouvernement : car, si, au lieu d'être une Assemblée constituante proprement dite, vous étiez une Assemblée constituante de revision, vous n'auriez aucun droit de gouvernement : il appartiendrait à un pouvoir exécutif antérieurement constitué, qui fonctionnerait à côté de vous.

Ce n'est donc qu'à l'absence d'un gouvernement régulier et légal que vous devez ce droit d'administration temporaire et provisoire que vous exercez par délégation.

Telles sont vos attributions; je ne vous en reconnais pas d'autres; droit de constituer, mais à la condition de ne pas toucher à la souveraineté nationale, dont vous n'êtes que les mandataires et dont vous n'avez point la disposition ; droit de faire les lois ordinaires ; droit d'administrer provisoirement le pays.

Si telles sont vos attributions et vos pouvoirs, la création de l'institution qu'on vous propose est-elle dans votre droit ?

M. le vice-président du conseil vient de dire qu'elle pourrait être mi-partie provisoire, mi-partie définitive.

On vous propose, en effet, messieurs, de conférer pour sept ans au Président de la République un pouvoir qui, suivant les termes du projet, continuera d'être provisoire jusqu'à la promulgation d'une constitution et qui restera tel jusqu'au bout, s'il n'intervient pas de constitution.

Et c'est précisément en prévision de cette éventualité que nous est arrivé le second message, dont l'auteur compte si peu sur la promulgation d'une constitution, qu'il ne veut pas qu'on y subordonne la prorogation de son pouvoir... *(exclamations à droite)*, et qu'il vous demande de le proroger dès à présent, d'une manière ferme, qu'il advienne ou qu'il n'advienne pas de constitution.

Ainsi, pouvoir provisoire jusqu'à une constitution possible, pouvoir provisoire pendant sept ans, s'il n'est point fait de constitution, telle est bien la proposition après le second message.

Eh ! messieurs, cette dernière éventualité, voulez-vous me permettre de le dire en toute sincérité, est de beaucoup la plus probable. Une constitution, l'honorable M. Rouher vous le disait avec raison ce matin, vous n'avez ni l'intention, ni la possibilité de la faire.

M. le marquis de Castellane. — Qu'en savez-vous?

M. Jules Grévy. — Vous n'en avez pas l'intention.

Voix à droite. — Pourquoi?

M. Jules Grévy. — Je vais vous le dire, prenez patience, et je tirerai ma démonstration de vos propres actes.

Vous n'avez pas l'intention de faire une constitution; j'en vois une première preuve dans votre refus de joindre les projets de lois constitutionnelles à la proposition de prorogation. *(Exclamations à droite. — Applaudissements à gauche).* Je défie mes interrupteurs de me donner une autre raison plausible de ce refus.

On a prétexté l'urgence!

Messieurs, la nation qui attend si patiemment une constitution depuis si longtemps, ne pourrait-elle patienter quelques mois encore? Le Président de la République, qui peut rester sans péril dans la situation actuelle, ne pourrait-il attendre, pour la prorogation qu'il demande, le vote et la promulgation des lois constitutionnelles? L'urgence n'est qu'un prétexte. Si vous aviez véritablement la pensée de faire les lois constitutionnelles, vous n'auriez eu aucune raison de n'en pas en associer l'étude et le vote à l'étude et au vote de la proposition de prorogation. *(Applaudissements à gauche.)*

Voilà une première preuve, en voulez-vous une seconde ?

Si vous avez l'intention de faire les lois constitutionnelles, pourquoi repoussez-vous le projet de la commission, qui leur subordonne la prorogation ? *(Nouveaux applaudissements à gauche).* Vous n'avez aucune raison de le repousser.

Je ne dis pas que, lorsque vous aurez institué votre pouvoir nouveau, vous ne vous occuperez pas des lois constitutionnelles ; je dis que vous ne les voterez pas. Vous ne désirez pas les faire, et vous ne le pouvez pas. *(Protestations à droite et au centre droit. — Assentiment à gauche).*

Messieurs, je n'en voudrais d'autre preuve que la proposition de prorogation elle-même. Si vous vouliez sincèrement faire les lois constitutionnelles que vous avez mises à l'ordre du jour du mois où nous sommes, auriez-vous eu l'idée de demander cette prorogation ? *(Approbation à gauche).*

Vous auriez procédé d'abord à l'élaboration et au vote de ces lois, et vous n'auriez songé qu'ensuite à conférer au maréchal de Mac-Mahon le pouvoir exécutif pour la durée que vous auriez réglée. Si vous avez fait autrement, c'est que vous ne songez pas sérieusement aux lois constitutionnelles... *(Très bien ! à gauche),* c'est que vous ne voulez pas de pouvoir définitif, c'est que vous voulez autre chose.

Que voulez-vous donc ? Un pouvoir provisoire, — je vous le montrerai dans un instant, — un pouvoir qui ne soit que la continuation déguisée du provisoire que vous n'osez pas avouer au pays.

Ainsi, ce qu'on vous propose, c'est un pouvoir provisoire, qui peut rester tel et conserver ce caractère pendant sept ans; qui peut, accidentellement, dans une circonstance qui me paraît fort improbable, et à vous aussi, revêtir le caractère de pouvoir définitif. C'est ce pouvoir qu'il faut examiner sous le rapport de la légalité.

Avez-vous le droit de conférer pour sept ans un pouvoir, soit provisoire, soit même définitif?

Provisoire, personne n'a osé soutenir qu'il pût être délégué au delà de votre propre existence. Vous avez vous-mêmes décidé le contraire. *(Rumeurs à droite)*.

Vous n'avez qu'un pouvoir occasionnel, un pouvoir de circonstance, — je parle du pouvoir d'administration que vous exercez par voie de délégation, — un pouvoir attaché à votre existence, qui, par sa nature, doit mourir avec vous. Comment pourrait-il vous survivre dans un mandataire? Comment pourriez-vous conférer à un autre ce que vous n'avez pas vous-mêmes? *(Murmures à droite. — Approbation à gauche et au centre gauche)*.

On m'a fait une objection qui n'est vraiment pas sérieuse. On m'a dit : Ne confondez pas avec le mandat civil le mandat politique. Et pourquoi pas? En quoi consiste la différence? Je parle d'ailleurs de l'essence, de la nature du mandat en général; je ne parle pas plus du mandat civil que du mandat politique ou de tout autre. *(Très bien! à gauche)*.

Indiquez-moi, je vous prie, une nature de mandat quelconque dans laquelle le mandataire ait plus de pouvoir que le mandant... *(vive approbation à gauche et au centre gauche)*, un contrat de mandat dans lequel le mandataire survive au mandant avec le pouvoir qu'il en a reçu. Il n'est pas nécessaire d'être jurisconsulte, il suffit d'être un homme de bon sens pour répondre que rien de pareil ne peut exister. *(Applaudissements à gauche et au centre gauche)*. C'est ce que M. Vitet nous a dit dans son rapport sur la proposition Rivet; c'est ce qu'a répété, avec une grande autorité, M. Ernoul, aujourd'hui garde des sceaux, c'est ce que vous avez jugé vous-mêmes. Mais ce qu'on professait contre M. Thiers, on cesse de le professer aujourd'hui. Le langage change-t-il donc avec les intérêts, les circonstances et les positions? Faut-il dire ici aussi : *Omnia pro tempore, nihil pro veritate. (Murmures à droite. — Approbation au centre gauche et à gauche)*.

Si vous voulez rester fidèles à vous-mêmes, ce que vous avez décidé dans la loi des Trente doit être encore aujourd'hui votre loi.

Tenez donc pour constant ce premier point : en conférant à M. le maréchal de Mac-Mahon un pouvoir provisoire de gouvernement pour un temps où vous ne serez plus, vous excédez votre droit, vous faites une chose futile et vaine.

Vous avez accordé à M. le maréchal de Mac-Mahon tout ce que vous pouviez lui donner; vous lui avez conféré le pouvoir exécutif pour un temps égal à la durée de votre législature; vous êtes allé jusqu'à l'extrême limite de votre droit, vous ne l'avez pas excédé, mais vous l'avez épuisé; vous ne pouvez pas aller plus loin. *(Dénégations à droite)*. Vous ne le pouvez sans vous arroger un droit que vous n'avez pas, et qui ne sera ni reconnu ni respecté. *(Vifs applaudissements à gauche. — Protestations à droite. — M. le président échange quelques paroles à voix basse avec l'orateur.)*

Plusieurs membres à droite. — C'est un appel à l'insurrection! *(Dénégations et nouveaux applaudissements à gauche)*.

M. Jules Grévy. — Vous ne pouvez vous méprendre sur le sens de mes paroles, ni M. le président non plus; je ne fais appel ni à la résistance, ni à la révolte. *(Interruptions à droite)*.

M. le président. — Permettez à l'orateur d'expliquer sa pensée, et ne l'interrompez pas.

M. Jules Grévy. — C'est une interprétation misérable, qui n'est digne ni de vous, ni de moi. *(Nouvelles interruptions à droite)*.

M. le baron Vast-Vimeux. — Vous avez raison!

M. le président. — Veuillez faire silence et laisser l'orateur expliquer sa pensée.

M. Jules Grévy. — Je fais appel aux pouvoirs publics qui vous succéderont, et qui auront pour vos décisions le respect que le sentiment du droit leur inspirera. *(Très bien! très bien! et applaudissements à gauche et au centre gauche).*

Je dis que vous faites une loi qui ne liera pas vos successeurs. *(Nouveaux applaudissements à gauche et au centre gauche).*

Voilà ma pensée; elle n'a jamais été autre, et elle suffit bien. *(Rires et applaudissements sur les mêmes bancs).* Voilà ce que j'ai à dire du pouvoir nouveau pour le cas où il restera pouvoir provisoire.

J'ajouterai un mot pour le cas improbable où, après un certain temps, ce pouvoir provisoire serait converti par une constitution en pouvoir définitif; et je vous demande la permission de vous exprimer pour ce cas encore, au point de vue du droit public, le même sentiment sur votre compétence.

Je ne crois pas que vous ayez le droit de conférer aucun pouvoir définitif. Vous êtes constituants...

Un membre. — On n'a rien constitué !

M. Jules Grévy. — Vous avez le droit de faire une constitution et particulièrement d'organiser le pouvoir exécutif, de décréter comment ce pouvoir sera constitué, par qui il sera nommé, quelle sera sa durée, quelles seront ses attributions; mais là s'arrête votre droit. *(Applaudissements à gauche et au centre gauche).*

Quand vous aurez fait cette constitution, avez-vous la prétention de l'exécuter vous-mêmes? Comptez-vous vous transformer d'Assemblée constituante en Assemblée constitutionnelle, et empiéter sur les attributions de la future Assemblée? Croyez-vous pouvoir cumuler le constituant et le constitué? *(Très bien! très bien! à gauche. — Rumeurs à droite).*

La constitution que vous ferez, si vous en faites une, dira par qui sera nommé le chef du pouvoir exécutif.

C'est ainsi que les projets dont on promet la discussion prochaine disent ce qu'est le pouvoir exécutif, quelles sont les conditions de son existence, de son étendue, de sa durée. Et pour sa nomination, que disent-ils? Qu'elle procédera de vous? Non, mais de la prochaine Assemblée, du Sénat et même d'une certaine délégation des conseils généraux.

Où donc avez-vous vu une Assemblée constituante exécuter elle-même sa propre constitution? Comment! vous aurez le droit de nommer le pouvoir exécutif d'une constitution que vous ferez, à laquelle vous ne pouvez pas survivre et dont l'exécution ne peut appartenir qu'aux pouvoirs constitués!

Permettez-moi de vous présenter une réflexion : si vous avez le droit d'exécuter votre constitution en ce qui concerne la nomination du pouvoir exécutif, pourquoi ne l'auriez-vous pas aussi pour la nomination du pouvoir législatif? *(Exclamations à droite. — Vive approbation et applaudissements à gauche).*

Pourquoi ne nommeriez-vous pas aussi le pouvoir législatif, si vous vous attribuez le droit de nommer l'exécutif? *(Très bien! très bien! à gauche).* Donnez-m'en une bonne raison.

Il y a, dans cette Assemblée, beaucoup de jurisconsultes ; que l'un d'eux apporte une raison juridique, de laquelle il résulte qu'une Assemblée constituante, se transformant après son mandat épuisé en Assemblée constitutionnelle, et mettant elle-même à exécution la constitution qu'elle a faite, doit s'arrêter à moitié chemin ; qu'elle peut bien procéder à la mise en œuvre de cette constitution par la nomination du pouvoir exécutif, mais qu'elle n'a pas le droit d'en faire autant pour le législatif ? Il n'y aurait manifestement aucune raison de refuser dans le dernier cas ce qu'on accorderait dans le premier. *(Dénégations sur divers bancs à droite).*

Les dénégations sont faciles, les réponses le sont moins. *(Approbation à gauche).* Que ceux qui disent : « Non ! » montent à la tribune et formulent leur raisonnement : je formule le mien, qui vaut au moins qu'on y réponde autrement que par une sèche dénégation. *(Très bien! très bien! à gauche).*

Ce n'est pas une dénégation qui vous donnera un droit que vous n'avez pas.

Je dis que vous n'avez pas le droit d'exécuter la constitution que vous ferez, et à plus forte raison de l'exécuter par avance, avant de l'avoir votée, avant d'en connaître les conditions. Car voyez jusqu'où on peut aller dans cette fausse voie, une fois qu'on y a fait un pas ! Ce n'est pas même une constitution votée par l'Assemblée, c'est une constitution qui n'est pas encore faite, qu'on exécute par anticipation, sans savoir ce qu'elle sera. *(Rires et applaudissements à gauche.)*

Faut-il répondre à cette subtilité qui consiste à dire : Nous faisons le premier article de la constitution !

Comment, une disposition par laquelle vous dites : « M. le maréchal de Mac-Mahon est nommé président pour sept ans », vous appelez cela un article de constitution ! *(Très bien! très bien! à gauche.)*

Cela n'est pas sérieux et ne mérite pas de réponse ; il suffit de formuler l'objection pour en faire justice. *(Très bien! à gauche.)*

Je dis donc en me résumant sur ce point : vous ne pouvez conférer aucun pouvoir ni définitif ni provisoire, vous ne pouvez faire plus que ce que vous avez fait, vous ne pouvez donner plus que ce que vous avez accordé, et j'ajoute que cela suffit, je le montrerai bientôt. *(Oh! oh! sur quelques bancs de la droite. — Protestations à gauche. — Parlez! parlez!)*

Si les auteurs de cette manifestation l'avaient contenue, ils y auraient gagné de pouvoir passer pour des gens courtois. *(Très bien! — Parlez! parlez!)*

Je vais, messieurs, aussi vite que je peux ; je suis dans le cœur de la question ; je dis des choses capitales. Vous ne tenez donc aucun compte de la légalité ? *(Vifs applaudissements à gauche.)*

Je répète que vous avez épuisé votre droit en ce qui concerne le pouvoir provisoire ; que M. le maréchal de Mac-Mahon ne peut recevoir rien au delà de ce que vous lui avez conféré, et que, pour le pouvoir définitif, il ne vous appartient pas d'en disposer.

Vous pouvez régler, en qualité de constituants, l'institution du pouvoir exécutif, vous ne pouvez l'exécuter sans empiéter sur les attributions et les droits des pouvoirs qui naîtront de la constitution et qui seront chargés de l'exécuter.

M. LE COMTE DE DOUHET. — La Convention s'est bien perpétuée ! *(Exclamations bruyantes.)*

Sur divers bancs. — L'exemple n'est pas heureux !

M. JULES GRÉVY. — M. de Douhet me cite l'exemple de la Convention : la Convention était une dictature et ses excès de pouvoir ne sont pas des exemples à suivre. *(Très bien! sur un grand nombre de bancs.)*

M. LE COMTE DE DOUHET. — Si cette Assemblée n'est pas dictatoriale, elle n'est rien. *(Bruit.)*

M. JULES GRÉVY. — Ce n'est pas, messieurs, — vous allez en juger dans un instant, — ce n'est pas pour le vain plaisir de faire une guerre juridique à la proposition que je vous soumets ces observations : elles ont, à mes yeux, pour l'Assemblée, pour le pays, pour la proposition elle-même, un intérêt que vous sentirez bientôt.

Tel est donc, messieurs, le pouvoir que vous instituez; j'en conteste d'une manière absolue la légalité.

Maintenant, je cherche pourquoi l'idée est venue aux auteurs de la proposition de demander la prorogation des pouvoirs du maréchal de Mac-Mahon.

CHAPITRE V.

Quelle peut être la pensée qui a inspiré cette conception? Est-ce que la situation présente ne suffit pas?

Un membre à droite. — Mais non, certainement!

M. Jules Grévy. — Nous allons voir.

Si vous voulez, messieurs, voir clairement le caractère et les effets de la résolution qu'on vous propose, vous ne pouvez trouver un moyen plus sûr et plus simple que de comparer la situation présente avec celle qu'on veut lui substituer.

Pourquoi ne pas se contenter de la situation qui a suffi à tout depuis trois ans? Elle a d'abord un grand mérite; elle est légale. De plus, elle a donné ce qu'on recherche beaucoup, ce dont on parle beaucoup et ce qu'on ne trouvera pas dans la proposition que nous discutons : elle a donné un gouvernement fort, un gouvernement qui, s'appuyant constamment sur la représentation nationale, ne pouvant jamais se séparer d'elle, se fortifiant de son concours, se retrempant tous les jours dans sa confiance, joignant à sa propre force la force de la représentation nationale, et disposant ainsi de toutes les forces réunies du pays, est le gouvernement le plus fort que vous puissiez concevoir dans l'état provisoire où vous vivez. *(Très bien! très bien! à gauche.)*

Si le raisonnement ne suffisait pas pour vous en convaincre, j'y ajouterais la leçon de l'expérience. Quel gouvernement s'est montré plus fort que celui qui vous a servi depuis trois ans? A quelles épreuves n'a-t-il pas été mis? A quelles nécessités a-t-il failli?

Quelles preuves de force n'a-t-il pas données? *(Vive approbation à gauche.)*

C'est ce gouvernement qui a relevé la France, qui a rétabli l'ordre, qui a vaincu la Commune, qui a refait les finances et le crédit. Il vous suffit depuis trois ans; craignez-vous qu'il ne vous suffise pas encore pour le temps qu'il vous reste à vivre? *(Rires et applaudissements à gauche.)*

On nous dit que la proposition est née du besoin de donner de la force au gouvernement. Le gouvernement a toute la force qu'il peut avoir dans la situation provisoire où nous sommes; la proposition n'augmentera pas sa force, elle la diminuera.

Cette situation suffit, d'ailleurs, aux deux éventualités qui peuvent clore votre carrière législative : ou vous ferez une constitution, ou, ne pouvant y parvenir, vous céderez la tâche et la place à d'autres. Dans l'un et l'autre cas, la situation actuelle suffit pour vous conduire jusqu'aux pouvoirs qui doivent vous remplacer. Vous voudrez sans doute attendre, pour vous retirer, l'arrivée de l'Assemblée nouvelle, comme, en 1849, l'Assemblée constituante attendit et installa l'Assemblée législative. Et, dans les deux cas aussi, M. le Président de la République arrivera, par le cours naturel et la durée de ses fonctions, sans solution de continuité dans le gouvernement, sans interrègne, en face des pouvoirs nouveaux, qui le maintiendront ou le remplaceront.

Ainsi la situation actuelle est légale; elle donne un

CHAPITRE V.

gouvernement fort, elle suffit à toutes les nécessités et à toutes les éventualités. Pourquoi la changer?

Et qu'y veut-on substituer? un pouvoir qui doit durer sept ans, un pouvoir qui doit vous survivre, un pouvoir sur le caractère duquel vous n'êtes pas fixés, un pouvoir qui sera élevé au-dessus de l'Assemblée, au-dessus des pouvoirs nouveaux qui naîtront d'une constitution; un pouvoir séparé de vous, un pouvoir ayant ses racines dans une disposition dont la légalité est contestée *(dénégations à droite)*, et c'est dans cette substitution, dans ce changement que vous cherchez plus de force, plus de stabilité? comme si l'on pouvait jamais trouver la force et la stabilité hors de la légalité! *(Très bien! très bien! à gauche.)*

On ne peut se faire de telles illusions, et, de quelque bonne foi qu'on soit animé, — je ne conteste celle de personne, — il est impossible de croire qu'on trouvera dans ce pouvoir nouveau plus de force et de stabilité que dans la situation présente. On y trouvera moins de force, au contraire, et moins de stabilité, parce qu'il y aura une union moins nécessaire entre le pouvoir exécutif et l'Assemblée, et par conséquent plus de luttes, plus de conflits, qui ne pourront qu'affaiblir l'un et l'autre.

On y trouvera moins de force et de stabilité, parce qu'il y aura moins de légalité et par conséquent moins de force morale. La situation nouvelle sera moins forte et moins stable que la situation présente. Pourquoi donc ce nouveau pouvoir? et que sera-t-il en réalité?

Messieurs, on ne force pas la nature des choses, et on ne la change pas. Le pouvoir du Président de la République est ce qu'il peut être, et la résolution proposée sera impuissante à modifier l'état de choses actuel.

C'est là un grand défaut, au moins pour ses auteurs. Le pouvoir actuel de M. le maréchal de Mac-Mahon ne sera modifié ni dans sa nature, ni dans sa durée, ni dans sa révocabilité. Ce sera toujours, tant que vous serez là, un pouvoir émané de vous, qui n'aura d'autre durée que la vôtre, et qui sera, comme tous les pouvoirs délégués, soumis à votre autorité et à votre révocation. La situation ne sera point changée.

Un membre à droite. — Alors pourquoi vous y opposez-vous?

M. Jules Grévy. — Je vais vous le dire.

Je pourrais vous répondre que je m'y oppose précisément parce qu'il ne changera rien et qu'il est peu digne d'une grande Assemblée de faire des lois inutiles. *(Très bien! à gauche.)*

Mais j'aime mieux vous faire une autre réponse.

Je laisse de côté les intentions : je ne m'attache qu'aux choses. J'examine quel sera l'effet de la nouvelle institution. Ce ne sera pas, je l'ai montré, de changer la nature du pouvoir actuel, d'en changer la durée, d'en changer la révocabilité. Rien ne sera changé au pouvoir actuel.

Mais vous dites bien haut qu'il y aura du changement, et que vous faites autre chose que le provisoire. Vous dites : le pays est inquiet, il souffre, le provisoire le tue, les affaires sont mortes, l'inquiétude est partout, il faut sortir de cet état funeste. Nous le disons aussi, nous; mais, plus conséquents que vous, nous ajoutons : « Sortons du provisoire par la seule voie possible, sortons-en par le définitif. »

Vous ne voulez pas de définitif; vous cherchez le remède dans la prolongation de la cause du mal. *(Interruption à droite.)* Vous ne voulez pas de définitif, ne me forcez pas à insister sur ce point.

Vous êtes rigoureusement dans votre droit. Vous voulez la monarchie et vous ne pouvez pas la faire; vous pouvez faire la République et vous ne le voulez pas; voilà pourquoi vous ne voulez point sortir du provisoire pour entrer dans le définitif. *(Applaudissements à gauche. — Rumeurs à droite.)*

Mais le pays, lui, a soif du définitif; le pays meurt du provisoire. M. le Président de la République l'a dit dans son message; tous les orateurs l'ont répété et le pays tout entier vous le crie par toutes ses voix. *(Oui! oui! bravos à gauche.)*

Cependant on ne veut pas faire le définitif; mais on ne peut l'avouer au pays, on ne peut lui dire : Je veux te tenir indéfiniment dans un provisoire où tu péris. Quel langage lui tient-on? On lui dit : Nous allons faire quelque chose qui sera un gouvernement fort et stable, qui te donnera sept ans de repos et de prospérité.

On se trompe, je ne dis pas qu'on trompe le pays ; on se trompe, on ne change rien à la situation actuelle, absolument rien, on reste dans le provisoire, et on en diminue plus qu'on n'en augmente la force et la stabilité.

Je l'ai déjà dit, je ne veux pas suspecter les intentions ; mais si elles étaient mauvaises, si on voulait faire croire au pays qu'on le tire du provisoire, quand on l'y laisse, ferait-on autre chose que ce qu'on fait? *(Vif assentiment à gauche.)*

Vous voulez établir la monarchie ; mais ce que vous ne pouvez faire, et vous le sentez bien, c'est de prolonger ouvertement le provisoire, pour qu'il vous donne quelques chances de la constituer.

Si vous disiez à ce pays-ci : Tu veux la République, tu l'exprimes par toutes tes manifestations ; la République est le gouvernement qui t'a relevé, c'est le gouvernement auquel tu t'es attaché par l'instinct de ta conservation, c'est le gouvernement de ton temps... *(Réclamations à droite. — Applaudissements répétés à gauche.)*

M. Vast-Vimeux. — Demandez-lui donc ce qu'il veut ; interrogez-le.

M. Jules Grévy. — Je ne demande pas mieux.

Permettez-moi, messieurs, de m'expliquer en toute franchise. J'ai la conviction profonde, et, voulez-vous me permettre de l'ajouter, cette conviction est celle de la grande majorité des membres de cette Assemblée, que le pays veut la République. *(Réclamations à*

CHAPITRE V.

droite.) S'il ne la voulait pas, il y a longtemps que nous serions retournés devant lui. *(Vive approbation à gauche.)*

M. Prax-Paris. — Demandez donc l'appel au peuple !

M. Jules Grévy. — Mais, messieurs, que signifient toutes ces élections qui se font dans les départements les plus conservateurs, élections qui toutes, par leur caractère et leur signification, sont une réclamation de l'institution républicaine ? Toutes les manifestations qui ont été permises au pays depuis trois ans n'ont-elles pas toujours été une revendication énergique et persistante de la République ? *(Très bien ! très bien ! à gauche.)*

Le pays veut la République, à tort ou à raison. *(Interruption à droite.)* Je dis à tort ou à raison pour vous et pour moi. *(Rires approbatifs à gauche.)* Vous ne voulez pas la lui donner.

Un membre à droite. — Non !

M. Jules Grévy. — C'est votre droit.

Voix à gauche. — Non ! non ! ce n'est pas leur droit !

M. Jules Grévy. — Je ne conteste point à mes collègues le droit d'avoir une conviction sur une forme de gouvernement et de ne pas se rattacher à la forme contraire. Ils sont, en cela, dans leur droit. Mais où leur droit s'arrête, je leur demande la permission de le leur dire, c'est lorsque, ne pouvant réaliser le gouvernement de leur prédilection, ils ne veulent pas permettre à la nation d'affermir le gouvernement de la sienne. *(Bravos et acclamations prolongées à gauche et au centre gauche.)*

Voilà la situation, messieurs. Je vous demande pardon de vous parler avec cette franchise : on n'en saurait trop mettre dans un débat de cette nature. *(Très bien! très bien! sur un grand nombre de bancs du côté gauche.)*

Il n'y a rien d'hostile dans ma pensée, mais non plus il n'y a rien de dissimulé. *(Très bien! très bien! sur les mêmes bancs.)*

La France veut la République; elle peut la faire, et vous ne le voulez pas. Elle ne veut pas la monarchie, vous voulez la faire et vous ne le pouvez pas.

M. Alfred Giraud. — Qu'en savez-vous? *(Exclamations à gauche.)*

M. Jules Grévy. — Il est un point sur lequel je me sépare de vous, messieurs, dans l'appréciation de cette situation, et il est capital. Vous ne pouvez prolonger indéfiniment une telle situation. Une Assemblée qui, à raison de ses divisions, ne peut constituer aucun gouvernement, et dont une moitié neutralise l'autre, combien de temps cela peut-il durer? Et quand cette situation se caractérise par tant de souffrances et de périls; quand la vie s'arrête dans toutes les branches de la production nationale; quand la détresse et l'inquiétude sont partout; quand la nation est livrée aux conspirations et aux déchirements des partis; quand des prétendants rivaux, qui convoitent le pouvoir, affichent hautement leurs prétentions, attaquent le pouvoir existant et répandent dans le pays, chacun de son côté, des doctrines, des principes, des passions qui le jettent dans le désordre et la confusion, avec une révolution en perspective, cette situation peut-elle durer? *(Non! non! à gauche.)*

Non! et vous le savez si bien que votre proposition a pour objet, non de la changer, mais de la voiler. *(Très bien! très bien! à gauche.)*

Voilà ma pensée sur votre proposition. Si je me trompe, c'est de bien bonne foi. Votre proposition a pour objet de voiler le provisoire, de le continuer sans le dire, ou en disant qu'on fait autre chose que du provisoire... *(assentiment à gauche et au centre gauche)* et cela pour vous réserver l'occasion et les moyens qui peuvent se présenter de faire plus tard le gouvernement que vous ne pouvez instituer aujourd'hui.

Eh bien, je crois, messieurs, qu'en cela vous allez trop loin, non seulement dans l'intérêt du pays, mais encore dans le vôtre. Le pays ne peut souffrir longtemps ce provisoire, et il ne s'y méprendra pas longtemps, malgré les formes et les noms nouveaux sous lesquels il le dissimule.

Il faudra bien, un peu plus tôt, un peu plus tard, que nous retournions devant les électeurs. *(Ah! ah! à gauche.)* Si nous y retournons trop tard, quand les souffrances seront devenues extrêmes, les sentiments qui naissent de ces souffrances nous exposeront à de grands périls. Qu'y aurez-vous gagné, messieurs les conservateurs?

Vous avez essayé la monarchie, vous l'avez fait dans votre droit et votre loyauté. Je vous aurais contesté ici le pouvoir de disposer de la souveraineté nationale, mais vos principes sont différents des miens, vous agissiez selon vos convictions. Vous avez échoué, faites place à d'autres. *(Hilarité à gauche.)* Vous ne pouvez rester ici indéfiniment pour attendre les occasions. *(Vive approbation et applaudissements à gauche et au centre gauche.)*

Votre devoir — et c'est ici que je réponds à l'honorable M. Prax-Paris — est de faire place à une Assemblée, et non pas, comme le demande l'honorable collègue contre l'amendement duquel j'ai voté, de recourir à un plébiscite.

Un membre à droite. — Vous n'êtes pas logique!

A gauche. — N'interrompez pas! Laissez parler!

M. Jules Grévy. — Le plébiscite n'est qu'une fausse déférence pour la souveraineté nationale. La masse des électeurs ne peut ni comprendre ni résoudre les questions si ardues et si complexes qu'on voudrait lui poser. *(Réclamations sur quelques bancs du côté droit.)*

Il y a des démocrates de deux espèces : il y a ceux du gouvernement direct par les masses, et il y a ceux qui ont le principe de la représentation. Je suis de ces derniers. *(Très bien! très bien! sur divers bancs.)*

CHAPITRE V. 373

Je trouve que la masse d'un peuple arrivé à l'état de lumières où sont parvenues les nations modernes n'est point assez éclairée pour résoudre elle-même de telles questions. *(Rumeurs sur plusieurs bancs du côté droit. — Approbation sur d'autres.)*

M. PRAX-PARIS. — Je demande la parole.

M. DE VALLON. — Il est bon que le pays sache quelle opinion les républicains ont de lui. *(Bruit.)*

M. JULES GRÉVY. — Alors, messieurs les interrupteurs, que faites-vous ici? Pourquoi êtes-vous ici? Pourquoi ne renvoyez-vous pas devant la nation assemblée la discussion et le vote de vos projets ordinaires?

Pourquoi ne pratiquez-vous pas franchement le principe du gouvernement direct? Si le peuple est capable de statuer sur les grandes questions de gouvernement, à plus forte raison l'est-il de discuter les lois ordinaires que vous votez. Réunissez donc le peuple sur la place publique et laissez-lui le soin de se gouverner lui-même.

Nous connaissons, nous, une autre manifestation de la souveraineté nationale, c'est la représentation, qui seule rend possible pour les grandes nations le gouvernement du pays par le pays, et qui a cet autre avantage inappréciable de remettre la direction des affaires publiques à l'élite des citoyens, mandataires des autres : c'est le grand principe moderne de la représentation, c'est le principe libéral et parlementaire... *(marques d'assentiment dans diverses parties de l'Assemblée);* l'autre n'est qu'apparence et déception. C'est pourquoi je l'ai repoussé ce matin par mon vote. *(Très bien! très bien! à gauche.)*

Voilà, messieurs, quelques-unes des réflexions que je voulais vous soumettre.

Je suis très convaincu que vous ne faites pas une bonne chose, et que votre résolution n'aura pas les effets que beaucoup d'esprits en attendent; je suis très convaincu que vous ne sortez pas du provisoire, que vous n'en changez que le nom et l'apparence; que vous le prolongez au prix de beaucoup de souffrances, d'impatiences et de dangers.

Il y a plus, messieurs : cette institution qui, j'en ai la conviction, restera toujours, même après votre départ, dans les conditions parlementaires où vous l'avez établie, cette institution peut néanmoins se trouver un jour en face de pouvoirs nouveaux qui n'en reconnaîtront pas la légitimité, et par là constituer un grand danger; elle peut amener des conflits : c'est le seul résultat qu'elle puisse produire... *(Très bien! à gauche),* et les conflits amènent les révolutions.

Ainsi, messieurs, votre proposition, c'est la prolongation du provisoire, avec ses dangers, ses souffrances, et à l'horizon le conflit, la révolution.

Que ceux qui veulent rentrer dans la révolution par cette porte et y entraîner la France avec eux le fassent à leurs risques et périls et sous leur responsabilité devant le pays. Pour moi, je proteste par ma parole et je protesterai par mon vote contre une institution qui est une usurpation grosse de périls et de calamités. (*Applaudissements prolongés et répétés à gauche et au centre gauche.* — L'orateur, de retour à son banc, reçoit les félicitations d'un grand nombre de ses collègues, qui quittent leurs places et s'empressent autour de lui. — La séance reste suspendue pendant quelques instants.)

Après quelques mots de M. Prax-Paris, partisan du plébiscite, la clôture fut prononcée, et l'article premier du contre-projet de M. le général Changarnier fut adopté par 383 voix contre 317, sur 700 votants. L'ensemble de la proposition de loi fut ensuite voté par 378 voix contre 310, sur 688 votants. Dans ces deux scrutins, le nom de M. Jules Grévy figure parmi ceux des membres de la minorité.

On a vu avec quels transports la gauche tout entière avait accueilli les paroles de M. Jules Grévy. Ce discours eut au dehors un très grand retentissement. « Tout autre que M. Grévy, dit un historien que nous avons déjà eu l'occasion de citer, n'aurait pas achevé ce discours. La majorité ne l'aurait pas laissé parler. Mais M. Grévy avait conservé de sa longue présidence une sorte d'autorité que les plus violents de la droite reconnaissaient instinctivement [1]... » Et M. Thiers, bon juge en ces matières, disait, en parlant de cette harangue : « C'est le plus beau et le plus fort discours que j'aie entendu depuis quarante ans que je suis dans les assemblées. »

Après ces grandes discussions, M. Jules Grévy reprit

---

1. A. Ranc, *De Bordeaux à Versailles*. Paris, s. d. 1 vol. in-18, p. 244.

l'attitude qu'il avait adoptée au lendemain du jour où il était descendu du fauteuil présidentiel. Tout en suivant les événements, il s'abstint de prendre part aux débats de l'Assemblée. Cependant son nom se trouve mêlé à ceux de la gauche dans la plupart des votes importants de cette époque. C'est ainsi que, le 16 mai 1874, il vota, avec toute la gauche, contre la demande de priorité de la loi électorale politique, demande formulée par M. Batbie et appuyée par M. de Broglie, vice-président du conseil. Le rejet de cette demande, par 381 voix contre 317, sur 698 votants, amena la retraite de M. le duc de Broglie et du cabinet dont il était le chef.

Mais l'attitude de M. Grévy, dans la discussion des propositions de loi constitutionnelles, mérite d'être remarquée. Le 23 juillet 1874, il s'abstint, avec MM. Louis Blanc, Ledru-Rollin, Peyrat[1] et Edgar Quinet, de voter la proposition de M. Casimir Perier, pour laquelle toute la gauche et tout le centre gauche s'étaient prononcés. En revanche, il vota, le même jour, l'urgence de la proposition de M. Léon de Malleville, relative à la dissolution de l'Assemblée, qui fut repoussée par 369 voix contre 340, sur 709 votants. Le 29 janvier 1875, il vota l'amendement de MM. Corne, Laboulaye, Bardoux et autres, tendant à l'organisation du gouvernement de la République. Cet amendement, que, sur les supplications de leurs amis, votèrent également, au dernier moment, MM. Louis Blanc, Madier de Montjau, Marcou, Peyrat et Edgar Quinet[2], fut repoussé par 359 voix

---

1. Dans le scrutin du 23 juillet, MM. Ledru-Rollin et Peyrat sont portés comme ayant voté pour. Mais, averti que quelqu'un avait déposé, sans son aveu, son bulletin dans l'urne, M. Peyrat fit immédiatement déclarer dans le *Journal officiel* qu'il s'était abstenu. M. Ledru-Rollin fit, le lendemain, une semblable rectification.

2. M. Ledru-Rollin était mort le 31 décembre 1874.

contre 336, sur 695 votants. Le lendemain, 30 janvier, M. Grévy vota, avec toute la gauche, l'amendement de M. Wallon qui, adopté par 353 voix contre 352, sur 705 votants, servit de base à la Constitution de la troisième République française. Mais il ne put se résigner à accepter les propositions soumises aux républicains de l'Assemblée nationale par le centre gauche et le groupe dont MM. de Lavergne et Wallon étaient les chefs. Il les combattit éloquemment et inutilement, le 19 février, dans une réunion nombreuse composée de membres de toutes les fractions de la gauche, et où il trouva comme contradicteurs MM. Jules Simon, Bethmont, Ricard et Gambetta, partisans de la transaction proposée. Fidèle à l'attitude qu'il avait prise en cette circonstance, il refusa de s'associer au vote des lois constitutionnelles. Le 25 février, il fut un des quatorze républicains qui s'abstinrent au vote sur l'ensemble de la loi portant organisation des pouvoirs publics.

§ XXI

OBSERVATIONS
SUR UN AMENDEMENT AU PROJET DE LOI
RELATIF A LA
DÉCLARATION D'UTILITÉ PUBLIQUE
DE
PLUSIEURS CHEMINS DE FER
ET A LA
CONCESSION DE CES CHEMINS DE FER
A LA COMPAGNIE DE PARIS-LYON-MÉDITERRANÉE

PRÉSENTÉES LE 26 JUIN 1875

A L'ASSEMBLÉE NATIONALE

Le 26 juin 1875, lors de la discussion, en deuxième délibération, du projet de loi relatif à la déclaration d'utilité publique de plusieurs chemins de fer, et à la concession de ces chemins de fer à la compagnie de Paris-Lyon-Méditerranée, MM. Thurel, Tamisier, Gagneur, Lamy et Jules Grévy, représentants du Jura, proposèrent un amendement tendant à la substitution d'une ligne de Dijon à Lons-le-Saunier, à celle de Dijon à Saint-Amour. Cette substitution devait avoir l'avantage de réduire la longueur à construire, de relier deux chefs-lieux de département, de rapprocher Lons-le-Saunier de la sous-préfecture de Dôle, d'éviter

CHAPITRE V.

pour l'un des chemins de la compagnie des Dombes une concurrence désastreuse. Ces raisons, que fit valoir un des représentants du Jura, M. Thurel, furent combattues par M. le général Guillemaut, au point de vue de l'intérêt local, au point de vue stratégique, et aussi au point de vue de l'intérêt général du commerce qui exigeait l'établissement d'une seconde ligne directe de Dijon à Lyon. Un autre signataire de l'amendement, M. Tamisier, répondit à M. le général Guillemaut, et, après quelques observations de M. Jordan et du rapporteur, M. Cézanne, M. Grévy prit la parole. Il commença par rappeler les deux premiers avantages que présentait l'amendement qu'il avait signé. Puis il poursuivit en ces termes :

Il y a, messieurs, un troisième avantage, qui est d'ouvrir un débouché plus commode, plus direct et plus économique à tous les produits qui viennent des montagnes du Jura, et dont l'entrepôt est à Lons-le-Saunier, point central où viennent aboutir les vallées qui descendent de cette partie de la chaîne.

Si vous faites passer le chemin à Lons-le-Saunier, vous trouverez dans cet entrepôt tout le transit des montagnes, qui maintenant n'a qu'un écoulement long, difficile et coûteux.

Enfin, puisque nous parlons ici de stratégie d'une manière plus ou moins compétente, on peut, sans faire de la science, dire une chose de simple bon sens, et qui est à la portée de tout le monde.

Lons-le-Saunier est plus près de la frontière.

M. LE RAPPORTEUR. — C'est justement pour cela que le génie demande qu'on n'y aille pas.

M. des Rotours. — Laissez parler !

M. Jules Grévy. — Il n'est pas possible que le génie demande qu'on n'aille pas dans une ville qui, étant le siège du commandement militaire, est le dépôt nécessaire des armes, des approvisionnements et de tout le matériel de guerre. Le génie n'a pas pu faire une telle demande.

M. le rapporteur. — Je vous demande pardon !

M. Jules Grévy. — Il y a une autre raison encore: c'est que Lons-le-Saunier forme, avec le parcours que nous vous proposons, une ligne plus rapprochée de la frontière et plus parallèle. C'est un mérite incontestable.

Je sais que l'honorable général Guillemaut vient de dire : Votre ligne sera plus rapprochée de la frontière, et, par conséquent, plus exposée à l'ennemi, une fois qu'il aura franchi la frontière.

Cela est vrai : tous les chemins sont exposés quand l'ennemi envahit. S'ensuit-il qu'il ne faut pas de chemins parallèles aux frontières pouvant faciliter la défense? Vaut-il mieux laisser les frontières sans défense? Et les chemins de fer ne sont-ils pas un des moyens les plus efficaces pour les défendre? *(Très bien! très bien!)*

Tels sont les avantages de l'amendement que nous vous recommandons.

Après avoir répondu au reproche, adressé aux auteurs de l'amendement, de présenter un tracé plus long que celui qui avait été adopté par la commission, M. Grévy termina par ces mots :

Nous disons, nous : Le projet de la commission a réellement 115, ou, plus exactement, 118 kilomètres; nous en avons pour notre projet 126 : la différence est donc de 11, ou seulement de 8 kilomètres. C'est le seul désavantage de notre amendement.

Mais, en retour, nous économisons 10 millions par l'emprunt de 34 kilomètres au chemin de Lons-le-Saunier à Saint-Amour. Nous relions les grands centres de la contrée, Dôle et Lons-le-Saunier ; nous assurons au transit du Jura d'avantageux débouchés. Enfin nous donnons aux intérêts stratégiques une satisfaction que le projet de la commission ne leur donne pas. Voilà nos avantages. Cela vaut-il une différence de 8 à 11 kilomètres sur un parcours de 156? C'est à l'Assemblée à en juger.

J'espère que j'ai, ou plutôt que mes collègues ont justifié notre amendement, car je n'ai fait que résumer les raisons qu'ils ont plus amplement développées.

Mais M. Caillaux, ministre des travaux publics, qui répondit à M. Grévy, s'abrita derrière l'avis du département de la guerre pour ce qui touchait à l'intérêt militaire, et il insista, au point de vue civil, sur l'utilité d'une seconde communication entre Dijon et Lyon et d'un raccourci sur la ligne de Paris à Genève. Après une courte réplique de M. Thurel, l'amendement fut repoussé par 430 voix contre 160, sur 590 votants.

§ XXII

OBSERVATIONS

AU SUJET D'UN AMENDEMENT AU PROJET DE LOI

PORTANT

FIXATION DES CIRCONSCRIPTIONS ÉLECTORALES

PRÉSENTÉES LE 18 DÉCEMBRE 1875
A L'ASSEMBLÉE NATIONALE

Le 18 décembre 1875, M. Jules Grévy prit une dernière fois la parole dans l'Assemblée, dans la discussion du projet de loi portant fixation des circonscriptions électorales. M. Aymé de La Chevrelière et plusieurs de ses collègues de la droite avaient présenté un amendement ainsi conçu : « *Article unique.* — Les circonscriptions électorales sont maintenues telles qu'elles sont indiquées dans le rapport de M. Batbie, au nom de la première commission des trente. »

M. Ricard, rapporteur, combattit cet amendement, qui fut défendu par M. Desjardins, sous-secrétaire d'État à l'intérieur. M. Ernest Picard, qui parla ensuite, fit observer que l'amendement aurait pour conséquence de destituer la dernière commission des trente au profit de la première, et qu'il n'était pas permis à une Assemblée, lorsqu'elle avait nommé une commission, de lui dire que son travail serait non avenu. Le président, M. le duc d'Audiffret-Pasquier, déclara qu'il ne partageait pas l'opinion de M. Picard, par cette raison que l'amendement de M. de La Chevrelière n'était autre chose qu'un premier projet abandonné qui était pris à titre d'amendement. A ce moment, M. Jules Grévy demanda la parole. Il s'exprima ainsi :

M. Jules Grévy. — Je demande à notre honorable président la permission de n'être pas de son avis sur le dernier point qu'il vient de toucher.

Tous les jours, il est vrai, on peut, par voie d'amendement, substituer au texte en discussion, soit un autre projet, soit un autre article, mais à la condition d'en proposer la votation. Je comprendrais que le contre-projet présenté pût être considéré comme un amendement, si on proposait de voter les circonscriptions du projet de M. Batbie. Mais on ne propose pas de les voter ; on propose de substituer une base de discussion à une autre...

A gauche. — C'est cela!

M. Jules Grévy. — .... ce qui n'est point un amendement. *(Mouvements divers.)*

Je comprendrais très bien que le contre-projet de nos collègues fût considéré comme un amendement, s'il avait pour objet ce que personne ne paraît vouloir ici, c'est-à-dire le vote pur et simple de l'ensemble du projet de M. Batbie. En d'autres termes, si l'on disait : « Nous vous proposons de voter, tel qu'il est, le projet de M. Batbie », ce serait un contre-projet. Ce n'est point là ce qu'on propose. On vous propose, non pas de voter tel ou tel article ou un ensemble d'articles, mais de substituer, et non pas par un vote, mais comme contre-projet, le travail d'une autre commission au travail de la commission actuelle. Or cela, je le répète, n'est pas un amendement.

Un amendement a pour effet nécessaire de faire voter une disposition législative par l'Assemblée. Rien de pareil ne se rencontre ici. On vous propose, non pas de voter le travail de M. Batbie et d'en faire l'objet d'une loi, mais de substituer son travail, comme base de discussion, au travail de la commission.

Voix à droite. — C'est un contre-projet!

M. Jules Grévy. — Ce n'est point un contre-projet, car, si c'était un contre-projet, vous seriez obligé d'en proposer le vote et l'adoption. Un amendement ne peut avoir pour objet que de faire voter l'Assemblée sur un texte.

Encore une fois, si l'on proposait de faire voter, en détail ou en bloc, le travail de M. Batbie, je le comprendrais, et ce serait un amendement ; mais on ne propose rien de pareil et vous ne pourriez le faire qu'en proposant, en bloc, le rejet du travail de la seconde commission. Vous n'avez pas d'exemple, dans vos précédents, d'une pareille prétention à celle, non pas de faire voter telle ou telle disposition à la place d'un projet de la commission, mais de proposer, comme base d'une discussion, un projet antérieur au projet actuel de la commission.

Je le répète, ce qu'on propose n'est pas un amendement, c'est tout simplement, comme le disait M. Picard, la destitution de la commission nouvelle et le rejet de son travail, sans aucun amendement ou sans avoir substitué à ce travail quelque chose qui puisse être considéré comme un amendement.

Je me résume par ce mot : Ou proposez, dès à présent, que le travail de M. Batbie soit voté...

Plusieurs membres à droite. — Article par article !

M. JULES GRÉVY. — Vous ne pouvez pas proposer le vote de l'article 1er, je le comprends ; mais vous ne proposez le vote d'aucune partie du travail de M. Batbie, vous proposez seulement comme base de discussion la substitution du travail d'une commission ancienne au travail d'une commission nouvellement nommée. Ce n'est pas un amendement, je le répète encore, c'est la destitution de cette commission, c'est le rejet de son travail. *(Vive approbation à gauche.)*

Malgré les explications de M. Grévy, le président, M. d'Audiffret-Pasquier, persista dans son opinion première, et il invoqua le précédent du vote de l'amendement de M. Wallon. Au moment du vote de la loi présentée par la commission des lois constitutionnelles, dit-il, le projet présenté par M. Wallon fut substitué à celui de la commission et devint la base de discussion. M. Jules Grévy lui répondit par quelques mots, puis l'amendement de M. de La Chevrelière, mis aux voix, fut repoussé par 342 voix contre 309, sur 652 votants.

CHAPITRE VI

LA PRÉSIDENCE DE LA CHAMBRE DES DÉPUTÉS

§ I

ÉLECTION DE M. GRÉVY DANS LE JURA

LE 20 FÉVRIER 1876

L'Assemblée nationale avait terminé ses travaux. La Constitution nouvelle allait recevoir son application : les élections pour la nomination des sénateurs devaient avoir lieu dans la France entière. Une candidature au Sénat fut offerte à M. Jules Grévy par ses concitoyens du Jura ; mais il la refusa. Cependant il n'hésita point à aller patronner les candidats républicains, ses collègues de l'Assemblée, MM. Tamisier et Thurel, dans la réunion des électeurs sénatoriaux qui eut lieu la veille de l'élection, le 29 janvier 1876, à Lons-le-Saunier. Les électeurs sénatoriaux étaient au nombre de 650. On en considérait 350 comme acquis aux idées républicaines ; 200 environ paraissaient devoir voter avec la réaction ; le reste était composé d'indécis qui pouvaient aussi bien aller d'un côté que de l'autre. Plus de cinq cents électeurs assistèrent à la réunion de Lons-le-Saunier. M. Grévy fut désigné comme président. M. Lelièvre attaqua la candidature de M. Paul Besson, le représentant monarchiste à l'Assemblée nationale, qui lui répondit. Puis M. Pasteur, l'illustre chimiste, la poitrine chamarrée de décorations, donna lecture d'un long manifeste, dans lequel il se proclamait « le candidat de la science et de la vraie politique ». L'Assemblée entendit ensuite les candidats républicains, MM. Tamisier et Thurel ; puis, le troisième candidat monarchique, le général Picard, n'ayant pas répondu à l'appel de son nom, le président, M. Jules Grévy, prit la parole. La sténographie ne recueillit point ce discours, qui eut une grande influence sur le vote ; mais il resta dans la mémoire de tous ceux qui l'avaient entendu. Le lendemain, M. Tamisier obtint 446 voix et M. Thurel 455, tandis que le général Picard en réunit 183, M. Besson 153, et M. Pasteur 62[1] !

Les élections pour la nouvelle Chambre des députés avaient été fixées au 20 février 1876. Elle devaient avoir lieu au scrutin d'arrondissement. M. Jules Grévy sollicita les suffrages des électeurs de l'arrondissement de Dôle, qui l'avaient envoyé au Corps législatif de l'Empire. Il leur adressa la profession de foi suivante dans laquelle il rappelait les principaux événements de sa vie politique, et démontrait que la République était le gouvernement nécessaire de la France :

---

1. Pierre Henry, *Jules Grévy, Président de la République*, Lons-le-Saunier, 1879, 1 vol. in-24, p. 96.

CHAPITRE VI.

Mes chers concitoyens,

Vous me connaissez depuis longtemps ; il y a vingt-huit ans que vous m'avez honoré pour la première fois d'un mandat législatif. Ce que j'étais alors, je le suis aujourd'hui : un homme d'ordre, de liberté et de progrès; un républicain convaincu par l'histoire de nos quatre-vingts dernières années et par l'état démocratique de la société française, que la République est devenue le gouvernement nécessaire de notre pays et de notre temps ; qu'elle seule peut aujourd'hui s'établir sur un fondement durable, mettre un terme aux révolutions qui nous épuisent, assurer à la France la satisfaction de tous ses besoins, l'ordre et le repos, les libertés civiles et politiques, le développement de l'instruction populaire, la prospérité, le progrès, et lui donner au dehors une attitude pacifique et respectée.

Gouvernement du pays par le pays dans sa réalité et sa sincérité, réunissant en un faisceau, sans division, sans antagonisme, toutes les forces de la nation, la République est, en outre, le gouvernement le plus fort qu'il soit donné aux hommes de constituer ; n'est-ce pas elle qui, en moins de cinq ans, a réparé nos désastres, libéré notre territoire, rétabli nos finances et notre crédit, réorganisé l'administration et l'armée, ramené le travail et la confiance? Quel autre gouvernement, je l'ai déjà dit ailleurs, eût été à la hauteur d'une telle tâche? Quel autre s'offrit en 1871 pour l'assumer?

C'est à ce gouvernement réparateur, vers lequel gravitent les peuples modernes, que je suis resté toujours fidèle. J'ai travaillé à le fonder en 1848, à l'Assemblée constituante; je l'ai soutenu, à l'Assemblée législative de 1849, contre les attaques qui l'ont ébranlé; je l'ai revendiqué au Corps législatif de l'empire; je l'ai défendu contre les tentatives de restauration monarchique, à l'Assemblée nationale qui va finir, et que j'ai cessé volontairement de présider lorsque je l'ai vue prendre une voie dans laquelle il n'était pas du devoir d'un républicain de la diriger.

Je le défendrai encore à la prochaine Chambre des députés, si vous me faites l'honneur de m'y envoyer. Les ennemis de la République n'ont pas désarmé, il serait puéril de se faire illusion sur ce point. Les partis dynastiques peuvent s'éteindre avec le temps; l'histoire montre qu'ils n'abdiquent jamais. Ils ne cachent aujourd'hui ni leurs drapeaux ni leurs projets; ils s'efforcent de pénétrer dans la Constitution pour la détruire, et la France, qui veut la République, aura longtemps encore à la protéger contre eux.

Si vous approuvez mon passé, si vous partagez mon sentiment sur la situation présente, et si vous jugez que, pour le labeur de l'avenir, mon concours puisse être encore utile, j'accepterai votre nouveau mandat avec gratitude et je m'y consacrerai avec dévouement, sans préoccupations personnelles et sans autre ambition — je crois l'avoir prouvé — que celle de justifier votre confiance et de servir mon pays.

Agréez, mes chers concitoyens, l'expression de mon dévouement.

Février 1876.

Signé : JULES GRÉVY.

Les électeurs de l'arrondissement de Dôle tinrent à honneur de voter pour leur illustre concitoyen. Le 20 février, M. Jules Grévy fut élu par 12,467 suffrages ; son concurrent légitimiste, M. Picot d'Aligny, n'en obtint que 3,320.

§ II

ÉLECTION DE M. GRÉVY

A LA

PRÉSIDENCE DE LA CHAMBRE DES DÉPUTÉS

LE 13 MARS 1876

Les élections avaient donné une forte majorité aux républicains. Ils arrivaient à la Chambre des députés au nombre de 350. La session de la Chambre fut ouverte, le 8 mars, par M. Raspail, doyen d'âge. Ce jour même, M. Grévy fut élu président provisoire, par 414 voix sur 430 votants. Il s'adressa, en ces termes, à la Chambre, au début de la séance du 9 mars :

M. LE PRÉSIDENT. — Mes chers collègues, je ne veux pas prendre possession du fauteuil de la présidence sans vous remercier des nombreux suffrages qui m'y ont provisoirement élevé. Je sais tout le prix d'une marque si générale de confiance, et je n'aurai rien tant à cœur que de la justifier en me montrant le gardien vigilant de la dignité et des prérogatives de la Chambre des députés, le directeur loyal de ses délibérations et le protecteur impartial du droit de chacun de ses membres. (*Vives et nombreuses marques d'approbation.*)

CHAPITRE VI.

Si je suis assez heureux pour remplir ces grands devoirs à votre satisfaction, je croirai avoir trouvé le plus digne moyen de vous témoigner ma gratitude. *(Très bien! très bien!)*

J'adresse, au nom de la Chambre, des remerciements à M. le président d'âge.

Le 13 mars, eut lieu l'élection du bureau définitif. La droite et la gauche furent d'accord pour maintenir à la tête de l'Assemblée le président provisoire. M. Jules Grévy fut nommé président, par 462 suffrages sur 468 votants. Il prononça, le 14 mars, en prenant possession du fauteuil, l'allocution suivante :

M. LE PRÉSIDENT. — Mes chers collègues, je ne sais comment vous exprimer toute ma gratitude. Cette grande Assemblée, faisant taire les dissentiments politiques et s'unissant dans un témoignage unanime de confiance et de sympathie pour un de ses membres, c'est le plus précieux honneur auquel puisse aspirer un homme qui met au-dessus de tous les biens l'estime de ses concitoyens. *(Mouvement. — Très bien! très bien! et applaudissements.)*

Vous m'avez donné en même temps une nouvelle force en m'assurant ainsi que je peux compter sur votre appui pour surmonter les difficultés de la tâche que vous m'avez imposée.

Nous avons, messieurs, une grande mission : nous avons à inaugurer l'application de la Constitution nouvelle et à montrer que la République est un gouvernement d'ordre, de liberté et de progrès. *(Nouveaux applaudissements.)*

Nous n'oublierons pas que le premier besoin de ce gouvernement est que l'accord soit toujours maintenu entre les grands pouvoirs qui le constituent. *(Très bien! très bien!)*

Nous nous efforcerons d'y concourir par notre modération, par notre sagesse, par toutes les concessions compatibles avec l'intérêt supérieur de la République... *(bravos et applaudissements à gauche)*, et comme nous sommes assurés de rencontrer dans les deux autres pouvoirs un égal désir de cordiale entente, une égale sollicitude pour l'exécution loyale de la Constitution, nous avons le ferme espoir de voir la France en possession durable des bienfaits qu'elle a le droit d'attendre du gouvernement auquel elle s'est attachée depuis cinq ans avec tant de constance et qu'elle vient de consacrer avec tant d'éclat. *(Bravos et applaudissements redoublés sur un grand nombre de bancs.)*

Le bureau fut complété par l'élection de MM. le comte de Durfort de Civrac, Bethmont, Rameau, Lepère, comme vice-présidents; Lamy, Chiris, Sadi Carnot, Savary, Rouvier, le prince de Léon, Clémenceau, le duc d'Harcourt, comme secrétaires; MM. Gailly, Denfert-Rochereau et Léopold Faye, comme questeurs.

L'ancien président de l'Assemblée nationale dirigea avec la même autorité les débats souvent orageux de la nouvelle Chambre des députés. La validation des pouvoirs donna lieu à de vives discussions; puis vinrent l'examen des propositions de loi relatives à l'amnistie, du projet de loi sur la restitution à l'État du droit exclusif de collation des grades, du projet de loi rendant aux conseils municipaux le droit de nommer les maires, sauf dans les chefs-lieux de département, d'arrondissement et de canton, du projet de loi édictant la cessation des poursuites pour les faits de la Commune ; des propositions de loi relatives aux pouvoirs respectifs des deux Chambres en matière de budget.

§ III

INCIDENT RELATIF AU DEUX-DÉCEMBRE

A L'OCCASION D'UNE QUESTION ADRESSÉE PAR M. PAUL DE CASSAGNAC
AU MINISTRE DE L'INTÉRIEUR

AU SUJET DE LA

NOMINATION DU MAIRE DE VALENCE-SUR-BAÏSE

(GERS)

SURVENU LE 22 JUILLET 1876
A LA CHAMBRE DES DÉPUTÉS

Le 22 juillet 1876, M. Paul de Cassagnac, député du Gers, adressa à M. de Marcère, ministre de l'intérieur, une question relative à la nomination du maire d'une des communes de son département, celle de Valence-sur-Baïse. L'orateur rappela qu'en 1871 le maire dont il s'agit avait signé, avec les membres du conseil municipal, une adresse demandant à M. Thiers d'user de son influence pour décider l'Assemblée à affirmer la République, ce qui, dans l'opinion des signataires, devait amener la cessation de la guerre civile. M. Paul de Cassagnac dit ensuite que M. Dufaure, ministre de la justice, avait considéré le maire de Valence-sur-Baïse comme un partisan de la Commune, et donné au parquet l'ordre de le poursuivre. L'orateur ajouta que le ministre de l'intérieur, lorsqu'il avait nommé le maire de Valence-sur-Baïse, avait trompé le garde des sceaux. Ces paroles furent accueillies par de vives protestations parties des bancs de la gauche et de ceux du centre. M. Grévy dut intervenir. Le grave incident qui en fut la suite est ainsi rapporté dans le *Journal officiel :*

M. LE PRÉSIDENT. — Voilà des formes de langage qu'il est impossible de laisser s'introduire ici. *(Applaudissements au centre et à gauche. — Rumeurs à droite.)*

Non, messieurs, ce langage n'est pas parlementaire, et, encore une fois, tant que vous me maintiendrez ici, je ne laisserai pas s'introduire cet usage. qu'à la tribune on puisse dire qu'un ministre en a trompé un autre. *(Nouveaux applaudissements au centre et à gauche.)*

Il y a d'autres façons d'exprimer sa pensée, et ces formes sont parlementaires, c'est-à-dire convenables... *(Très bien ! très bien !)* ; il n'en faut pas sortir. *(Vive approbation.)*

M. PAUL DE CASSAGNAC. — J'accepte l'observation de M. le président, à une condition...

Voix à gauche. — Respectez le président sans condition !

M. LE PRÉSIDENT. — Laissez parler l'orateur. Laissez-le indiquer ses conditions ; si elles ne conviennent pas au président, il saura maintenir son observation et la faire respecter. *(Très bien ! très bien !)* Veuillez faire silence.

M. PAUL DE CASSAGNAC. — J'accepte l'observation de M. le président, à la condition qu'il appliquera la même sévérité à ceux qui traiteront ici de crime le deux-décembre... *(exclamations à gauche et au centre)*, et le gouvernement qui en est né, gouvernement auquel M. le président, comme député, a prêté serment dans la personne de l'Empereur! *(Vives exclamations et murmures à gauche. — Très bien! sur quelques bancs à droite.)*

M. LE PRÉSIDENT. — Monsieur, je ne vous reconnais pas le droit de donner au serment que j'ai prêté comme député l'interprétation que vous en faites en ce moment. *(Très bien! très bien!)*

Quant au fait dont vous parlez, vous n'en apporterez jamais la justification à la tribune. *(Longues salves d'applaudissements à gauche et au centre.)*

M. ERNEST DRÉOLLE. — Quand vous voudrez!

M. HAENTJENS. — Le pays a jugé!

M. LE BARON TRISTAN LAMBERT. — Osez consulter le pays!

M. CUNÉO D'ORNANO. — Le peuple a parlé!

M. HAENTJENS. — Dix millions de voix à trois reprises différentes! *(Agitation.)*

M. LE PRÉSIDENT. — Je répète que tant que j'aurai l'honneur d'être à cette place, je ne laisserai jamais porter à la tribune la justification d'un fait qui a été le renversement des lois du pays. *(Nouveaux applaudissements au centre et à gauche.)*

Voix à droite. — Et le 4 septembre!

M. PAUL DE CASSAGNAC. — Je n'ai pas besoin d'apporter ici une justification qui a été faite par le

CHAPITRE VI.

peuple, et c'est la seule qui nous importe. *(Applaudissements sur quelques bancs à droite. — Réclamations à gauche.)*

Sur divers bancs à gauche. — Allons donc! Ne parlez pas du peuple! — Il a fait justice de votre parti au 20 février!

M. LE PRÉSIDENT. — Je reconnais à l'orateur le droit d'interpréter comme il l'entendra les votes auxquels il a fait allusion; mais, je le répète, tant que j'aurai l'honneur de siéger à ce fauteuil, la justification du fait dont il a parlé ne sera pas portée à la tribune. *(Nouvelle salve d'applaudissements au centre et à gauche. — Nouvelles réclamations sur plusieurs bancs à droite. — Bruit confus.)*

M. LE PRÉSIDENT. — Je vous prie, messieurs, de faire silence, si vous ne voulez pas m'obliger à lever la séance. *(Le silence se rétablit.)*

Lorsque le silence fut rétabli, M. Paul de Cassagnac déclara qu'il rentrait dans la question, et continua son discours.

§ IV

INCIDENTS RELATIFS A LA GUERRE DE 1870

SURVENUS PENDANT LA DISCUSSION DU BUDGET DES CULTES

LE 24 NOVEMBRE 1876

A LA CHAMBRE DES DÉPUTÉS

Le 24 novembre 1876, à l'occasion de la discussion du budget des cultes, M. le prince Napoléon Bonaparte, député de la Corse, prononça un discours dans lequel il déclara « que l'issue malheureuse de la guerre de 1870 venait de l'occupation de Rome, et que le maintien du pouvoir temporel des papes nous avait coûté l'Alsace et la Lorraine ». Ces paroles amenèrent de très vives protestations sur les bancs de la droite. M. Keller, député du territoire de Belfort, qui prit la parole après le prince Jérôme Bonaparte, lui dit que, « moins que personne il devait réveiller ces douloureux souvenirs, car il portait un nom qui était écrit en lettres de sang dans la chair palpitante de l'Alsace et de la Lorraine ». Cette réponse fut accueillie par de longs applaudissements partis des bancs de la gauche. Par contre, les députés bonapartistes protestèrent, et l'un d'eux, M. Dréolle, député de la Gironde, dit à M. Keller qu'il s'était fait « l'organe d'une infâme calomnie ». M. Gambetta prit alors la parole. Sa présence à la tribune amena l'incident suivant :

M. GAMBETTA. — Messieurs, je ne crois pas qu'il soit nécessaire de retenir longtemps la Chambre après les débats émouvants auxquels elle a assisté; mais je pense qu'il n'est pas possible de laisser passer devant cette Assemblée certaines expressions et certaines audaces sans les relever. *(Très bien! à gauche.)*

Quand, tout à l'heure, M. Dréolle a traité la noble et vigoureuse protestation de M. Keller de calomnie, il a oublié... *(Interruptions bruyantes.* — MM. Dréolle, Tristan Lambert et quelques autres membres à droite se lèvent et applaudissent ironiquement en se tournant vers M. Keller.)

M. Cunéo d'Ornano, *s'adressant à M. Gambetta.* — Je me suis battu pendant la guerre, et vous, vous avez fui! Voilà votre patriotisme!

M. le président. — Monsieur d'Ornano, veuillez faire silence! Vous n'avez pas le droit d'interrompre.

M. Cunéo d'Ornano. — Je ne puis pas supporter qu'on nous insulte à la tribune. Nous nous sommes battus alors qu'il a fui!

M. le président. — Monsieur d'Ornano, je vous rappelle à l'ordre. *(Très bien! très bien! à gauche.)*

M. Lenglé. — Rappelez-nous tous à l'ordre!

Plusieurs membres à droite. — Oui! oui! nous tous!

M. le président. — Monsieur, je vous rappelle à l'ordre, et je rappellerai à l'ordre quiconque troublera la discussion par des interruptions persistantes. *(Très bien! très bien! à gauche.)*

M. Cunéo d'Ornano. — Je le suis pour mon patriotisme; mais je tenais à dire que je n'ai pas fui devant les uhlans, que j'ai fait mon devoir pendant la guerre. M. Gambetta l'a-t-il fait, lui? *(Vive agitation.)*

M. LE PRÉSIDENT. — Vous dites, monsieur, que vous avez fait votre devoir pendant la guerre; il vous faut maintenant faire votre devoir de député, qui consiste à ne pas interrompre, surtout avec la persistance que vous y mettez.

M. Gambetta put alors continuer son discours; mais tout à coup, pendant qu'il parlait, M. Tristan Lambert, député de Seine-et-Marne, se leva et cria à deux reprises : *Vive l'Empereur! vive l'Empereur!* Ces paroles provoquèrent un violent tumulte. Un grand nombre de membres, quittant leurs places, demandèrent, les uns le rappel à l'ordre, d'autres la censure, d'autres même la censure avec exclusion. Le président, M. Grévy, intervint :

M. LE PRÉSIDENT. — Veuillez reprendre vos places, messieurs, et faire silence.

(Les députés qui étaient descendus dans l'hémicycle retournent à leurs bancs. Le calme se rétablit.)

M. LE PRÉSIDENT. — La persistance avec laquelle M. Lambert a interrompu depuis le commencement de la séance, le mépris qu'il a montré pour les avertissements du président, un précédent rappel à l'ordre dont il n'a pas tenu compte, et le cri qu'il vient de proférer, me forcent à consulter la Chambre et à lui demander de prononcer la censure.

Sur un grand nombre de bancs. — Oui! oui! la censure.

Plusieurs membres à gauche. — La censure avec exclusion! — L'expulsion!

M. LE PRÉSIDENT. — Vous n'avez pas le droit de rien demander...

M. LAISANT. — Je demande la parole pour un rappel au règlement.

M. LE PRÉSIDENT. — Vous n'avez pas la parole. Il n'appartient à aucun membre de la Chambre de provoquer une peine quelconque contre un de ses collègues. Le président seul a l'initiative en pareille matière, et c'est à la Chambre de statuer.

Je mets aux voix la question de savoir si la censure sera appliquée à M. Tristan Lambert.

(La Chambre, consultée, prononce la censure.)

M. LE PRÉSIDENT. — J'espère que M. Lambert tiendra compte de cet avertissement, et qu'il ne m'obligera pas à épuiser contre lui les sévérités du règlement.

M. Gambetta reprit la parole. Il signala l'importance extrême des déclarations faites par M. le prince Jérôme Bonaparte. Il montra, après cet orateur, que l'Empire s'était privé de certaines alliances pour obéir aux suggestions des partisans du pouvoir temporel. Les paroles qu'il prononça amenèrent un nouvel incident.

M. GAMBETTA. — ... Il ne m'appartient pas de savoir à quel genre de préoccupations obéissait l'honorable orateur [1] qui apportait ici cette affirmation que personne ne pouvait démentir. Mais il m'appartient — c'est mon droit de Français, de député, de patriote et de républicain — de rechercher quelle était la signification d'une pareille conduite de la part de l'Empire.

Eh bien, je dis que le jour où, par suite du fanatisme clérical qui animait l'Espagnole dont on avait fait l'impératrice de France... *(Nombreuses et vives protestations à droite.)*

M. Sarlande. — Monsieur Gambetta, vous n'êtes pas Français ! Un Français n'insulte jamais une femme et surtout une souveraine dans l'exil !

M. Brierre. — Pourquoi avez-vous fui en Espagne, cherchant un abri à Saint-Sébastien ? *(Bruit. — Agitation.)*

M. le baron Dufour. — Il n'a été qu'un usurpateur du pouvoir ! Et comment a-t-il fait les affaires du pays ? *(Bruit général et confus.)*

M. Gambetta. — Je dis...

M. Robert Mitchell. — Monsieur le président, nous voudrions savoir si M. Gambetta est au-dessus du règlement.

M. le président. — Messieurs... *(Écoutez ! écoutez ! — Un grand silence se fait)*, il y a une convenance de langage dont on ne doit jamais s'écarter à la tribune, quelle que soit la situation politique de la personne

---

[1] M. le prince Jérôme Bonaparte.

dont on parle, et je prie l'orateur de vouloir bien s'y conformer. *(Très bien! et applaudissements.)*

M. Gambetta comprit la portée de l'observation du président et en tint compte. Il termina son discours par une vive apostrophe au parti clérical, héritier de la tradition impériale : « Eh bien, s'écria-t-il, je le renvoie à ces paroles dont il ne se débarrassera jamais, à ces paroles d'un prince qui fut prince impérial, mais qui est resté Français : « C'est toi qui as perdu la France, race maudite ! » *(Applaudissements redoublés à gauche.)*

§ V

ALLOCUTION DE M. GRÉVY
A L'OCCASION
DE
SA RÉÉLECTION A LA PRÉSIDENCE
PRONONCÉE LE 9 JANVIER 1877
A LA CHAMBRE DES DÉPUTÉS

Une crise ministérielle eut lieu à la fin de l'année 1876. Le 1ᵉʳ décembre, le Sénat avait rejeté le projet de loi relatif à la cessation des poursuites au sujet de la Commune. Le président du conseil, M. Dufaure, qui avait soutenu le projet de loi devant le Sénat, après l'avoir combattu à la Chambre, remit sa démission le soir même au Président de la République. Cette démission entraînait celle de tous les ministres. Mais le motif réel de la retraite du cabinet était autre : il n'avait jamais été libre d'appliquer franchement le programme du 20 février, parce que, dans toutes les grandes questions, notamment dans la question de la réforme du personnel, les ministres s'étaient constamment heurtés à l'opposition anticonstitutionnelle du Président de la République. Aussi, le 4 décembre, une réunion des délégués des trois groupes de la gauche déclara « que la majorité ne donnerait son concours qu'à un cabinet vraiment parlementaire et résolu à faire cesser la contradiction entre l'esprit de la majorité du 20 février et l'attitude d'un trop grand nombre de fonctionnaires ».

Cependant, M. le maréchal de Mac-Mahon ne savait à quel parti s'arrêter. Il ne voulait pas donner satisfaction à la Chambre, et il n'osait pas encore la renvoyer devant le pays. Il pria M. Dufaure de rester aux affaires; puis, sur le refus de cet homme d'État, il fit appeler les présidents des deux Chambres, M. le duc d'Audiffret-Pasquier et M. Jules Grévy. Quelques jours après, M. Jules Simon accepta le pouvoir, prit pour lui la présidence du conseil et le portefeuille de l'intérieur abandonné par M. de Marcère, donna le ministère de la justice à M. Martel, et conserva tous les autres membres du cabinet Dufaure.

La Constitution de 1875 avait prescrit que les présidents de l'une et l'autre Chambre seraient élus pour une année. Le bureau de la Chambre des députés fut renouvelé le 9 janvier 1877. M. Grévy fut réélu président, par 326 voix sur 330 votants. Le 11 janvier, en prenant possession du fauteuil, il prononça l'allocution suivante :

M. LE PRÉSIDENT. — Mes chers collègues... *(mouvement général d'attention)*, mes premières paroles, en remontant à cette place, doivent être l'expression de ma vive gratitude pour le nouveau témoignage d'estime et de confiance que vous venez de me donner.

Les fonctions de la présidence sont un grand honneur; elles sont aussi une grande tâche.

Je continuerai de m'y dévouer tout entier, mais j'ai besoin, pour y suffire, de pouvoir compter toujours sur votre appui, qui fait ma force au milieu des difficultés que rencontre trop souvent l'accomplissement des devoirs que vous m'imposez. *(Très bien! très bien!)*

Permettez-moi d'espérer que vous apprécierez mes efforts avec indulgence, et que votre sympathie ne me fera jamais défaut. *(Très bien ! très bien ! — Vifs applaudissements.)*

J'adresse les remerciements de la Chambre à son honorable président d'âge [1] et aux autres membres du bureau provisoire. *(Nouveaux applaudissements.)*

1. M. Thourel.

§ VI

NOUVEL INCIDENT RELATIF AU DEUX-DÉCEMBRE

A L'OCCASION DE L'INTERPELLATION ADRESSÉE AU GOUVERNEMENT

AU SUJET DES

MESURES PRISES PAR LE MINISTRE DE LA JUSTICE

A L'ÉGARD D'UN

MEMBRE DU PARQUET DE LA COUR DE BESANÇON

SURVENU LE 12 JANVIER 1877

A LA CHAMBRE DES DÉPUTÉS

Un journal de Vesoul, *l'Avenir de la Haute-Saône*, avait publié un article dans lequel il était dit que les membres des commissions mixtes de 1851 s'étaient associés à un crime. M. Willemot, président de chambre à la Cour de Besançon, s'étant cru désigné dans cet article, traduisit *l'Avenir de la Haute-Saône* devant le Tribunal de Vesoul. Acquitté en première instance, le journal fut condamné en appel, par un arrêt de la Cour de Besançon du 23 novembre 1876. Une vive émotion se manifesta dans le public à cette nouvelle. L'arrêt de la Cour de Besançon semblait être la réhabilitation des commissions mixtes. De plus, l'enquête ordonnée par le ministre de la justice dévoila que M. l'avocat général Bailleul avait pris devant la Cour des conclusions contraires à celles qui lui avaient été indiquées par le procureur général. Le garde des sceaux, M. Martel, punit de la révocation cet acte d'indiscipline.

Questionné, le 12 janvier, par M. du Bodan, au sujet de cette mesure de rigueur, M. Martel n'hésita pas à flétrir, du haut de la tribune de la Chambre, les commissions mixtes et le régime qui les avait instituées. Les courageuses et éloquentes paroles du garde des sceaux, acclamées par la gauche, provoquèrent de vives protestations de la part des députés bonapartistes. Au bout d'un quart d'heure, lorsque l'agitation causée par ce discours commença à se calmer, le président, M. Grévy, annonça qu'il avait reçu une demande d'interpellation signée des présidents des trois groupes de la gauche au sujet des mesures prises par le ministre de la justice à l'égard d'un des membres du parquet de la Cour de Besançon. L'intention des interpellateurs était de donner au débat la sanction qu'il comportait. La discussion recommença. M. Jolibois prit la défense des commissions mixtes. Le président du conseil, M. Jules Simon, qui lui répondit, eut un beau mouvement d'éloquence : « Je dis, s'écria-t-il en terminant, que les commissions mixtes ont eu pour caractère et qu'elles ont pour flétrissure d'avoir empêché l'accusé de se défendre et la lumière de se produire, d'avoir condamné à huis clos, sans publicité, sans enquête, sans débats, sans appel, et par conséquent sans justice. » Ces paroles furent accueillies par les applaudissements répétés de la gauche. M. Paul de Cassagnac monta alors à la tribune. Il voulut faire l'éloge des commissions mixtes et provoqua un vif incident :

M. PAUL DE CASSAGNAC. — ... Nous avons été envoyés par nos électeurs pour défendre les actes du deux décembre contre des outrages, et pour venir dire que ce que vous appelez un crime était un droit et un devoir. *(Exclamations bruyantes à gauche et au centre. — A l'ordre! à l'ordre!)*

Je ne crois pas aller... *(A l'ordre! à l'ordre!)*

M. LE PRÉSIDENT. — L'acte que M. de Cassagnac vient de qualifier de droit a été la violation des lois, le renversement de la Constitution....

M. LE BARON DE SAINT-PAUL. — Et en 1848? Comment qualifiez-vous ce qu'on a fait en 1848? *(Murmures à gauche.)*

M. LE PRÉSIDENT. — ... et un attentat contre la représentation nationale. *(Vive approbation à gauche et au centre.)*

Il est impossible qu'à cette tribune je laisse qualifier d'acte légal le renversement des lois et des institutions du pays... *(Très bien! très bien!)*

M. LE BARON DE SAINT-PAUL. — On les a renversées aussi, en 1848, les institutions du pays! Où était le droit?

M. LE PRÉSIDENT. — Que dites-vous, monsieur?

M. LE BARON DE SAINT-PAUL. — Je dis : Où était le droit, en 1848, lorsqu'on a renversé les institutions du pays? A-t-on, à cette époque, consulté le pays comme nous l'avons fait en 1852?

M. LE PRÉSIDENT. — En supposant, monsieur, que votre appréciation soit exacte, — ce que je n'admets pas, — une violation du droit ne peut en justifier une autre.

Le fait dont vient de parler M. Granier de Cassagnac est qualifié, par nos lois pénales et par les lois de tous les peuples civilisés, d'acte criminel... *(applaudissements prolongés à gauche et au centre)*, et il m'est impossible, sans manquer au premier de mes devoirs, d'en laisser apporter ici la justification. *(Nouveaux applaudissements sur les mêmes bancs.)*

M. Jolibois. — Il y en a beaucoup ici, parmi nos adversaires, qui ont juré obéissance et fidélité au prétendu criminel !

M. le président. — Votre affirmation n'infirme en rien ce que je viens de dire.

J'invite donc M. de Cassagnac à retirer les dernières paroles qu'il a prononcées.

M. Paul de Cassagnac retira, en effet, le mot dont il s'était servi, parce que, dit-il, il avait besoin d'avoir sa pleine liberté dans un débat qu'il considérait comme prochain, et qu'un rappel à l'ordre gênerait dès maintenant cette liberté. L'ordre du jour suivant fut ensuite proposé par les présidents des trois groupes de la gauche :

« La Chambre,

« S'associant au jugement porté sur les commissions mixtes par les organes du Gouvernement ;

« Approuvant la conduite de M. le garde des sceaux et confiante dans sa fermeté,

« Passe à l'ordre du jour. »

Cet ordre du jour fut voté par 367 voix contre 2, sur 369 votants.

§ VII

INCIDENTS

RELATIFS A UNE QUESTION POSÉE AU GARDE DES SCEAUX
PAR M. PAUL DE CASSAGNAC

AU SUJET

D'OUTRAGES ENVERS UN SOUVERAIN ÉTRANGER

SURVENUS LE 8 MAI 1877

A LA CHAMBRE DES DÉPUTÉS

Le 3 mai 1877 commença à la Chambre des députés la discussion de la demande d'interpellation signée par MM. Leblond, Laussedat et de Marcère, présidents des trois groupes de la gauche, et qui invitait le Gouvernement à faire connaître « les mesures qu'il avait prises et se proposait de prendre pour réprimer les menées ultramontaines dont la recrudescence inquiétait le pays ». Le 8 mai, M. Paul de Cassagnac adressa une question à M. le garde des sceaux au sujet d'outrages à un souverain étranger, l'empereur de Russie, commis dans différents journaux républicains. M. Jules Simon, président du conseil, exprima le regret que de pareils articles eussent été lus à la tribune. M. Paul de Cassagnac répondit que, puisque M. le président du conseil manifestait son indignation de cette lecture, il n'avait qu'une chose à faire : s'associer au sentiment de réprobation que l'orateur avait porté à la tribune.

M. Allain-Targé, député de la Seine, l'interrompit par

ces mots ; « Nous avons notre indignation à part. » Et
M. Paul de Cassagnac de répliquer : « Il y a, en effet,
monsieur Allain-Targé, deux façons de s'indigner. Mon
indignation, monsieur, ne porte pas toujours sur les mêmes
objets que la vôtre. Pendant la Commune, je m'indignais
contre les assassins et vous contre les otages. » Ces paroles
soulevèrent des protestations indignées à gauche et au
centre. Le président, M. Grévy, invita M. Paul de Cassagnac
à s'expliquer. Après les explications de l'orateur, le président reprit la parole :

M. LE PRÉSIDENT. — M. de Cassagnac a dit, en s'adressant à M. Allain-Targé, que, si son indignation,
à lui, s'adressait aux membres de la Commune, celle
de M. Allain-Targé s'adressait aux otages.

Il n'y a ici aucune distinction entre les paroles et
la pensée. Je prie M. Granier de Cassagnac de retirer purement, simplement et complètement sa
phrase dans les expressions et dans la pensée, sinon
je serai obligé de consulter la Chambre. *(Très bien !
très bien ! au centre et à gauche.)*

M. PAUL DE CASSAGNAC. — Il y a un instant, monsieur le président, j'ai entendu un de nos collègues
parler d'excuses et vous n'avez rien dit. *(Rumeurs
diverses.)*

Messieurs, si je retire cette phrase...

M. LE PRÉSIDENT. — Monsieur de Cassagnac, c'est
le président qui vous adresse en ce moment la parole
et c'est à lui que vous devez répondre. Je ne sais si
parmi les interruptions il est parti un mot comme
celui que vous indiquez...

CHAPITRE VI.

Plusieurs membres à droite. — Oui! oui!

M. Paul de Cassagnac. — Je l'ai entendu!

Plusieurs membres à droite. — Nous l'avons tous entendu!

M. le président. — D'ailleurs, ce n'était pas une injure.

M. Paul de Cassagnac. — Oh! oh!

M. le président. — Non, ce n'était pas une injure. Si vous étiez injurié, monsieur, je réprimerais à l'instant même l'injure; ce qui ne m'empêcherait pas de vous demander compte, comme je le fais, de ce que vous venez de dire contre un de nos collègues et qu'il m'est impossible de laisser passer.

M. Paul de Cassagnac. — Messieurs...

Plusieurs membres à droite, s'adressant à M. de Cassagnac. — Retirez le mot! retirez-le!

M. Paul de Cassagnac. — Messieurs, puisque mes amis me demandent de retirer le mot, je le retire, et je vous demande de m'accorder en échange — ce qui est une des raisons qui me déterminent à le retirer — la faculté de continuer mon discours.

A gauche. — Retirez la pensée aussi!

M. le président. — Ce n'est pas seulement le mot, c'est la phrase et la pensée qu'il faut retirer purement et simplement.

A gauche et au centre. — Oui! oui! C'est cela! *(Réclamations à droite.)*

M. le président, *s'adressant à la droite.* — Votre avis n'est pas partagé par l'orateur, qui a assez de franchise pour ne pas se retrancher derrière une équivoque et qui ne voudrait pas, en retirant le mot, maintenir la pensée. C'est à lui que je m'adresse, et quand je lui demande si c'est le mot et la pensée qu'il a retirés, je le prie de me répondre catégoriquement. *(Très bien! très bien!)*

Plusieurs membres à droite, s'adressant à M. Paul de Cassagnac. — Retirez! retirez!

M. LE BARON TRISTAN LAMBERT. — Cédez à la force!

M. PAUL DE CASSAGNAC. — L'honorable président a raison, je n'équivoque pas.

M. DUSSAUSSOY. — C'est de l'inquisition! *(Exclamations bruyantes à gauche.)*

M. LE PRÉSIDENT. — Que signifie une pareille interruption. Il n'y a pas d'inquisition ici.

M. PAUL DE CASSAGNAC. — Messieurs, je n'équivoque pas, je retire le fond et la forme par déférence pour mes amis qui m'y invitent, laissant à l'opinion publique le soin de voir dans quelles conditions j'y ai été amené. *(Rumeurs à gauche. — Applaudissements sur plusieurs bancs à droite.)*

(M. le président échange à voix basse quelques explications avec M. Paul de Cassagnac.)

M. LE PRÉSIDENT. — Quand M. de Cassagnac a ajouté qu'il laissait à l'opinion publique le soin de juger dans quelles conditions il a été amené à retirer la phrase malheureuse qu'il avait prononcée, je lui ai demandé ce qu'il entendait dire et s'il voulait par là faire entendre qu'il était contraint. M. Granier de Cassagnac

CHAPITRE VI.

m'a dit qu'il entendait se soumettre à l'opinion publique et pas à autre chose. *(Réclamations à gauche.)*

M. Paul de Cassagnac. — Évidemment! et c'est mon droit.

Voix à droite. — L'opinion publique appréciera!

M. le président. — Je vous prie de faire silence et de me laisser fermer cet incident.

L'orateur a eu un tort grave; il l'a réparé complètement en retirant la phrase qu'il avait prononcée, cela doit donner satisfaction à tout le monde. *(Très bien! très bien! — Réclamations sur quelques bancs à gauche.)*

M. Paul de Cassagnac. — Je ne puis pas cependant me mettre à genoux. *(Rires à droite.)*

M. le président. — Personne ici, à commencer par M. Allain-Targé, n'a intérêt à ne pas s'en déclarer satisfait. *(C'est vrai! très bien! très bien!)*

Continuez votre discours, monsieur de Cassagnac.

M. Paul de Cassagnac termina son discours. Le garde des sceaux, M. Martel, qui lui répondit, informa la Chambre des mesures qu'il avait prises à l'égard d'un des journaux cités, puis il exprima le regret qu'un pareil débat eût été porté à la tribune. La réplique de M. Paul de Cassagnac amena un nouvel incident. M. le président Grévy dut intervenir de nouveau en ces termes :

M. le président. — Messieurs, on a dit avec une profonde raison que l'article qui vient d'être lu à la tribune ne pouvait émaner que d'un mauvais citoyen, et M. Paul de Cassagnac a eu le tort, en descendant de cette tribune, de revenir, pour la troisième fois sur une insinuation, qui est une insulte... *(Dénégations à droite. — Si! si! à gauche.)*

Laissez-moi achever.

Lorsqu'il a dit, en montrant la gauche, qu'il avait la satisfaction de pouvoir dire que l'auteur de l'article ne sortait pas des rangs de la droite, il a adressé, pour la troisième fois, une insinuation injurieuse à ses collègues.

Voix à gauche. — Oui! oui! — La censure!

M. LE PRÉSIDENT. — Et ici je crois faire preuve de la dernière indulgence en me bornant à le rappeler à l'ordre. *(Assentiment à gauche et au centre.)*

§ VIII

INCIDENTS

RELATIFS A

LA LECTURE DU MESSAGE PRÉSIDENTIEL ET DU DÉCRET

PORTANT

AJOURNEMENT DE LA CHAMBRE

SURVENUS LE 18 MAI 1877

A LA CHAMBRE DES DÉPUTÉS

Quelques jours après, le 16 mai 1877, M. le maréchal de Mac-Mahon écrivait au président du conseil, M. Jules Simon, une lettre demeurée célèbre; le cabinet se retirait et était remplacé par un ministère qui avait à sa tête M. le duc de Broglie. Nous n'avons point à nous étendre sur ces événements, qui appartiennent à l'histoire. Nous nous bornerons à indiquer quel rôle y joua M. Grévy.

Le 18 mai, M. de Fourtou, ministre de l'intérieur du nouveau Gouvernement, monta à la tribune pour donner connaissance à la Chambre des députés du message de M. le maréchal de Mac-Mahon et du décret de prorogation. Une vive émotion se manifesta parmi les députés. Le *Journal officiel* rapporte ainsi ces incidents :

M. DE FOURTOU, *ministre de l'intérieur*, monte à la tribune. (De bruyantes exclamations éclatent à gauche. Les membres du centre invitent leurs collègues au calme et au silence, et les membres de la droite applaudissent.)

M. Paul de Cassagnac, *désignant la gauche*. — Ils sont indécents. *(Bruit.)* C'est une majorité factieuse !

M. Girault (du Cher). — C'est bien à vous à dire cela, avec les exemples que vous donnez tous les jours !

M. le président. — Je vous rappelle à l'ordre, monsieur de Cassagnac.

M. Paul de Cassagnac. — Rappelez toute la Chambre à l'ordre !

M. le président. — Vous n'avez pas le droit de qualifier ainsi vos collègues.

Des manifestations de la nature de celles qui se produisent sont déplacées. *(Agitation croissante.* — Des interpellations fort vives sont échangées entre la gauche et la droite de la Chambre.)

M. de Fourtou, *ministre de l'intérieur.* — Messieurs, je viens au nom... *(Vive et soudaine interruption à gauche.* — Des cris : à l'ordre! couvrent immédiatement la voix de l'interrupteur.)

M. Le Provost de Launay. — Criez donc tout de suite : Vive la Commune !

M. Robert Mitchell. — C'est un scandale !

M. Paul de Cassagnac. — A gauche, on vient de crier : Au pilori ! et vous n'avez rien dit, monsieur le président! *(Bruit.)*

CHAPITRE VI.

M. LE PRÉSIDENT. — Je ne l'ai pas entendu, au milieu du bruit qui se fait.

M. PAUL DE CASSAGNAC. — Vous n'entendez jamais ce qui se dit à gauche.

Voix diverses à droite. — Tout le monde a entendu! *(A l'ordre! à l'ordre!)*

M. LE PRÉSIDENT. — Si je connaissais personnellement celui qui a proféré cette parole...

M. PAUL DE CASSAGNAC. — Demandez-le-lui! *(Bruit.)*

M. LE PROVOST DE LAUNAY. — Il ne s'en cache pas, c'est M. Duportal!

M. LE PRÉSIDENT. — ... Non seulement je le rappellerais à l'ordre, mais je lui infligerais une peine plus sévère.

Je ne devrais pas avoir besoin de rappeler à la Chambre que son intérêt, l'intérêt du pays, exigent qu'elle sache garder son calme. *(Applaudissements prolongés à gauche et au centre.)* Je demande que sur tous les bancs on garde un silence absolu.

M. de Fourtou put lire ensuite le message et le décret du Président de la République ajournant les Chambres au 16 juin.

Après la lecture de ces documents, M. Gambetta, qui avait demandé la parole sur le message, se dirigea vers la tribune. Des protestations s'élevèrent du côté droit, et le député de la Seine fut vivement interpellé. M. Grévy coupa court à l'incident en prononçant les paroles suivantes :

M. LE PRÉSIDENT. — La Chambre des députés donne acte à M. le ministre de l'intérieur du message et du décret dont elle vient d'entendre lecture. Elle ordonne qu'ils seront insérés au procès-verbal de la séance et déposés aux archives.

On demande la parole sur le message.

Après la lecture du décret d'ajournement, il ne peut plus y avoir ni discussion ni délibération. *(Approbation.)*

Mais ceux qui croiront devoir faire des propositions au sujet du message pourront les présenter à la rentrée de la Chambre... *(C'est cela ! — Très bien !)*, conformément à leur droit et aux précédents.

M. Gambetta. — Et comme c'était mon intention.

M. le président. — Vous pourrez le faire à la rentrée. *(Bruit sur quelques bancs.)*

Restez donc dans la légalité. *(Très bien ! très bien ! — Applaudissements à gauche et au centre.)*

M. Horace de Choiseul. — C'est la seule réponse que l'on doive faire à un coup d'État.

M. le président. — Restez, je vous le répète, dans la légalité ! Restez-y avec sagesse, avec fermeté et avec confiance. *(Applaudissements prolongés à gauche et au centre.)*

M. Grévy, après ces paroles qui eurent un grand retentissement dans le pays, dit que la Chambre se réunirait le 16 juin à deux heures, et déclara la séance levée. Au moment où il quitta le fauteuil, le cri de : Vive la République ! retentit sur les bancs de la gauche et des centres, et le cri de : Vive la France ! sur les bancs de la droite.

§ IX

CENSURE PRONONCÉE CONTRE M. PAUL DE CASSAGNAC

A L'OCCASION DE

L'INTERPELLATION DES BUREAUX DES GAUCHES

SUR LA

COMPOSITION DU CABINET DU 17 MAI

LE 16 JUIN 1877

A LA CHAMBRE DES DÉPUTÉS

Au début de la séance du 16 juin, M. de Fourtou, ministre de l'intérieur, déclara que M. le Président de la République venait d'adresser au Sénat un message pour lui faire part de son intention de dissoudre la Chambre des députés et lui demander, selon les prescriptions de l'article 5 de la loi constitutionnelle du 25 février 1875, un avis conforme. Diverses propositions furent faites ensuite. Un député royaliste de la Vendée, M. Bourgeois, demanda que la Chambre examinât avant sa séparation les comptes du Gouvernement du 4 septembre. Il ajouta que la Cour des comptes avait constaté à cette occasion un déficit de 200 millions dont la justification n'avait pu être faite. M. Gambetta répliqua aussitôt, au milieu des cris et du tumulte : « Je demande que le Gouvernement veuille bien faire distribuer à nos adversaires qui sont là, et qui ne paraissent pas l'avoir lu, le travail de la Cour des comptes. C'est là-dessus que je compte, s'ils ont encore quelque reste de bonne foi, pour faire cesser une calomnie qu'ils ne se lassent pas de reproduire. » Ces paroles furent accueillies par de bruyantes exclamations et des cris : A l'ordre! à l'ordre! partis des bancs de la droite. Ce fut le début du long incident suivant :

M. LE PRÉSIDENT. — Le caractère des interpellations personnelles qui ont accueilli, à la tribune, l'explication si naturelle qu'y apportait M. Gambetta... *(Exclamations à droite. — Applaudissements prolongés à gauche.)*

M. LE PROVOST DE LAUNAY. — Nous ne pouvons laisser mettre en doute notre bonne foi. Nous ne pouvons pas nous laisser insulter par le complice de Ferrand !

M. LE PRÉSIDENT. — Vous m'interrompez et vous n'en avez pas le droit. Je rappellerai à l'ordre quiconque interrompra le président.

A droite. — Rappelez-nous tous à l'ordre !

M. LE PRÉSIDENT, *se tournant vers la droite.* — Veuillez garder le silence !

M. PAUL DE CASSAGNAC. — Allons donc !

MM. DE GUILLOUTET, BRIERRE *et d'autres membres de la droite* se lèvent et adressent de vives interpellations à M. le président.

M. ROBERT MITCHELL. — Ce n'est plus de la présidence, c'est de la complicité. *(Vives rumeurs et bruit.)*

M. LE PRÉSIDENT. — Gardez le silence.

M. PAUL DE CASSAGNAC. — Nous voulons être protégés.

M. LE PRÉSIDENT. — Vous me forcerez à vous rappeler à l'ordre.

CHAPITRE VI.

M. Robert Mitchell. — Vous n'êtes pas président de la Chambre, vous êtes un homme de parti !

M. le président. — Je vous rappelle à l'ordre !

M. Robert Mitchell. — Je l'accepte, votre rappel à l'ordre.

MM. de Guilloutet, Brierre *et quelques autres membres à droite.* — Rappelez-nous tous à l'ordre, tous !

M. Robert Mitchell. — Je demande la parole sur le rappel à l'ordre.

M. le président. — J'associerai au rappel à l'ordre tous ceux qui interrompront violemment.

Quelques membres à droite. — Tous ! tous !

M. Robert Mitchell. — Je demande la parole pour un rappel au règlement !

M. le président. — Veuillez me laisser parler. *(Interruptions bruyantes à droite.)*

Je n'ai qu'un regret... *(bruit à droite)*, c'est que le règlement me laisse désarmé et ne me permette pas de pousser plus loin la répression.

Cette scène de violence dura longtemps encore. Le président essaya en vain de se faire entendre au milieu des cris et du bruit. Enfin, il put prononcer ces mots : « J'ai dit que vous aviez provoqué M. Gambetta, et que ces provocations ne justifiaient pas son expression. » MM. Dugué de la Fauconnerie, Brierre et d'autres membres de la droite interpellèrent de nouveau M. Grévy. Enfin le président s'écria, en s'adressant à la droite : « Vous êtes, de ce côté, à l'état d'insurrection ! *(Vives interruptions à droite.)* Vous donnez un spectacle déplorable. *(Rumeurs à droite.)* » Ce n'est qu'après ce long tumulte que M. Grévy put lire la demande d'interpellation déposée par les bureaux des gauches sur la composition du cabinet du 17 mai et donner la parole à M. Bethmont. M. de Fourtou, ministre de l'intérieur, monta ensuite à la tribune, et ce fut pendant son discours que la majorité acclama le libérateur du territoire, M. Thiers. Puis vint le tour de M. Gambetta. Un passage du discours du député de la Seine déchaîna de nouveau la tempête :

M. GAMBETTA. — ... Je comprends trop bien les raisons que la minorité conservatrice peut avoir de se féliciter de la politique du ministère actuel ; mais je plains le cabinet qui est sur ces bancs de n'avoir que de pareils auxiliaires. *(Applaudissements prolongés à gauche.)*

M. CUNÉO D'ORNANO. — Vous préférez les communards ! Vous avez d'autres relations, vous !

M. PAUL DE CASSAGNAC. — Vous êtes l'ami de tous les coquins, de tous les incendiaires, de tous les assassins de la Commune.

M. LE PRÉSIDENT. — Monsieur Paul de Cassagnac, les paroles insultantes ne doivent pas trouver place ici.

M. PAUL DE CASSAGNAC. — Ah ! pardon, monsieur le président !

M. LE PRÉSIDENT. — Vous ne devez pas insulter ainsi vos collègues.

M. PAUL DE CASSAGNAC. — Vous avez bien laissé insulter le ministre de l'intérieur et la droite tout entière !

CHAPITRE VI.

M. LE PRÉSIDENT. — On n'a pas insulté le ministre. C'est vous qui insultez vos collègues !

M. PAUL DE CASSAGNAC. — On nous insulte, et au lieu de rester notre président, vous vous faites le complice des insulteurs !

M. LE PRÉSIDENT. — Le président dédaigne souverainement l'injure qui lui est adressée par M. Paul de Cassagnac.

M. PAUL DE CASSAGNAC. — Je vous rends votre dédain, monsieur le président.

Un membre à gauche. — Voilà les amis du ministère !

M. LE COMTE DE DOUVILLE-MAILLEFEU. — Que dit de cela le protégé de l'Empire ?

M. LE PRÉSIDENT. — Monsieur de Cassagnac, retirez-vous votre parole ?

M. PAUL DE CASSAGNAC. — Il y a deux hommes en face, vous et moi. Vous avez parlé mépris, je vous ai répondu mépris : c'était mon droit.

M. LE PRÉSIDENT. — Vous dites qu'il y a deux hommes en face l'un de l'autre ? Oui : il y a un président et un député.

M. PAUL DE CASSAGNAC. — Je suis député comme vous l'êtes vous-même, et en matière d'honneur, je vous vaux.

M. LE PRÉSIDENT. — Je devrais peut-être, messieurs, après l'outrage sans précédent dans les assemblées délibérantes, que M. Granier de Cassagnac vient d'adresser au président de cette Chambre...

M. Paul de Cassagnac. — Après le vôtre! *(Exclamations à gauche.)*

M. le président. — Monsieur de Cassagnac, vous avez commencé par adresser au président des paroles insultantes. Il vous a dit qu'il les dédaignait. C'est alors que vous lui avez répondu que vous lui renvoyiez son dédain. Voilà la vérité rétablie.

Je dis que cette insulte adressée au président n'a pas d'exemple dans les Chambres françaises. Je dis qu'un pareil outrage mériterait l'application de la peine la plus sévère du règlement.

M. Paul de Cassagnac. — Eh bien, je l'attends!

M. le président. — Je me contenterai de proposer à la Chambre la censure contre M. Paul de Cassagnac.

Je consulte la Chambre sur la peine de la censure.

(La Chambre est consultée et elle prononce la censure.)

M. Paul de Cassagnac. — Vous avez laissé M. Gambetta nous insulter sans proposer aucune peine contre lui. Du moment où il n'y a plus de justice, on a le devoir de se faire justice soi-même.

M. le président. — Vous usurpez ici, monsieur, un rôle qui n'appartient à personne, celui d'insulter vos collègues... *(C'est vrai! — Très bien! très bien! à gauche)*, et ce rôle, vous venez de l'étendre jusqu'au président de la Chambre.

M. Paul de Cassagnac. — Vous n'êtes pas un président, vous êtes un adversaire dans ce moment-ci, un adversaire qui n'écoute que la passion.

CHAPITRE VI.

M. le président. — Je suis votre président.

M. Paul de Cassagnac. — Je vous le répète, vous n'obéissez qu'à la passion!

M. Cunéo d'Ornano. — Ce n'est pas M. de Cassagnac qui a commencé.

M. le président. — La censure a été prononcée contre M. Paul de Cassagnac. Je prie l'orateur de continuer son discours.

M. Gambetta continua, en effet, son discours qui fut haché par les interruptions de la droite. Avec une énergie et une présence d'esprit admirables, il tint tête jusqu'à la fin à plus de cent interrupteurs. A un moment, il fit allusion à ceux qui, dans le parti conservateur, prétendaient sauver la société. « C'est bien simple, dit-il : un bataillon de chasseurs à pied et l'affaire est faite. » M. Paul de Cassagnac répliqua : « Deux gendarmes suffisent pour vous! » Ces paroles provoquèrent de bruyantes réclamations à gauche et au centre, tandis que M. de Baudry d'Asson et quelques membres à droite criaient bravo! à l'interrupteur. M. Grévy prit la parole et dit :

M. le président. — J'ai épuisé contre M. Granier de Cassagnac les peines du règlement; il me réduit à l'impuissance pour réprimer plus longtemps ses attaques contre ses collègues. Je suis obligé de le livrer au sentiment de la Chambre et de la France entière. *(Très bien! très bien! et applaudissements à gauche et au centre.)*

§ X

INCIDENT

AMENÉ PAR UN DISCOURS DE M. FERRY

DANS LA

DISCUSSION DES INTERPELLATIONS DES BUREAUX DES GAUCHES

SUR LA

COMPOSITION DU CABINET DU 17 MAI

SURVENUE LE 18 JUIN 1877

A LA CHAMBRE DES DÉPUTÉS

La discussion continua, ardente et passionnée. Après une déclaration de M. le duc Decazes, ministre des affaires étrangères, et un discours de M. Paris, ministre des travaux publics, M. Jules Ferry prit la parole, le 18 juin. Un passage de son discours, dans lequel la droite vit un outrage au maréchal de Mac-Mahon, souleva de telles clameurs que la séance dut être interrompue. Voici cet incident tel qu'il est rapporté dans le *Journal officiel* :

M. JULES FERRY. — Messieurs, l'histoire jugera la Constitution de février 1875, et je crois que le jugement qu'elle en portera ne sera pas très différent de celui que je vais dire.

L'histoire dira que, sans doute, cette Constitution était compliquée, qu'elle avait des obscurités, des pièges plus ou moins savamment ménagés, des dangers, des ténèbres; elle dira cela; mais elle ajoutera que, même avec cette Constitution, tout était facile si on l'eût pratiquée loyalement des deux côtés. *(Bravos et applaudissements prolongés à gauche et au centre. — Rumeurs à droite.)*

M. Paul de Cassagnac. — Vous permettez d'insulter le maréchal, monsieur le président!

M. le baron Tristan Lambert. — On attaque la loyauté du maréchal! *(Nouveaux applaudissements à gauche et au centre.)*

A droite. — A l'ordre, l'insulteur! à l'ordre!

M. Jules Ferry. — J'entends dire...

Nouveaux cris. — A l'ordre! à l'ordre!

M. le président. — Laissez l'orateur s'expliquer.

M. Jules Ferry. — Ce que je veux expliquer à la Chambre, c'est que le rôle et la politique de la majorité...

A droite. — Retirez le mot!

M. le comte de Perrochel. — Ces paroles-là sont factieuses!

A droite. — Oui! oui! — A l'ordre!

M. Jules Ferry. — Messieurs... *(A l'ordre! à l'ordre!)* J'ai dit et je répète...

A droite. — Retirez le mot! retirez le mot!

M. Jules Ferry. — J'ai dit que pour faire marcher la Constitution du 25 février 1875, une seule condition était nécessaire : la loyauté... *(Applaudissements au centre. — Vives protestations à droite et cris : A l'ordre! à l'ordre!)*

M. Paul de Cassagnac. — Celui qui a affamé Paris n'a pas le droit d'insulter celui qui l'a sauvé!

M. le président. — Veuillez faire silence, messieurs!

A droite. — A l'ordre! à l'ordre! l'insulteur du maréchal!

M. Jules Ferry. — Il faut bien que nous discutions...

M. de Baudry d'Asson. — Non! non! Retirez le mot d'abord!

M. le comte de Perrochel. — Nous ne souffrirons pas qu'on insulte le maréchal à la tribune!

M. le président. — Le respect des autorités de la République et particulièrement du Président de la République est ici pour tout le monde un impérieux devoir. *(Très bien! très bien! à droite.)*

Lorsque M. Ferry a dit que la condition du bon fonctionnement de la Constitution était la loyauté, je ne pense pas qu'il ait voulu dire, par opposition, que le Président de la République ne l'exécutait pas loyalement. Si telle avait pu être sa pensée, je serais obligé de le rappeler à l'ordre.

A droite. — La censure! la censure!

M. le comte de Douville-Maillefeu. — Monsieur le président, consultez la Chambre sur la censure, puisqu'on la demande.

M. le président. — Laissez au président le soin d'exercer ses fonctions.

M. Jules Ferry. — Messieurs, je juge une politique

représentée par les ministres qui sont sur ces bancs; il n'y a plus de discussion parlementaire, et il faut de suite, mettant M. de Cassagnac à la tête d'un bataillon, nous jeter par les fenêtres... *(Vives interruptions à droite.)*

M. Paul de Cassagnac. — Pour vous, la porte suffit.

M. Jules Ferry. — ... Si on ne peut pas dire que la politique du cabinet n'est pas une politique loyalement constitutionnelle. *(Applaudissements à gauche.)*

A droite. — A l'ordre! à l'ordre!

M. le comte de Maillé se lève et prononce quelques paroles qui se perdent dans le bruit.

M. Robert Mitchell. — Nous ne pouvons pas laisser insulter le maréchal devant nous. Nous préférons quitter la séance.

M. de Baudry d'Asson. — Je constate que M. Ferry n'a pas retiré les paroles injurieuses qu'il a adressées au maréchal Président de la République, et qu'il n'a pas été rappelé à l'ordre. *(Bruit croissant.)*

M. Jules Ferry. — Ce n'est pas au maréchal que je m'adresse, c'est aux ministres qui le représentent ici. *(Nouveaux cris : A l'ordre! à l'ordre!)*

M. le président. — M. Ferry a dégagé complètement la personne de M. le Président de la République.

M. Paul de Cassagnac. — Non, il n'a rien retiré!

M. le baron Tristan Lambert. — Vous l'avez invité à s'expliquer, monsieur le président, et, au lieu de le faire, il a provoqué M. de Cassagnac!

M. le président. — M. Ferry a expliqué que son expression ne s'adressait pas au Président de la République, mais à la politique ministérielle.

A droite. — Non! non! — A l'ordre! à l'ordre!

M. le président. — Quand vous voudrez bien le permettre, messieurs, la délibération pourra continuer.

M. le prince de Léon. — Nous ne permettons pas à M. Ferry d'insulter le maréchal!

M. le président. — Vous ne voulez pas permettre que la délibération continue?...

M. le prince de Léon. — Nous ne permettrons pas à M. Ferry de continuer, tant qu'il n'aura pas retiré l'insulte qu'il a adressée au maréchal. *(C'est cela! — Très bien! à droite.)*

M. le vicomte de Bélizal. — Nous ne permettrons pas non plus qu'on attaque la loyauté des ministres du maréchal. *(Agitation.)*

M. Girault (Cher). — Voilà les défenseurs du Gouvernement!

M. le président. — M. Ferry s'est expliqué...

M. de Baudry d'Asson. — Il n'a donné que des explications insuffisantes. Nous ne pouvons pas nous en contenter! Nous demandons le rappel à l'ordre!

M. Jules Ferry. — Messieurs, vous faites aux orateurs de la majorité une situation vraiment inextricable... *(A l'ordre! à l'ordre! à droite)* ...car nous avons à nous défendre ici contre un message du Président de la République, et il ne nous est pas permis de le discuter! *(Vives réclamations à droite.)*

CHAPITRE VI.

M. Paul de Cassagnac. — Nous n'acceptons pas de leçons de loyauté d'un émeutier !

M. de Baudry d'Asson. — Si M. Ferry était un membre de la droite, il y a longtemps qu'il aurait été rappelé à l'ordre.

M. le président. — M. Jules Ferry s'est expliqué... *(Non! non! à droite.)* Veuillez laisser continuer la discussion. *(A l'ordre! à l'ordre!)*

M. le vicomte de Bélizal. — Qu'il retire le mot dont il s'est servi !

M. Paul de Cassagnac. — Qu'il retire le mot, ou il ne parlera pas !

M. Jules Ferry. — C'est ce que nous verrons.

M. Paul de Cassagnac. — Oui, nous le verrons ! *(Bruit croissant. — Tumulte.)*

M. le président, *se tournant vers les interrupteurs.* — Vous vous mettez en état de révolte contre l'autorité du président...

MM. Paul de Cassagnac et de Baudry d'Asson. — Pour défendre le maréchal !

M. le président. — Vous vous mettez en état de révolte contre le règlement...

M. Paul de Cassagnac. — Pour défendre le maréchal contre les républicains.

M. le président. — Vous donnez un spectacle que n'a encore donné aucune Assemblée. *(Vives protestations à droite.)*

Vous abusez de ce que le règlement, par respect pour le caractère du député, n'a pas voulu prévoir, et n'a pas donné au président le moyen de réprimer de pareils excès. *(Applaudissements au centre et à gauche. — Nouvelles protestations à droite.)*

Je vous invite à faire silence et à laisser continuer la discussion; sinon, je lèverai la séance.

A droite. — Qu'il retire le mot! qu'il retire le mot!

M. LE PRÉSIDENT. — Vous êtes à l'état de révolte, et contre le règlement, et contre le président, et contre l'autorité de la Chambre. *(Applaudissements au centre et à gauche.)*

M. PAUL DE CASSAGNAC. — Nous sommes à l'état de révolte contre l'injustice et l'outrage!

M. LE PRÉSIDENT. — Il n'y a ni injustice ni outrage : le mot a été expliqué.

M. PAUL DE CASSAGNAC. — M. Ferry n'a rien expliqué ; il a fait du jésuitisme rouge. Qu'il retire le mot, ou il ne parlera pas! *(Bruit.)*

M. JULES FERRY. — On a évidemment l'intention... *(Interruptions violentes à droite. — Cris : A l'ordre! à l'ordre!)* On a évidemment l'intention... *(A l'ordre! à l'ordre!)*, après avoir mis la majorité en accusation devant le pays, de ne pas lui laisser la parole pour se défendre. *(Nouveaux cris : A l'ordre! à l'ordre!)*

La majorité a besoin d'établir... *(A l'ordre! à l'ordre! à droite)* qu'elle a pratiqué la Constitution non seulement avec une correction parfaite... *(bruit croissant à droite)*, mais dans un esprit de sagesse, de transaction et de bon accord... *(Très bien! très bien! au centre et à gauche.)*

CHAPITRE VI

M. Paul de Cassagnac. — Rendez hommage à la loyauté du maréchal, ou vous ne parlerez pas!

M. Jules Ferry, *au milieu du bruit*. — Vos clameurs ne m'empêcheront pas de le dire assez haut pour que le pays l'entende! la majorité de la Chambre des députés n'a jamais recherché, depuis un an, que l'harmonie des pouvoirs et l'exécution de la Constitution. *(Nouvelles interruptions à droite.)*

Je lis, dans le message de M. le Président de la République, cette phrase, qui est l'unique grief sur lequel le pouvoir exécutif a pu s'appuyer... *(Interruptions et bruit persistant à droite.)*

Vous ne voulez pas écouter le message?

M. Paul de Cassagnac. — Expliquez le mot ou retirez-le!

M. le président. — L'orateur l'a retiré.

M. de Baudry d'Asson. — Non! non! il ne l'a pas retiré! C'était une injure au maréchal, et, dans les circonstances actuelles, une explication suffisante est nécessaire.

(Un assez grand nombre de membres de la gauche se lèvent et semblent disposés à quitter leurs places. L'orateur lui-même se retire de la tribune.)

M. le président, *s'adressant à la droite*. — L'orateur ne peut continuer. Il se retire devant vos violences. *(Non! non! à droite.)*

M. de Baudry d'Asson. — Nous constatons qu'il quitte la tribune sans avoir retiré ses paroles.

M. le président. — L'orateur se retire devant vos violences...

M. Paul de Cassagnac. — C'est de l'indignation, ce n'est pas de la violence !

M. le président. — ... et le président, impuissant et désarmé...

M. Paul de Cassagnac. — Nous l'espérons bien !

M. le président. — ... ne peut qu'en appeler à la France qui vous regarde et fera justice.

M. Paul de Cassagnac. — Si vous êtes désarmé, le maréchal restera armé, heureusement !

M. Jules Ferry remonte à la tribune.

A droite. — Expliquez vos paroles !

M. le président, *s'adressant à la droite.* — Si la liberté de la tribune est violée dans la personne de l'orateur, il ne restera au président qu'à proposer à la Chambre la clôture de la discussion et à l'appeler à voter sur l'ordre du jour.

Monsieur Ferry, veuillez continuer, si ces messieurs le permettent ; autrement je consulterai la Chambre.

M. Robert Mitchell. — A la demande des ministres, par déférence pour leur demande seulement, nous permettons à l'orateur de continuer.

M. Paul de Cassagnac. — Oui ! nous vous laissons parler, à la demande du ministère.

M. le président. — Vous n'avez rien à permettre ici. Ne vous arrogez pas un droit que vous n'avez pas ! Parlez, monsieur Ferry.

(Le calme et le silence se rétablissent sur les bancs de la droite.)

M. Ferry continua son discours. Tandis qu'il expliquait que la Chambre des députés, d'accord avec le ministère que présidait M. Jules Simon, n'avait eu d'autre objet « que de faire rentrer l'Église dans le temple, et la société religieuse dans les limites du Concordat », M. Ernest Dréolle lui lança l'interruption suivante : « Vous n'avez pas même le style de ces hautes questions ». M. Ferry pria l'interrupteur de « vouloir bien lui donner des leçons de grand style », et le président, M. Grévy, mit fin à l'incident par cette observation :

« M. LE PRÉSIDENT. Il faut être bien sûr de son talent pour adresser à un orateur de pareilles critiques.

« M. PAUL DE CASSAGNAC. — On peut être juge !

« M. LE PRÉSIDENT. — Il ne suffit pas d'en être sûr, il faut encore être modeste. » *(On rit. — Très bien! très bien!)*

La troisième journée de discussion fut consacrée aux discours de MM. Louis Blanc et Léon Renault. Puis cet émouvant débat fut clos par la présentation de l'ordre du jour suivant, signé par MM. Horace de Choiseul, de Marcère et autres :

« La Chambre des députés,

« Considérant que le ministère, formé le 17 mai par le Président de la République et dont M. le duc de Broglie est le chef, a été appelé aux affaires contrairement à la loi des majorités, qui est le principe du gouvernement parlementaire ;

« Qu'il s'est dérobé, le jour même de sa formation, à toutes explications devant les représentants du pays ;

« Qu'il a bouleversé toute l'administration intérieure

afin de peser sur les décisions du suffrage universel par tous les moyens dont il pourra disposer ;

« Qu'à raison de son origine et de sa composition, il ne représente que la coalition des partis hostiles à la République, coalition conduite par les inspirateurs des manifestations cléricales déjà condamnées par la Chambre ;

« Que c'est ainsi que, depuis le 17 mai, il a laissé impunies les attaques dirigées contre la représentation nationale et les provocations directes à la violation des lois ;

« Qu'à tous ces titres il est un danger pour l'ordre et pour la paix, en même temps qu'une cause de trouble pour les affaires et les intérêts ;

« Déclare que le ministère n'a pas la confiance des représentants de la nation,

« Et passe à l'ordre du jour. »

Cet ordre du jour fut voté, le 19 juin, par 363 voix contre 158.

§ XI

ALLOCUTION DE M. LE PRÉSIDENT GRÉVY

A L'OCCASION DE LA LECTURE

DU

DÉCRET DE DISSOLUTION

PRONONCÉE LE 25 JUIN 1877

A LA CHAMBRE DES DÉPUTÉS

Le message présidentiel avait été porté à la connaissance du Sénat le 16 juin. Le rapport de M. Depeyre fut lu le 21 juin. La commission, dont M. Depeyre était l'organe, proposait au Sénat de donner un avis conforme à l'intention manifestée par le Président de la République de dissoudre la Chambre des députés. Après un débat auquel prirent part MM. Victor Hugo, Jules Simon, Bérenger, Bertauld, Martel, Laboulaye, contre, et MM. le duc de Broglie, garde des sceaux, ministre de la justice, Brunet, ministre de l'instruction publique, et de Franclieu, pour la dissolution, le Sénat adopta, le 22 juin, par 149 voix contre 130, le projet de résolution suivant :

« Vu le message de M. le Président de la République en date du 16 juin, par lequel il fait connaître au Sénat son intention de dissoudre la Chambre des députés et lui demande l'avis prescrit par l'article 5 de la loi sur les pouvoirs publics,

« Le Sénat émet un avis conforme à la proposition du Président de la République. »

PRÉSIDENCE DE LA CHAMBRE DES DÉPUTÉS.

Le décret de dissolution, signé le 25 juin, fut porté le même jour à la Chambre des députés. Après avoir reçu cette communication, le président s'adressa à l'Assemblée en ces termes :

M. LE PRÉSIDENT. — Messieurs, avant de donner connaissance de la communication que j'ai reçue du ministre de l'intérieur, je veux remercier une dernière fois la Chambre du grand honneur qu'elle m'a fait et de la bienveillance qu'elle m'a témoignée.

A gauche et au centre. — Très bien! très bien!

M. LE PRÉSIDENT. — Le pays, devant lequel elle va retourner, lui dira bientôt que, dans sa trop courte carrière, elle n'a pas cessé un seul jour de bien mériter de la France et de la République! *(Bravos et applaudissements prolongés à gauche et au centre.)*

M. le président Grévy lut ensuite une lettre du ministre de l'intérieur et le décret de dissolution, et il ajouta :

« La Chambre donne acte à M. le ministre du décret dont elle vient d'entendre la lecture. Elle en ordonne l'insertion au procès-verbal et le dépôt dans ses archives.

« La séance est levée. »

A gauche et au centre : Vive la République!

A droite : Vive la France!

§ XII

DISCOURS

SUR

LA TOMBE DE M. THIERS

PRONONCÉ LE 8 SEPTEMBRE 1877
AU CIMETIÈRE DU PÈRE-LACHAISE

Pendant que la France républicaine résistait avec une admirable fermeté aux entreprises du Gouvernement du 17 mai, M. Thiers mourut subitement à Saint-Germain-en-Laye, le 3 septembre 1877. Les funérailles de l'ancien Président de la République, qui eurent lieu le 8 septembre, furent un événement national. L'honneur de parler le premier sur la tombe du libérateur du territoire échut à l'ancien président de l'Assemblée nationale et de la Chambre des députés. Voici, d'après le *Temps*, le texte du discours de M. Jules Grévy :

Messieurs,

Au milieu de ce concert de regrets et de louanges qui s'élève de toutes parts sur la tombe du grand citoyen que la mort vient de frapper; lorsque tant de voix émues, dans la presse française et étrangère, dans les discours éloquents que vous allez entendre, dans les épanchements de l'intimité, célèbrent à l'envi la magnifique existence de M. Thiers, son merveilleux esprit, si étendu et si pénétrant, si vif et si plein de charme, son admirable bon sens, cette qualité maîtresse de l'homme d'État; son éloquence incomparable; ses trésors de savoir et d'expérience, fruit précieux de soixante ans d'études éclairées et mûries par un long maniement des affaires publiques; son ardent amour de son pays; les mémorables services qu'il lui a rendus; que pourrais-je vous dire qui ne fût pas un écho affaibli de cette immense acclamation?

Je veux cependant arrêter un moment votre attention sur ce qui sera pour l'histoire le grand trait de la vie politique de M. Thiers : je parle de son avènement à la République.

M. Thiers a appartenu longtemps à cette école de la monarchie constitutionnelle qui a jeté un si vif éclat dans la première moitié de ce siècle. Comme presque tous les hommes de sa génération, il croyait trouver dans cette institution la réalisation du gouvernement de la nation par elle-même, cet invincible besoin des peuples modernes. Il croyait pouvoir transplanter dans notre pays le gouvernement anglais, sans prendre garde qu'en France le temps a détruit sans retour les éléments sociaux sur lesquels ce gouvernement a été originairement fondé en Angleterre, et que, dans une société parvenue à l'état démocratique, cette importation tardive était un anachronisme.

CHAPITRE VI.

C'est ce que le spectacle de nos malheurs a montré plus tard à ce grand esprit, lorsque, portant ses regards en arrière et scrutant les événements qui, en trois quarts de siècle, ont fait tomber huit gouvernements détruits par des révolutions violentes, — chose inouïe dans les fastes du monde, — il a vu que la cause de si fréquents bouleversements et d'une instabilité si extraordinaire est que la France, devenue une pure démocratie, n'a pu supporter les gouvernements monarchiques qu'on s'est obstiné à lui imposer.

Il voyait, d'un autre côté, que les partis dynastiques, tristes legs de ces révolutions, se tenant respectivement en échec et se neutralisant, aucun d'eux ne pouvait désormais remonter au pouvoir et s'y maintenir.

Il dut en coûter à cet illustre vétéran du parti monarchique de renoncer à une cause qui avait eu si longtemps ses prédilections, et à laquelle l'attachaient tant de sentiments et de souvenirs.

Mais aucun sacrifice n'était au-dessus de son patriotisme et de son amour de la vérité. Il n'hésita point à déclarer solennellement, et il répétait encore quelques jours avant de mourir, que *la République est le seul gouvernement possible en France. (Très bien! très bien!)*

Un si grand exemple, donné de si haut, entraîna à la suite de M. Thiers, et cette brillante pléiade d'esprits libéraux qui lui faisaient cortège, et cette partie de la nation que hantaient encore de vaines frayeurs ou d'injustes préventions.

C'est à M. Thiers que la République doit en grande partie d'avoir conquis la confiante adhésion de la France ; c'est à lui qu'elle doit d'avoir convaincu l'Europe qu'elle est un gouvernement d'ordre et de paix. *(Très bien! très bien!)*

Mais, en retour, c'est à la force du gouvernement républicain à la tête duquel il était placé, que M. Thiers a dû de pouvoir relever la France de ses désastres avec une promptitude et un succès qui ont étonné le monde. *(Bravo! bravo!)*

Fondation de la République, relèvement de la France : tels sont les deux grands services que M. Thiers a eu le bonheur de rendre à son pays. Tels seront ses plus beaux titres aux yeux de la postérité. C'est par eux que sa mémoire sera immortelle et la reconnaissance du peuple français impérissable!

Quels services il eût pu rendre encore!

Mais, puisque nous l'avons perdu, gardons du moins son exemple et sa tradition.

Appliquons-nous à montrer comme lui que la République est un gouvernement d'ordre, de paix et de liberté, le seul gouvernement conservateur dans notre pays et dans notre temps, parce que, seul, il est approprié à nos intérêts, à nos besoins, à notre état social. *(Bravo! bravo!)*

Ainsi, nous honorerons la mémoire de M. Thiers, et nous servirons la France! *(Très bien! très bien!)*

Après M. Grévy parlèrent M. l'amiral Pothuau; M. Sylvestre de Sacy, au nom de l'Académie française; M. Vuitry, au nom de l'Académie des sciences morales et politiques, et M. Jules Simon.

Dès le lendemain de la mort de M. Thiers, M. Jules Grévy fut unanimement désigné comme le conseil et le guide du parti républicain[1]. Les organes de la réaction, qui avaient tant de fois opposé la personnalité de M. Gambetta à celle de M. le maréchal de Mac-Mahon, furent obligés de changer de tactique. Ils entreprirent aussitôt une campagne de dénigrement et de calomnie contre l'ancien président de la Chambre des députés, et ils furent secondés dans leur œuvre par le Gouvernement lui-même, à qui le nouveau chef du parti républicain causait une vive inquiétude.

La *France*, dirigée alors par M. Émile de Girardin, publia, dans son numéro du samedi 15 septembre, le texte de la dépêche suivante du ministère de l'intérieur, qui avait été affichée aux portes des préfectures et expédiée à tous les maires des communes avec ordre de la faire lire à son de caisse :

« Jeudi, le 13 septembre 1877.

« M. le maréchal a quitté Bordeaux hier à 10 heures du matin, est arrivé à Périgueux à une heure. Réception enthousiaste, longues acclamations.

« Grévy a quitté Paris avant-hier soir, rentrant dans Jura, se dérobant ainsi aux sollicitations des groupes de

1. Voici le texte d'un entrefilet publié dans le journal *le Bien public*, du 7 septembre :

« M. Jules Grévy, qui est arrivé à Paris, portera la parole sur la tombe de M. Thiers au nom des anciens députés.

« Nous apprenons également que l'accord s'est établi entre tous les représentants autorisés des groupes républicains;

gauche, et a déclaré à plusieurs personnes qu'à aucun prix il ne consentirait à prendre direction politique du parti républicain. — Républicains, disait-il, n'ont qu'une chose à faire : s'entendre avec le maréchal. »

La *France* ajouta qu'en présence de cette publication d'un caractère inusité, M. Grévy ferait peut-être bien de répondre une fois pour toutes aux récits des écrivains officiels et officieux. La réponse de l'ancien président de la Chambre des députés ne se fit pas attendre. Voici la lettre qu'il adressa au rédacteur en chef de la *France* :

« Mont-sous-Vaudrey (Jura), le 16 septembre.

« Mon cher monsieur de Girardin,

« Quoique je n'aie pas l'habitude de m'occuper des sottises qu'on m'attribue, je ne puis laisser passer, sans la démentir, l'étrange dépêche que m'a fait connaître votre numéro du 16. Permettez-moi, je vous prie, de déclarer dans votre journal que l'attitude et le langage que me prête cette dépêche sont une calomnie.

« Agréez, je vous prie, l'assurance de ma haute considération.

« *Signé* : Jules Grévy. »

Un organe monarchique, *le Constitutionnel*, trouva que cette réponse était « dure ». Elle ne prêtait, en tout cas, point à l'équivoque.

La presse ministérielle était avertie. Elle comprit qu'il

tous, sans exception, s'inclinent devant la haute autorité, la compétence, le caractère à la fois ferme et conciliant de l'ancien président de la Chambre dissoute, M. Jules Grévy.

« Les comités électoraux républicains du IX⁰ arrondissement de Paris ont résolu de soutenir sa candidature en remplacement de celle de M. Thiers. »

CHAPITRE VI.

faudrait désormais compter avec M. Grévy. Cependant quelques journaux conservateurs n'hésitèrent pas à rendre au chef du parti républicain la justice qui lui était due. Le *Constitutionnel* publia l'article suivant au sujet du rôle que M. Grévy allait être appelé à jouer :

« M. Grévy a une incontestable, une immense autorité, qui va au delà du parti auquel il appartient originellement. Il la mérite par son ferme bon sens, sa loyauté que personne n'a jamais mise en doute, par l'impartialité courageuse avec laquelle il a toujours su se mettre au-dessus des passions.

« M. Grévy est un des titres d'honneur de l'idée républicaine ; et il nous semble même nous souvenir qu'un écrivain, — qui est aux antipodes du républicanisme, — M. Paul de Cassagnac, s'écriait un jour que si tous les républicains étaient semblables à M. Grévy, il serait prêt à se faire républicain.

« Il est manifeste que dans le nom de M. Grévy il y a comme une vertu qui attire à la République. »

Une autre feuille de la même opinion, *l'Estafette*, s'exprima ainsi au sujet de la succession politique de M. Thiers :

« M. Grévy est un parfait honnête homme, dans la plus stricte acception du mot ; c'est un républicain austère, dont les vertus et la gravité commandent l'estime et la vénération de tous. Il a au plus haut degré ce précieux attribut d'un chef d'État, la respectabilité. De plus, il ne fait point éclat de ses opinions, ne tranche pas du dictateur ; son éloquence n'a rien de tonitruant ; dans aucun parti sa parole ne lui a suscité de haine violente ; il est calme, froid, majestueux. A Rome on eût peut-être été le chercher comme Cincinnatus. Aux États-Unis, les politiciens de son parti auraient jeté les yeux sur lui, comme ils ont jeté les yeux récemment sur M. Hayes, pour le transporter d'une obscurité relative à la plus haute dignité de la République... »

Mais ce qu'on eût fait à Rome, l'*Estafette* ne voulait point qu'on le fît en France. Elle eût accepté M. Grévy comme Président dans une République où les institutions auraient fonctionné avec la plus grande régularité et depuis de longues années déjà. Mais telle ne lui semblait pas être la situation de notre pays. Nous n'avons point à discuter cette question qui, à l'heure qu'il est, n'offre plus beaucoup d'intérêt ; il nous suffit d'avoir montré en quelle haute estime M. Grévy était tenu à cette époque par ses adversaires politiques eux-mêmes, et à quel point les ministres du 17 mai redoutaient son influence.

Le *Nord*, de Bruxelles, organe officieux du gouvernement russe, après avoir dit que M. Grévy était l'homme désigné pour recueillir la succession politique de M. Thiers, ajouta :

« Le comité des gauches sénatoriales, sans nommer M. Jules Grévy, le désignait d'ailleurs nettement dans son manifeste, quand il disait que le successeur de M. Thiers à la tête du parti devrait continuer la politique « ferme et prudente dont l'illustre citoyen a donné l'exemple au pays[1] ». C'était clairement dire que le nouveau chef du

1. Voici le passage du manifeste des gauches du Sénat, publié au lendemain de la mort de M. Thiers, auquel fait allusion le journal *le Nord* :

« Chers concitoyens, les hommes de mérite et de vertu civique ne manquent pas en France, qui sont prêts à continuer les traditions de M. Thiers, et à se dévouer comme lui à la fondation d'une République libérale et conservatrice, protectrice de tous les intérêts légitimes, ouverte à toutes les améliorations et à tous les progrès. »

CHAPITRE VI.

parti républicain devait appartenir, comme M. Thiers, à l'opinion la plus modérée du parti. Et ce n'est pas le moindre hommage rendu à la politique de M. Thiers, que l'empressement des journaux ultra-radicaux eux-mêmes à proclamer que M. Jules Grévy, « le président respecté de tous, l'homme politique devant lequel tous les partis s'inclinent, le citoyen entouré de la considération universelle », est bien le successeur naturel de M. Thiers.

« Et, en effet, M. Jules Grévy représente les vues et le tempérament politique de ces nombreuses classes moyennes, de cette bourgeoisie que personnifiait si bien M. Thiers.

« M. Gambetta a sagement agi en conseillant lui-même à ses amis de s'associer à la décision prise par les gauches sénatoriales de remettre à M. Jules Grévy la direction du parti. »

§ XIII

DOUBLE ÉLECTION DE M. GRÉVY
A PARIS ET DANS LE JURA

LE 14 OCTOBRE 1877

Cependant le jour des élections approchait. Il s'agissait de pourvoir tout d'abord à la succession législative de M. Thiers, qui représentait le neuvième arrondissement de Paris. Le nom de M. Grévy était sur toutes les lèvres. Le 1er octobre, le comité électoral du neuvième arrondissement adressa à l'ancien président de la Chambre des députés la lettre suivante :

« Monsieur et cher concitoyen,

« Représentants de la majorité républicaine du neuvième arrondissement de la ville de Paris, nous avons reçu mandat de vous offrir la candidature aux élections législatives du 14 octobre.

« La mort si regrettable de M. Thiers a provoqué dans tous les rangs du parti républicain un même sentiment de sympathie et de confiance vers l'homme que son passé, les services rendus, l'autorité et l'élévation de caractère désignaient aux yeux de tous — même de nos adversaires — comme le plus digne d'occuper, à la tête de la démocratie française, le rang et la place qu'y tenait M. Thiers lui-même.

CHAPITRE VI.
453

« Nous ne faisons donc qu'exprimer le vœu public en vous priant d'accepter le mandat de député.

« Plus qu'aucune autre élection, la vôtre signifiera, pour le pays comme pour l'Europe, la victoire de l'esprit républicain et parlementaire sur les entreprises du gouvernement personnel.

« La charge de président, que vous avez exercée avec tant d'autorité, et dans l'Assemblée nationale et dans la dernière Chambre des députés, vous imposait à tous pour devenir, par l'adhésion unanime de vos anciens collègues et des diverses fractions de l'opinion républicaine, le chef et le guide de cette majorité des 363, aujourd'hui dissoute, mais sûre de rentrer avec vous, retrempée et augmentée par le suffrage universel.

« Nous vous remercions d'avoir accédé aux sollicitations de nos amis. Vous n'avez pas manqué, en cette circonstance, à ce que la France attendait de vous : elle ne faillira pas à ce que vous êtes en droit d'attendre d'elle-même.

« Aujourd'hui et jusqu'au scrutin, le conflit, préparé, ouvert et poursuivi par les hommes du seize-mai, semble n'exister qu'entre la majorité dissoute et le pouvoir ; demain, quand la nation aura parlé, si le pouvoir ne s'inclinait pas, le conflit serait entre la France et un homme.

« En vous choisissant, les électeurs de Paris, interprètes de l'opinion publique, regardent en face et avec confiance cette éventualité.

« *Les membres du bureau :*

« Président d'honneur : M. VICTOR HUGO. — Président : M. GAMBETTA,
« — Vice-présidents : MM. PEYRAT, ALLOU, GENEVAY, RUAULT. —
« Secrétaires : MM. STUPUY, VIARDOT, N. LANGLOIS, MEYER. — Tréso-
« riers : MM. DELABY, VAZELLE. »

Et après, les noms de plus de cent cinquante membres du comité.

La candidature de M. Grévy était officiellement posée à Paris. L'ancien président de la Chambre des députés adressa, le 6 octobre, aux électeurs du neuvième arrondissement, le manifeste suivant, dans lequel il prenait la défense de la Chambre dissoute et dénonçait les dangers du gouvernement personnel :

Mes chers concitoyens,

Après cette lettre admirable que M. Thiers écrivait pour vous au moment où la mort est venue glacer sa main, lorsque cette grande voix d'outre-tombe retentit encore à vos oreilles, quelles paroles puis-je vous adresser ?

Je dois pourtant, en me présentant à vos suffrages, vous exprimer mon sentiment sur la situation présente et sur le caractère des élections auxquelles la France va procéder. Je le ferai simplement.

La Chambre des députés élue l'an dernier pour concourir, avec les deux autres pouvoirs, à l'application de la nouvelle Constitution, représentait exactement la France. Elle était composée, comme la France, d'une forte majorité républicaine et d'une minorité formée de légitimistes, d'orléanistes et d'impérialistes. Comme la France, elle voulait la liberté, l'ordre, la paix, le travail, la sécurité ; elle était animée d'un grand esprit de modération et de concorde. La confiance était revenue, les affaires avaient repris leur essor, et le pays ne demandait qu'à jouir en paix de ces heureux commencements.

Tout à coup, sans qu'on pût s'y attendre, sans

qu'aucun conflit se fût élevé entre les pouvoirs, la Chambre des députés, enlevée à ses travaux commencés, a été ajournée pour un mois, puis dissoute.

Le trouble que ces mesures ont jeté dans les esprits et dans les intérêts, je n'ai pas besoin de vous le décrire : vous en êtes les témoins et les victimes.

Qu'avait donc fait la Chambre pour mériter ce traitement?

Elle en était venue, vous dit-on, à méconnaître la part d'autorité qui appartient au Président de la République, à contester l'influence légitime du Sénat, et à substituer à l'équilibre nécessaire des pouvoirs établis par la Constitution le despotisme d'une nouvelle Convention.

Une accusation si grave, portée contre un des grands pouvoirs de l'État, devrait être prouvée par des faits; je ne vois que des faits qui protestent contre elle.

La Chambre a méconnu la part d'autorité qui appartient au Président de la République? — Où? quand? par quels actes? qu'on les cite. Elle n'a jamais émis un vote qui touchât, même indirectement, à l'autorité du Président : elle l'a toujours entouré de déférence et de respect.

La Chambre a contesté l'influence légitime du Sénat? — Seconde accusation sans preuve comme la précédente. La Chambre poussait si loin l'esprit de conciliation que, sur les points législatifs où elle s'est trouvée en désaccord avec le Sénat, c'est toujours elle qui a cédé. Elle a cédé sur la loi de l'enseignement supérieur, elle a cédé sur la loi municipale, elle a cédé sur le budget, sacrifiant patriotiquement à la concorde les prérogatives qui, dans les pays constitutionnels, appartiennent en matière d'impôts aux représentants du peuple; rien ne lui a coûté pour éviter un conflit.

La Chambre tendait à substituer à l'équilibre nécessaire des pouvoirs établis par la Constitution le despotisme d'une nouvelle Convention? — Qu'elle était loin de cette tendance insensée! Elle n'aspirait qu'à faire vivre la Constitution républicaine avec les trois pouvoirs qu'elle a institués. Est-ce sérieusement qu'on prononce le nom de la *Convention* à propos d'une seconde Chambre soumise au droit d'ajournement et de dissolution, sans action sur le pouvoir exécutif et sur le Sénat, à peine égale par ses attributions aux Chambres des députés sous les monarchies de 1814 et de 1830?

Sans vous arrêter plus longtemps aux griefs allégués contre la Chambre dissoute, voyez par quelle Chambre on voudrait la remplacer. Voyez quels candidats l'administration présente officiellement au choix des électeurs : des bonapartistes, des légitimistes, des orléanistes, pas un seul républicain, à quelque nuance qu'il appartienne. Dans un camp, tous les ennemis de la République soutenus par le gouvernement républicain; dans l'autre, tous les républicains combattus par le gouvernement de la République.

CHAPITRE VI.

Ce spectacle n'est pas nouveau.

Nous avons vu, en 1849, les trois partis dynastiques se coaliser une première fois contre la République. Cette coalition a porté ses fruits : la République renversée, l'Empire restauré, vingt ans d'oppression, la France envahie, humiliée, démembrée, accablée de charges et mise à deux doigts de sa perte.

Cette terrible leçon aurait dû les instruire, si les partis écoutaient une autre voix que celle de leurs passions.

Ils recommencent aujourd'hui la même campagne : ce sont les trois mêmes partis, la même ligue, le même drapeau, les mêmes appellations, les mêmes prétextes, les mêmes moyens, le même but; ils n'inventent rien, ils se copient.

Comme en 1849, ils se disent le parti de l'ordre, ils arborent les intérêts sociaux, ils s'appellent les conservateurs, et, sous ces dehors menteurs, c'est toujours la République qu'ils combattent.

Ils vous conduiraient fatalement aux mêmes désastres, si, éclairés par une dure expérience, votre patriotisme ne savait les arrêter.

Comme en 1849, leur plan est encore de reviser la Constitution républicaine dans un sens monarchique, de remplacer la République par une dynastie. Laquelle? Celle des légitimistes, celle des orléanistes ou celle des bonapartistes? Ils ne l'ont pas encore décidé. C'est un démêlé qu'ils videront plus tard, au prix d'un nouveau déchirement de la France.

Avec une Chambre républicaine, cette revision est impossible : avec une Chambre composée en majorité des ennemis de la République, elle est inévitable.

Électeurs,

Voulez-vous conserver le gouvernement existant, le gouvernement qui a libéré votre territoire, payé votre rançon, rétabli l'ordre, la liberté, assuré la paix, relevé votre crédit, ramené la confiance, le travail; le seul gouvernement qui puisse vous préserver de nouvelles révolutions, parce qu'il est aujourd'hui le seul possible, le seul durable? Écartez ses mortels ennemis; votez pour des républicains.

Vous l'avez fait l'année dernière, vous avez consacré la République par un vote solennel. Ce vote, on vous met en demeure de le rétracter. Vous répondrez comme il convient à des hommes qui ont le sentiment de leur dignité et qui veulent rester libres. Vous direz que cette noble France a assez souffert, qu'elle a été assez longtemps déchirée par les révolutions, qu'elle ne veut plus appartenir à des maitres, et qu'elle est résolue à ne charger désormais qu'elle-même du soin de son repos, de sa prospérité et de sa grandeur.

Signé : Jules Grévy.

La candidature de M. Grévy dans le neuvième arrondissement de Paris fut soutenue par toutes les nuances de l'opinion républicaine et libérale. Le 12 octobre, la déclaration suivante fut affichée sur les murs de l'arrondissement :

CHAPITRE VI.

« Les soussignés, électeurs du neuvième arrondissement,

« Profondément dévoués aux principes de conservation sociale et convaincus que le salut du pays ne peut être assuré que par le maintien loyal de la République conservatrice et modérée, telle que la voulait l'illustre M. Thiers;

« Convaincus que le triomphe des partis unis pour détruire la République, et prêts à se déchirer entre eux le lendemain, serait un malheur public;

« Déclarent qu'ils sont résolus à voter et engagent vivement leurs concitoyens à voter avec eux pour M. Jules Grévy, ancien président de la Chambre des députés. »

Parmi les noms des signataires, on remarquait ceux de MM. Mignet, membre de l'Institut; Renouard, sénateur; Naudet, membre de l'Institut; Martin, président de chambre à la Cour des comptes; Audiffret, ancien juge au tribunal de commerce; Delacourtie, avoué, ancien adjoint; Henri Didier, ancien procureur de la république; Émile Durier, ancien secrétaire général au ministère de la justice; Gustave Nast, ancien adjoint, membre du conseil de l'Assistance publique, etc.

Quelques jours après, les journaux républicains donnaient ce compte rendu d'une réunion qui avait eu lieu, le 12 octobre, l'avant-veille du vote, dans le neuvième arrondissement :

« Hier le comité républicain de l'arrondissement avait organisé une réunion privée dans l'immense salle du gymnase Paz. Dès six heures, une foule considérable se pressait à la porte.

« La salle était décorée pour la circonstance; dans le fond se trouvait une estrade, ornée de tentures rouges et de drapeaux tricolores, sur lesquels se détachait un écusson aux initiales R. F.

« Près de deux mille personnes se pressaient dans cette salle. Nous avons remarqué MM. Schœlcher, Peyrat, Garnier, Tirard, Songeon, Viollet-le-Duc, Vauthier, Mathé, Martin Bernard, etc. Au moment de l'entrée de M. Victor Hugo, toute la salle s'est levée et un immense cri de Vive la République ! vive Victor Hugo ! escorte jusqu'à l'estrade l'illustre poète.

« M. Gennevay prend la parole le premier et rend compte des démarches du comité auprès de M. Grévy.

« M. Stupuy donne lecture d'une lettre dans laquelle l'ancien président de la Chambre déclare accepter la candidature.

« M. Émile Durier, ancien secrétaire général au ministère de la justice, rend hommage à la mémoire de M. Thiers, et estime que le neuvième arrondissement ne peut faire mieux que de donner M. Jules Grévy pour successeur à cet homme d'État, d'abord parce qu'il était le président de la Chambre, et ensuite parce qu'il représente la République. Ce discours a été plusieurs fois interrompu par de chaleureux applaudissements.

« M. Garnier, sénateur des Alpes-Maritimes, se faisant l'interprète des citoyens les plus modérés de l'arrondissement, invite tous les conservateurs à voter pour M. Grévy.

« M. Victor Hugo se lève au milieu d'un profond silence. »

Nous reproduisons le commencement du discours de M. Victor Hugo, consacré à la candidature de M. Jules Grévy :

« Messieurs,

« Un homme éminent se présente à vos suffrages. Nous appuyons sa candidature.

« Vous le nommerez ; car le nommer, c'est réélire en lui la Chambre dont il fut le président.

« Le pays va rappeler cette Chambre si étrangement congédiée. Il va la réélire, avec sévérité pour ceux qui l'ont dissoute.

« Nommer M. Grévy, c'est faire réparation au passé et donner un gage à l'avenir.

« Je n'ajouterai rien à tout ce qui vient de vous être dit sur cet homme qui réalise la définition de Cicéron : éloquent et honnête.

« Je me bornerai à exposer devant vous, avec une brièveté et une réserve que vous apprécierez, quelques idées, utiles peut-être en ce moment..... »

Lorsque M. Victor Hugo eut terminé son discours, tous les assistants se levèrent et lui firent une ovation. La candidature de M. Grévy, mise aux voix, fut ensuite adoptée à l'unanimité.

Quelques jours auparavant, le 9 octobre, dans une réunion électorale tenue au Cirque américain, place du Château-d'Eau, et à laquelle assistaient sept mille électeurs, M. Gambetta, avait désigné M. Jules Grévy comme le candidat éventuel des gauches à la présidence de la République. Après avoir payé à la mémoire de M. Thiers un juste tribut d'éloges, il s'était exprimé en ces termes :

« Messieurs, autour de ce glorieux cercueil, un acte politique de la plus haute signification s'est accompli. *(Mouvement.)*

« Les hommes qui accompagnaient au champ du repos cet illustre mort étaient ses anciens ministres, ses amis politiques, anciens et nouveaux ; après avoir traversé cette population émue, contenue, respectueuse, une grande pensée politique et patriotique s'est emparée de tous les cœurs sous l'impression de ce solennel silence qui était un silence plus éloquent que toutes les éloquences. *(Profonde sensation)*

« Les hommes qui se sont groupés au bord de cette tombe y ont prononcé des mots d'avenir, de graves paroles qui renferment un sérieux enseignement. Toute notre population s'est inclinée : tous ensemble, libéraux éminents, anciens parlementaires, républicains de naissance, républicains par raison, peuple et bourgeois, tous nous étions confondus dans une même pensée, sentant que ce qui venait de se passer là, c'était le salut, le salut dans l'union, dans la réconciliation et dans la concorde *(profonde sensation)*, le salut dans la République et par la République. *(Oui! Oui!)*

« Messieurs, c'est pour avoir proclamé cette grande et salutaire vérité qui a jeté sur le passé de sa vie comme une glorieuse auréole, c'est pour l'avoir démontrée tous les jours depuis nos malheurs, pour l'avoir répétée le jour même de sa mort, et encore après être descendu dans la tombe, que le grand citoyen dont nous nous entretenons a été salué par l'homme qui est certainement le mieux fait et le mieux préparé pour continuer cette œuvre patriotique, pour continuer cette alliance, pour affermir cette union précieuse, pour fonder enfin ce gouvernement de l'opinion par l'opinion, du pays par le pays. *(Applaudissements.)*

« Messieurs, cet homme si autorisé par son caractère, si justement respecté à cause de son passé si pur, de sa conscience droite, cet homme que nous pouvons présenter aux uns comme un modèle de modération et de sagesse, aux autres comme un modèle de fidélité et d'honneur, cet homme, c'est M. Jules Grévy. *(Triple salve d'applaudissements. — Vive la République!)*

« Je sais bien quelle fut la déconvenue des écrivains officieux, quand ils apprirent que la République se donnait pour chef un républicain de ce mérite. C'est alors que l'on a essayé de la raillerie contre cet homme éminent, contre cet esprit si juste, contre cette conscience si haute, contre cette réputation si intègre et si bien établie. *(Applaudissements.)*

« Il paraît qu'il y a quelque part — je n'ose pas dire des plumes vénales, parce que ce mot est, dit-on, incorrect, et qu'il expose aux foudres de la justice, — il paraît qu'il y a quelque part une phalange immaculée, prodiguant gratuitement son talent, ne l'ayant jamais mis à prix, ayant l'horreur du casier judiciaire, n'ayant jamais rien eu à démêler avec les tribunaux, un groupe d'hommes que l'on peut appeler le dessus du panier de la presse conservatrice. Aussitôt qu'un homme s'élève, rallie les suffrages de ses concitoyens en leur apparaissant comme une garantie d'ordre, ces gens sûrs d'eux-mêmes, car ils ont fait leurs preuves, se considèrent comme les chevaliers de la réaction chargés de descendre en champ clos contre ce nouveau venu qui les irrite et les gêne, et c'est à qui lui donnera des leçons de maintien politique, c'est à qui lui débitera gravement un enseignement sur les lacunes de son éducation, même sur les incorrections de son langage et de son style, c'est à qui se plaindra de son peu de notoriété, de ses goûts trop modestes et trop plébéiens. Nous avons, à ce qu'il paraît, des ducs méconnus, des marquis incompris qui n'ont pas de talons rouges, mais qui ont traversé bien des pays, habité des châteaux et des forteresses pour des raisons qui n'ont rien de politique. *(Rires.)* Ce sont ces messieurs qui ont entrepris de dire à la France, en parlant d'un homme comme M. Grévy, que c'est un inconnu pour elle, que c'est un personnage absolument ordinaire, vulgaire, oubliant, avec le sans-façon qu'ils apportent dans l'oubli de leurs propres peccadilles *(nouvelle hilarité)*, que ce citoyen connu depuis trente ans a été un des premiers parmi les premiers du parti républicain; qu'il a été, aux heures les plus troublées de notre récente histoire, un des hommes écoutés dans l'Assemblée constituante de 1848, et que, dès la première heure, sans discussion, par acclamation, pour rendre hommage au seul candidat désigné par son passé, il a été porté à la présidence de l'Assemblée nationale de 1871, non pas pendant quelque temps, mais pendant plus de deux ans, et qu'il n'a dépendu que de lui d'y rester plus longtemps. Dans ce poste élevé, il était le premier des Français, le dépositaire de la souveraineté nationale que l'Assemblée revendiquait si hautement et dont elle a failli faire l'emploi singulier que vous savez. *(Hilarité.)*

« C'est ce citoyen ainsi acclamé qui est un inconnu pour les scribes de la presse officielle.

« Quand on en arrive à une pareille extrémité, encore faudrait-il au moins mettre en ligne et en regard les grands citoyens, les esprits éminents qui détiennent le pouvoir, ou qui briguent de l'occuper [1]. » *(Hilarité prolongée.)*

Ainsi, pour tout le monde, la candidature de M. Grévy avait la signification la plus haute : elle personnifiait la souveraineté nationale méconnue et la République menacée.

Mais M. Jules Grévy n'était pas seulement candidat à Paris ; il se présentait en outre devant ses concitoyens de l'arrondissement de Dôle [2].

Pendant que le candidat de M. de Broglie dans le neuvième arrondissement de Paris, M. Daguin, employait tous

---

1. Gambetta, *Discours et plaidoyers politiques*. Paris, 1881-1884, 11 vol. in-8°, t. VII, p. 286-289.

2. M. Grévy avait refusé toute autre candidature. Il remercia en ces mots un groupe important d'électeurs de Lyon, qui lui demandaient de se présenter dans une des circonscriptions de cette ville :

« Je vous remercie de l'honneur que vous me faites en m'offrant la candidature dans la 2e circonscription de Lyon.

« J'ai le regret de ne pouvoir l'accepter.

les procédés, même les moins recommandables, pour faire échec à la candidature de M. Grévy, les agents du Gouvernement dans le Jura déployaient une activité dévorante contre l'ancien président de la Chambre des députés. Le préfet du Jura alla jusqu'à envoyer aux électeurs qui s'étaient abstenus de voter en 1876 une lettre dans laquelle il exprima l'espoir qu'ils « tiendraient à honneur » de venir, le 14 octobre, « appuyer de leurs votes le gouvernement de M. le maréchal de Mac-Mahon, président de la République».

Les amis du candidat officiel publièrent, à la dernière heure, une affiche, qui avait la prétention de répondre à la profession de foi que M. Grévy avait adressée en même temps aux électeurs de Paris et du Jura, et qui n'était qu'un tissu de calomnies. L'ancien président de la Chambre des députés répondit en ces termes à ses détracteurs :

Il est faux *que la Chambre n'ait rien produit*. Elle a produit un grand nombre de lois, dont quelques-unes fort importantes ; elle en préparait d'autres, lorsqu'elle a été ajournée, puis dissoute. Si elle n'a pu achever son œuvre, est-ce à elle qu'en revient la faute?

Il est faux qu'elle *ait perdu son temps en propositions factieuses*. Ces messieurs devraient savoir que la Chambre ne fait point de propositions. Celles qui lui ont été présentées et qui ne devaient pas être accueillies, elle les a repoussées.

« Je n'ai pu accepter aucune de celles qui m'ont été offertes dans d'autres circonscriptions. Je n'ai fait d'exception que pour celle du neuvième arrondissement de Paris, pour des raisons que vous connaissez....   « *Signé :* Jules Grévy. »

Dôle, 5 octobre.

Il est faux qu'elle n'*ait fait ni réformes ni économies*. Jamais budget n'en a réalisé de plus nombreuses et de plus grandes que celui que la Chambre a voté.

Il est faux qu'elle *ait satisfait ses passions politiques par des invalidations brutales*. Elle n'a invalidé que des élections qui étaient le fruit scandaleux de la pression et de la fraude.

Il est maladroit de diffamer la Chambre auprès des électeurs : son seul crime, ils le savent bien, est d'avoir été attachée au Gouvernement que la France s'est donné et de l'avoir constamment défendu.

Pour ce qui me concerne personnellement :

Il est faux que j'aie manqué à *l'impartialité et à la dignité des fonctions de président*. J'invoque le témoignage de la France, qui m'a vu présider pendant quatre ans ; j'invoque celui de la Chambre entière, qui m'a élu et réélu à la presque unanimité. Avec de tels témoignages, on peut se passer de l'approbation de MM. Blanc, de Toytot et Chavelet.

Il est faux que *j'aie recherché les applaudissements* d'aucun parti. J'en ai obtenu souvent, sans en être fier, de la part de ceux que ces messieurs appellent, dans leur langue, les amis de l'ordre, lorsque je faisais respecter leur droit.

Il est faux que j'aie jamais *avivé les dissentiments*. Je les ai toujours apaisés autant que je l'ai pu. Les amis de ces messieurs pourraient leur dire que je l'ai fait souvent à leur bénéfice et qu'ils sont venus plus d'une fois m'en remercier.

CHAPITRE VI.

Il est faux que j'aie *donné des gages aux ennemis de l'autorité*. Sortez du vague, messieurs, précisez vos imputations; citez un fait, un mot. Calomnier n'est pas prouver.

Il est faux que j'aie *porté un défi au chef de l'État*. En déclarant que la Chambre avait bien mérité de la France et de la République, j'ai exprimé un sentiment différent de celui du Gouvernement et, si ces messieurs sont autorisés à le dire, différent de celui du chef du Gouvernement. C'était mon droit de député et mon devoir de président envers la Chambre. Il est possible que sous le régime rêvé par ces messieurs, lorsque le Gouvernement a parlé, le député n'ait plus qu'à se taire; mais nous n'en sommes pas encore arrivés là... »

Enfin le jour du vote arriva. Sur 17,490 suffrages exprimés, M. Grévy fut élu, le 14 octobre 1877, dans l'arrondissement de Dôle, par 12,304 voix, contre 5,173 accordées au candidat officiel, M. Picot d'Aligny. Il fut également élu, dans le neuvième arrondissement de Paris, par 12,365 voix, contre 5,940 accordées à M. Daguin, sur 18,335 suffrages exprimés. Il avait obtenu 1,902 voix de plus que le nombre de suffrages accordés, en 1876, à M. Thiers.

§ XIV

ÉLECTION DE M. GRÉVY
A LA
PRÉSIDENCE DE LA CHAMBRE DES DÉPUTÉS

LE 10 NOVEMBRE 1877

Les élections des 14 et 28 octobre avaient donné 110 voix de majorité aux républicains dans la nouvelle Chambre. Le pouvoir personnel venait d'éprouver une éclatante défaite. La Chambre arrivait avec la résolution bien arrêtée de demander des comptes sévères au cabinet du 17 mai. Elle commença ses séances, le 7 novembre, sous la présidence de M. Desseaux, doyen d'âge. Ce jour même, elle élut M. Jules Grévy pour son président provisoire, par 290 voix sur 461 votants. Il y avait eu 170 bulletins blancs et nuls. La droite, n'osant opposer un concurrent à M. Grévy, avait adopté ce moyen de témoigner son hostilité au ferme républicain dont les circonstances avaient fait le chef des gauches. En prenant possession du fauteuil, M. Grévy adressa à la Chambre ces simples paroles :

M. LE PRÉSIDENT. — Je remercie la Chambre du témoignage de haute confiance dont elle vient de m'honorer, et je compte sur son bienveillant appui pour accomplir les devoirs qu'elle m'impose.

Je la prie de me permettre d'adresser ses remerciements à son honorable président d'âge. *(Assentiment. — Très bien! très bien!)*

Sans perdre de temps, la Chambre commença la validation des pouvoirs de ses membres. Cette opération fut si rapidement conduite que, le 10 novembre, la moitié plus un de ses membres ayant été validés, elle put procéder à l'élection du bureau définitif. M. Grévy fut élu président par 299 voix. Comme pour la présidence provisoire, les monarchistes s'étaient abstenus de voter. Les autres membres du bureau de la Chambre dissoute furent également réélus. Le 12 novembre, M. Grévy, en prenant possession du fauteuil, prononça l'allocution suivante :

M. LE PRÉSIDENT. — Vous avez, messieurs, rendu définitives les fonctions que vous m'aviez confiées ; je vous en exprime toute ma gratitude. Ces fonctions m'imposent une tâche et une responsabilité que je n'ai jamais senties si vivement qu'aujourd'hui. Je m'efforcerai de me tenir à la hauteur de ma mission, comme la Chambre, j'en suis certain, se tiendra, par sa modération et sa fermeté, à la hauteur de la sienne... *(bravos et applaudissements prolongés à gauche et au centre)*, s'inspirant de l'admirable sagesse et de la volonté souveraine du pays, qui est avec elle. *(Acclamations et applaudissements répétés sur tous les bancs de la gauche et du centre.)*

§ XV

OPTION DE M. GRÉVY POUR LE JURA

FAITE LE 17 NOVEMBRE 1877
A LA CHAMBRE DES DÉPUTÉS

La manifestation politique à laquelle M. Grévy avait prêté son nom était faite. Elle avait eu un immense retentissement. Il n'était plus possible d'y rien ajouter. Élu dans la Seine et dans le Jura, M. Grévy annonça, le 17 novembre, par la lettre suivante, adressée aux électeurs du neuvième arrondissement de Paris, qu'il optait pour le Jura :

Mes chers concitoyens,

Les liens politiques et privés qui m'attachent depuis trente ans aux électeurs de l'arrondissement de Dôle m'ont fait une loi d'opter pour eux.

J'espère que vous voudrez bien approuver le sentiment de reconnaissance et d'affection qui m'a imposé cette détermination.

En m'élisant dans ce neuvième arrondissement que M. Thiers a illustré, vous m'avez fait un honneur dont je garderai l'inaltérable souvenir.

Je vous adresse l'expression de ma profonde gratitude.

Signé : Jules Grévy.

En même temps M. Grévy fit connaître à la Chambre son option pour l'arrondissement de Dôle, par une lettre, dont M. Rameau, vice-président, donna lecture dans la séance du 17 novembre :

Versailles, le 17 novembre 1877.

Monsieur le vice-président,

Élu député dans l'arrondissement de Dôle (département du Jura) et dans le neuvième arrondissement de la ville de Paris, je déclare opter pour l'arrondissement de Dôle.

Je vous prie, monsieur le vice-président, de communiquer mon option à la Chambre des députés, et d'agréer l'assurance de ma haute considération.

Signé : Jules Grévy.

§ XVI

ALLOCUTION DE M. GREVY

A L'OCCASION DE

SA RÉÉLECTION COMME PRÉSIDENT

PRONONCÉE LE 12 JANVIER 1878

A LA CHAMBRE DES DÉPUTÉS

Les élections des 14 et 28 octobre 1877 avaient eu une signification tellement précise qu'il n'était possible à personne de l'altérer. Le Gouvernement avait voulu faire un plébiscite sur le nom de M. le maréchal de Mac-Mahon, et il avait été vaincu. Néanmoins les hommes politiques qui avaient entrepris d'imposer leur volonté à la France ne se résignèrent pas de suite à leur défaite. Lorsque les Chambres reprirent leurs travaux, le 7 novembre, elles se trouvèrent en face du ministère qui avait présidé aux élections. Au lendemain des élections législatives, M. de Broglie et ses collègues avaient donné leur démission, conformément à la tradition parlementaire. Mais, le 6 novembre, une note publiée dans le *Journal officiel* avait annoncé que ces démissions étaient retirées, « étant bien entendu d'ailleurs qu'en conservant leurs fonctions, ils ne préjugeaient en rien les résolutions ultérieures du chef de l'État ».

Le 10 novembre, M. Albert Grévy vint, au nom du comité des dix-huit, déposer sur le bureau de la Chambre une proposition d'enquête électorale. L'urgence fut déclarée, et, le 13 novembre, la discussion commença. C'était le procès du 16 mai qui, pour la seconde fois, était instruit devant la Chambre des députés. Défendue par M. Baragnon et par deux des ministres, MM. de Fourtou et de Broglie, la politique du Gouvernement fut attaquée par MM. Léon Renault, Jules Ferry et Gambetta. Puis, la proposition d'enquête fut adoptée, le 16 novembre, par 312 voix contre 205. Le 17 novembre, un sénateur de la droite, M. Audren de Kerdrel, demanda à interpeller les ministres « sur les mesures qu'ils comptaient prendre au sujet de l'enquête votée par la Chambre des députés ». M. de Broglie déclara que le cabinet donnerait pour instructions à ses agents de refuser tout concours à la commission d'enquête. MM. Laboulaye et Dufaure protestèrent vivement contre les théories du président du conseil; puis, après le rejet de l'ordre du jour pur et simple, le Sénat adopta l'ordre du jour suivant, par 151 voix contre 129 :

« Le Sénat,

« Prenant acte des déclarations du Gouvernement;

« Persévérant dans la politique conservatrice qu'il a toujours défendue, et désireux que les prérogatives appartenant à chacun des trois pouvoirs soient respectées,

« Passe à l'ordre du jour. »

Après avoir obtenu cette satisfaction platonique du Sénat, M. de Broglie et ses collègues remirent leur démission définitive au Président de la République. Le 24 novembre, le *Journal officiel* annonça la constitution d'un cabinet présidé par M. le général Grimaudet de Rochebouët. Le même jour, ce ministère se présenta devant les Chambres et donna lecture d'une déclaration. Le comité des dix-huit déposa une interpellation qui fut discutée immédiatement. Après les discours de M. de Marcère, de M. Welche, ministre de l'intérieur, et de MM. Floquet et Germain, la Chambre des députés adopta, par 315 voix contre 207, l'ordre du jour suivant déposé, au nom des gauches, par M. de Marcère :

« La Chambre des députés,

« Considérant que, par sa composition et ses origines, le ministère du 23 novembre est la négation des droits de la nation et des droits parlementaires ;
« Que, dès lors, il ne peut qu'aggraver la crise qui, depuis le 16 mai, pèse si cruellement sur les affaires ;
« Déclare qu'elle ne peut entrer en rapport avec le ministère,
« Et passe à l'ordre du jour. »

Cependant l'entourage de M. le maréchal de Mac-Mahon semblait plus engagé que jamais dans la politique de résistance. Les hommes du 16 mai avaient seuls accès auprès du chef de l'État et l'encourageaient à « aller jusqu'au bout ». Des adresses arrivaient tous les jours, de tous les points de la France, au palais de l'Élysée, et on refusait de les recevoir. L'inquiétude publique était extrême. Un vent de guerre civile soufflait sur le pays.

Dans les premiers jours de décembre, le Président de la République eut un entretien avec M. Grévy. Les journaux français et étrangers publièrent des récits circonstanciés touchant cette entrevue. Le 4 décembre, une dépêche ambiguë de l'Agence Havas, relative à cet entretien, ayant été affichée dans les couloirs et produite à la tribune de la Chambre par M. Léon Renault, le président, M. Grévy, fit la déclaration suivante :

« La Chambre peut savoir que je suis le seul membre de la majorité qui ait eu l'honneur d'être appelé par M. le Président de la République ; elle me permettra, je l'espère, en face de la publication qui vient d'être portée à la tribune, de donner une courte explication.

« Je déclare :

« Premièrement, que je n'ai point parlé au nom de la majorité de cette Chambre, n'ayant pas qualité pour le faire ;

« Deuxièmement, que je n'ai engagé cette majorité sur aucun point ;

« Troisièmement, que, dans la conversation que M. le Président de la République a bien voulu avoir avec moi, je n'ai parlé, en aucune façon, d'aucune des conditions auxquelles un ministère parlementaire pourrait être constitué. » (*Sensation profonde et applaudissements prolongés sur les bancs de la majorité.*)

Cette situation périlleuse dura dix jours encore. Les combinaisons les plus diverses, les plus étranges furent examinées et essayées : ministère de résistance, ministère de dissolution, ministère de plébiscite. Enfin, devant l'impossibilité où il était de continuer la lutte avec le pays, M. le maréchal de Mac-Mahon fut contraint de se soumettre. Le 13 décembre, il fit appeler M. Dufaure et lui confia la mission de former un cabinet. Les noms des nouveaux ministres parurent, le 14 décembre, au *Journal officiel*. Dans un message que le nouveau ministère porta aux Chambres, le Président de la République désavouait implicitement le 16 mai, prenait l'engagement solennel de respecter la Constitution et de se conformer au jugement sans appel rendu par le pays. Telle fut la fin de cette longue crise qui avait si profondément remué le pays et porté une si grave atteinte au commerce et à l'industrie de la France.

Une ère nouvelle commençait, et les conseils sages et désintéressés de M. Jules Grévy n'avaient pas peu contribué à ramener le calme après tant d'agitations et de luttes. La

Chambre des députés se réunit le 8 janvier, sous la présidence de M. Desseaux, doyen d'âge. Elle procéda, le 10, à l'élection de son bureau. M. Jules Grévy fut réélu président par 335 voix. Il prit possession du fauteuil, le 12 janvier, et prononça à cette occasion l'allocution suivante :

M. LE PRÉSIDENT. — Mes chers collègues, en reprenant la place où vos suffrages m'ont fait remonter, mon premier besoin est de vous remercier du nouveau témoignage de confiance dont vous m'avez honoré.

C'est un honneur dont je sens tout le prix que de présider cette Chambre qui a su, par une conduite politique au-dessus de tout éloge, faire prévaloir la volonté de la France et résoudre un grave conflit par l'établissement pacifique du régime parlementaire. *(Très bien! très bien! et applaudissements au centre et à gauche.)*

Que la Chambre continue à s'inspirer de l'esprit de sagesse qu'elle a montré jusqu'ici ; qu'elle soit toujours modérée, conciliante, juste, respectueuse des droits de tous et gardienne vigilante de ceux de la République... *(marques d'approbation à gauche et au centre)* ; qu'elle s'applique, pour sa part, à maintenir l'accord nécessaire entre les grands pouvoirs de l'État, qui peut seul assurer le calme, la sécurité, le travail. Elle répondra ainsi à l'attente du pays et justifiera la confiance qu'il a mise en elle. *(Applaudissements à gauche et au centre.)*

§ XVII

ALLOCUTION

A L'OCCASION DE

L'OUVERTURE DE L'EXPOSITION UNIVERSELLE

PRONONCÉE LE 2 MAI 1878

A LA CHAMBRE DES DÉPUTÉS

L'Exposition universelle de 1878 fut ouverte le 1ᵉʳ mai. Le lendemain, M. Grévy, en ouvrant la séance de la Chambre des députés, prononça l'allocution suivante :

M. LE PRÉSIDENT. — Messieurs... *(mouvement d'attention)*, je cède au désir d'un grand nombre de mes collègues, et je suis sûr d'être l'interprète du sentiment de la Chambre, en exprimant publiquement la satisfaction et la profonde émotion qu'elle a éprouvées hier au spectacle grandiose de l'ouverture de l'Exposition universelle... *(Très bien ! très bien ! et applaudissements),* émotion causée surtout par la joie patriotique de voir la France, à quelques années à peine de ses désastres, trouver dans sa vitalité, dans sa puissance, dans son génie, les moyens de convier si magnifiquement le monde entier à cette grande fête du travail, du commerce et de l'industrie. *(Nouveaux et très vifs applaudissements dans toutes les parties de la Chambre.)*

§ XVIII

ALLOCUTION

A L'OCCASION DE

LA MORT DE M. LE COLONEL DENFERT-ROCHEREAU

DÉPUTÉ DE LA SEINE

PRONONCÉE LE 13 MAI 1878

A LA CHAMBRE DES DÉPUTÉS

Le glorieux défenseur de Belfort, M. le colonel Denfert-Rochereau, député de la Seine et questeur de la Chambre, qui était malade depuis quelque temps, mourut le 12 mai. En ouvrant la séance du lendemain, M. Grévy annonça en ces termes cette douloureuse nouvelle à la Chambre :

M. LE PRÉSIDENT. — Messieurs, nous avons fait une grande perte ; M. le colonel Denfert-Rochereau, que la maladie tenait depuis quelque temps éloigné de la Chambre, sans donner cependant de graves inquiétudes à sa famille et à ses amis, a succombé presque subitement dans la soirée de samedi dernier.

La nouvelle de cette mort a fait éclater de toutes parts une douloureuse émotion. *(C'est vrai ! c'est vrai !)*

Le nom du colonel Denfert est cher à tous les

cœurs français... *(Très bien! très bien!)*; il est attaché glorieusement à la guerre de 1870.

La défense à la fois savante et héroïque de Belfort est une des plus belles pages de notre histoire. *(Très bien! très bien!)* C'est elle qui a permis de sauver ce dernier boulevard des frontières de l'Est... *(Très bien! très bien!)*, service inestimable que la France n'oubliera jamais et qui rendra impérissable la mémoire du colonel Denfert. *(Applaudissements.)*

Après la guerre, Paris, acquittant la dette du pays, avait envoyé M. Denfert siéger parmi nous, et la Chambre des députés, s'inspirant du même sentiment, lui avait conféré le titre et les fonctions de questeur.

La mort du colonel Denfert est un deuil, et pour la République dont il était un ferme défenseur, et pour la France qu'il a honorée et servie. *(Vifs applaudissements à gauche et au centre.)*

§ XIX

INCIDENT
A L'OCCASION DE LA
VÉRIFICATION DES POUVOIRS DE M. DE FOURTOU
ÉLU DANS L'ARRONDISSEMENT DE RIBÉRAC

SURVENU LE 18 NOVEMBRE 1878
A LA CHAMBRE DES DÉPUTÉS

Le 18 novembre 1878, la Chambre des députés discuta la validation de l'élection du ministre de l'intérieur du cabinet du 17 mai. M. de Fourtou avait été nommé dans l'arrondissement de Ribérac. Le rapport, présenté par M. Floquet au nom du bureau, concluait à l'invalidation. Dans un long discours, qu'il s'efforça de rendre très agressif, l'ancien ministre de l'intérieur entreprit de combattre les conclusions du rapport.

A plusieurs reprises, le président dut intervenir. Ainsi, M. de Fourtou ayant dit au sujet des enquêtes ordonnées par la Chambre : « On accepte les délations de tous les citoyens les uns contre les autres », le président, M. Grévy, arrêta les interruptions qui avaient éclaté à gauche, par ces simples mots :

« M. LE PRÉSIDENT. — Veuillez faire silence : il faut savoir tout entendre. » *(Vifs applaudissements à gauche et au centre.)*

Quelque temps après, l'orateur, après avoir tracé un tableau très assombri de la situation politique du pays, ajouta : « Au moins, en échange de ces épreuves, avez-vous apporté au pays la prospérité économique dont il a tant besoin ? » De nouvelles interruptions accueillirent ces paroles pour le moins déplacées dans la bouche de l'ancien ministre de l'intérieur. Mais M. Grévy se leva et dit :

« M. LE PRÉSIDENT. — Il est impossible, monsieur de Fourtou, de ne pas vous faire remarquer que la prospérité publique n'a rien à faire dans votre élection. » *(Exclamations à droite. — Applaudissements à gauche et au centre.)*

Quelques instants après survint un grave incident. Il est ainsi relaté dans le *Journal officiel* :

M. DE FOURTOU. — Ce n'est donc pas dans ces tristes débats que nous pouvons trouver la solution du problème que je posais tout à l'heure. Aux événements seuls, aux événements qui sont plus forts que nous, il appartient de dire si nous nous trompions, l'année dernière, lorsque nous indiquions à la France les périls vers lesquels elle courait, lorsque nous montrions, au terme de la pente que suivait, avant vous, la Chambre qui vous a précédés, les grands principes sociaux compromis. *(Exclamations ironiques à gauche et au centre.)*

Peut-être, cependant, si je recueille, dans une province de notre Midi les échos d'une parole aujourd'hui souveraine, ce problème s'éclaire-t-il déjà de quelque lumière.

Quand on déclare la guerre à tous les Français que n'anime pas une vieille foi républicaine...

M. GAMBETTA. — C'est un mensonge, monsieur ! *(Applaudissements à gauche.)*

A droite. — A l'ordre ! à l'ordre !

M. LE PRÉSIDENT. — Monsieur Gambetta, vous venez de vous servir d'une expression qu'on ne doit pas prononcer dans cette Chambre. Vous le reconnaîtrez vous-même, et je ne doute pas que vous ne vous empressiez de la retirer.

M. Gambetta. — Monsieur le président, je suis prêt à retirer le mot, quand l'homme qui est à la tribune rentrera dans la vérité. *(Nouveaux applaudissements à gauche.)*

Voix diverses à droite. — Comment, « l'homme » ! — Quel singulier langage ! — A l'ordre ! à l'ordre !

M. Cunéo d'Ornano. — C'est le dictateur de l'incapacité qui dit cela. Il devrait se cacher sous terre !

M. le président. — Messieurs, veuillez faire silence.

Un membre à droite. — Il faut au moins être parlementaire !

M. le président. — Quelles que puissent être la justesse et la vérité de la pensée qu'on exprime, le règlement exige qu'on l'exprime d'une façon parlementaire.

M. Gambetta. — Votre observation, à coup sûr, est très fondée, monsieur le président, et je conviens que je n'ai pas employé un mot parlementaire. Mais quand un homme, qui a la prétention d'être un homme de gouvernement, attribue à ses adversaires politiques la pensée d'exciter à la guerre civile et de repousser tous ceux qui ne partagent pas sa foi politique, j'ai caractérisé ses paroles en véritable Français.

Pour le règlement, je retire le mot. *(Applaudissements à gauche et au centre.)*

M. de Fourtou. — Quand on a écarté de la République tous les nouveaux venus, et par la plus impolitique... *(Interruptions à gauche.)*

M. Gambetta. — Et M. le général Gresley ! et M. de Montalivet !

Voix à droite. — A l'ordre ! à l'ordre !

M. de Fourtou. — Ce sont des accidents.

M. Gambetta. — Et quand M. Thiers et M. de Rémusat vous ont appelé aux affaires, étiez-vous un nouveau venu ou étiez-vous secrètement un parjure ? *(Bruit.)*

A la suite de cet incident, M. de Fourtou envoya deux de ses amis, MM. Blin de Bourdon et Robert Mitchell, députés, à M. Gambetta, avec mission de lui demander une rétractation ou une réparation par les armes. M. Gambetta pria MM. Allain-Targé et Clémenceau, députés, de se mettre en rapport avec les témoins de M. de Fourtou. Dans l'entrevue qui eut lieu entre les quatre témoins, MM. Blin de Bourdon et Robert Mitchell déclarèrent que le texte du *Journal officiel* donnait satisfaction à M. le président de la Chambre et maintenait l'outrage à l'égard de M. de Fourtou. MM. Allain-Targé et Clémenceau, de leur côté, firent connaître que M. Gambetta avait retiré le mot « mensonge » par déférence pour la Chambre, mais que, devant la demande d'explication qu'on lui adressait, il reprenait ce mot, et était aux ordres de M. de Fourtou. Dans ces conditions, une rencontre était inévitable. Elle eut lieu, le 21 novembre, au Plessis-Piquet. Une balle fut échangée à trente-cinq pas et au commandement. Aucun des adversaires ne fut touché.

§ XX

ALLOCUTION DE M. GRÉVY

A L'OCCASION DE

SA RÉÉLECTION COMME PRÉSIDENT

PRONONCÉE LE 16 JANVIER 1879

A LA CHAMBRE DES DÉPUTÉS

La session législative de 1879 commença le 14 janvier. Après un discours de son doyen d'âge, M. Desseaux, la Chambre des députés nomma son bureau. M. Jules Grévy fut réélu président par 288 voix. Le 16 janvier, M. Grévy, en prenant possession du fauteuil, prononça l'allocution suivante :

M. LE PRÉSIDENT. — Mes chers collègues, je suis vivement touché de la bienveillance si constante que la Chambre me témoigne, et du grand honneur qu'elle vient de me décerner encore une fois ; je lui en exprime ma profonde gratitude.

Toute mon ambition est de justifier sa haute confiance, et si, dans la nouvelle marque qu'elle m'en donne aujourd'hui, il m'était permis de voir l'expression indulgente de sa satisfaction, j'y trouverais une récompense et un encouragement pour mes efforts et pour mon dévouement. *(Très bien! très bien! — Vifs applaudissements.)*

CHAPITRE VI.

Messieurs, la Chambre des députés a recueilli le fruit de sa sagesse *(Très bien ! très bien !)* : de grandes épreuves victorieusement traversées, l'harmonie désormais assurée entre les deux branches du pouvoir législatif... *(Très bien ! très bien !)*, la nation se montrant de jour en jour plus fortement attachée à la République. *(Applaudissements.)*

C'est à la France, sans doute, c'est à son calme, à sa fermeté, à sa clairvoyance, à son discernement de ses vrais intérêts, à son esprit politique en un mot, qu'il faut reporter le principal honneur de ces grands résultats... *(vives et nombreuses marques d'adhésion. — Applaudissements prolongés)*; mais il en revient une juste part à la conduite politique de la Chambre des députés.

Que la Chambre persévère dans cette sage conduite, qu'elle procède toujours avec prudence et mesure... *(Très bien !)*, avec patience et maturité... *(Très bien ! très bien !)*, et la session qui s'ouvre montrera ce que peut pour la satisfaction tranquille des besoins du pays la pratique sincère des institutions républicaines. *(Applaudissements répétés sur un très grand nombre de bancs.)*

J'adresse les remerciements de la Chambre à son digne président d'âge et au bureau provisoire qui l'a assisté. *(Marques générales d'assentiment. — Nouvelle salve d'applaudissements.)*

Cette allocution fut la dernière que M. Grévy adressa à

la Chambre en sa qualité de président. Le 30 janvier, en effet, M. le maréchal de Mac-Mahon donna sa démission de Président de la République française, et l'Assemblée nationale élut pour le remplacer le président de la Chambre des députés.

CHAPITRE VII

LA PRÉSIDENCE DE LA RÉPUBLIQUE

§ I

ÉLECTION DE M. JULES GRÉVY

AUX FONCTIONS DE

PRÉSIDENT DE LA RÉPUBLIQUE FRANÇAISE

LE 30 JANVIER 1879

Le deuxième renouvellement partiel du Sénat avait eu lieu le 5 janvier 1879. Le ministère présidé par M. Dufaure s'était abstenu de toute ingérence dans la lutte électorale. Quarante-six sénateurs de la droite, sur cinquante-six dont les pouvoirs étaient expirés, s'étaient représentés devant les électeurs. Quatorze seulement furent réélus. Deux nouveaux sénateurs monarchiques furent également élus. Les républicains firent entrer soixante-six des leurs, anciens et nouveaux, dans le Sénat.

La majorité était désormais déplacée au Sénat : elle avait passé de droite à gauche, et elle était d'environ cinquante voix. Le premier acte de la majorité nouvelle fut de remplacer le 16 janvier, à la présidence du Sénat, M. le duc d'Audiffret-Pasquier par M. Martel, l'ancien garde des sceaux du cabinet que présidait M. Jules Simon à la veille du 15 mai. Les deux Chambres formant le pouvoir législatif étaient désormais dévouées à l'idée républicaine ; mais le premier magistrat de l'État était toujours l'élu de la majorité du 24 mai 1873. Cette situation ne laissait pas d'inquiéter l'opinion.

Le 20 janvier, M. Senard interpella le ministère pour lui donner l'occasion de s'expliquer sur la politique qu'il voulait suivre. Dans un discours très sympathique au cabinet, M. Senard fit l'éloge du programme ministériel et appela l'attention du gouvernement sur le personnel des administrations publiques. Ceux-là seulement, dit-il, doivent rester au service de la République qui veulent réellement son maintien. M. Dufaure répondit à M. Senard. L'habile défense du président du conseil produisit une vive impression sur la majorité. MM. Madier de Montjau et Floquet essayèrent en vain de réagir. La Chambre, après les avoir entendus, adopta, par 208 voix contre 116, l'ordre du jour suivant proposé par M. Jules Ferry :

« La Chambre des députés,

« Confiante dans les déclarations du Gouvernement et convaincue que le cabinet, désormais en possession de sa pleine liberté d'action, n'hésitera pas, après le grand acte national du 5 janvier, à donner à la majorité républicaine les satisfactions légitimes qu'elle réclame depuis longtemps au nom du pays, notamment en ce qui concerne le personnel administratif et judiciaire,

« Passe à l'ordre du jour. »

CHAPITRE VII.

Après cette interpellation, le ministère n'hésita plus à prendre l'initiative des mesures commandées par la situation ; il prépara notamment des modifications dans le personnel des administrations publiques. L'une d'elles amena, d'une manière imprévue, la démission du Président de la République, M. le maréchal de Mac-Mahon.

Le 28 janvier, le général Gresley, qui avait remplacé le général Borel comme ministre de la guerre, soumit à la signature du Président de la République un décret procédant au remplacement des généraux qui, en vertu de la loi de 1873, occupaient de grands commandements militaires. Cette mesure était entièrement conforme à la loi qui avait fixé la durée du commandement à trois ans. Cependant dix généraux avaient été maintenus en fonctions après leur temps écoulé. Le nouveau ministre de la guerre crut qu'il était temps de rentrer dans la légalité. M. le maréchal de Mac-Mahon refusa de signer le décret qui lui était présenté, en alléguant que ces généraux avaient droit à une nouvelle période de commandement de trois années à partir de leur maintien en fonctions. Cette résistance, qui reposait sur une interprétation erronée de la loi, était absolument contraire au principe de la responsabilité ministérielle inscrit dans la Constitution. L'opinion publique se prononça pour le ministère avec une telle énergie que, dès le lendemain, 30 janvier, M. le maréchal de Mac-Mahon adressa, par un message, sa démission de Président de la République aux présidents des deux Chambres.

A l'ouverture de la séance du 30 janvier, le président M. Grévy donna lecture à la Chambre des députés du message de M. le maréchal de Mac-Mahon, qui était conçu en ces termes :

« Monsieur le président,

« Dès l'ouverture de cette session, le ministère vous a présenté un programme des lois qui lui paraissaient, tout en donnant satisfaction à l'opinion publique, pouvoir être votées sans danger pour la sécurité et la bonne administration du pays. Faisant abstraction de toute idée personnelle, j'y avais donné mon approbation, car je ne sacrifiais aucun des principes auxquels ma conscience me prescrivait de rester fidèle.

« Aujourd'hui, le ministère, croyant répondre à l'opinion de la majorité dans les deux Chambres, me propose, en ce qui concerne les grands commandements militaires, des mesures générales que je considère comme contraires aux intérêts de l'armée, et par suite à ceux du pays. Je ne puis y souscrire.

« En présence de ce refus, le ministère se retire. Tout autre ministère pris dans la majorité des Assemblées m'imposerait les mêmes conditions.

« Je crois dès lors devoir abréger la durée du mandat qui m'avait été confié par l'Assemblée nationale. Je donne ma démission de Président de la République.

« En quittant le pouvoir, j'ai la consolation de penser que, durant les cinquante-trois années que j'ai consacrées au service de mon pays comme soldat et comme citoyen, je n'ai jamais été guidé par d'autres sentiments que ceux de l'honneur et du devoir, et par un dévouement absolu à la patrie.

« Je vous invite, monsieur le président, à communiquer ma décision à la Chambre des députés.

« Veuillez agréer l'expression de ma haute considération.

« *Signé* : MARÉCHAL DE MAC-MAHON, DUC DE MAGENTA.

« Versailles, 30 janvier 1879. »

CHAPITRE VII.

Après la lecture de ce message, M. Grévy ajouta :

« M. LE PRÉSIDENT. — La Chambre donne acte à M. le Président de la République de la lettre dont elle vient d'entendre la lecture ; elle en ordonne l'insertion au procès-verbal de la séance et le dépôt aux archives.

« La loi constitutionnelle du 25 février 1875 porte, article 7 :

« En cas de vacance (de la présidence de la République)
« par décès ou pour toute autre cause, les deux Chambres
« réunies procèdent immédiatement à l'élection d'un nou-
« veau Président. — Dans l'intervalle, le conseil des minis-
« tres est investi du pouvoir exécutif.

« Et la loi du 16 juillet suivant, article 3, paragraphe 3, ajoute :

« En cas de décès ou de démission du Président de la
« République, les deux Chambres se réunissent immédiate-
« ment et de plein droit. »

« En exécution de ces prescriptions constitutionnelles, la Chambre des députés se réunira à quatre heures et demie dans cette enceinte pour former, avec le Sénat, l'Assemblée nationale qui doit procéder à l'élection d'un nouveau Président de la République.

« La séance de la Chambre des députés sera reprise après la clôture de la séance de l'Assemblée nationale, pour fixer l'ordre du jour de la prochaine séance. »

Dès que la nouvelle de la démission de M. le maréchal de Mac-Mahon avait été connue à Versailles, vers midi, les délégués des groupes de la gauche composés : pour l'extrême gauche, de MM. Louis Blanc et Clémenceau ; pour l'union républicaine, de MM. Floquet et Marcellin Pellet : pour la gauche, de MM. Albert Grévy et Camille Sée ; pour le centre gauche, de MM. Germain et Franck-Chauveau, avaient décidé que la Chambre resterait en permanence jusqu'au dénouement de la crise.

A quatre heures, ces délégués se réunirent aux membres des bureaux du Sénat. La réunion fut présidée par M. Féray, sénateur de Seine-et-Oise. Le président annonça que les sénateurs républicains, réunis en assemblée plénière, venaient de décider à l'unanimité de porter M. Jules Grévy à la présidence de la République. Cette nouvelle fut accueillie par d'unanimes applaudissements. Le président déclara alors que l'attitude de la réunion indiquait suffisamment qu'on n'avait pas dessein de discuter ce choix. Il invita en conséquence les délégués à se prononcer immédiatement. A l'unanimité des voix ils se déclarèrent pour la candidature de M. Jules Grévy.

A quatre heures, on distribua aux membres des deux Chambres un feuilleton portant ce qui suit :

« ASSEMBLÉE NATIONALE.

« *Ordre du jour du jeudi 30 janvier 1879.*

« A quatre heures et demie.
« Séance publique.
« Scrutin pour l'élection d'un Président de la République. »

La mission de l'Assemblée nationale était ainsi nettement limitée par son ordre du jour. D'après la loi constitutionnelle, l'Assemblée nationale devait être présidée par le bureau du Sénat. A quatre heures et demie, M. Martel, président du Sénat, se rendit dans la salle des séances de la Chambre des députés, devenue la salle des séances de l'Assemblée nationale. Il monta au bureau, assisté de MM. Bernard, Scheurer-Kestner, Casimir Fournier, vicomte de Rainneville, Lacave-Laplagne, secrétaires du Sénat. Le président, M. Martel, donna lecture du message de démission adressé aux deux Chambres par le Président de la République. Puis, après avoir lu les dispositions constitutionnelles en vertu desquelles elle était réunie, il déclara l'Assemblée nationale constituée.

Après des incidents provoqués par deux bonapartistes, M. Sarlande et M. de Gavardie, auxquels l'Assemblée mit fin en prononçant la question préalable, le président, M. Martel, procéda au tirage au sort des trente-six scrutateurs ; puis, avant de commencer le vote, il donna lecture du texte de l'article 2 de la loi du 25 février 1875, ainsi conçu :

« Le Président de la République est élu à la majorité absolue des suffrages par le Sénat et la Chambre des députés réunis en Assemblée nationale.

« Il est nommé pour sept ans. Il est rééligible. »

Le scrutin eut lieu par appel nominal. Il ne fut marqué que d'un seul incident. Au moment où M. Dufaure se présenta à la tribune pour voter, une double salve d'applaudissements partit des bancs du centre et de la gauche. Commencé à cinq heures cinq minutes, l'appel nominatif fut terminé à six heures trente-cinq minutes. Un réappel eut lieu immédiatement. A six heures cinquante minutes, le président déclara le scrutin clos. Les secrétaires firent le compte des bulletins de vote et des boules de contrôle. Les bulletins de vote furent ensuite répartis entre les douze tables de scrutateurs, installées dans une salle voisine de la salle des séances.

A sept heures quarante minutes, M. le président Martel se leva et proclama en ces termes le résultat du scrutin :

« Voici le résultat du dépouillement du scrutin :

« Nombre des votants 713
« Bulletins blancs ou nuls. . . . 43
« Suffrages exprimés 670
« Majorité absolue 336

« Ont obtenu :

« M. Jules Grévy . . . . 563 suffrages.
« M. le général Chanzy. . . . . 99 —
« M. Gambetta. . . . . 5 —
« M. le général de Ladmirault . . 1 —
« M. le duc d'Aumale. . . . . . 1 —
« M. le général de Galliffet. . . . 1 —

« M. Jules Grévy ayant obtenu la majorité absolue des suffrages exprimés, je le proclame Président de la République française pour sept années. »

Des applaudissements prolongés se firent entendre à gauche et au centre. Un grand nombre de membres se levèrent en criant : « Vive la République ! »

M. Gailly, s'adressant à la droite, protesta contre les suffrages donnés à M. le général Chanzy : « Vous avez voté pour M. le général Chanzy, dit-il, sans lui demander son autorisation ; si vous lui aviez demandé son consentement, il vous l'aurait refusé. »

Le président donna lecture du deuxième paragraphe de l'article 7 de la loi constitutionnelle du 25 février 1875, ainsi conçu : « Dans l'intervalle (pendant la vacance de la présidence de la République), le conseil des ministres est investi du pouvoir exécutif. »

Il ajouta :

« Conformément à cette disposition, le conseil des ministres fera part à M. Jules Grévy de la décision de l'Assemblée nationale.

CHAPITRE VII.

« L'Assemblée nationale vient d'accomplir sa mission, il va être donné lecture du procès-verbal de la présente séance. »

Après la lecture, par M. Bernard, l'un des secrétaires, du procès-verbal, qui fut adopté sans observations, M. le président Martel déclara la séance levée, et l'Assemblée se sépara au cri de : « Vive la République ! » Il était sept heures quarante-cinq minutes.

Un extrait authentique du procès-verbal de la séance de l'Assemblée nationale constatant la nomination de M. Jules Grévy fut immédiatement transmis au président du conseil des ministres par ordre du président de l'Assemblée et par les soins des secrétaires généraux de la présidence de chaque Chambre.

Cet extrait authentique a été promulgué au *Bulletin des lois* sous la forme suivante :

« *Nomination de M. Jules Grévy à la présidence de la République.*

« (Extrait du procès-verbal de la séance de l'Assemblée nationale du 30 janvier 1879.)

« Il résulte du procès-verbal de l'Assemblée nationale que, dans sa séance du 30 janvier 1879, l'Assemblée a nommé *M. Jules Grévy* Président de la République française, en remplacement de *M. le maréchal de Mac-Mahon, duc de Magenta,* démissionnaire.

« Fait à Versailles, le 30 janvier 1879.

« Pour extrait conforme :
« Le président,
« *Signé :* L. MARTEL.
« *Les secrétaires,*
« *Signé :* L. LACAVE-LAPLAGNE, RAINNEVILLE, FOURNIER, SCHEURER-KESTNER, BERNARD. »

Le *Journal officiel* du lendemain 31 janvier annonça

dans sa partie officielle la démission de M. le maréchal de Mac-Mahon et son remplacement par M. Jules Grévy. Cette note était ainsi conçue :

« Versailles, 30 janvier 1879.

« M. le maréchal de Mac-Mahon, duc de Magenta, a adressé aujourd'hui sa démission à MM. les présidents du Sénat et de la Chambre des députés. Les Chambres ont donné acte de la démission et se sont réunies, à quatre heures et demie, dans la salle de la Chambre des députés, en Assemblée nationale, à l'effet de nommer un nouveau Président de la République.

« M. Jules Grévy, président de la Chambre des députés, a été élu Président de la République par 563 voix sur 713 votants.

« Après la proclamation du vote, le conseil des ministres a porté à M. Grévy le procès-verbal de la séance constatant sa nomination.

« Les ministres ont remis entre les mains du nouveau Président leur démission et celles des sous-secrétaires d'État. Il les a priés de garder leurs fonctions pour l'expédition des affaires. »

Quelque temps après la visite des ministres, vers neuf heures du soir, M. le maréchal de Mac-Mahon, en tenue civile, accompagné d'un aide de camp en civil, vint saluer le nouveau Président de la République qui se tenait dans son appartement de président de la Chambre des députés, au palais de Versailles.

Aussitôt après la proclamation du vote, un grand nombre de membres des deux Chambres allèrent en foule féliciter le nouveau Président de la République, qui se montra très ému de ces témoignages d'affection et de confiance.

La séance de la Chambre des députés, qui n'avait été que suspendue, fut reprise cinq minutes après la séparation de l'Assemblée nationale, sous la présidence de M. Beth-mont, vice-président. M. Bethmont donna lecture de la lettre suivante, qui fut accueillie par les applaudissements de la Chambre :

« Monsieur le vice-président,

« C'est avec un profond regret que je vous adresse ma
« démission de la présidence de la Chambre des députés.
« Je remercie encore une fois mes collègues de la sym-
« pathie dont ils n'ont cessé de m'honorer, et qui me suivra,
« je l'espère, dans mes nouvelles fonctions.
« Je vous prie, monsieur le vice-président, d'agréer
« l'assurance de ma haute considération.

« *Signé :* Jules Grévy. »

Dès que l'on apprit à la Bourse que la crise allait être promptement et pacifiquement dénouée, les demandes affluèrent sur les rentes. Le 5 pour 100 monta au comptant de 113.30 à 113.85, réalisant ainsi 55 centimes de hausse. Le soir, à la petite bourse du boulevard, quand la nouvelle de l'élection de M. Jules Grévy fut connue, cette rente dépassa 114 francs.

En France, la satisfaction fut générale. Le Conseil municipal de Lyon, qui était réuni, leva sa séance en signe de réjouissance publique, à la nouvelle de l'élection de M. Jules Grévy. Dans un très grand nombre de villes, les rues furent pavoisées, et les maisons illuminées. Nous citerons entre autres les villes de Marseille, Nîmes, Arles, Carpentras, Bordeaux, Issoudun, Guéret, Nérac, Clermont-Ferrand, Saint-Étienne, Langres, Dijon, Besançon, Épinal, Nancy, Troyes, Château-Thierry, Châlons-sur-Marne, Fontainebleau, Châteaudun, Beauvais, Saint-Quentin, Boulogne, Lille, le Havre, Angers, Alger. Le département du Jura se distingua dans ce concert d'allégresse. Beaucoup de communes de ce département envoyèrent à M. Jules Grévy des adresses exprimant la satisfaction qu'éprouvaient les habitants du Jura de voir leur illustre concitoyen appelé à la première magistrature de l'État. Symptôme caractéristique, un grand nombre de chambres de commerce envoyèrent au nouveau Président des adresses de félicitation. Il en vint même une de la ligue nationale des Français de Californie.

Enfin, les membres du bureau de l'ancien comité électoral du neuvième arrondissement de Paris remirent, quelques jours après l'élection du 30 janvier, l'adresse suivante à M. le Président de la République :

« Monsieur le Président,

« Vous avez été l'élu, sinon le député du IXe arrondissement en des jours où la République avait besoin de s'affirmer sur un nom respecté.

« Aujourd'hui l'Assemblée nationale vous élève à la première magistrature, et la République est fondée. Nous nous réjouissons, avec toute la France, d'un événement qui assure à notre chère patrie l'ordre, le progrès, et, chacun l'espère, l'oubli des anciennes discordes. Mais puisqu'il y a entre nous le lien d'une sympathie éprouvée et le souvenir d'une lutte commune, il nous appartient de vous offrir un témoignage particulier de la confiance que votre caractère inspire.

« Nous sommes certains d'être les fidèles interprètes de vos électeurs, dont nous étions les mandataires, en ajoutant que votre avènement au pouvoir réalise un vœu que déjà ils avaient entendu exprimer par leurs suffrages.

« Agréez, monsieur le Président, l'hommage de notre respectueux dévouement.

« Les membres du bureau de l'ancien comité électoral du IX⁰ arrondissement.

« *Signé* : Léon Gambetta, A. Peyrat, E. Allou, V. Schœlcher, A. Genevay, H. Stupuy, Louis Viardot, Vazelle, Paul Dubois, A. Meyer, C. Delaby, Ruault, Brondeix, N. Langlois. »

Le jugement porté par les journaux sur les événements du 30 janvier n'est pas moins intéressant à enregistrer.

Le *Journal des Débats* s'exprima ainsi :

« Le nouveau Président est nommé pour sept années. C'est donc une longue période de tranquillité qui s'ouvre devant nous. Telle était du moins l'impression générale à Paris, où les fonds publics ont monté dans la journée, et à Versailles, où les couloirs de la Chambre n'avaient jamais été à la fois plus remplis et plus calmes. Dès le matin, tout était réglé, arrêté ; toutes les discussions étaient closes ; et l'on a attendu jusqu'au soir avec patience un résultat certain. La monarchie est sans doute une grande et belle forme de gouvernement ; mais supposons que dans le conflit qui avait éclaté entre les divers pouvoirs, la France eût eu, aujourd'hui, un roi inamovible et héréditaire au lieu d'un Président, Charles X au lieu du maréchal de Mac-Mahon, que serait-il arrivé ? »

Le *Temps*, après avoir déduit des événements du 30 janvier cette conséquence que « la transmission du pouvoir s'opère plus facilement sous le régime républicain que par le mode de l'hérédité monarchique », fit ensuite, en ces termes, l'éloge du successeur de M. le maréchal de Mac-Mahon :

« Le choix du nouveau Président ne contribuera pas peu à rassurer l'esprit public et à bien fixer la signification de la dernière crise. Les classes conservatrices, celles-là mêmes qui ont le plus de préjugés contre le régime actuel et qui auraient peut-être souhaité un autre dénouement, n'élèvent aucune objection contre le nom de M. Grévy. C'est un républicain, sans doute, mais c'est un homme d'ordre et de gouvernement, un homme d'expérience, qui a fait ses preuves de fermeté et de discernement en mille occasions, et qui sait au besoin avoir raison, même contre les siens et ceux de son parti.

« Ce n'est pas lui, on le sait, qui gênera en rien le jeu des institutions parlementaires, ni en particulier la libre initiative de ses ministres ; mais on sait aussi qu'il ne sera pas plus un homme de paille dans la souveraine magistrature qu'il ne l'a été au fauteuil de la présidence de la Chambre, et que ni les prérogatives du pouvoir ni les véritables intérêts conservateurs ne péricliteront entre ses mains. Le congrès républicain, en élisant M. Grévy, a bien montré qu'il n'était pas une convention, assujettie à un petit parti, mais le parlement régulier de la nation, et qu'il entendait établir un gouvernement légal et fort autant que libre.

« Plus que tous les autres, les libéraux éclairés, qui ont toujours eu le souci des difficultés inhérentes à notre puissante — et inévitable — centralisation, applaudissent au choix de M. Grévy. En sa personne l'ordre civil reprend, même dans les apparences, le rang qui lui appartient *pleno jure* dans la hiérarchie des pouvoirs, à savoir le premier... »

Le *Siècle* tint le langage suivant :

« L'existence entière de M. Jules Grévy, la fermeté de ses opinions républicaines, son profond sentiment des besoins et des lois de la démocratie, son respect de la volonté na-

CHAPITRE VII.

tionale et du droit des majorités, sa loyauté inflexible, la simplicité de ses habitudes et de ses goûts, sa raison si haute et si sage, tout en lui, jusqu'à cette sérénité tranquille qui ne l'abandonne jamais, nous garantit qu'il apportera dans l'exercice de son pouvoir toutes les qualités de caractère et d'esprit qui font les présidents utiles à leur pays, sans aucun de ces défauts qui les rendent funestes à la paix ou à la liberté publique. Sa présence à la tête de l'État, la façon dont il remplira ses fonctions feront plus pour le progrès des mœurs républicaines et démocratiques en France et pour la propagande de la République en Europe, que les victoires les plus éclatantes ou les prédications les plus passionnées, car la France va désormais prouver la supériorité, la grandeur et les bienfaits du gouvernement républicain, comme le philosophe antique prouvait le mouvement.

« L'élection de M. Jules Grévy termine donc la première période de l'histoire de la République en France: celle de sa fondation. Longue et dramatique histoire, pleine de vicissitudes, de joies et de douleurs, d'héroïsme et de sacrifices, d'efforts et de dévouements sublimes, pleine d'enseignements pour les peuples qui nous entourent et pour les générations qui nous succéderont ! Elle est close, heureusement, paisiblement, avec la gloire pure qui marque les triomphes de la vérité et de la justice, et une ère nouvelle est ouverte. »

Mais c'est l'opinion des journaux monarchiques ou simplement conservateurs qu'il importe surtout de connaître. Le *Moniteur* porta l'appréciation suivante sur l'élection du 30 janvier :

« L'Assemblée nationale a eu la main heureuse en donnant M. Grévy pour successeur au maréchal de Mac-Mahon..... S'il est un homme qui n'ait jamais varié dans ses principes, qui, par défaut de prévision, manège ou ambition, n'ait jamais dévié de la ligne de conduite qu'il s'était d'abord tracée, c'est assurément M. Jules Grévy. D'autres noms peuvent avoir plus d'éclat, plus de retentissement : aucun n'a plus d'autorité. Son républicanisme réfléchi et convaincu n'a jamais cessé d'être l'adversaire de l'arbitraire, et on ne l'a jamais vu dans le parti de ceux qui, sous la République, ne cherchent qu'à imposer leurs doctrines par la violence. Inébranlable dans ses opinions, il a su résister à son parti lorsque son parti se trompait. Sa conscience politique n'a jamais payé le prix de sa popularité. Cette rectitude et cette clairvoyance politique, qui forment le caractère dominant de M. Grévy, résument aussi toute sa vie politique. On peut dire de lui qu'il est resté l'homme qui, en 1848, proposait avec tant de perspicacité, et défendait avec une si ferme éloquence cet amendement célèbre dont son nom évoque aussitôt le souvenir. »

Le *Constitutionnel* s'exprima en termes tout aussi élogieux :

« ...C'est du fond de notre cœur de citoyen et de patriote, que nous souhaitons au nouveau Président, M. Grévy, un avenir plus long, plus prospère, moins orageux et moins tourmenté.

« Dans M. Grévy tout se rencontre pour donner de la satisfaction aux hommes de la gauche et pour laisser de la confiance aux hommes de la droite. Sous les auspices de M. Grévy, un parti de gouvernement peut se former à la fin et donner à une situation trop instable et trop flottante une allure réglée, grave et ferme.

« C'est une intelligence rompue aux nécessités de la politique parlementaire, une intelligence pénétrée de la notion et du sentiment du droit; c'est un caractère haut, résolu, d'une solidité à toute épreuve. Le pouvoir est allé à lui, sans qu'il l'ait recherché, et même sans qu'il l'ait souhaité.

« Il sera le bienvenu. »

L'*Estafette*, qui inclinait vers les idées bonapartistes, s'exprima ainsi par la plume de son rédacteur en chef, M. Léonce Détroyat :

« Je ne peux pas mieux faire aujourd'hui que de souhaiter la bienvenue à l'éminent citoyen qui occupe depuis hier la première magistrature de France.

« Que l'amour de la patrie dicte toutes ses actions ; que le respect de la loi l'inspire sans cesse !

« A l'estime que les partis politiques lui accordent déjà, il ajoutera ainsi la reconnaissance de tous les honnêtes gens.

« Il couronnera alors le plus dignement du monde une carrière qui, pour ne pas avoir l'éclat de tant d'autres, n'en est pas moins méritoire en raison des services qu'il a modestement rendus à son pays.

« La majorité des représentants de la nation le lui a prouvé hier en l'élevant à la présidence de la République.

« La France le lui prouvera aujourd'hui en saluant avec joie ce choix de ses représentants ! »

Une autre feuille bonapartiste, *Paris-Journal*, tint ce langage :

« L'arrivée de M. Grévy, ce vieux républicain, à la première magistrature de la République n'étonnera ni ne choquera personne.

« Nous ne savons pas ce que sera l'avenir, nous ne voulons pas examiner s'il n'y a pas un grand péril dans la facilité même avec laquelle les changements les plus considérables peuvent désormais s'opérer parmi nous; nous préférons, sur un terrain qui n'est pas le nôtre, nous réjouir mélancoliquement de l'ordre avec lequel les choses se sont passées, et dont les ambassadeurs, qui se pressaient au complet dans la tribune diplomatique, ont déjà rendu témoignage à leurs gouvernements. »

Enfin l'*Union*, organe de M. le comte de Chambord, s'exprima en termes sévères sur la présidence de M. le maréchal de Mac-Mahon :

« La présidence du maréchal aura été une nouvelle preuve de l'inutilité des bonnes intentions, quand une forte conviction ne les anime pas. Il ne suffit pas d'avoir le goût du bien, il faut en avoir l'intelligence et trouver dans les principes la puissance d'accomplir les grandes choses. Dieu nous garde de manquer de respect envers celui qui vient, non pas de tomber, mais de descendre du pouvoir. Mais il est trop vrai que son passage aux affaires, avec des attributions souveraines, n'aura pas été un bonheur pour notre pays. »

Voici, d'autre part, quelques appréciations de la presse étrangère sur la crise du 30 janvier. D'abord la presse anglaise. Tous les journaux anglais, à l'exception du *Morning Post*, dont les relations avec M. d'Harcourt, ambassadeur de France à Londres, n'étaient un mystère pour personne, exprimèrent hautement leur satisfaction de l'élévation de M. Jules Grévy à la première magistrature de l'État français. Le *Times* tint le langage suivant :

« Les Chambres ont choisi en M. Grévy l'homme qui, depuis l'établissement de la République, est reconnu comme étant le mieux qualifié pour exercer la présidence. La population a compris que le pays aurait plus de chances de calme à l'intérieur sous le gouvernement de M. Grévy qu'elle

CHAPITRE VII.

n'en a eu sous le maréchal de Mac-Mahon. Les visées politiques du Président ne seront plus en contradiction journalière avec ses devoirs constitutionnels. L'Élysée respectera les décisions du Parlement. Le ministre de la guerre redeviendra libre d'opérer des réformes. »

Le *Daily News* considéra l'élection de M. Grévy comme un hommage rendu au mérite « du plus droit peut-être, du plus consistant, et de l'un des plus sagaces parmi les hommes politiques de la France ».

Il ajouta : « Nul autre n'était plus digne de cet honneur, nul n'avait aussi bien prouvé par son passé qu'il comprend les devoirs d'un Président constitutionnel et qu'il les remplira avec talent et honnêteté... La sincérité et la modération du républicanisme de M. Grévy sont hors de question. Les puissances étrangères ont en lui une garantie contre une politique téméraire tant qu'il sera à la tête de la nation française, vu qu'il a protesté de toute sa force contre la déclaration de guerre à l'Allemagne. M. Grévy n'a jamais été un politicien agité, mais il s'est trouvé toujours du côté de la liberté. »

Le *Standard* et le *Daily Telegraph* tinrent à peu près le même langage.

Voici l'opinion des journaux allemands.

La *Gazette nationale* de Berlin s'exprima en ces termes :

« Depuis quatre-vingt-dix ans, on n'a vu en France aucun changement de gouvernement mieux préparé extérieurement, mieux motivé au fond, et plus facilement exécuté que celui qui s'opère en ce moment. Le calme avec lequel ce changement a lieu montre que l'épreuve à laquelle le parti dominant se dispose à soumettre les nouvelles institutions n'est pas au-dessus de leurs forces. Nous n'avons pas de motif pour supposer que les choses ne puissent pas continuer de se passer avec calme. »

La *Gazette de Francfort* dit : « La République est aujourd'hui entre bonnes mains. Un homme désintéressé, dévoué de tout temps à la cause républicaine, à laquelle il a rendu de grands services, un esprit aussi résolu que calme, est maintenant à la tête de la nation française. L'élection de M. Grévy montre que le caractère français s'est converti à une simplicité modeste, à une grandeur véritable et non superficielle. Cette élection sera favorable à la République et à la paix. »

La presse russe se montra également heureuse de la solution donnée à la crise gouvernementale en France :

Le *Golos* de Saint-Pétersbourg s'exprima en ces termes au sujet du nouveau Président de la République :

« La crise gouvernementale suscitée par la retraite du maréchal de Mac-Mahon s'est dénouée le plus pacifiquement du monde. Du même coup, les espérances que les monarchistes fondaient sur les complications que la Constitution imaginée par eux en 1875 avaient réservées pour 1880 se sont définitivement envolées en fumée. C'est un grand bonheur pour la France. Le choix des Chambres françaises sera, sans contredit, ratifié avec sympathie par tous les États de l'Europe. On n'en aurait pu faire un meilleur. Le nouveau Président est un homme d'une haute réputation d'intégrité, d'énergie et d'expérience. Du temps de M. Thiers déjà, il avait été désigné comme son successeur éventuel. Républicain convaincu, M. Grévy a su se tenir toujours au-dessus des passions de parti. Au poste élevé qu'il va occuper, il continuera à s'inspirer de cette impartialité et de ce sang-froid avec lesquels il a dirigé si heureusement les

CHAPITRE VII.

débats de la Chambre des députés. La France peut avoir pleine confiance dans la sagesse de son premier magistrat. De son côté, l'Europe se plaît à espérer que la République française persistera, sous son égide, dans la politique modérée qui lui a valu sa prospérité actuelle. »

Le *Nord*, de Bruxelles, organe officieux du gouvernement russe, apprécia ainsi les événements du 30 janvier :

« Cette exécution correcte et facile de celui des articles de la Constitution dont l'application semblait justifier les appréhensions les plus sérieuses, ou au moins les doutes les plus plausibles, ne peut que favoriser la consolidation des institutions actuelles. Quant au choix qui a été fait par le congrès, il est à peine besoin de dire qu'il n'aurait pu être meilleur. M. Jules Grévy est un républicain convaincu, ce qui, assurément, n'est pas un défaut pour un Président de République ; mais c'est, en outre, un républicain essentiellement antirévolutionnaire, et qui, dans sa carrière politique si honorablement remplie, s'est toujours maintenu avec fermeté sur le terrain de la plus rigide légalité et du dévouement le plus complet aux principes de la conservation sociale... L'élection de M. Grévy et les conditions dans lesquelles elle s'est faite produiront, nous en avons la conviction, une bonne impression à l'étranger et y feront naître l'espoir que, sous la main ferme et sous la direction éclairée du nouveau Président, la République française ne s'écartera pas de la voie que lui a tracée son illustre fondateur. »

Mêmes appréciations dans la presse d'Autriche-Hongrie.

Un journal ministériel de Vienne, la *Presse*, signala « la correction de la solution qui avait mis fin à la crise présidentielle ». Quant à M. Jules Grévy, « il n'est pas douteux, ajouta la *Presse*, que son attachement à la République, attachement éprouvé et de longue date, et que ses qualités personnelles ne le rendent digne d'occuper le premier poste dans son pays. M. Grévy est toujours resté fidèle à ses convictions, mais il n'a jamais été homme de parti ; il a toujours su conserver une certaine indépendance, et il saura la maintenir dans sa nouvelle dignité. La proposition qu'il fit en 1848 et qui, si elle avait été adoptée, aurait préservé la France de malheurs sans nom, témoigne de sa perspicacité politique. Plus calme et doué de moins d'imagination que M. Thiers, il a un peu l'opiniâtreté et tout à fait l'énergie de ce grand homme d'État... M. Grévy est le dernier représentant de la République conservatrice, et la République sera conservatrice ou elle ne sera pas. »

La *Nouvelle Presse libre* de Vienne dit : « La France a donné hier au monde un spectacle imposant. En quelques heures, une crise a été menée à bonne fin, crise dont beaucoup d'esprits, en dehors de la France, redoutaient des troubles dans ce pays si impressionnable. Mais jamais peut-être, dans l'histoire, on n'a vu un peuple tirer autant de leçons de ses malheurs et de ses défaites. Il semble presque que les coups du sort de 1870-1871 ont ouvert les yeux au peuple français, et que cette nation ondoyante, mobile et passionnée, s'est transformée comme par miracle en un peuple plein de prudence, de netteté dans la volonté, de sens pour le droit et la légalité. »

Et ce journal ajouta :

« Jules Grévy est l'homme qu'il faut pour remplir dignement les hautes fonctions auxquelles il vient d'être appelé ; que cet homme soit le représentant de l'élément civil dans la plus rigoureuse acception du mot, que la France ait rompu définitivement avec cette absurde marotte de voir dans le sabre d'un soldat l'unique salut du pays, voilà qui est à nos yeux un symptôme inappréciable du revirement qui s'est opéré dans l'esprit de la population de ce pays, qui saura faire bon usage des institutions dont il jouit aujourd'hui. »

Un autre journal de Vienne, qui passait pour être l'organe de la cour, le *Fremdenblatt*, constata que « le successeur du maréchal de Mac-Mahon pouvait être considéré comme le représentant le plus intègre et le plus digne de l'idée conservatrice républicaine »; il ajouta que « le changement de gouvernement s'opérait pour la seconde fois depuis la réunion de l'Assemblée nationale, en 1871, avec un ordre et une tranquillité tels qu'ils n'avaient régné qu'une seule fois en France depuis la première Révolution, à l'avènement de Charles X ».

Enfin, la *Gazette allemande*, après avoir rendu hommage à la façon correcte dont le maréchal avait donné sa démission, s'exprima ainsi : « M. Grévy est un des républicains les plus fermes et les plus logiques de France; il a professé des principes républicains depuis son entrée dans la vie publique. En lui la France acquiert un homme qu'elle n'a jamais eu, ni sous la première République, ni sous la seconde, ni sous la troisième, un chef du pouvoir exécutif qui est tout à la fois républicain et libéral. Dès aujourd'hui, la France est une République libérale et républicaine. »

Nous pourrions donner d'autres extraits encore de la presse étrangère; mais ceux que nous venons de reproduire suffisent à montrer comment l'opinion publique en Europe a apprécié les événements du 30 janvier, et le jugement favorable qu'elle a porté sur le successeur de M. le maréchal de Mac-Mahon à la présidence de la République française.

§ II

MESSAGE

ADRESSÉ PAR LE PRÉSIDENT DE LA RÉPUBLIQUE

AU SÉNAT ET A LA CHAMBRE DES DÉPUTÉS

LE 6 FÉVRIER 1879

La présidence de la Chambre des députés était vacante. Le 1ᵉʳ février, M. Gambetta fut élu président, par 338 voix sur 407 votants. Il monta au fauteuil, le 6 février, et prononça une allocution dont toute la première partie fut consacrée à l'éloge de M. Grévy et de sa présidence :

« Messieurs les députés, dit-il, en prenant possession du poste d'honneur que le vote de la Chambre vient de me confier, je vous adresse l'expression de ma vive reconnaissance.

« Permettez-moi d'ajouter que les circonstances historiques qui ont précédé et déterminé cette marque de votre confiance l'ont rendue tout ensemble et plus précieuse et plus redoutable pour moi. Je succède, en effet, au grand citoyen, à l'homme d'État que les suffrages des représentants du pays ont spontanément appelé à la présidence de la République française... *(Applaudissements à*

CHAPITRE VII.

gauche et au centre), où le suivent l'irrésistible adhésion de la France, la fidélité inaltérable du Parlement et l'estime du monde. *(Vive adhésion et applaudissements.)*

« S'il est aujourd'hui le chef de la nation, il reste ici notre instituteur et notre modèle. *(Nouveaux applaudissements.)* Nous suivrons ses leçons et ses traces, sans l'orgueil de le remplacer, mais avec le ferme dessein de reproduire les traits principaux de sa magistrature : la vigilante attention à toutes vos discussions, l'impartialité pour tous les partis *(applaudissements)*, le souci scrupuleux de nos règles, le culte jaloux des libertés de la tribune. » *(Nouveaux applaudissements.)*

M. Gambetta termina son allocution par d'éloquentes considérations de politique générale.

La première tâche qu'eut à remplir M. Grévy, après son élection à la présidence de la République, fut celle de la constitution d'un ministère.

Il confia le soin de constituer un ministère à M. Waddington, ministre des affaires étrangères dans le cabinet du 14 décembre 1877. M. Waddington prit pour lui-même le portefeuille des affaires étrangères avec la présidence du conseil. Les autres portefeuilles furent ainsi distribués : M. de Marcère eut l'intérieur et les cultes; M. Le Royer, la justice; M. Jules Ferry, l'instruction publique; M. Léon Say, les finances; M. de Freycinet, les travaux publics; M. Lepère, l'agriculture et le commerce; M. le général Gresley, la guerre; M. l'amiral Jauréguiberry, la marine; enfin un ministère des postes et télégraphes fut institué par décret et le portefeuille fut attribué à M. Cochery. Les seuls ministres nouveaux de ce cabinet étaient MM. Le Royer, Jules Ferry, Lepère et Cochery. Les sous-secrétaires d'État furent : à la justice, M. René Goblet; aux beaux-arts, M. Turquet; aux travaux publics, M. Sadi Carnot; à l'agriculture et au commerce, M. Cyprien Girerd; à l'intérieur, M. Jules Develle.

Le 6 février, le nouveau ministère se présenta devant les Chambres. Le président du conseil, M. Waddington, et M. de Marcère, ministre de l'intérieur, donnèrent lecture, l'un au Sénat, l'autre à la Chambre des députés, du message suivant de M. le Président de la République, qui fut accueilli, dans les deux assemblées, par de vifs applaudissements :

> Messieurs les sénateurs,
> Messieurs les députés,

L'Assemblée nationale, en m'élevant à la présidence de la République, m'a imposé de grands devoirs. Je m'appliquerai sans relâche à les accomplir, heureux si je puis, avec le concours sympathique du Sénat et de la Chambre des députés, ne pas rester au-dessous de ce que la France est en droit d'attendre de mes efforts et de mon dévouement.

Soumis avec sincérité à la grande loi du régime parlementaire, je n'entrerai jamais en lutte contre la volonté nationale exprimée par ses organes constitutionnels.

Dans les projets de loi qu'il présentera au vote des Chambres et dans les questions soulevées par l'initiative parlementaire, le Gouvernement s'inspirera des besoins réels, des vœux certains du pays, d'un esprit de progrès et d'apaisement; il se préoccupera surtout du maintien de la tranquillité, de la sécurité, de la confiance, le plus ardent des vœux de la France, le plus impérieux de ses besoins.

Dans l'application des lois, qui donne à la politique générale son caractère et sa direction, il se pénétrera de la pensée qui les a dictées ; il sera libéral, juste pour tous, protecteur de tous les intérêts légitimes, défenseur résolu de ceux de l'État.

Dans sa sollicitude pour les grandes institutions qui sont les colonnes de l'édifice social, il fera une large part à notre armée, dont l'honneur et les intérêts seront l'objet constant de ses plus chères préoccupations.

Tout en tenant un juste compte des droits acquis et des services rendus, aujourd'hui que les deux grands pouvoirs sont animés du même esprit, qui est celui de la France, il veillera à ce que la République soit servie par des fonctionnaires qui ne soient ni ses ennemis ni ses détracteurs.

Il continuera à entretenir et à développer les bons rapports qui existent entre la France et les puissances étrangères, et à contribuer ainsi à l'affermissement de la paix générale.

C'est par cette politique libérale et vraiment conservatrice, que les grands pouvoirs de la République, toujours unis, toujours animés du même esprit, marchant toujours avec sagesse, feront porter ses fruits naturels au Gouvernement que la France, instruite par ses malheurs, s'est donné comme le seul qui puisse assurer son repos, et travailler utilement au développement de sa prospérité, de sa force et de sa grandeur.

Le Président de la République française,
Signé : JULES GRÉVY.

Par le Président de la République :

Le président du conseil, ministre des affaires étrangères,

Signé : WADDINGTON.

Versailles, le 6 février 1879.

A partir de l'époque où nous sommes arrivés, la vie politique de M. Jules Grévy s'identifie avec la vie politique de la France. Pour la raconter et la juger, il faudrait écrire l'histoire même de la troisième République française pendant les années 1879 à 1887.

Nous n'avons pas le dessein d'entreprendre ce travail. C'est à l'histoire qu'il appartient de dire comment M. Grévy a présidé, pendant près de neuf années, au gouvernement de la France, et quelle action il a eue sur la direction des affaires intérieures et extérieures de notre pays. Notre rôle est beaucoup plus modeste. Jusqu'ici, nous avons recueilli les manifestations de la pensée de M. Jules Grévy; nous avons reproduit les discours qu'il a prononcés au barreau et dans les assemblées; nous donnerons à présent les discours et les messages du Président de la République. Pour l'histoire, cette page de la vie de M. Grévy sera la plus longue; dans notre livre, elle sera assez courte. Occupé, comme il l'était, des plus grands intérêts du pays, M. Jules Grévy, pendant cette période, n'a eu guère le loisir d'écrire ou de parler.

§ III

DISCOURS

A L'OCCASION DE

LA REMISE DE LA BARRETTE CARDINALICE

A M. MEGLIA, NONCE DU PAPE

PRONONCÉ LE 14 OCTOBRE 1879

AU PALAIS DE L'ÉLYSÉE

Nous nous abstiendrons de reproduire les discours de M. le Président Grévy aux ambassadeurs ou aux ministres des puissances étrangères. Ces harangues n'offrent guère d'intérêt pour le public. Nous nous bornerons, à titre d'exemple, à donner le discours prononcé, le 14 octobre 1879, par M. le Président de la République en remettant la barrette cardinalice à M. Meglia, nonce du pape à Paris. En voici le texte :

Monsieur le cardinal,

C'est pour moi un grand plaisir, et M. l'ablégat ne s'est pas trompé en le disant tout à l'heure, de vous remettre les insignes de la haute dignité que vous ont méritée vos éminents services, vos lumières et vos vertus. Je suis heureux que le Saint-Père, en m'associant à cette cérémonie, m'ait offert l'occasion de vous témoigner publiquement la haute estime et la profonde sympathie que vous avez inspirées au Gouvernement de la République, auprès duquel vous venez de représenter si dignement le Souverain Pontife.

Je vous suis extrêmement reconnaissant des vœux que vous formez pour la France, pour son Gouvernement, pour ma famille et pour moi.

§ IV

DISCOURS

A L'OCCASION DE

LA REMISE DES DRAPEAUX

A L'ARMÉE FRANÇAISE

PRONONCÉ LE 14 JUILLET 1880

A LONGCHAMP

Une loi en date du 6 juillet 1880 avait décidé que « la République adoptait la date du 14 juillet comme jour de fête nationale annuelle ». La célébration de la fête du 14 juillet 1880 eut lieu au milieu d'un enthousiasme général. « La presse d'Angleterre et d'Autriche consacra à cette occasion des articles chaleureux et sympathiques à la France. A Athènes, le conseil municipal illumina la ville et envoya au Président de la République une adresse de félicitations et de remerciements pour l'intervention française dans le différend turco-grec[1]. » Cette fête avait, en effet, un grand caractère patriotique. Elle montrait l'armée française reconstituée au prix d'immenses sacrifices, de persévérants efforts et d'un travail ininterrompu de près de dix années. Les défaites et les capitulations de l'Empire l'avaient dépouillée

---

1. André Daniel, *l'Année politique*, 1880. Paris, 1881, 1 vol. in-12, p. 296.

de ses drapeaux. La République les lui rendit. Tous les Français s'associèrent aux simples et patriotiques paroles que le Président de la République, M. Jules Grévy, prononça à la fête militaire de Longchamp, en remettant les couleurs nationales aux colonels de l'armée française :

Officiers, sous-officiers et soldats, qui représentez l'armée française à cette solennité !

Le Gouvernement de la République est heureux de se trouver en présence de cette armée vraiment nationale, que la France forme de la meilleure partie d'elle-même, lui donnant toute sa jeunesse, c'est-à-dire ce qu'elle a de plus cher, de plus généreux, de plus vaillant, la pénétrant ainsi de son esprit et de ses sentiments, l'animant de son âme, et recevant d'elle, en retour, ses fils élevés à la virile école de la discipline militaire, d'où ils apportent dans la vie civile le respect de l'autorité, le sentiment du devoir, l'esprit de dévouement, avec cette fleur d'honneur et de patriotisme et ces mâles vertus du métier des armes, si propres à faire des hommes et des citoyens.

Si rien n'a coûté au pays pour relever son armée, rien n'a coûté à l'armée pour seconder les efforts du pays, et par l'application au travail, par l'étude, par l'instruction, par la discipline, elle est devenue pour la France une garantie du respect qui lui est dû et de la paix qu'elle veut conserver. Je vous en félicite et je vous en remercie.

C'est dans ces sentiments que le Gouvernement de la République va vous remettre ces drapeaux. Re-

CHAPITRE VII.

cevez-les comme un gage de sa profonde sympathie pour l'armée, recevez-les comme les témoins de votre bravoure, de votre fidélité au devoir, de votre dévouement à la France, qui vous confie, avec ces nobles insignes, la défense de son honneur, de son territoire et de ses lois.

Deux jours après, le Président de la République adressa à M. le général Farre, ministre de la guerre, la lettre suivante :

Paris, le 16 juillet 1880.

Mon cher ministre,

Je vous félicite de la parfaite ordonnance de la fête militaire du 14 juillet.

J'ai admiré la belle tenue des troupes, la précision de leurs mouvements et leur attitude martiale.

Je vous en exprime toute ma satisfaction.

Recevez, mon cher ministre, l'assurance de ma haute considération.

Signé : Jules Grévy.

§ V

DISCOURS

PRONONCÉ LE 9 AOUT 1880

AU BANQUET DONNÉ A L'HOTEL DE VILLE DE CHERBOURG

L'armée de terre avait reçu ses nouveaux drapeaux lors de la fête nationale du 14 juillet ; la marine eut sa fête à Cherbourg les 8, 9 et 10 août. Le Président de la République se rendit en cette ville, le 8 août, accompagné de M. l'amiral Jauréguiberry, ministre de la marine, ainsi que des présidents du Sénat et de la Chambre des députés, MM. Léon Say et Gambetta. Au discours de bienvenue que lui adressa M. le maire de Cherbourg, M. le Président de la République répondit en ces termes :

Monsieur le maire,

Je vous remercie des sentiments que vous m'exprimez, je vous prie d'en remercier vos administrés. Je connais le dévouement de vos populations à la République ; c'est pourquoi je suis venu visiter votre belle ville, votre port et vos arsenaux, faire connaissance avec votre excellente municipalité.

L'agence Havas publia, le 9 août, une dépêche ainsi conçue :

« Hier soir, le Président de la République, accompagné par M. Wilson, le général Pittié et les officiers de sa maison

CHAPITRE VII.

militaire, est sorti à pied. Aussitôt que la foule l'a reconnu, elle l'a acclamé avec enthousiasme.

« Le président de la Chambre est sorti également. La foule a entouré la voiture du président de la Chambre, l'acclamant chaleureusement et le priant de parler.

« M. Gambetta a prononcé les paroles suivantes :

« Messieurs, mesdames, puisque nous sommes interrompus dans notre promenade à travers les rues, j'en profite pour vous remercier des acclamations que vous faites entendre sur le passage du chef de l'État et de ses fidèles et dévoués collaborateurs. Comment pourrait-il en être autrement dans cette ville de Cherbourg, cette cité si républicaine? Oui, vous avez raison d'acclamer le Président de la République, ce citoyen intègre, ce chef vénéré ; mais, quelque grande que soit la situation, à divers degrés, de ceux qui ont votre confiance, n'oubliez pas qu'au-dessus d'eux il y a une image sacrée, inviolable, l'image de la patrie républicaine, qui fait notre joie et nous donne toutes les espérances. »

Le même soir arriva à Cherbourg le yacht anglais l'*Enchantress*, ayant à bord lord Northbrook, lord de l'amirauté, et l'amiral Riders, commandant du port de Portsmouth, venus pour saluer le Président de la République au nom de la reine d'Angleterre.

Le 6 août, le Président de la République, accompagné des présidents du Sénat et de la Chambre des députés, se rendit à l'arsenal pour assister au lancement du navire de guerre *le Magon*. Puis il visita la digue nommée fort central, les batteries supérieures et les batteries du ras de l'eau. Le soir, il y eut à l'Hôtel de Ville un grand dîner offert par le Président de la République. Quatre toasts furent portés : le premier par M. Jules Grévy, le second par le ministre de la marine, le troisième par le secrétaire de l'amirauté anglaise, le quatrième par M. Gambetta.

Voici le texte du toast porté par M. le Président de la République :

Je veux, avant tout, remercier cette ville de Cherbourg, si belle, si intéressante, et qui se montre si excellente pour nous. Le cordial et magnifique accueil que nous y recevons me pénètre d'un sentiment de gratitude et d'affection qui ne périra pas.

Cette dette de cœur, non pas acquittée, mais reconnue, je porte un toast à la marine française.

En revenant de visiter les deux belles escadres qui sont réunies dans ce grand port de la Manche, j'ai voulu saluer en elles la marine française et lui apporter un témoignage de vive sympathie.

Pour le mérite et la distinction de son corps d'officiers, pour l'instruction technique et l'intrépidité de ses marins, pour la science et l'application intelligente des merveilleux progrès que le génie moderne a réalisés dans la construction des navires et dans leur armement, notre marine, je suis fier de pouvoir le dire, n'a aucune comparaison à redouter.

Mais elle n'est pas encore suffisamment dotée d'un matériel naval qui puisse assurer à la France la puissance maritime que lui assignent sa position sur les deux mers et sa place dans le monde.

Des projets ont été élaborés dans ces dernières

années pour renforcer notre flotte. Ils n'ont reçu qu'une exécution partielle. Peut-être, au milieu des transformations et des expériences auxquelles nous assistons, eût-il été imprudent d'aller plus vite ; mais il faut que, le moment venu, ces projets soient entièrement exécutés. Il faut aussi que nous consacrions une partie de nos ressources à achever les grands travaux que réclament nos ports, à commencer par ceux du port de Cherbourg, dont l'importance, la nécessité et l'urgence sont universellement reconnues.

La France aime sa marine comme elle aime son armée, elle a besoin de l'une et de l'autre ; elle doit faire pour la première ce qu'elle a fait pour la seconde.

Elle doit mettre en état de porter avec confiance son pavillon dans toutes les mers, ces vaillants marins qu'une vie de durs labeurs et d'incessants dangers élève à la plus haute valeur militaire.

Ils nous l'ont montré, lorsqu'au temps de nos désastres, ils sont venus partager avec nos braves soldats la défense du pays. Avec quel dévouement ils l'ont fait, avec quel courage ! vous le savez. C'est une des belles pages de l'histoire de la marine française, si pleine de pages héroïques ; elle est gravée en caractères ineffaçables dans le cœur de la nation.

A la marine française ! A son passé ! A son avenir !

Ce toast fut accueilli par des applaudissements longtemps prolongés.

Lorsque vint le tour de M. Gambetta, le président de la Chambre des députés porta, en ces termes, un toast au Président de la République :

« Depuis que M. Grévy est élevé à la plus haute magistrature du pays, son nom s'est gravé plus profondément dans les cœurs de tous les Français, et les immenses services qu'il a rendus au pays sont appréciés comme ils le méritent.

« C'est pour nous un gage de sécurité de le voir peser d'une influence plus considérable sur les affaires qui intéressent le plus la stabilité de nos institutions républicaines et le développement de nos forces nationales. Il ne faudrait pas être Français pour ne pas éprouver ces sentiments de reconnaissance auxquels n'hésitent pas à s'associer les représentants de la puissance amie qui sont ici présents.

« Messieurs, je porte un toast au Président de la République. »

Ce toast fut suivi d'applaudissements prolongés.

Le 10 août, dans la matinée, le Président de la République, accompagné de M. Léon Say, assista aux régates ; le soir, la municipalité de Cherbourg offrit un banquet au Président de la République et aux présidents des deux Chambres. Cinq toasts furent portés : le premier par le maire à M. le Président de la République, et à MM. Léon Say et Gambetta ; le second, par M. Jules Grévy à la municipalité et à la population de Cherbourg ; le troisième par M. Lenoël à la marine ; le quatrième par M. Léon Say, qui exprima ses remerciements pour l'accueil fait aux présidents des deux Chambres ; le cinquième enfin, par M. Gambetta.

M. le Président de la République prit la parole en ces termes :

CHAPITRE VII.

Je remercie le maire de Cherbourg, dont j'apprécie infiniment le caractère, l'honorabilité et les précieuses qualités, de la réception si belle, si touchante et si chaleureuse qu'il nous a préparée.

Transmettez aux populations que vous représentez l'expression de nos sentiments de reconnaissance. *(Applaudissements.)*

M. Gambetta, qui parla le dernier, commença, en s'adressant au maire de Cherbourg, par repousser l'assimilation établie entre le Président de la République et les présidents des deux Chambres. Il s'exprima ainsi :

« Je n'ai rien à ajouter aux remerciements émus du citoyen le plus autorisé qui ait honoré de sa présence cette réunion et cette ville ; mais permettez-moi de vous le dire, avec tout le respect que je dois aux pouvoirs publics, qu'il ne serait pas conforme à la correction démocratique et constitutionnelle de mettre les trois présidents sur le même plan.

« Je crois bien connaître la Constitution. La Constitution fut sage et bien inspirée lorsqu'elle mit deux Chambres auprès du pouvoir exécutif pour l'éclairer et le pondérer. Elle aurait été mal inspirée en plaçant dans des sphères inaccessibles et inviolables le chef suprême de l'État.

« J'accepte vos applaudissements ; mais cette parité de réception qui tend à réunir dans une même ovation le Président de la République et les présidents des deux Chambres ne saurait aller plus loin sans fausser l'opinion et sans méconnaître les devoirs de tous... »

M. Gambetta termina en buvant à la ville, à la population et aux hôtes de Cherbourg.

A son retour du voyage de Cherbourg, M. le Président de la République adressa la lettre suivante à M. l'amiral Jauréguiberry, ministre de la marine :

Paris, le 12 août 1880.

Mon cher ministre,

Je ne saurais trop vous féliciter de l'excellent état dans lequel j'ai trouvé les deux escadres réunies dans le port de Cherbourg. J'ai admiré le magnifique aspect des navires et la belle tenue des équipages.

Je vous prie de recevoir et de transmettre aux officiers et aux marins l'expression de ma vive satisfaction.

Agréez, mon cher ministre, l'assurance de ma haute considération.

Signé : Jules Grévy.

§ VI

DISCOURS

EN

RÉPONSE A L'ALLOCUTION DU MAIRE DE LA VILLE

PRONONCÉ LE 17 AOUT 1880

A DIJON

Quelques jours après son retour du voyage de Cherbourg, M. le Président de la République, se rendant à Mont-sous-Vaudrey, reçut, à son passage à Dijon, un accueil enthousiaste. Il prononça le discours suivant en réponse aux paroles de bienvenue du maire de cette ville :

Je suis heureux de voir la municipalité de Dijon, le conseil général de la Côte-d'Or, les autorités civiles et religieuses et le corps des officiers qui commandent dans cette région.

Je suis touché des paroles bienveillantes de M. le maire; rien ne peut m'être plus précieux que l'approbation de mes concitoyens, et particulièrement des représentants de cette ville et de ce département qui, à toutes les époques, s'étant signalés par leurs opinions libérales, devaient être et ont été des premiers à embrasser la République.

Mais aujourd'hui ce n'est pas un homme, quels que soient sa position, ses intentions et ses efforts, c'est la France qu'il faut louer, la France si sensée, si sage, si intelligente de ses intérêts, si ferme et si persévérante dans son attachement toujours croissant à la République. Il dépend de nous que cet attachement s'accentue toujours de plus en plus; continuons à être sages; ne nous laissons entraîner ni à l'impatience, ni à l'exagération, ni à la violence, et l'ère heureuse dans laquelle nous sommes entrés enfin, après tant d'orages, ne se fermera pas.

---

§ VII

DISCOURS

A L'OCCASION DE LA RÉCEPTION

DES

MEMBRES DE LA CONFÉRENCE INTERNATIONALE POSTALE

PRONONCÉ LE 15 OCTOBRE 1880

AU PALAIS DE L'ÉLYSÉE

M. Jules Grévy passa la fin du mois d'août et le mois de septembre dans sa maison de campagne de Mont-sous-Vaudrey. Il revint à Paris au commencement d'octobre, et, à l'occasion de la réception, au palais de l'Élysée, des membres de la conférence internationale postale, il prononça le discours suivant :

Messieurs,

Je suis heureux de recevoir les représentants de toute l'Europe, réunis à Paris en un nouveau congrès postal.

Je vous félicite de l'œuvre nouvelle que vous avez entreprise et que vous conduirez à bonne fin, comme vous l'espérez, et comme je le désire ardemment.

Non seulement vous rendrez par là un grand service au commerce européen et à toutes les relations sociales, mais encore, ce qui est plus considérable à mes yeux, vous apporterez une nouvelle pierre à cette œuvre de paix et de liberté, qu'aujourd'hui le mouvement de la civilisation élève graduellement au milieu des nations.

La transformation des peuples modernes, devenus industriels et commerçants, de belliqueux et conquérants qu'ils ont été si longtemps, a plus fait peut-être pour la paix et la liberté du monde, en rapprochant les nations, en les mêlant, en enchevêtrant, en solidarisant leurs intérêts, en dissipant les préventions injustes et les aveugles hostilités, que n'ont pu faire, par leurs efforts et leurs travaux, la philosophie et la politique. Les peuples vivaient auparavant par la guerre et le butin, ils vivent aujourd'hui par la production et l'échange; ils se dévoraient tour à tour, ils s'enrichissent mutuellement. C'est le grand fait de la civilisation moderne.

Les améliorations successives qui ont été apportées au service international des postes, et auxquelles M. Cochery a si activement et si intelligemment contribué, sont autant de pas faits vers le but auquel nous tendons. Celle que vous préparez sera encore un nouveau progrès. J'y applaudis de tout mon cœur, comme à tout ce qui peut faire avancer les nations dans la voie de la paix, de la liberté et de la prospérité.

§ VIII

DISCOURS

PRONONCÉ LE 13 JUILLET 1882

AU BANQUET D'INAUGURATION

DE

L'HOTEL DE VILLE DE PARIS

Le nouvel Hôtel de Ville de Paris fut inauguré le 13 juillet 1882, par un banquet et une réception magnifiques. M. le Président de la République avait tenu à honneur de présider à cette fête. A la fin du banquet, il répondit en ces termes aux toasts du président du Conseil municipal, M. Songeon, et du préfet de la Seine, M. Charles Floquet :

Messieurs,

Je remercie M. le président du Conseil municipal et M. le préfet de la Seine des paroles obligeantes qu'ils m'ont adressées. Je les remercie aussi de l'honneur qu'ils m'ont fait en me conviant à cette fête toute parisienne, où je suis heureux de voir assis à la même table les représentants les plus éminents de la France et nos illustres hôtes, MM. les ambassadeurs des puissances étrangères, tous venus ici dans un commun sentiment de sympathie pour la grande cité qui est fière de les posséder.

M'associant à ces sentiments, messieurs, je porte un toast à la ville de Paris. Je la félicite de voir sortir de ses ruines, avec une nouvelle splendeur, son vieil Hôtel de Ville, maison paternelle de la cité, antique berceau de ses libertés municipales, théâtre souvent glorieux, orageux quelquefois, et toujours attachant, des dramatiques événements qui remplissent son émouvante histoire.

A Paris! qui a pris une si brillante part à l'épanouissement de la civilisation française, à ce foyer de vive lumière, à cette patrie des lettres, des sciences, des beaux-arts, sublimes productions du génie, qui font le charme de la vie des hommes et la vraie grandeur des nations!

A la ville de Paris!

Ces paroles furent saluées par de vifs applaudissements.

§ IX

RÉÉLECTION DE M. JULES GRÉVY

AUX FONCTIONS DE

PRÉSIDENT DE LA RÉPUBLIQUE FRANÇAISE

LE 28 DÉCEMBRE 1885

Jusqu'en 1881, la personne de M. le Président de la République avait été soigneusement tenue en dehors des polémiques des journaux républicains. Mais, à l'occasion du rejet par le Sénat des propositions de loi relatives au scrutin de liste, et plus tard, lors de la constitution du ministère présidé par M. Gambetta, de vives attaques furent dirigées par certains journaux contre le chef de l'État.

L'histoire dira quelle est la valeur de ces reproches. La Chambre, qui n'avait pas voulu admettre l'inscription du scrutin de liste dans la Constitution, en 1882, alors que la proposition en était faite par M. Gambetta, président du conseil, vota sans difficulté le rétablissement du scrutin de liste, en 1885, après le renversement du ministère que présidait M. Jules Ferry et l'arrivée aux affaires du cabinet dont M. Henri Brisson était le chef. M. Gambetta était mort depuis plus de deux ans. Le parti républicain était profondément divisé, tandis que les monarchistes marchaient tous ensemble à l'assaut de la République. Les élections qui eurent lieu le 5 octobre 1885, au scrutin de liste, envoyèrent plus de deux cents monarchistes à la Chambre. Heureusement l'union se fit au second tour de scrutin, et de plus grands malheurs purent être conjurés. Mais on ne doit pas perdre de vue que toutes les difficultés politiques que la France a éprouvées depuis cette époque ont pour cause l'élection du 5 octobre 1885.

Quoi qu'il en soit, les pouvoirs du Président de la République expiraient au commencement de l'année 1886. M. Jules Grévy, qui n'avait pas brigué la présidence en 1879, serait bien volontiers rentré dans la vie privée à la fin de sa magistrature. Mais il ne lui fut pas permis de suivre ses inclinations personnelles. La presque unanimité des représentants républicains dans les deux Chambres tomba d'accord pour maintenir au pouvoir l'homme illustre dont le nom avait servi de ralliement à la démocratie française aux jours troublés de 1877, et, en 1879, lors de la retraite de M. le maréchal de Mac-Mahon.

L'Assemblée nationale devait se réunir avant la fin de l'année 1885, pour procéder, conformément aux dispositions de l'article 3 de la loi constitutionnelle du 16 juillet 1875, à l'élection d'un Président de la République. Les membres du Sénat et de la Chambre des députés ne furent point, comme au 30 janvier 1879, convoqués par leurs présidents respectifs. Un décret, en date du 24 décembre, décida que, le 28 décembre 1885, le Sénat et la Chambre des députés se réuniraient en Assemblée nationale pour procéder à l'élection du Président de la République.

La séance de l'Assemblée nationale fut ouverte, le 28 décembre, à une heure dix minutes, par le président du Sénat, M. Le Royer. Après une scène de tumulte, provoquée par les membres de la droite, qui voulaient prendre la parole malgré le président, M. Le Royer s'adressa en ces termes à l'Assemblée :

CHAPITRE VII.

« Je vais poser à l'Assemblée nationale la question de savoir si elle veut accorder la parole à M. Audren de Kerdrel. Si cette question est résolue négativement, je proposerai au congrès de procéder au scrutin pour la nomination du Président de la République. »

Après des scènes d'une violence inouïe, M. Le Royer reprit la parole :

« M. LE PRÉSIDENT. — Je vais faire une nouvelle tentative pour consulter l'Assemblée. *(Interruptions et bruit prolongé à droite.)* Puisque le bruit m'empêche de me faire entendre, puisque vous ne me permettez pas de consulter l'Assemblée sur la question que vous-mêmes avez posée, et que plusieurs tentatives de ma part pour le faire ont été impuissantes, mon devoir est d'inviter l'Assemblée à procéder sans délai à l'accomplissement de *son mandat unique*, qui est l'élection du Président de la République.

« Il va être procédé au scrutin public à la tribune, avec appel nominal, pour l'élection du Président de la République. *(Vifs applaudissements à gauche.* — Le scrutin ! le scrutin !)

« A droite. — Nous ne voterons pas !

« M. LE PRÉSIDENT. — Il va être tiré au sort pour désigner la lettre par laquelle commencera l'appel nominatif. (Le sort désigne la lettre L.)

« M. LE PRÉSIDENT. — Le scrutin est ouvert. » *(Vifs applaudissements à gauche.)*

(A deux heures moins vingt-cinq minutes, il est procédé au scrutin à la tribune sur appel nominal. A trois heures et demie, il est procédé au réappel, en commençant par la lettre L. — Cette opération se termine à trois heures quarante-cinq minutes.)

« M. LE PRÉSIDENT. — Le scrutin est clos. Il va être procédé au dépouillement du scrutin. La séance sera suspendue jusqu'à la fin de cette opération. (MM. les scrutateurs se retirent dans une salle voisine pour procéder au dépouillement des votes.) M. Le Royer remonte au fauteuil de la présidence à cinq heures moins vingt minutes.

« M. le président. — La séance est reprise. Voici le résultat du dépouillement du scrutin pour l'élection du Président de la République *(mouvement général d'attention)* :

> Nombre des votants. 589
> Bulletins blancs ou nuls. 13
> Suffrages exprimés. 576
> Majorité absolue. 289

Ont obtenu :

MM. Jules Grévy. . . . . 457 suffrages.

(Applaudissements répétés à gauche et au centre. — Vive la République!)

> Henri Brisson. . . . . 68 suffrages.
> De Freycinet. . . . . 14 —
> Anatole de La Forge. . . . . . 10 —
> Voix diverses. . . . . 27 —

« M. Jules Grévy ayant obtenu la majorité absolue des suffrages, je le proclame Président de la République française pour sept ans, à partir du 31 janvier 1886. (Les membres siégeant à gauche et au centre se lèvent en applaudissant et en faisant entendre le cri répété de : *Vive la République!*)

« M. le président. — La session de l'Assemblée nationale est close. »

§ X

MESSAGE

ADRESSÉ PAR LE PRÉSIDENT DE LA RÉPUBLIQUE

AU SÉNAT ET A LA CHAMBRE DES DÉPUTÉS

LE 14 JANVIER 1886

Le lendemain de la deuxième élection de M. Jules Grévy, le ministère présidé par M. Brisson remit sa démission entre les mains du Président de la République. M. Grévy confia à M. de Freycinet la mission de former un nouveau cabinet. Ce cabinet fut constitué le 7 janvier 1886. M. de Freycinet prit le portefeuille des affaires étrangères et l'administration des pays placés sous le protectorat de la France, avec la présidence du conseil. Les autres portefeuilles furent ainsi répartis : l'instruction publique, à M. Goblet, député ; les finances, à M. Sadi Carnot, député; la justice, à M. Demôle, sénateur; l'intérieur, à M. Sarrien, député ; les travaux publics, à M. Baïhaut, député ; l'agriculture, à M. Develle, député ; les postes et télégraphes, à M. Granet, député ; le commerce et l'industrie, à M. Lockroy, député ; la guerre, à M. le général Boulanger ; la marine, à M. l'amiral Aube. Quatre de ces ministres : MM. Goblet, Sadi Carnot, Demôle et Sarrien avaient fait partie du cabinet présidé par M. Brisson. MM. Peytral, Bernard (du Doubs), Turquet et La Porte furent nommés sous-secrétaires d'État des finances, de l'intérieur, des beaux-arts et des colonies.

La session des Chambres fut ouverte le 14 janvier 1886.

M. Jules Grévy adressa un message aux deux Chambres. Le président du conseil, M. de Freycinet, donna lecture de ce document à la Chambre des députés, et le garde des sceaux, M. Demôle, au Sénat.

A la Chambre des députés comme au Sénat, le message fut vivement applaudi par la majorité républicaine ; les députés de la droite, M. de la Rochefoucauld, duc de Bisaccia, et M. Paul de Cassagnac entre autres, interrompirent avec vivacité le passage qui constatait que la République était le seul gouvernement conciliable avec la souveraineté nationale.

Nous donnons le texte du message de M. le Président de la République avec les marques d'approbation qu'il obtint de la part des membres du Sénat :

Messieurs les sénateurs,
Messieurs les députés,

En m'élevant une seconde fois, par son Assemblée nationale, à la Présidence de la République, la France m'a décerné un nouvel honneur dont je sens tout le prix, et qui ajouterait encore, s'il était possible, à ma reconnaissance et à mon dévouement.

Elle a voulu peut-être indiquer qu'elle est satisfaite de mes efforts pour exercer, comme elle l'entend, les hautes fonctions qu'elle m'a confiées ; mais elle a voulu marquer surtout quel prix elle attache à la stabilité dans le Gouvernement de la République, répondant ainsi à ceux qui lui prêtent leurs désirs de changement. *(Très bien ! et applaudissements à gauche et au centre.)*

CHAPITRE VII.

Instruite par une longue et dure expérience, elle sait que la République, qui l'a relevée de ses désastres, est aujourd'hui plus que jamais son gouvernement nécessaire, le seul capable d'assurer son repos, sa prospérité, sa force et sa grandeur, le seul qui puisse durer, parce qu'il est seul approprié à son état démocratique et seul conciliable avec la souveraineté nationale. *(Applaudissements sur les mêmes bancs.)*

Elle a vu, en un demi-siècle, deux fois la monarchie et deux fois l'Empire s'écrouler dans des révolutions; et quand on vient lui offrir une nouvelle restauration, elle sait que ce qu'on lui propose, c'est encore une révolution, la plus redoutable de toutes, pour aboutir à un de ces gouvernements éphémères qu'elle a déjà subis et renversés. *(Nouvelle et vive approbation à gauche et au centre.)*

Voilà pourquoi la France s'est attachée à la République et veut la stabilité de son Gouvernement.

Le Parlement s'inspirera de sa pensée en se préoccupant, à son tour, de la stabilité ministérielle, si nécessaire à la bonne gestion des affaires publiques, à la dignité du Gouvernement républicain, à son crédit et à sa considération dans le monde. *(Très bien! sur les mêmes bancs.)*

Cette stabilité si désirable dépend de la constitution d'une majorité gouvernementale, l'impérieux besoin de l'heure présente. Elle est assurée, si les amis de la République savent le vouloir. Qu'ils se concentrent sur le terrain qui leur est commun; il est assez large et assez fécond pour qu'ils en puissent tirer par leur union toutes les satisfactions à donner aux besoins et aux vœux du pays.

Depuis les traités qu'elle a conclus avec la Chine, l'Annam et Madagascar, la République française est en paix avec toutes les nations. Elle n'a jamais cessé de l'être avec les peuples de l'Europe et de l'Amérique, dans le concert desquels la France a repris la place qui lui appartient. *(Très bien! très bien!)*

J'acquitterai sa dette de reconnaissance envers ses armées de terre et de mer, en disant qu'elle est fière d'elles, et qu'elle les a suivies, d'un regard maternel et confiant, dans cette campagne de l'extrême Orient, où elles ont porté si haut l'esprit de sacrifice, la bravoure et ces qualités militaires qui font l'orgueil de la France et sa sécurité. *(Applaudissements répétés à gauche et au centre.)*

Ce message, qui exprimait en un langage si éloquent les aspirations et les vœux de la France républicaine, produisit une vive impression dans le pays. Mais il ne modifia pas la situation des partis dans la Chambre des députés.

§ XI

MESSAGE

PAR LEQUEL M. JULES GRÉVY

A ADRESSÉ AU SÉNAT ET A LA CHAMBRE DES DÉPUTÉS

SA

DÉMISSION DE PRÉSIDENT DE LA RÉPUBLIQUE

LE 2 DÉCEMBRE 1887

Le ministère présidé par M. de Freycinet, et qui était formé à l'image de la majorité parlementaire, fut renversé, le 3 décembre 1886, à l'occasion du crédit relatif aux sous-préfets dont l'extrême gauche demandait la suppression. Le crédit avait été rejeté par 262 voix contre 249. La majorité comprenait 173 membres de la droite et 89 républicains, dont 67 de l'extrême gauche, 16 de la gauche radicale et 6 d'autres nuances. La minorité ne comptait que des républicains. Après avoir fait au président de la Chambre des députés, M. Floquet, des ouvertures qui ne furent point suivies de résultat, M. Jules Grévy chargea le ministre de l'instruction publique du dernier cabinet, M. René Goblet, de constituer un ministère. M. Goblet conserva la plupart des collaborateurs de M. de Freycinet. Il prit pour lui-même le portefeuille de l'intérieur avec la présidence du conseil. M. Sarrien échangea le portefeuille de l'intérieur contre celui de la justice ; MM. Dauphin et Berthelot, sénateurs, furent placés, l'un aux finances, l'autre à l'instruction publique, et quelques jours après, M. Flourens, président de section au Conseil d'État, fut nommé ministre des affaires étrangères.

Le 16 mai 1887, M. Camille Pelletan donna lecture de son rapport sur le projet de budget de 1888, rapport qui réclamait 30 millions d'économies et concluait à inviter le Gouvernement à présenter de nouvelles propositions. La discussion fut renvoyée au lendemain 17 mai. M. Dauphin, ministre des finances, répondit au rapport de M. Camille Pelletan, M. Laffon parla dans le même sens. M. Rouvier, président de la commission du budget, déclara qu'il était impossible d'accepter les propositions financières du Gouvernement et qu'il fallait établir le budget de 1888 sans augmentation d'impôts. M. René Goblet, président du conseil, tout en reconnaissant la gravité de la situation, se refusa à promettre les 30 millions d'économies réclamés par la commission du budget. Il se rallia à un ordre du jour de conciliation présenté par MM. Anatole de la Forge et Brousse, qui fut repoussé par 275 voix contre 257.

M. Goblet déclara aussitôt que le Gouvernement se désintéressait de la suite de la discussion, et le projet de résolution de la commission du budget fut voté par 312 voix contre 143.

La crise ministérielle était ouverte. Elle fut longue et eut un caractère tout particulier de gravité. Des attaques directes furent dirigées à cette occasion contre M. Jules Grévy par une partie de la presse républicaine.

Enfin, le président de la commission du budget, M. Rouvier, accepta la mission de former un cabinet. Ce ministère fut constitué le 30 mai. Il était ainsi composé : M. Rouvier, député, ministre des finances et président du conseil; M. Flourens, ministre des affaires étrangères; M. Mazeau, sénateur, ministre de la justice; M. Fallières, député, ministre de l'intérieur; M. Spuller, député, ministre de l'instruction publique, des cultes et des beaux-arts; M. Barbe, député, ministre de l'agriculture; M. Dautresme, député, ministre du commerce; M. de Hérédia, député, ministre des travaux publics; M. le général Ferron, ministre de la guerre; M. Barbey, sénateur, ministre de la marine. Le ministère des postes et télégraphes fut supprimé, et ce service fut rattaché au ministère des finances. Enfin, M. Étienne, député, fut nommé sous-secrétaire d'État aux colonies.

Ce fut le dernier cabinet de la présidence de M. Jules Grévy. Attaqué par l'extrême gauche et la gauche radicale dès le jour même de sa prise de possession du pouvoir, il eut une existence des plus difficiles. Nous n'avons point à raconter ici les événements qui se sont passés du 30 mai à la fin du mois de novembre 1887, et qui ont amené la retraite du Président de la République. Nous laissons ce soin à l'histoire. Elle seule pourra indiquer les causes de la crise politique qui a si violemment agité la France dans les derniers mois de 1887, et juger les hommes qui y ont été mêlés. Nous nous bornerons à rappeler en quelques mots les derniers incidents de cette crise.

Le 18 novembre, M. Clémenceau déposa sur le bureau de la Chambre des députés une demande d'interpellation relative à la situation politique générale. Le président du conseil, M. Rouvier, déclara que le Gouvernement ne pouvait accepter la discussion pour le jour même; qu'une grande opération financière, la conversion, était engagée, qu'on n'en devait pas compromettre le résultat, mais qu'aussitôt cette opération terminée, le ministère se mettrait à la disposition de l'interpellateur. Il ajouta que si la majorité voulait renverser le cabinet, elle avait un moyen bien simple de le faire en repoussant l'ajournement.

M. Clémenceau insista pour obtenir la discussion immédiate. Le renvoi au jeudi 24 novembre, proposé par le président du conseil, fut repoussé par 317 voix contre 228. Les

317 voix hostiles au ministère comprenaient celles de 147 membres de la droite [1] et de 170 membres de l'extrême gauche, de la gauche radicale et du groupe des indépendants. Les 228 voix favorables comprenaient celles de 221 républicains et de 7 membres de la droite.

Ce vote était dirigé plus encore contre le Président de la République que contre le cabinet. A la suite d'infructueuses négociations entamées par M. Jules Grévy pour la formation d'un nouveau ministère, les Chambres votèrent, le 1er décembre, deux ordres du jour d'ajournement, qui équivalaient à un refus de concours nettement formulé. Le Président de la République adressa alors aux présidents du Sénat et de la Chambre des députés un message de démission, qui fut communiqué à ces Assemblées, le 2 décembre, à deux heures de l'après-midi. Voici le texte de ce message, tel qu'il a été affiché le jour même dans toute la France:

Messieurs les sénateurs,
Messieurs les députés,

Tant que je n'ai été aux prises qu'avec les difficultés accumulées en ces derniers temps sur ma route : les attaques de la presse, l'abstention des hommes que la voix de la République appelait à mes côtés, l'impossibilité croissante de constituer un ministère, j'ai lutté et je suis resté où m'attachait mon devoir.

---

1. Le *Siècle* du 23 novembre a affirmé que la droite était résolue à voter l'ajournement de la discussion, mais qu'une heure avant l'ouverture de la séance, M. Dupuis, secrétaire de M. le comte de Paris, était arrivé d'Angleterre, porteur d'instructions prescrivant aux royalistes de renverser le ministère.

Mais au moment où l'opinion publique, mieux éclairée, accentuait son retour et me rendait l'espoir de former un gouvernement, le Sénat et la Chambre des députés viennent de voter une double résolution qui, sous la forme d'un ajournement à heure fixe pour attendre un message promis, équivaut à une mise en demeure au Président de la République de résigner son pouvoir.

Mon devoir et mon droit seraient de résister ; mais, dans les circonstances où nous sommes, un conflit entre le Pouvoir exécutif et le Parlement pourrait entraîner des conséquences qui m'arrêtent. La sagesse et le patriotisme me commandent de céder.

Je laisse à ceux qui l'assument la responsabilité d'un tel précédent et des événements qui pourront le suivre.

Je descends donc sans regret, mais non sans tristesse, du pouvoir où j'ai été élevé deux fois sans le demander, et où j'ai la conscience d'avoir fait mon devoir.

J'en appelle à la France !

Elle dira que, pendant neuf années, mon gouvernement lui a assuré la paix, l'ordre et la liberté ; qu'il l'a fait respecter dans le monde ; qu'il a travaillé sans relâche à son relèvement, et qu'au milieu de l'Europe armée, il la laisse en état de défendre son honneur et ses droits ; qu'enfin, à l'intérieur, il a su maintenir la République dans la voie sage que tracent devant elle l'intérêt et la volonté du pays.

Elle dira qu'en retour, j'ai été enlevé au poste où sa confiance m'avait placé.

En quittant la vie politique, je ne forme qu'un vœu, c'est que la République ne soit pas atteinte par les coups dirigés contre moi et qu'elle sorte triomphante des dangers qu'on lui fait courir.

Je dépose sur les bureaux du Sénat et de la Chambre des députés ma démission des fonctions de Président de la République française.

Le président de la République,
Signé : **JULES GRÉVY.**

Pour copie conforme :

Le ministre de l'intérieur,
Signé : A. FALLIÈRES.

1er décembre 1887.

Nous n'ajouterons aucun commentaire au message de démission du Président de la République. Aussi bien la tâche que nous avions entreprise est terminée.

Le 2 décembre 1887, M. Jules Grévy a quitté la vie politique et est entré dans l'histoire. Après avoir entendu le récit de cette longue vie, si digne, et tout entière consacrée au pays, la postérité, dégagée des passions des contemporains, mettra M. Jules Grévy au nombre des hommes dont le caractère et le talent ont le plus honoré la République, au rang des meilleurs serviteurs de la France.

FIN.

TABLE DES MATIÈRES

DU TOME DEUXIÈME

CHAPITRE III. — LE BARREAU DE PARIS.

                                                                           Pages.

§ 1. M. Grévy avocat au barreau de Paris.   1-13

2. Plaidoyer pour M. Dréo dans l'affaire du comité électoral dite des Treize (Chambre des appels correctionnels de la Cour impériale de Paris) (30 novembre 1864). .   14-43

3. M. Grévy élu bâtonnier de l'Ordre des avocats du barreau de Paris (4 août 1868)   44

4. Discours prononcé par M. Grévy, bâtonnier de l'Ordre des avocats, sur la tombe de Berryer, à Augerville (7 décembre 1868)   45-50

5. Discours prononcé par M⁰ Grévy, bâtonnier de l'Ordre des avocats, à l'ouverture de la conférence (26 décembre 1868).   51-66

6. Discours prononcé par M. Grévy, bâtonnier de l'Ordre des avocats, à la fête donnée à M. Marie pour l'anniversaire de la cinquantième année de son inscription au tableau (27 décembre 1869)   67-71

7. Discours prononcé par M⁰ Grévy, bâtonnier de l'Ordre des avocats, à l'ouverture de la conférence (8 janvier 1870)   72-81

TABLE DES MATIÈRES.

CHAPITRE IV. — LE CORPS LÉGISLATIF.

	Pages.
§ 1. Élection de M. Grévy dans le Jura (17 août 1868) . . .	85-98
2. Discours sur le projet de loi relatif à la cession de terrains sis au Trocadéro et à l'aliénation de terrains domaniaux détachés du jardin du Luxembourg (13 mars 1869).	99-118
3. Observations sur l'article 34 du projet de règlement (droit d'interpellation) (12 janvier 1870)	119-121
4. Discours à l'appui d'un amendement à l'article 106 du projet de règlement (droit de réquisition du président) (2 février 1870).	122-139
5. Discours au sujet des interpellations de M. Jules Favre et plusieurs de ses collègues sur les candidatures officielles (23 février 1870).	140-151
6. Discours sur les interpellations relatives au pouvoir constituant (4 avril 1870)	152-165
7. Discours au sujet d'une question relative aux instructions données aux préfets à l'occasion du vote sur le plébiscite (9 avril 1870).	166-174
8. Observations au sujet d'un amendement à l'article 17 du projet de loi relatif aux délits de presse (oppositions aux arrêts par défaut) (11 avril 1870).	175-179
9. Observations au sujet de l'article 32 du projet de loi relatif au jugement des délits de presse et des délits politiques (19 mai 1870).	180-185
10. Discours sur l'article 2 du projet de loi relatif au jugement des délits de presse et des délits politiques (23 mai 1870).	186-205
11. Discours sur le projet de loi relatif à la nomination des maires et des adjoints (24 juin 1870).	206-228
12. Discours sur les conclusions de la commission des pétitions tendant à passer à l'ordre du jour sur les pétitions réclamant l'abrogation des lois de bannissement contre les membres de la famille de Bourbon (2 juillet 1870).	229-242

TABLE DES MATIÈRES.

CHAPITRE V. — L'ASSEMBLÉE NATIONALE.

Pages.

§ 1. Les élections du 8 février 1871 243-249

2. Élection de M. Grévy à la présidence de l'Assemblée nationale (16 février 1871). 250-253

3. Incident relatif à la démission de M. Victor Hugo (8 mars 1871) 254-257

4. Adieux du président de l'Assemblée nationale à la ville de Bordeaux (11 mars 1871). 258

5. Allocution de M. Grévy à l'Assemblée nationale à l'occasion de l'insurrection du 18 mars (20 mars 1871) . . 259-260

6. Incident amené par la présence des maires de Paris à la séance de l'Assemblée nationale (23 mars 1871). . 261-263

7. Allocution de M. Grévy à l'occasion de sa deuxième élection à la présidence de l'Assemblée nationale (17 mai 1871). 264-265

8. Allocution à l'Assemblée nationale à l'occasion de la revue de l'armée de Paris (30 juin 1871). 266-267

9. Allocution de M. Grévy à l'occasion de sa quatrième élection à la présidence de l'Assemblée nationale (7 décembre 1871). 268-269

10. Rappel à l'ordre de M. Rouvier et censure prononcée contre M. Ordinaire (8 et 9 décembre 1871). 270-272

11. Allocution de M. Grévy à l'occasion de sa septième élection à la présidence de l'Assemblée nationale (13 novembre 1872) 273-274

12. Observations adressées à M. Gambetta, représentant de la Seine (14 décembre 1872). 275-277

13. Rappel à l'ordre de M. Mestreau, représentant de la Charente-Inférieure (14 décembre 1872) 278-281

14. Allocution au sujet de la résolution de l'Assemblée nationale portant ratification du traité de libération du territoire (17 mars 1873) 282-284

15. Allocution au sujet de la mort de M. de Chasseloup-Laubat, représentant de la Charente-Inférieure (31 mars 1873). 285-286

16. Incident soulevé par M. le marquis de Grammont à l'occasion du discours prononcé par M. Le Royer, représentant du Rhône (1er avril 1873) 287-294

TABLE DES MATIÈRES.

Pages.

17. Démission de M. Grévy des fonctions de président de l'Assemblée nationale (2 avril 1873). 295-301

18. *Le Gouvernement nécessaire*. 302-332

19. Discours sur une proposition de M. Dufaure tendant au renvoi de la proposition relative à la prorogation des pouvoirs à la commission qui sera chargée de l'examen des projets de lois constitutionnelles (5 novembre 1873). 333-345

20. Discours sur la proposition de MM. le général Changarnier et autres, relative à la prorogation des pouvoirs de M. le maréchal de Mac-Mahon (19 novembre 1873). 346-377

21. Observations sur un amendement au projet de loi relatif à la déclaration d'utilité publique de plusieurs chemins de fer et à la concession de ces chemins de fer à la compagnie de Paris-Lyon-Méditerranée (26 juin 1875) 378-381

22. Observations au sujet d'un amendement au projet de loi portant fixation des circonscriptions électorales (18 décembre 1875). 382-385

CHAPITRE VI. — LA PRÉSIDENCE DE LA CHAMBRE DES DÉPUTÉS.

1. Élection de M. Grévy dans le Jura (20 février 1876). . . 387-391

2. Élection de M. Grévy à la présidence de la Chambre des députés (13 mars 1876). 392-395

3. Incident relatif au 2 décembre, à l'occasion d'une question adressée par M. Paul de Cassagnac au ministre de l'intérieur, au sujet de la nomination du maire de Valence-sur-Baïse (Gers) (22 juillet 1876). 396-399

4. Incidents relatifs à la guerre de 1870, survenus pendant la discussion du budget des cultes (24 novembre 1876). 400-405

5. Allocution de M. Grévy à l'occasion de sa réélection à la présidence de la Chambre des députés (9 janvier 1877). 406-408

6. Nouvel incident relatif au 2 décembre, à l'occasion de l'interpellation adressée au Gouvernement au sujet des mesures prises par le ministre de la justice à l'égard d'un membre du parquet de la Cour de Besançon. (12 janvier 1877) 409-412

TABLE DES MATIÈRES.

Pages.

7. Incidents relatifs à une question posée au garde des sceaux par M. Paul de Cassagnac, au sujet d'outrages envers un souverain étranger (8 mai 1877) 413-418

8. Incidents relatifs à la lecture du message présidentiel et du décret portant ajournement de la Chambre des députés (18 mai 1877). 419-422

9. Censure prononcée contre M. Paul de Cassagnac, à l'occasion de l'interpellation des bureaux des gauches sur la composition du cabinet du 17 mai (16 juin 1877). . 423-429

10. Incident amené par un discours de M. Ferry dans la discussion des interpellations des bureaux des gauches sur la composition du cabinet du 17 mai (18 juin 1877). 430-440

11. Allocution de M. le président Grévy à l'occasion de la lecture du décret de dissolution de la Chambre des députés (25 juin 1877) 441-442

12. Discours prononcé par M. Grévy sur la tombe de M. Thiers (8 septembre 1877). 443-451

13. Double élection de M. Grévy à Paris et dans le Jura (14 octobre 1877). 452-467

14. Élection de M. Grévy à la présidence de la Chambre des députés (10 novembre 1877). 468-469

15. Option de M. Grévy pour le Jura (17 novembre 1877). . 470-471

16. Allocution de M. Grévy à l'occasion de sa réélection comme président de la Chambre des députés (12 janvier 1878). 472-476

17. Allocution à l'occasion de l'ouverture de l'Exposition universelle (2 mai 1878). 477

18. Allocution à l'occasion de la mort de M. le colonel Denfert-Rochereau, député de la Seine (13 mai 1878) . . 478-479

19. Incident à l'occasion de la vérification des pouvoirs de M. de Fourtou, élu dans l'arrondissement de Ribérac (18 novembre 1878). 480-483

20. Allocution de M. Grévy à l'occasion de sa réélection comme président de la Chambre des députés (16 janvier 1879) 484-485

552 TABLE DES MATIÈRES.

CHAPITRE VII. — LA PRÉSIDENCE DE LA RÉPUBLIQUE.

Pages

§ 1. Élection de M. Jules Grévy comme Président de la République française (30 janvier 1879). 487-509

2. Message adressé au Sénat et à la Chambre des députés (6 février 1879). 510-514

3. Discours à l'occasion de la remise de la barrette cardinalice à M. Meglia, nonce du pape (14 octobre 1879). . 515-516

4. Discours à l'occasion de la remise des drapeaux à l'armée française (14 juillet 1880) 517-519

5. Discours prononcé par M. le Président de la République au banquet donné à l'Hôtel de Ville de Cherbourg (9 août 1880). 520-526

6. Discours en réponse à l'allocution du maire de Dijon (17 août 1880) 527-528

7. Discours à l'occasion de la réception des membres de la conférence internationale postale au palais de l'Élysée (15 octobre 1880). 529-530

8. Discours prononcé au banquet d'inauguration de l'Hôtel de Ville de Paris (13 juillet 1882). 531-532

9. Réélection de M. Jules Grévy aux fonctions de Président de la République (28 décembre 1885). 533-536

10. Message adressé au Sénat et à la Chambre des députés (14 janvier 1886). 537-540

11. Message par lequel M. Jules Grévy a adressé au Sénat et à la Chambre des députés sa démission de Président de la République française (2 décembre 1887) 541-546

FIN DE LA TABLE DU DEUXIÈME ET DERNIER VOLUME.

www.ingramcontent.com/pod-product-compliance
Lightning Source LLC
Chambersburg PA
CBHW070829230426
43667CB00011B/1728